# ホワイト・フェミニズムを解体する

インターセクショナル・フェミニズムによる対抗史

THE TROUBLE WITH WHITE WOMEN: A Counter-history of Feminism
by Kyla Schuller

カイラ・シュラー 著
飯野由里子 監訳
川副智子 訳

明石書店

THE TROUBLE WITH WHITE WOMEN: A Counterhistory of Feminism

by Kyla Schuller



This edition published by arrangement with PublicAffairs, an imprint of Perseus Books, LLC, a subsidiary of Hachette Book Group, Inc., New York, New York, USA through Tuttle-Mori Agency, Inc., Tokyo. 

両親に

# ◆目次◆

すべての繁栄は相互関係にある
——ロビン・ウォール・キマラー『植物と叡智の守り人』(三木直子訳、築地書館、二〇一八年)

# 本書に寄せて

黒人フェミニストの教師で著述家でもあるわたしがこれまでに直面した最大の課題のひとつは、フェミニズムは生活と密接な関係にあるということを黒人女性に納得させることだった。フェミニストの政治学《ポリティクス》や理念に対する黒人女性の抵抗感は、ジェンダー平等に対する抵抗感とはまったく異なっている。わたしたちは家父長制の構造がもたらす強い影響を受けながら日々生活しているが、黒人女性がフェミニズムの旗を掲げるまでの道のりで最大の障害となってきたのは白人女性だ。たとえば、人種も宗教上の信条も無視して、わたしたちはみな「女性として」団結する必要があると語る白人女性がどこかにひとりいるとしたら、その白人女性を横目で眺める黒人女性もきっとどこかにいる。

人種をまたいだフェミニストの連帯に白人女性がたびたび突きつける課題を考えるとき、その脅威の性質を明確にすればするほど、問題に対処する態勢を整えやすくなる。カイラ・シュラーの手になる本書は、自信と博識と卓越した展開によってこの難題に真正面から取り組んでいる。シュラーはなにが問題かをあきらかにする。すなわち、「白人フェミニストの政治学が抱える問題点は、それがなにに対処できず、だれを排除しているかではない。ホワイト・フェミニズムの問題点とは、それがなにをおこない、だれを抑圧しているかである」と。これは白人女性が社会で役立たないという意味でも、フェミニストが世界を創造するうえで白人女性が有能な盟友になれないという意味でもない。問題はむしろホワイト・フェミニズムにある。すべての女性が直面する不公平に対処するためのホワイト・フェミニズムの方法論がはなはだしく制約されているということなのだ。

本書『ホワイト・フェミニズムを解体する』は著者の深い学識と、ソーシャル・メディアでフェミニスト間の争いを生む現象に切実に必要な、歴史的見地に立った検証のたまものである。カイラ・シュラーの署名代わりといえるほど周知された手法――アーカイブの広範で深遠な理解に基づくテキストの豊富な分析――がここに示されている。

シュラーは、参政権を求めるエリザベス・ケイディ・スタントンの戦いを特徴づけた恥ずべきレイシズムの請願を手始めに、数世代にわたるホワイト・フェミニズムの起源を追う。わたしはこの歴史の学びの途中にある者だが、白人女性の参政権を得るために黒人男性を犠牲にすることを厭わなかったスタントンの執拗さにはさすがに困惑した。当時の典型的なレイシストによる自由取引をおこなったわけだから。シュラーはさらに、マーガレット・サンガー、ベティ・フリーダン、シェリル・サンドバーグといった面々に共通するホワイト・フェミニスト・ポリティクスの変遷も提示してみせる。シュラーの見事なところは、白人の無用の罪悪感の特質たるリベラルな自責の念の類いに果敢に抗い、白人女性の涙を無効にして、涙にしばしばつきものの安心と慰めと空間の占有を拒否しているところだ。

アメリカ合衆国のジェンダー研究を率いる学者、もっと率直にいえば、わたしが読みたいと素直に思える贔屓の学者であるシュラーは、本書において白人女性の思想家をひとりずつ、同世代の黒人女性や先住民女性、あるいはラテンアメリカ系女性やトランス女性とペアを組ませて検証していく。そうするなかでシュラーは、シスジェンダーの白人女性がフェミニズムを発案したのではなく、プロジェクトとしてのホワイト・フェミニズムの大部分は、その最終目標に疑問を投げかける黒人女性、先住民女性、トランス女性の功績を取り入れないことを前提としてきたという事実をわたしたちに思い出させる。白人フェミニストが立てた戦術についてはいうまでもない。わたしたちがその場に存在しなかったのではない。白人女性が耳を傾けようとしなかったのだ。

本書はそのことを白人女性に認めさせたい黒人女性に代わって役目を果たしてくれるだろう。どうすれば今よりよくなるかと絶えずわたしに尋ねる白人女性にはこう言おう。ここから始めなさいと。

崩壊しているフェミニスト運動に関わる余裕はもはやわたしたちにはない。一世代まえに女性たちが自力で勝ち取ったあらゆる事柄は二十一世紀のこの最初の二十年で激しい攻撃にさらされた。みんなで闘争に備えてふたたび身構えなければならない。むろん、わたしたちはもっと強くなるだろうが、本書の論旨の主要点は、ホワイト・フェミニズムとはわたしたちが置き去りにできるし、置き去りにしなければならないフェミニスト・ポリティクスだということだ。白人女性はそのかわりに、ほかの女性グループと合流して、交差的《インターセクショナル》な、つまり、トランス女性や先住民女性との包摂的な未来を受け入れればいい。

わたしを知っている人、もしくは拙著を読んだことがある人なら、わたしの友人グループに白人女性が少ないことも知っているはずだが、その理由は本書で過不足なく解説されている。とはいえ、カイラを友人と呼んでかれこれ十年近く経つ。彼女は白人女性のレイシズムにも啓蒙的な責務にも基づかないフェミニズムへの献身を生活のなかで実践しているから、この仕事を成し遂げられた。カイラはいくつもの重要な局面で公私ともに黒人女性や非白人女性の同志たちの盟友だ。こうした論点を分析する学術書を書くだけならだれにでもできるかもしれない。だが、これら生きた政治学こそがなにより大事なのである。カイラは自身の講座や著作や人間関係のなかで説いていることを実践している。分析の手法も内容も豊富にして緻密な本書をわたしは何度でも読み返すことだろう。

ブリトニー・クーパー

# 序章　フェミニストの断層線

アメリカのフェミニズムの歴史は主として白人女性の勇ましい行為の物語だった。
――ビヴァリー・ガイ・シェフトール『炎の言葉』（一九九五年、未邦訳）

嘆かわしいことに二〇一六年、そして二〇二〇年の選挙では白人女性の半数がトランプに投票した。ところが、ほとんど呪文に近いこの悪名高き統計値が繰り返されてもなお、わたしたちは問題の規模を完全には把握できていない。白人女性のふたりにひとりが、最強のミソジニストかつ白人至上主義者の合衆国大統領を一世紀のあいだに二度も支持したことはわかっているし、これが人種間平等の危機であることも広く認知されている。だが、同時にそれはフェミニズムの隠れた危機でもある。ジェンダー平等に対する有権者のこうした態度について、職業メディアとソーシャル・メディアが考察しても、陰にひそむ脅威はぼやけて見えない。評論家はこう断言する。トランプ支持の女性がフェミニストであるはずがない、トランプ候補は結局、性的暴力をひけらかしていたのだからと。さらにこう続ける。リベラル派は女性の権利を支え、保守派は女性の権利に敵対するのがふつうだ。共和党支持の白人女性は、みずからのジェンダーよりも白人という属性とみずからが属する階層を優先し、意図せず自分を犠牲にした、というのが標準的な論評になっている。

しかし、多くの白人女性にフェミニストとしての自覚がまったく見当たらないかといえば、そうではない。わたしたちが見落としている厄介な問題は、トランプ支持の白人女性の大多数がフェミニストであるということなのだ。

フェミニズムと強硬な保守主義は相性がよい。今日では、共和党に投票する全女性の約半数――厳密には四二％――がフェミニストを自称している。この女性たちのほとんどは白人で、極右の白人至上主義の大基盤たる政党を支持している。なかにはトランプ政権はジェンダー平等を支援したと主張する人までいる。「父はフェミニストです」二〇一六年の選挙戦でそう宣言したイヴァンカ・トランプは、ホワイトハウス入りすると、自分をフェミニストのリーダーに仕立てて、女性のキャリアに関する指南本の出版、女性のエンパワーメント計画、そして有給の家族休暇と手頃な料金の保育を掲げるキャンペーンに着手した。[*1] 学者のジェシー・ダニエルズは、ストームフロント〔訳注／インターネット掲示板〕のようなオンラインの白人至上主義者コミュニティが、男女同一賃金や有色人種の女性の妊娠中絶の権利、ときにはゲイの権利も支持する女性たちの活発な議論を主催していることまで確認した。[*2]

社会正義を目指す運動としてのフェミニズムが象徴するものは今やなにもないように思われる――平等を勝ち取るための苦闘を少しでも小さくしたいという願望と同程度に、レイシストの私欲に動かされているように見える。

どうしてこうなってしまったのか？　いったいどういう経緯でフェミニズムは、＃ＭｅＴｏｏ運動の活動家だけでなく白人至上主義者を自認する人々の口にものぼるほど無意味なところまで来てしまったのだろう？

本書では、レイシズム、資本主義、帝国主義とともにあった内部闘争によって、フェミニズムがはるか以前から破壊されていることをあきらかにする。フェミニストであることの意味や、フェミニストが築こうとしている世界の形をめぐる闘争は、新しく感じられるかもしれない。だが、ただひとつのフェミニズム、女性の権利と平等を有する唯一無二の政治学などというものは存在したためしがない。女性参政権運動の初期の時代まで遡ると、ジェンダー平等がどう見えるか、だれに当てはまるのかを論争するフェミニズムの内には少なくともふたつの突出した派閥がつねにあった。こうした運動はときに連立し、多くの場合は対立する。フェミニズムの傘の下に集まる多種多様なグループ間の相違は往々にして無視され、フェミニズムとは単に男女間の平等を謳うものだという縮小した考えの下にうずもれてしまう。それでも、フェミニズムの諸形態の相違を認識することが今日ほど多くの利害関係を生んだことはない。

フェミニストがトランプに投票するのが意外に思えるとしても、じつは予測できる結果だった。過去二百年間、白人女性に脈々と受け継がれてきた伝統が組み立てている男女平等とは、歴史的に中産階級と富裕層の白人男性に確保されていた地位への権利を得るという意味をもつ。このようなフェミニストたちにとっては、根本的に不平等なシステムのなかで地位を獲得する権限を女性に与えることが目標となる。このようなフェミニストたちの多くは、明示的であれ暗示的であれ、みずからの白人性《ホワイトネス》は自分たちの権利を正当なものにすると論じることさえして、フェミニズムとレイシズムと富の蓄積を、不可欠なパートナーとして一緒くたにする。この現象につけられた簡潔にして明瞭な名称がホワイト・フェミニズムだ。

フェミニズム内の派閥のなかでも、ホワイト・フェミニズムはもっとも声が大きく、もっとも注目を浴びてきた。女性の権利を求める戦いについて書かれた多くの歴史に刺激も与えてきた。そうやってホワイト・フェミニズムは自身が唯一無二の選択肢であると宣言している。ある意味ではこの姿勢のおかげで、ホワイト・フェミニズムは性、人種、セクシュアリティ、出身階級の異なるあらゆる人の関心を惹くが、その生みの親はあくまでも中流階級のストレートの白人女性だ。この個人主義的な体制に動かされている枠組みを「ホワイト・フェミニズム」と呼べば、そこで主張されている普遍性は拒否され、だれがその手法で一番得をしているかが確認できる。

フェミニズムが社会正義運動としてなんらかの意義をもちつづけるためには、ホワイト・フェミニズム以上のものをつくらなければならない。幸いにも現在は多くの人がホワイト・フェミニズムの危険を声にしている。一九八〇年代と一九九〇年代に黒人および先住民のフェミニスト理論によって最初に命名されたホワイト・フェミニズムという概念は、時代とともにフェミニスト法学の学術書から、ＹｏｕＴｕｂｅに投稿される手作りの映像や、ブロードウェイを練り歩く人々が掲げるボール紙の手書きスローガンへと変化した。[*3] しかし、こんなふうにホワイト・フェミニズムに対する抵抗が刺激的な広がりを見せていても、真の破壊力は過小評価されがちで、批評家すら、その威力と広汎性を矮小化することが多い。トランプに投票したフェミニストを見逃すのと同じように、わたしたちはホワイト・フェミニズムの大きな問題をつい見逃してしまう。

ジャーナリストも作家も、今では辞書さえも、ホワイト・フェミニズムとは女性の権利への取り組みだが、白人女性の要求と関心事を優先させ、有色人種の女性の苦闘を無視していると説明している。[*4] この定義に則れば、ホワイト・フェミニズムの問題は、中流階級の白人のシス女性を中央に置き、ほかのすべての人々を排除することから生じていて、ホワイト・フェミニズムにはなしえないことやホワイト・フェミニズムには見えない人のなかにその欠点が隠されている、ということになる。

こうした観点に立つとホワイト・フェミニズムの治療薬は、リベラル派が大好きな万能薬――気づきと多様性と平等と包摂――の強力な一服であるように思われる。これは、ホワイト・フェミニズムが視野を広げて非白人女性、貧しい女性、トランス女性も見ようとするなら、もはやホワイト・フェミニズムではなくなると暗に語っているのだが、この理解は的はずれなばかりか、ホワイト・フェミニズムの害悪の本質と規模を再生する危険さえはらんでいる。ホワイト・フェミニズムのテントを拡張しても、テントを構成する素材は変わらない。

白人フェミニストの政治学《ホワイト・フェミニスト・ポリティクス》の厄介な問題は、それがなにに対処できず、だれを無視しているかということではない。ホワイト・フェミニズムの厄介な問題は、それがなにをおこない、だれを抑圧しているかということである。

ホワイト・フェミニズムは自己陶酔の副産物であるにとどまらず、害悪の積極的な形態なのだ。現代の白人フェミニストにとってジェンダー平等とは、個々の女性に企業内の出世の階段をのぼらせること、もっぱら妊娠の阻止と中絶の能力という定義での生殖の自由を守ること、レイプと虐待の加害者への実刑判決を重くすることを意味する。これらの目的は、資本主義による非常に大きな格差も、貧困にあえぐ女性の妊娠と健全な育児のまえに立ちはだかる障壁も、警察官や裁判所や刑務所による暴力もまったく考慮に入れていない。白人フェミニストの目的は、特権をもつ女性を解放するためには機能するのに、それ以外の不正義の構造は無傷のまま残している。

気づきと包摂を通してホワイト・フェミニズムを是正しようという試みは、トランプに投票したフェミニストの問題もストームフロントに書きこみをするフェミニストの問題も解決せず、女性の平等へのこうしたアプローチの核心にある人種と階級のヒエラルキーをいっそう曖昧にするだけだ。「アメリカの白人女性はかつての大英帝国に存在した白人女性と同様、白人による権力構造を維持するために大量に投入されてきた」ジャーナリストで学者のルビー・ハマッドはそう語る。「彼女たちはほかの女性をただ無視するだけでなく、積極的に裏切ることによって使命を果たした」と。ホワイト・フェミニズムに必要なのは解体であって、最新式に見えるように改修することではない。黒人レズビアンの詩人、オードリー・ロードは何十年もまえにこう言い放った。「主人の道具で主人の家を取り壊すことはけっしてできない」[*5]

参政権運動の時代以来、ホワイト・フェミニズムが幾多のトラブルを引き起こしてきたのは特殊なイデオロギーが理由だが、時の経過とともにその特殊さに際立った一貫性が生まれている。まず第一に、ホワイト・フェミニズム・ポリティクスは、女性は資本主義帝国で裕福な白人男性が満喫している政治的・経済的利点を勝ち取るために戦うべきだという論を掲げる。第二に、女性の地位向上を加速させるための原資として、黒人、先住民、そのほかの有色人種、貧しい人々の生活に近づく。最後に、白人支配の社会と政治学に女性が最大限に参加することの結果は女性の社会的地位の向上にとどまらないと約束する。生まれながらに上位にあるとされている倫理観のおかげで、白人フェミニストの指導力が社会そのものを修復するというわけだ。フェミニズムに対するこの手法にひそむ害悪は視野狭窄、つまり、フェミニズムはジェンダーの軸一本で進むという信念から生じる。この単一軸手法が、なんであれ必要と見なされる手段によって女性の勝利に根拠を与え、ホワイト・フェミニズムは他者を犠牲にした一部の者の成功となる。

包摂と気づきがホワイト・フェミニズムの暴力を終わらせるのではなく、拡大させるだけだとしたら、それに代わるものはなにか？　幸運にも、過去に燃え上がった女性の権利のもうひとつの重要な軌跡が現在に燃え移っている。それがフェミニズムの対抗史《カウンター・ヒストリー》だ。

ホワイト・フェミニズムと交代しうる強力なフェミニズムは昔から存在している。それはホワイト・フェミニズムとは百八十度ちがう分析と一連の政治的戦略を提示し、他者の成功とともにある成功を女性に約束する。脇に追いやられてきたにもかかわらず強さをもち、周縁にあるにもかかわらず首尾一貫している。ホワイト・フェミニズムに対抗して正義の新たな地平を切り開く理論かつ運動である交差的《インターセクショナル》フェミニズムが強調するのは、ジェンダー平等を求める戦いは人種、経済、性、障害における平等を求める戦いと連携しなければならないということ、体制の搾取システムの影響をもっとも強く受けている人たちが先頭に立ちながら、ほかのすべての人々とも連帯して進まなければならないということだ。インターセクショナル・フェミニズムは反差別《アンチレイシスト》フェミニズムをただ標榜するだけではない――その手法だと他と一線を画する過激な社会像を育ててしまう。フェミニズムの一般的な解説では、インターセクショナル・フェミニズムは一九八〇年代後半から一九九〇年代にかけて始まった革新的な第三波フェミニズムと位置づけられることが多いが、フェミニズムの対抗史としての歴史はフェミニズムの歴史と同じぐらい古い。

法学者キンバリー・クレンショーの一九八九年の論文によれば、ホワイト・フェミニズムは「ヒエラルキー内にあるみずからの特権の源を個人的に守ろうとする」女性たちで構成されている。クレンショーは「ヒエラルキーに集団で挑む」という実践をインターセクショナル・フェミニストに提案した。

同論文でクレンショーが新たにつくった「差別の交差性《インターセクショナリティ》」という語の概念を、社会学者のパトリシア・ヒル・コリンズが一九九〇年から詳しく説明しはじめたが、さまざまな形の権力との戦いは、はるか以前からラディカルな黒人フェミニストたちが実践していた。[*6] 十九世紀なかば以降、黒人フェミニストはホワイト・フェミニズムに対抗して、インターセクショナル・フェミニストの理論を展開し、白人至上主義と女性嫌悪《ミソジニー》と資本主義がいかにして合流するかをあきらかにしてきた。白人女性が性の障壁のみと戦いながら議論しているように、彼女たちも議論を重ねているが、現実には生と死の基本的なチャンスをあまりにも不当に分配する搾取の全体構造が強化されている。アンジェラ・デイヴィス、ベル・フックス、ポーラ・ギディングズ、ビヴァリー・ガイ＝シェフトールといった黒人フェミニストはインターセクショナリティの歴史と理論をさらに詳説した。黒人、先住民、ラテン系アメリカ人に一部の白人女性と白人男性も加わり、運動の枠組みがつくられていった。

しかし、フェミニストの過去を白人の過去と同一視した物語が好まれるなかで、こうした取り組みはしばしば曖昧にされている。白人フェミニストはインターセクショナル・フェミニストの取り組みを流用し、弱体化し、埋没させることまで試みた。主要な記事の書き手は、エリザベス・ケイディ・スタントン、マーガレット・サンガー、ベティ・フリーダンのような女性をホワイト・フェミニズムの先導的な革新者ととらえ、インターセクショナリティをこの界隈の新顔、つまり、啓蒙が進んだ現代の関係者を活気づける成り上がりとして描いている。今挙げた白人のリーダー全員が本書に登場する。ただ、本書には、フェミニストのもうひとつの過去に存在した以下のリーダーたちも登場する。奴隷制廃止の直後、女性の参政権運動は黒人男性の参政権運動と連携しなければならないと主張した、作家で活動家のフランシス・E・W・ハーパー。自分が子どものころに入れられたような居留地外の全寮制学校に異議申し立てをし、自分たちの子どもと土地の喪失と戦うために全米の部族連合を結成した、ヤンクトン・スー族の著述家にしてまとめ役、ジトカラ・サ。人種に基づく合法的な分離政策と戦い、性差別に対する運動を広げた、黒人でトランスジェンダーの法律家、パウリ・マレー。

フェミニズムの対抗史を知らずにいることの報いは厳しい。ホワイト・フェミニズムは自身をフェミニズムと位置づけすることに成功している。ただそれだけだ。保守派のなかのフェミニズムは、プロの資本主義者、プロの白人のプラットフォームとなる準備が整ったパートナーのように思われている。リベラル派の白人フェミニストは、黒人や先住民ほかの非白人フェミニストの功績を自分の功績のように主張し、今では交差的な手法を喧伝することも珍しくない。理論かつ運動としてのインターセクショナリティは、今や流行語に選ばれて価値を貶めるという危険まで冒している。ただし、リベラル派の解釈では、インターセクショナリティが単にアイデンティティの多様性――わたしたち人間は例外なく、人種、ジェンダー、階級、そしてセクシュアリティをもつという認識――の説明になっている。この説明が果たす役割はかなり重要だ。ホワイト・フェミニズムが歴史的に祭り上げた道徳的で高潔な女性という神話のような唯一のカテゴリーを壊したうえで、権力の多様な側面がわたしたちの人生のチャンスを形づくると主張しているのだから。だが同時に、この一般に評価されているインターセクショナリティの解釈は、ホワイト・フェミニスト・ポリティクスを再生産して将来に送りこむ。こうしたホワイト・フェミニズムの「包摂的」ヴァージョンでは、白人女性はもはや倫理観の先駆けではないかもしれない――お飾りのような有色人種の女性にその重荷が肩代わりされている。そのような非白人女性と、アイデンティティをもっとも軽んじられるノンバイナリーの人たちが、ホワイト・フェミニズムの最高に貴重な財産となる。インターセクショナリティ、とりわけ企業や大学のような機関の内部で奨励されているインターセクショナリティは、周縁化された「交差的な人々」という奇術を駆使して、彼ら／彼女らを自分たちの目的に利用しようとする。

しかし、インターセクショナリティの価値は、それが認めるアイデンティティと、それが包摂する人々から生じるだけではない。インターセクショナリティの価値は、それがおこなうこと、それが立ち向かうものからも生まれるのだ。

ひとりの人間がいるだけでは交差的にはなりえないし、ひとつの政治学のみでも交差的にはなりえない。周縁化された人々の経験はありとあらゆる形を取って権力の真の仕組みをむき出しにする。アイデンティティはインターセクショナリティの主要部分を成しているが、提供するのは標的ではなくレンズだ。筆者の盟友であるブリトニー・クーパーの言葉を借りるなら、インターセクショナリティは「アイデンティティの説明としてつくられたのではけっしてない。それは権力の構造がいかに相互に作用しあうかという説明であったはずだ[*7]」

ホワイト・フェミニズムを壊して、すべての人が活躍できる世界を築くためには、今述べたような、まったくべつの形態のフェミニズムの歴史と輪郭と結果を充分に把握する必要がある。インターセクショナリティを葬ったり取りこんだりして、真の力を秘めたインターセクショナリティ本体を空っぽにしようとするホワイト・フェミニズムの試みに抗うためには、その理論を構築してきた黒人フェミニストと、連合してその政治学を発展させてきたフェミニストたちの声に耳を傾けなければならない。

本書『ホワイト・フェミニズムを解体する』の意図は、白人フェミニストと彼ら／彼女らに反撃したインターセクショナル・フェミニストとのあいだにあった論争と緊張と裏切りの約二百年をたどりながら、フェミニズムの対抗史をよみがえらせることにある。本書は、南北戦争直後の北部と南部に、先住民の主権が弱まっていった時代の西部の大平原に、二十世紀初頭のニューヨークの安アパートに、公民権運動のなかに、一九七〇年代のレズビアン分離主義集団の内部に、そして二十一世紀の企業の役員室に、フェミニストの正義の真の意味をめぐる闘争の政治学と情動を見いだす。ここで掘り起こした衝突の数々は、今日のわたしたちがフェミニズムの際立った諸形態のあいだで見分ける必要のある文脈《コンテクスト》を与えてくれる。活動家にして著述家のレイチェル・カーグルが「ヒールを履いた白人至上主義」と表現したフェミニズムに惑わされても騙されてもいけない文脈《コンテクスト》を。*8 筆者はアメリカ合衆国における男女平等を求める運動に焦点を合わせているが、この分析は奴隷制、先住民の強制移住、家父長制の上に成り立っていた帝国全般に通じる。

あらゆる種類のフェミニストが男性の手に金と権限を集中させているシステムの不均衡と戦っている。性差別《セクシズム》の論理は社会生活にも経済生活にも定着しているので、フェミニストが得たもっとも劇的な利益のいくつかは比較的最近になってようやく獲得したものだ。一九六〇年代後半を通してオフィス街のレストランのウィンドウには「ノー・レディーズ」の掲示があった。既婚女性が自分の名前での当座預金やクレジットカードの口座開設を許可されたのは、合衆国でも英国でも一九七〇年代になってからだし、アイビーリーグの最後の一校が女性の学部生に門戸を開いたのは一九八〇年代前半だった。それでも、十九世紀から現在まで、白人フェミニストは他者が直面する障壁を補強することによって、自分のまえにあるおぞましい障壁を打ち壊してきた。

白人女性が社会の根幹を成す機関に参入することは、たしかに並大抵の戦いではなかった。スタントンとハーパーが奴隷制廃止を目指すフェミニスト運動の取るべき最善の方向をめぐって対決していたころは、白人女性でさえ、既婚者であれば自分の財産を公に口にすることができなかった。それどころか、ほとんどのすべての場合、高等教育を受けられなかった。このような手強い構造的障害があったにもかかわらず、白人女性は活力と洞察力をもって戦っていた。スタントンは単に演説家になっただけでなく、洗練されて機知に富んだ雄弁家となった。スタントンがネブラスカ州で参政権要求の演説をおこなったとき、最前列の聴衆のひとりが演説に続く質疑応答を妨害し、自分の妻は家に縛られていても、八人の息子を産み育てるという一番大事な仕事をしていると食ってかかった。スタントンはしばし間を取ってから、その男性をじろりと眺め、こう言ってのけた。「わたしがここまでの人生で出会った男性のなかに八回も繰り返して会うに値する男性はほとんどいらっしゃいませんでした」[*9] スタントンが求めていたのは政治学をもつ女性であって、居間にいる女性ではなかった。ただ、スタントンの政治学は、彼女が始めた白人フェミニスト運動と同様に、体制への参入を目指す戦いであり、その動力源となったのは、白人女性の参加が社会の啓蒙そのものを向上させるという幻想だった。

　皮肉にもこの数十年間にわたって、性による抑圧こそがもっとも突出し蔓延している抑圧の形態だとする白人フェミニストの圧倒的な主張は、女性のアイデンティティをフェミニズムの必須条件として崇める一方で、セクシズムそのものの威力を矮小化している。ホワイト・フェミニスト・ポリティクスが生み出すのは、女性という、ごくふつうの、型にはまったアイデンティティのファンタジーだ。倫理的に正しい生き物である彼女たちが資本主義者や白人至上主義者のつくった体制に完全に参入すれば、体制による罪は許されるということらしい。女性個人の存在が社会の構造を曖昧にすることになる。

　ホワイト・フェミニズムのもとでは、ジェンダー平等という目標が女性の資質やアイデンティティの擁護に縮小されてしまう。現代のホワイト・フェミニズムは個々の女性をエンパワーして、自分たちの声をもたせ、男性の偉そうな解説を拒ませ、男性と平等である権利を受け入れさせる。こうしたことはそれだけを見れば立派な実践だが、セクシズムの破壊的な本質を伝えておらず、セクシズムを解体する現実的な方法を示してもいない。というより、女性のアイデンティティをフェミニスト・ポリティクスの基本として盲目的に崇拝することは、むしろセクシズムを搾取と採取の構造と認識することをより難しくする。なぜなら、セクシズムとは単に女性を黙らせ、遮り、見落とすことではないのだから。セクシズムとは、男女の二元論《バイナリー》を社会的・政治的・経済的な権力を独占するための道具として用いることだ——しかも、そのことから生じる被害者は、出生時に女性とされた人だけではない。

ホワイト・フェミニズムは終始一貫して、社会のもっとも周縁にいる人々をさらに疎外することで白人女性により多くの権利と機会を勝ち取らせる。ホワイト・フェミニズムは、地球の生態系を崩壊の危機に追いこんだシステムの舵取り役に女性を任命して、涙で浄められた闘争の勝利を宣言させようとする。ホワイト・フェミニズムは非白人男性の参政権の否定を支持してきた。ホワイト・フェミニズムは、先住民の土地やコミュニティとの結びつきの根絶を、優生思想を、同性愛嫌悪《ホモフォビア》を、トランスフォビアを、新自由主義的《ネオリベラル》資本主義を支持してきた。今では、ガール・パワーが不平等を解決するだろうとか、投資銀行のリーマン・ブラザーズがリーマン・シスターズだったら、わたしたちはもっとましな種類の資本主義を手にするだろうとか、ホワイトハウスに女性がひとりいれば、もっとモラルの高い帝国が築けるだろうとかいった妄想まで描いてみせている。[*10] 一見したところ、ホワイト・フェミニズムは中流階級でない白人女性を無視しているように見えるけれども、現実には、自身の政治力を高めるために、自分より周縁にいるグループを取りこもうとする。ホワイト・フェミニズムは解放を装った盗っ人なのだ。

もっとも、白人フェミニストは、根本的に不平等なシステム内で多様性の受け入れを求めて戦うことによって、自分たちの権利と機会を勝ち取ろうと努めているとはいえ、そこから受ける恩恵は、シェリル・サンドバーグほどに富裕層の女性にとってさえ、おおかたは神話の域を出ない。セクシズムは支配構造の内部が入りまじりすぎているため、女性を支えるという単一軸の戦いそのものが思いこみでしかないのだ。家父長制は不平等のあらゆる形態に縫いこまれている。セクシズムを完全になくすにはそのシステム全体の糸をほどかなければならない。

一方でインターセクショナル・フェミニストは、セクシズムがシステム不均衡という強力な構造であり、太い糸のもつれをべつの支配形態でほどこうとしていることを繰り返し暴いている。そうしながらまた、女性の架空の純潔に頼らない配慮と連携と信頼と結束の新たな実践も進めている。「わたしは白人女性が空から落とされた露のしずくだなどとは考えていない」南北戦争の直後、壇上のスタントンと並んで座っていたフランシス・E・W・ハーパーはそう宣言した。[*11] 彼女のフェミニズムは正義の新たな展望を目指す運動だった。相互扶助にテーマを絞ったハーパーは、かつて奴隷にされていた南部じゅうの男女を呼び集めて土地を守りながら、富は価値をもたらすという考えを退けた。ハーパーはさらに、現代に通ずるほかの多くのインターセクショナル・フェミニストと同じく、権利や物質的利益の確保をはるかに超えた、権力の掌握ではなく調和を最終目標とする、正義の精神的宇宙論を展開した。多くのインターセクショナル・フェミニストにとって、パワーとは育まれ共有されるものである。それは人類のつくる王国をはるかに超えて宇宙まで広がっている。資源をめぐる争いよりむしろ、インターセクショナル・フェミニズムが地球の展望を表している。そこではだれもが頭と体と心で育てなくてはならないものに近づける。

本書は、主要なエピソードを扱った七つの章を通してフェミニズムの対抗史を解き明かす。その各章が、インターセクショナル・フェミニストの活動家と白人フェミニストの活動家のあいだにあった論争に読者を誘う。両者は女性の権利への最善のアプローチをめぐって格闘している。わたしたちはフェミニズムの二大派閥による論争にじかに耳を傾けることによって、女性参政権を求める戦い、女性の職業獲得を目指す戦い、産児制限を求める戦い、レズビアン・フェミニズムを目指す戦い、トランスジェンダーの権利を求める戦い、国家における女性の指導的役割を目指す戦いについての新しい理解を得られる。白人フェミニストはただ時代の産物というだけでないことがわかる。同時代のインターセクショナル・フェミニストがちがう選択をしていても、白人フェミニストは競争力の強い資源蓄積型のイデオロギーを促進させるという選択をしたのだということが。参政権運動家のスタントンとハーパー、著述家のハリエット・ビーチャー・ストウとハリエット・ジェイコブズ、先住民権利改革論者のアリス・フレッチャーとジトカラ・サ、産児制限活動家のマーガレット・サンガーとドクター・ドロシー・フェレビー、市民権リーダーのベティ・フリーダンとパウリ・マレー、反トランスジェンダー・フェミニストのジャニス・レイモンドとトランスジェンダー理論家のサンディ・ストーン、そしてFacebook最高執行責任者（COO）のシェリル・サンドバーグと、合衆国下院議員のアレクサンドリア・オカシオ＝コルテス。彼女たちはいつ、どこで、使い捨て可能という政治学を補強する選択をしたのか、あるいは、採取の機が熟した原資を享受するのは一部の人間のみだと宣するシステムを妨げる選択をしたのか、それぞれの闘争があきらかにする。

ここに収められたストーリーがフェミニズムの理解にきわめて重要なのは、これらが単なる英雄譚や悪党譚ではないからだ。このうちのだれが歴史のごみ箱のなかに即座に投げこまれるべきかという輪郭を読者のために描いてみせることが筆者の目的ではない。汚れも傷もない完璧な政治学をもてる人などいるはずがなく、だれかにそれを期待するべきでもない。しかも、あらゆる社会運動がそうであるようにフェミニズムも、静止した同意ではなく現在進行の闘争の場であり、その展望を徹底的に論じることが必要な緊張関係だ。だからこそ、わたしは輪郭を描くかわりに複雑さのある人物像をとらえようと努めた。勇気と怒りの両方を奮い起こさせる人が多い。それぞれのリーダーの声と洞察と矛盾と欠点のなかに、今日のフェミニズムにある明白なふたつの要素を現在進行で考えるための教訓がはっきりと示されている。フェミニズムはいわば長期にわたる共同体で、その成功の基準はわたしたちが明確にしなければならないし、もしかしたら、わたしたちが完成させることもあるかもしれないが、私的な美徳のようなものではない。立場も運動も敗北も世代の移り変わりとともに現れる。

フェミニズムのこの二形態間の葛藤と緊張を人間のレベルに引き戻し、システムの変化がどのように起こるかをあらわにしようと思う。何物も寄せつけないように見える抑圧の構造が、自分たちの利害を守ろうと、あるいは庶民のために戦おうと、何度でも慎重な決断をする人間集団によって、補強されることもあれば破壊されることもある。フェミニストがどのようにそうした決断をしてきたかを理解することは、現在のわたしたちが個人として、また集団として、似たようなジレンマに直面したときの舵取りの手助けになるかもしれない。本書は、ホワイト・フェミニスト・ポリティクスがはらむ積極的な害悪と、あらゆる人が繁栄できる世界を目指す何世紀にもわたる闘争を暴く。この戦いを未来へ運ぶ一助となる道具を読者に手渡せるようにと願って。

わたしたちがフェミニズムの対抗史を知らなければならないのは、過去が単なるプロローグではなく、現在に続いているからだ。歴史はべつの時代に安全にとどまっていてはくれない。過去と現在と未来は同時に姿を現す。本書が明かす暴力性、たとえば、白人女性に対象を絞ったスタントンの参政権運動や、黒人のおとなを白人女性による養育が必要な子どもと同一視するストウの考えや、世界の人口の二五％は子どもを育てるに値しない人々だというサンガーの信念や、トランス女性は存在するだけでフェミニスト空間を奪っているというレイモンドの主張は、現在も進行中なのだ。これらの暴力は血肉として、亡霊として、制度的構造として、自律反応として、会話として生きつづけ、警察に通報する怒れるベッキーたち〔訳注／人種差別的な言動をする白人女性を指す。バーベキューをする黒人男性に嫌がらせをしたうえ通報した白人女性にBBQベッキーというあだ名がつけられたことから〕や、トランプに投票した警察官とフェミニストという形で表面化している。しかし、それゆえに、みずからの主観を明確に伝えるために黒人女性の自伝を著そうとしたジェイコブズの発案も、先住民の子どもが部族のなかに残る権利を守ろうとしたジトカラ・サの活動も、貧しい黒人女性には自身と子どもが利用できる広い範囲での医療と並行して産児制限が必要だとするドクター・フェレビーの主張も、根強く残り、今日のフェミニストの正義とひょっとしたら似ているかもしれないものに息吹を与えている。

わたしたちは意識的であれ無意識にであれ、これらの遺産と関わりをもつ。白人女性がレイシスト体制との長年の癒着や女性の権利という利己的な概念を自問するかどうかは、依然として疑問の余地がある。トランプ・フェミニストは危険をもたらすが、それをいうなら、ホワイト・フェミニズムに必要なのは包摂性だけだと考えているリベラル派も同様だ。しかし、白人女性がレイシスト・フェミニズムの歴史に取り組まず、インターセクショナル・フェミニストが述べる正義の明白な構想を正当に評価せずにいるうちは、ホワイト・フェミニズムを完全に乗り越えることは困難だろう。

「黒人女性の言葉を聞けなかったり、わたしたちとの対話を続けられなかったりする白人女性の歴史は、長たらしくて聞く気をそがれる」オードリー・ロードはそう記した。[*12] ならばわたしは、白人女性の学者として、フェミニズム内にあるこの闘争の肖像をインターセクショナル・フェミニストとの連帯と連携の精神で提示しよう。とはいえ、連帯の表明にも限界がある。本書は耳を傾けて学ぼうという試みではあるものの、こうした手法だけでは充分でないことも承知している。連帯と社会の変化は、気づきと関心によってではなく、権力と資源の根本的な再分配を日々実践することによって現れるものだから。

今ではホワイト・フェミニズムも――廃絶の必要に迫られると――自己改革に努めようとする。包摂的なホワイト・フェミニスト・ポリティクスは、交差的な世界を建設する力を吸収したうえで無価値にする恐れがある。ホワイト・フェミニズムを包摂的にさせるだけでは、もっと長い触手がもっと多くの首に巻きつけられるという結果しか生まれない。だが、インターセクショナル・フェミニズム運動はただ進行しているだけではない。強さを増している。廃絶とは、システム上の人種的不公平を絶つのと同時に、そのかわりとなる、もっと持続性があって生きる力を与えるような構造を実際につくることを意味する。インターセクショナル・フェミニズムが示すケアと連帯の実践は、ホワイト・フェミニズムと同じぐらい古くからある、システムを解体して新たに連帯しようという廃止論者の実践であり、アイデンティティや多様性といった賛美とは遠く離れた、もっとも周縁化された人々の地点からの、声を大にしての権力との対決なのだ。これこそがフェミニズムの対抗史である。ふたつの運動の闘争は今なお続いているが、多数の人々の息吹の継続のために戦っている運動はひとつしかない。

# 第一部　文明化

# 第一章　女性の権利とは白人の権利なのか？

## エリザベス・ケイディ・スタントンとフランシス・E・W・ハーパー

白人至上主義は女性参政権によって弱まるのではなく強化されるだろう。
――キャリー・チャップマン・キャット『憲法修正による女性参政権』
（二〇一〇年、未邦訳／論文の発表は一九一七年）

一八四八年、女性の権利を求める世界初の催しのひとつ、セネカ・フォールズ会議は前途多難なスタートを切った。主催者のエリザベス・ケイディ・スタントンが、有能な奴隷制廃止論者である夫に女性の投票権を要求する計画を語ると、夫は「仰天」した。「きみは会の進行を茶番にしてしまうだろう」と反対し、自分は「会議の開催中は教会のなかにはいること」すら拒むと言い切った。[*1] ヘンリー・ブルースター・スタントンはその言葉どおり、妻の目的とはいっさい関わるまいとして、三十マイル離れたところで講演をおこなって逃げ出した。会議の当日、エリザベス・ケイディ・スタントンと共同主催者は午前十時の開会に合わせて、ニューヨーク州セネカ・フォールズにある赤煉瓦のウェスリー派メソジスト教会に到着したが、教会の扉は閉ざされており、建物の外には州西部の改革派の人々が群がっていた。ただ、七月下旬の暑さで開けられたままの窓がひとつあったので、スタントンの甥にあたる少年がその窓敷居まで体を持ち上げられ、教会内にもぐりこんだ。こうしてスタントンの人生で三度めの演説が始まった。女性が公の場で演説することがあたりまえのように禁じられていたことを考えれば、いっそう画期的な出来事だった。[*2] 彼女の声は聴衆にはほとんど聞き取れなかった。それでも、独立宣言を下敷きに女性の権利の声明として作成された「所感の宣言」を彼女が二度繰り返して読みあげたあとには、活発な議論が沸き起こり、大筋での合意に達した。

スタントンは十一条の決意文を提示した。そのうちの十条は六十八名の女性と三十二名の男性が全会一致で署名に賛同した。そこには抜本的な法改正と社会改革——既婚女性は自身の財産の所有を法的に認められるべきであり、「女性のふるまいに求められる美徳・繊細・洗練の同じ量を……男性にも求められるべき」であり、また、男女のべつなく専門職に就く道が開かれるべきである——が示されていたにもかかわらず、賛同がなされたのだ。しかし、投票の権利を目指して戦うのは女性の「義務」だとする第十一条はごうごうたる非難を浴びた。著名なクエーカー教徒で奴隷制廃止論者のルクレシア・モットをはじめとする共同主催者も、女性参政権は突拍子もなく、「滑稽」でさえあると反論した。ただ、モットの反対意見は保守主義から生まれたのではなく、当時、奴隷制廃止運動を揺るがしていた投票の有用性に関する論争に端を発していた。モットもほかの多くの出席者も、奴隷制を容認する政府がつくった法律や手続きに従わないことは道義的義務だという理由で選挙政治から距離を置く、ウィリアム・ロイド・ギャリソン率いる派閥の一員だった。そして、選挙政治こそが奴隷制を廃止する道だという主張の対立派閥を率いていたのが、ほかならぬスタントンの夫だ。[*3] もっとも、参政権の拡大が正義をもたらすという彼の立場は、女性の権利にまではおよばなかったわけだが。

エリザベス・ケイディ・スタントンがその日読みあげた女性参政権を求める決意文に賛同する演説をおこなったのは、奴隷制廃止の扇動的論者フレデリック・ダグラスただひとりだった。ダグラスはその日の出席者三百名中、唯一のアフリカ系アメリカ人でもあった。身長百八十センチを優に超える彼は起立し、よく通る声で、女性の投票の権利を目指す戦いを抜きにして自分の投票の権利を獲得しようとは思わないと述べた。ダグラスの考えでは、女性を投票から締め出すことは、「地球上にある道徳的で知的な力の半分に重傷を負わせ、否定すること」を必然的に伴った。[*4] ダグラスの熱烈な演説は、摂氏三十二度の暑さですでに汗だくになっている聴衆を興奮させ、その甲斐あって決意文は僅差で採択された。

のちにスタントンは、持ち前の誇張した表現で、セネカ・フォールズ会議は「世界に船出したばかりのもっとも重要な改革」の開始を告げたと主張した。現在ではこの会議の署名の功績と考えられている女性参政権要求の成功は、ひとえにダグラスが黒人の投票の権利と女性の投票の権利を互いに不可欠なパートナーと考え、支援したことによる。ダグラスは当初からずっと女性参政権要求に共鳴していたわけではなかった。彼は、もともとは女性参政権に反対していた自分の根拠をひとつひとつ論破して、「女性の権利の男」に改造してくれたとして、奴隷制廃止論者の同志スタントンを称えた。[*5] セネカ・フォールズ会議の七ヵ月まえにダグラスが創刊した《ノース・スター》紙の標語は「権利に性別なし――真実に性別なし」だった。セネカ・フォールズでのダグラスは自身の新たな理想を具体的な行動で実証してみせた。彼の連帯行動は、スタントンと彼女の親友のスーザン・B・アンソニーが始め、二十世紀初頭に没するまで続けたとして周知されている運動、すなわち近代フェミニズムの針路を定める一助となった。

だが、それから約二十年後に南北戦争が終わり、黒人男性に選挙権が与えられても、女性は人種によらず選挙権がないままだった。そこでエリザベス・ケイディ・スタントンは人種の平等という大義から退き、白人至上主義の論理における白人女性の権利という希望に賭けた。彼女は南北戦争後の再建期に、三番めにして最終の修正案である憲法修正第十五条の法案と激しく戦った。憲法修正第十五条は「人種、肌の色、以前の隷属状態」を根拠にいかなる人の投票の権利も否定してはならないとしていた。ところが、そこに性別はふくまれていなかった。いかなる人種の女性の投票権も拡大しようとするものではないこの修正条項はスタントンを激怒させた。

一八六九年五月、スタントンは全米権利の平等協会（AERA）の会議で議長を務めた。この協会は「人種、肌の色、性別」によらず普通選挙権を求めて戦うことを目的として、ダグラス、モット、スタントン、アンソニーが設立した組織だ。議長のスタントンはスタインウェイ・ホールの演壇から開会の辞を述べる名誉に浴した。数年まえにニューヨーク市に建設されたばかりの同ホールは、三層構造の観客席を有するコンサートや講演用の立派な建物で、ピアノの大型販売店のショールームに隣接していた。すでに熟達した講演者となっていたスタントンはこれを好機ととらえ、連邦議会で多くの賛同を得て議決を待つ段階にあった憲法修正第十五条に対し、怒りをこめた反対論を展開した。女性であることは、黒人や移民の堕落した男性によって脅かされた危うい状態の白人であることだと。堕落した男性たちが近い将来、この国で最高の家庭を取りしきっている婦人たちより多くの法的権利をもつことになるのだと。「思い出してください、修正第十五条は南部のプランテーションにいる二百万人の黒人男性よりも多くの人を受け入れるのですよ」スタントンは轟くような声で言った。「毎日、東部のわたしたちの都市にはいってくる外国人を全部受け入れてしまうのです。西海岸には中国人が押し寄せています……君主制と共和制のちがいもわからない、独立宣言もウェブスターのスペリング教本も読めない、パトリックやサンボやハンスやユン・トンが……ルクレシア・モットや……スーザン・B・アンソニーに代わって法律をつくることになるのです」参政権を男性のみに拡大させようとする連邦議会議員は「自分の妻や母親を、南部の奴隷プランテーションや旧大陸のひ弱な文明社会からやってきたばかりの、読み書きのできない薄汚れた溝掘りや靴磨きや肉屋や床屋より政治的に下に置こうとしています」この国の将来にはどんな恐怖が待っていて、いつになったら「道化師は女王のための法をつくってくれるのでしょう?」レイシストの手口を詰めこんだスタントンのバッグは底が深かった。彼女は黒人男性のレイピストの亡霊までも引っぱり出し、「その無知蒙昧なアフリカ人」にとって「……女性は性欲の対象にすぎない」のだから、黒人男性の投票権は「女性であることに対する涙の憤りで終わるにちがいありません」と力説した。[*6] さらには、投票の権利は黒人男性自身を今以上に搾取されやすい存在にするだろうという馬鹿げた主張もした。したがって修正十五条は、参政権を男女双方に広げる将来の憲法修正に希望をつないで却下されるべきであると。

ダグラスは二十一年まえにもそうしたように、演説するために聴衆席で起立した。彼は演説の冒頭で、奴隷制廃止運動におけるスタントンの長年の功績と自身との長きにわたる友情に敬意を表しつつも、黒人を侮蔑する「サンボ」という語を口にする頻度が高まっていることや、黒人男性が参政権をもつことへのあからさまに人種差別的な反対意見、それに、だれよりも投票権の擁護が必要なのは中産階級の白人女性だとして譲らない主張に苛立ちを表した。

「われわれにすれば、生死にかかわる問題なのです」とダグラスは続けた。「女性が、女性であるという理由で、ニューヨークやニューオーリンズの街で獲物のように追いつめられたら、自分の家から引きずり出されて街灯柱に吊されたら、あるいは、抱いていた子どもを腕から奪い取られて舗道にその脳みそが飛び出していたら、ことあるごとに侮辱と暴力の標的となったら、自分の家が焼き払われる危険にさらされたら、子どもが学校へ行くことを許されなかったら、どうでしょうか。平等な選挙権を確保することは一刻の猶予もならない課題となるはずです」[*7]

白人の奴隷制廃止論者が再建期に求められたのは、奴隷制の存在から視野を広げて、反黒人という蔓延した暴力を認めることだったのに、多くの白人は相変わらず人種差別を身になじませていた。スタントンにとって白人至上主義は女性参政権を進めるための選択的戦略となった。法律によってすべての女性と隷属状態にあった人に普通選挙権が与えられるという目標の達成が現実には不可能であることがはっきりすると、彼女はそのふたつのグループが衝突するように意図的に仕向け、黒人男性の投票の権利か（白人）女性の投票の権利かという誤った選択を進めてしまった。連帯を選んで、元奴隷の男性を完全な市民にすると謳う憲法修正第十五条への支持を決め、将来、女性参政権を求めて闘うために奴隷制廃止論者との連合を結成することもできたかもしれないのに、そうはせず、男性の普通選挙権を女性の尊厳と純潔を脅かすものと決めつけることを選んだのだ。

女性参政権よりも黒人男性の投票権利の優先を守ろうと奮い立つダグラスは、スタントン批判の急先鋒となったが、時を同じくしてクー・クラックス・クラン（KKK）も恐怖の支配を見せつけはじめ、反黒人の暴力事件が全米で急増していた。全米権利の平等協会（AERA）を構成する団体は分裂し、AERAはスタインウェイ・ホールの会議の直後に消滅した。スタントンとアンソニーはその夜、新たな組織、全国女性参政権協会（NWSA）を結成し、投票権を女性に拡大しないという理由で修正第十五条に反対した。ふたりの立場は揺るがなかった。「女性の投票権ではなく黒人の投票権を求めるくらいなら、今すぐにでもこの右腕を切り落とすでしょう」スーザン・B・アンソニーは以前からそう言い放っていた。[*8]
　合衆国の指導的なフェミニストは、法律が自分たちを締め出すと、黒人参政権の公然たる敵対者になった。スタントンの臆面もないレイシズムは、女性の権利を求めて今しも発生しつつある運動を、どんな代償を払ってでも白人女性の地位を向上させるための白人至上主義運動へと変質させる危険をはらんでいた。

　つまるところ、エリザベス・ケイディ・スタントンはホワイト・フェミニズムの産みの親なのだ。彼女は一八四八年、セネカ・フォールズで着手したこのプロジェクトの基盤を一八六九年、スタインウェイ・ホールで固めた。スタントンにとって女性の権利は、白人のエリート男性がもつ権利と特権を手にすることを意味していた。白人文明が白人女性の指導力のためにスペースを空けてくれるまでは、文明そのものが危うい状態にあると彼女は定義した。スタントンの考える白人女性の指導力とは、男性の指導力よりは道徳的なだけで、最終的には有用性が高いということだ。それでも、この改革の構想はまさしく個人主義で、人間を継続的な競争のなかの孤立した単位ととらえている。たとえば、奴隷制廃止と共通の大義のもとに行動しているように見えながらも、スタントンはまず、白人女性自身の苦しみとの類似性《アナロジー》があるものとして奴隷制に迫った。投票の権利を手にした黒人男性は潜在的な同志というより脅威になった。
　女性の権利を求める運動が始まった最初の数十年間、エリザベス・ケイディ・スタントンは合衆国でもっとも有名な女性のひとりだった。スタントンには富も自信もあったから、彼女の知性が運動におよぼす影響力は確実に世間に認知され、同胞のスーザン・B・アンソニーの粘り強い補佐でふたつの組織をつくった功績も彼女の遺産としてもちこたえることができた。スタントンの存在は二十世紀の最初の四分の三ほどはほぼ忘れられていたが、一九六〇年代と一九七〇年代のフェミニストの歴史の復興が、女性の権利を求める運動の知的指導者を自認していた彼女の立場を回復させた。

　だが、スタントンが白人女性の権利のために遊説していた時期に、フェミニズムのもうひとつの歴史の幕が開いていた。スタインウェイ・ホールで全米権利の平等協会（AERA）の会議が開かれた一八六九年五月二日、スタントンは、「無知なニグロや下劣な中国人《チャイナメン》がつくる法律にわたしが従わなければならないという事態は断じて容認できません」と何度も繰り返して喝采を浴びた。[*9] 指導的な黒人著述家にして、フェミニストかつ奴隷制廃止論者の講演家、AERAの創立メンバーでもあるフランシス・エレン・ワトキンズ・ハーパーは即座に言葉を挟んだ。

「人種を問題にするのであれば、それよりは小さい性差別の問題をあとまわしにしてもわたしはかまいません」とハーパーは言った。「でも、白人女性は例外なく性差別を第一に取り上げ、人種差別を矮小化します」

　ハーパーは女性というロジックが白人フェミニストに都合よく用いられていると非難した。彼女たちは性の抑圧のみに縛られた集団を想定し、人種を「些細な」論点として脇へ追いやっていると。性差別を重要視する白人女性は、白人性《ホワイトネス》の優越性を暗黙のうちに補強していた。なぜなら、それは、女性であること――当時の科学・政治・文化の分野での白人エリート層の考えでは、中産階級の白人家族しか到達できないアイデンティティ――から生まれる関心を、ほかのどんな権力の力学よりも上に置いていたから。ハーパーは先の演説で強調された働く女性の要求という事柄を取りあげて、露骨さを増していくスタントンのレイシズムに反論した。

「働く女性のために闘うという理念には同意します。しかし、〝働く女性〟には有色人種の女性もふくまれているのでしょうか?」とハーパーは尋ねた。

スーザン・B・アンソニーほかの演説者はそのとおりだと熱心に応じた――もちろん、自分たちの関心事である働く女性には黒人女性もふくまれていると。だが、ハーパーはこう続けた。「わたしがボストンに住んでいたときのことですが、六十人の女性がいっせいに職場を去るということがありました。ひとりの有色人種の女性が彼女たちにまじって暮らしを立てようとしたという理由で」[*10]

ハーパーの語った逸話は、女性は共通の抑圧者――男性――に対して結束するのが当然だという神話を粉々に打ち砕き、聴衆席に響きわたった。ハーパーは、自分とその場所に集った白人女性たちは女性という同じ立場にあっても、関心事も特権も同じではないということを明確にした。その後ハーパーは活動家としての長いキャリアを通じて、このことをたびたび指摘することになる。白人女性は同盟を結ぶことができる相手ではあるが、トラブルにもなりうる。性の優位性や白人性の優越性に対する白人女性の深い関与は、白人女性がときとして黒人女性の直面する最大の危険になるということを意味した。白人女性の多くはみずからの倫理的純粋さを美化して、実業界や政治の世界とは切り離されていると主張しているにもかかわらず、奴隷制や植民地主義から莫大な利益を得ていた。結果として奴隷を所有する南部の白人女性は、歴史家のステファニー・ジョーンズ＝ロジャーズが説明しているように、個人的にも財政的にも人間の特性をまとわされていた。[*11] ハーパーが語った白人女性のレイシズムの実例はボストンでの出来事だが、スタインウェイ・ホールでスタントンが座っている議長席でも容易に起こりうることだった。

憲法修正第十五条をめぐって繰り広げられた一八六九年の論争のなかで、活動家は、黒人男性だけに参政権を与えるとする現在の条項を支持するか、すべての女性に参政権を与える修正第十六条の制定を同時に求めるという大博打を打つか、ふたつに分かれることを余儀なくされた。ハーパーは自分なりの闘争を選択した。

「国がひとつの問題にしか対処できないのなら、黒人女性に藁の一本でその道を妨害させようとは思いません。同じ人種の男性が望みのものを手に入れられさえすれば」ハーパーは修正第十五条を支持すると結論づけた。[*12] 会場は割れんばかりの拍手に包まれた。

現在ではAERAが対立する二派閥に分裂した際の、女性の権利における「大離脱」と呼ばれているハーパーのこの調停は、インターセクショナル・フェミニズムの発達の最初の重要な節目だった。ハーパーがインターセクショナリティ・ポリティクス隆盛の中心人物となっていくことも驚くにあたらない。彼女は最初の黒人フェミニスト論者だったのだから。[*13] 詩やフィクションの多作な書き手であると同時に講演者としても精力的に活動していたハーパーは、十九世紀の合衆国でもっとも広く読まれた黒人の詩人だった。彼女のインターセクショナル・フェミニズムは、白人至上主義への暗黙的かつ露骨な傾倒に対する反発というだけではなかった。ハーパーは新しい種類の政治主題と知識の新たな出所をあきらかにした。魂の奥底から解放に取り組んでいた彼女は、競争や利益ではなく倫理によって世界を思い描いた。スタントンが白人文明を進歩させるための梃子のように女性の権利を表現し、奴隷制と白人女性が置かれている状態との類似性を煽ったのに対して、ハーパーのインターセクショナル・フェミニズムは、隷属状態に置かれている人々と自由な人々、フェミニストとアンチフェミニスト、信仰と信仰から切り離された政治とのあいだの連携や交流を提唱するものだった。

スタントンとハーパーは十九世紀後半の合衆国でもっとも積極的に政治活動をした女性ふたりだが、知名度はハーパーのほうが格段に低かった。ふたりそれぞれが政治に関わるきっかけとなった状況は、階級や人種や性別がふたりの私生活を形づくった道のりの相違だけでなく、彼女たちが進めたフェミニズム戦略の相違をも浮き彫りにしている。しかし、ふたりの経験は重要な一点で重なっていた。ふたりのどちらも当時の白人の少女と黒人の少女が受けられる最高に上質な教育を受け、そのために努力できる幸運に恵まれていたということだ。

スタントンが教育を受けられたのは、ニューヨーク州ジョンズタウンで一番の大邸宅で育ったおかげだった。一八一五年、本人が好む言いまわしを用いれば、清教徒《ピューリタン》の血筋を引く「由緒正しい名家」に生まれたスタントンは、「頑健にして進取の気性に富んだ七代の先祖」を誇りにしていた。彼女の父は連邦議会議員を一期務めたのち、州最高裁判所の判事になった人で、母はアメリカ独立戦争の英雄の子孫だった。とはいえ、スタントンは絶えざる失望を父にもたらしていた。母は十一人の子を産んだが、五人が幼くして他界した。成人するまで生き延びたただひとりの息子、エリエザーは、スタントン家が先祖代々築いてきた富と名声の維持という重責をひとりで担わされた。ところが、そのエリエザーも二十歳で重病に罹り、大学から戻ってくるなり死んでしまった。[*14] スタントンはそのときまだ十一歳だったが、父が受けた痛手の大きさがわかった。居間に置かれた息子の柩の横で寝ずの番をしている父の姿が思い出された。父の顔は柩や鏡や絵画に掛けられた布と変わらぬぐらい真っ白だった。「わたしが膝に乗ると、父は無意識に片腕をわたしの体にまわし……ふたりして黙りこんだ。最愛の息子を失った父は望みがすべて潰えたと考えていた……父はついに深いため息をつき、〝おお、娘よ、おまえが男だったら！〟と言った。わたしは父の首に両腕をまわし、〝兄さんの代わりになれるように頑張る〟と応えた」

翌朝、隣人で一家の牧師でもある人物による追悼の礼拝を求めたときに、スタントンは性別が理由で自分には教えられなかったふたつの技術、古代ギリシア語の読み方と乗馬の習得を手伝ってもらえないかと頼んだ。牧師は早熟な子どもに自分の書斎と馬小屋を解放し、定期的に授業をしてくれた。ほどなくスタントンはラテン語と数学もジョンストン・アカデミーの科目に加え、同校でその二科目を学ぶ唯一の女子生徒となった。ほとんどの級友より何歳も若いのに、最後にはギリシア語の新約聖書の書写をして、同校のギリシア語コンテストで二位の成績を獲得した。これでやっと父に認めてもらえるはずだと得意満面で坂道を駆けおり、父の執務室に飛びこんで聖書の書写を見せた。だが、父は「たしかに喜んでいた」けれど、賞賛の言葉はその口から出てこなかった。父はただ「わたしの額にキスをし、ため息とともに大声で、〝ああ、やはり、おまえは男に生まれるべきだった！〟と言ったのだ」それからまもなく、構造的な失望が彼女を襲った。クラスの男子生徒は十六歳になると全員、エリエザーもかよったユニオン・カレッジへ進学した。女性を受け入れる単科大学も総合大学も合衆国にはまだなかった。スタントンはそれでも、エマ・ウィラードの女子専門学校に入学することができた。女子を受け入れていた当時の教育機関では国内最高の学校だったと、スタントンの伝記作家、ロリ・ギンズバーグは書いている。[*15] 生涯を通じてスタントンは、保守主義の塊のような父親を、自分のなかに芽生えたフェミニスト精神を発達させるうえでの引き立て役と位置づけ、高貴な血筋の一族の潜在能力——性で分けられた父の世界を解体するのに使う潜在能力——の継承者は自分であるとした。

一八二五年生まれのフランシス・エレン・ワトキンズ・ハーパーも、幸運と勇気と悲劇がまじりあった状況を体験しながら高等教育を受けた。ハーパーの両親は奴隷州のメリーランドで暮らしながらも自由な黒人だったが、十九世紀前半のほかの家族と同様に死は身近にあり、両親のどちらも彼女が三歳になるまえに世を去っていた。母の兄のウィリアム・ワトキンズとその妻のヘンリエッタに我が子として育てられたハーパーは、ボルチモアにあったワトキンズ・アカデミー・フォー・ニグロに入学し、当時、黒人の子にも開かれていたもっとも厳しい学習課程を履修した。靴職人と説教師を生業《なりわい》とする伯父のウィリアム・ワトキンズは優れた演説家で、ギャリソンが発行する新聞《リベレイター》に寄稿もする積極的な反帝国主義者でもあった。彼の弟子たちはほぼ毎日、小論文を書き、雄弁術、歴史、地理学、数学、自然哲学、ギリシア語、ラテン語、わけても音楽に長けていた。[*16] ワトキンズの息子は長じて、《ノース・スター》でフレデリック・ダグラスとともに働くことになる。

しかし、ハーパーの勉強は十三歳で終わった。自活のために職を得る必要に迫られたからだ。彼女はボルチモアの書籍商の自宅の家事使用人という仕事を見つけ、子どもたちの面倒を見たり家族の衣服を縫ったり、ほかにもさまざまな家事をおこなった。雇い主の書籍商は親切な人で、彼の妻はハーパーが寄稿した記事にいたく感心して、ハーパーが「三十分ほどの自由時間をたまに」ひねり出せると、自宅の書庫に出入りするのを許可した。ハーパーのそんな状況は、二十年まえに海の向こうでジェイン・オースティンが置かれていた有名な執筆環境を思い起こさせる。オースティンは、いつもは家族や大勢の来客に占領されている時間のなかにたまに中断のない貴重な時間ができると、居間のテーブルにかじりついて執筆していた。[*17] とはいえ、オースティンとハーパー、スタントンとハーパーには歴然とした相違がある。ハーパーは自分の部屋をもたないばかりか、自分以外の人間の部屋を掃除することを宿命づけられていた。

だが、ハーパーが自分の進む方向を見定めて、読者兼執筆者として成長した場所はその書庫だった。そこで彼女は詩と散文を書きつづけ、まだ二十代前半で初の詩集『森の葉』を世に出した（一八四六年ごろ）。こんな形で成長期から文学の道にはいることがなければ、十一冊もの書籍を上梓することも雑誌に三作の小説を連載することもなかったかもしれない。一八七一年までに彼女が売り上げた五万冊の読者のほぼ全員が黒人だった。アフリカ系アメリカ人の識字率がわずか二〇％という時代に驚くべき数である。*18

みずから進んで高等教育を受けるという、当時としては逸脱した作戦を取ったスタントンとハーパーに興味深い並行の道筋が見られるとしても、それぞれが奴隷制廃止論者となり、フェミニストとなって活動を広げるにつれ、二本の線は交わらぬままどんどん離れていった。

奴隷制廃止論者の第一人者で講演家のヘンリー・ブルースター・スタントンと結婚した二日後、スタントンは夫とともにロンドンへの三週間の船旅に発った。ヘンリーは第一回の反奴隷制世界会議に代表として出席した。一八四〇年六月にロンドンで開かれたその会議がスタントンの政治的な覚醒にきわめて重要な役割を果たしたことはあきらかだ。その会議は、七年まえに有名な全米女性反奴隷制協会を設立したルクレシア・モットをはじめ奴隷制廃止論者との幅広い交流にスタントンを導き、モットとは腕を組んでロンドンの町を散策するほど親しくなったが、結果として、それ以上に重要なのは、スタントン自身が疎外された周縁の立場にあると教えたのがその会議であることだった。代表団がフリーメイソンズ・ホールに到着したとき、女性は――スタントンのような夫人もモットのような公式代表者も――会議の中心的な席と切り離された、「幕の仕切りがある低い席」へ連れていかれた、まるで「聖歌隊」かなにかのように。

ウィリアム・ロイド・ギャリソンと、おそらくは黒人初の講演家であるチャールズ・リモンド、ほかにも数名――女性とともに抗議の行進をして彼女たちの意見を支援した人たち――が雄弁に異議を唱えたにもかかわらず、会議に出席する女性の立場を決定するための投票がおこなわれると、女性の代表者は投票する権利も発言する権利も否定された。見解が不一致なのは偽善というより戦略だった。スタントンの夫をふくむ勝者側は、なんであろうと、この国の奴隷制廃止という最重要な唯一の争点を脅かしかねない、もしくは弱めかねない政治的姿勢には反対だという狭量な態度を崩さず、結局は、公の場での女性の発言という危険な論点を回避することにしたのだ。スタントンは、自分もその会議の女性代表者たちも傍観者の立場に追いやられて、「六月の長い長い十二日間、フランスや英国や米国出身の何人ものソロン〔原注／古代ギリシアの政治家〕の言葉におとなしく耳を傾けていた」と皮肉をこめて述懐した。その会議は彼女自身がもつ優先順位を形にしはじめた。のちにスタントンは、「過去の教条《ドグマ》から女性を解放することほど自分にとって大事なことはない」と気づかせてくれたのは、ロンドンで過ごしたその時間だったと述べている。[*19]

一八四〇年の合衆国では二百五十万人が奴隷にされていた。スタントンはその会議で、活発な社交サークルをつくるきっかけとなった地元の奴隷制廃止論者のコミュニティでよく聞いていたような、奴隷所有者による鞭打ちや殺人や子盗りの生々しい実話を耳にしたはずだが、なによりも痛感したのは自分の体面が傷つけられたことだった。一方で彼女のそうした反応はもっともだとも思える。実際の経験ほど深く突き刺さるものはないわけで、それが排除と屈辱ならなおさらだ。しかも、他者の基本的な権利のために戦っているのに、同志の女性を黙らせようとする男性には根深い不信を抱かざるをえない。自由な白人女性には、北部でも南部でも、もっとも基本的な個人の権利が与えられていなかった。自分で稼いだ賃金でも相続した財産でも、結婚後は財産を所有する権利がなく、[*20]離婚すれば我が子の親権ももてない。女性の権利が奪われている状態に奴隷制廃止論者が反対しないなら、いったいだれがするというのだろう？

また一方で、奴隷制廃止と女性の権利に対するスタントンの取り組み方を構築したのが優先順位だったことは、彼女のキャリアのなかで一貫していた。スタントンはひとつの選択に直面した。彼女は芽生えたばかりの女性運動と奴隷にされている人々を並べることができたし、自分の属するコミュニティを引き上げるために白人性の力を呼びこむこともできた。スタントンは何十年間も後者を選びつづけた。彼女が「白人女性の権利」につけた優先順位は、黒人の権利への彼女の関与を弱めることになった。[*21]スタントンにとって奴隷制に対する倫理的な怒りは、劇的な類似性を見いだして自分の権利の欠如を浮き彫りにする、これ以上なく有効な手立てだったのだろう。彼女から見れば、自分は白人性で得られるはずの権利から法的に遠ざけられ、不当にも奴隷のような状態を共有している。だから、他者をもっと周縁に置くことによって中流階級の白人女性の権利と自由を勝ち取ろうとした。ホワイト・フェミニスト・ポリティクスの流儀はここから始まった。

「世界は新しい要素を、浄化する力を、慈悲と愛の精神を待っている」と彼女は説いた。このように精神を高めるのは洗練された女性の力であると。[*22]スタントンはさらに、女性に与えられている権利が少ないことを、文明の進歩を脅かすはなはだしい不正義と位置づけ、白人であるという美徳によって自分たちに完全に備わっているはずの特権が否定されている白人女性は、社会を洗練させ向上させるための倫理的な力を奪われていることになる、と論じた。だが、権利と影響力が女性に与えられれば、合衆国は文明のもてる可能性を余すところなく開花できるだろうとも。

セネカ・フォールズ会議からわずか六年後、スタントンは女性の法的地位についてニューヨーク州議会に請願を提出するとともに、初の大演説をおこなった。スーザン・B・アンソニーはそのバレンタインデーの公聴会のために数ヵ月まえから動き、六十名の女性を指揮して請願の署名を一万筆、集めていた。さすがのスタントンも演説のまえから、それまで経験したことがないほど緊張していた。[*23] 議員たちに向かってスタントンは、立場と価値においては対等であるのに、侮辱的にも合法的に「愚者や狂人やニグロと一緒くたにされている」者として訴えた。白人女性は、投票と陪審裁判の権利を阻まれていることに加え、ひとたび結婚するや、法的地位をすべて失うと。「財産をいっさい相続できない妻が有する法的地位は、南部のプランテーションの奴隷のそれとほとんど同じであります。妻はなにひとつ自分では所有できず、なにひとつ売ることもできないのです」女性には我が子の将来を決める権利すらない、と彼女は説明した。夫は息子を口汚い親方に弟子入りさせることもできれば、娘に体を売らせることもできるのに、妻にはそれを止める法的権限がまったくないと。スタントンはまたしても、白人性に基づいて女性の権利を要求したのだ。アンソニーはスタントンの演説を二万部刷って、ニューヨーク州議会の議員全員の机に一部ずつ配った。

　白人の既婚女性がとてつもない法律上の不平等を味わわされていたのはたしかだが、スタントンは自分が置かれているその状況を単なる政治的地位にとどめず、白人性の権利と優越性を奪われて奴隷のコミュニティに投げこまれた状態だとして大仰に語った。財産を所有できないことは、当然ながら、人の所有物であることと同じではない。中流階級の白人女性はその状態に置かれることからは完全に免れていた。しかし、言葉の綾《あや》として女性から奴隷への没落を劇的に表現することは、スタントンにすれば非常に有効だった。このふたつを比喩的に並べたことには、聞き手の心に恐怖を与えようという意図があった。「……人として、その土地に自由の身で生まれた市民として、財産のある者として、（そして）納税者として、われわれに与えられる権利すべてを十全に認識する」にふさわしい白人女性が、白人男性と分かちあうべき状態を否定され、奴隷として不当に扱われているると。同じころ、さる筋からの情報で、現状とは異なる社会構造がありうることにも彼女は気づいていた。それは彼女の祖先が住み着いた地域の、ホディショニ（イロコイ）〔訳注／ニューヨーク州オンタリオ湖南岸とカナダにかけて保留地をもつ先住民の部族国家集団。現在はイシックスネーションズの別名で呼ばれることもある〕の母権制文化だった。[*24]

スタントンが何度も口にした「女性」と「ニグロ」の類推《アナロジー》は、なんであれ共有された抑圧のシステムであることを拒み、仕切りの壁をはっきりと立てる。一九八〇年代から編まれてきた黒人フェミニストのある選集の表題を引用すると、仕切りの片方では「女性はみな白人、黒人はみな男性」ということになる。[*25] アナロジーは奴隷にされている女性の政治的地位を目に映らぬ、取るに足らないものにしてしまう。

誤解のないように断っておくと、エリザベス・ケイディ・スタントンは奴隷制廃止運動の一活動家などではない。彼女は何十年も反奴隷制の活動に打ちこんでいて、一八五九年のジョン・ブラウンによるヴァージニア州ハーパーズ・フェリーの連邦兵器廠《しょう》襲撃のような、奴隷にされている人々の武装蜂起を先導する武闘派の戦術も支援した。南北戦争中にはスーザン・B・アンソニーとともに、黒人解放に全力を尽くすため、毎年開催されるようになっていた女性の権利を求める会議を中断した。「病人や負傷者の看護、靴下編み、毛玉取り、ゼリーづくり」といった女性の典型的な、だが欠くことのできない任務よりも、戦争の大義への貢献に没頭し、立法にも直接的に介入した。アンソニーとスタントンは何千という男女からなる女性愛国連盟を結成した。これは女性の主導でつくられた国内初の政治組織で、奴隷制を終わらせるための憲法の修正を支持する百万筆の署名を集めることを目的としていた。請願は「ひどく非効率に見える」けれど、政治のプロセスに自分の声を届けられるのは投票だということを否定する人々にとっては唯一の手段なのだとスタントンは語った。この請願は北部全土に広まり、「柵柱にも鋤にも金床にも靴職人の腰掛けにも署名がされた――署名した女性は上流社会にも産業界にも、居間にも厨房にもいた」[*26]という。女性愛国連盟が巻物式にまとめてチャールズ・サマー上院議員に届けた、ずっしりと重い約四十万筆の署名は、実質的には目標に達しなかったのだが、この国の歴史上最大の気迫がこもったスタントンとアントニーの請願は、奴隷制廃止を定めた一八六五年の憲法修正第十三条の採択へ向かう地均しとして評価されている。

ただし、ロリ・ギンズバーグの言葉を借りると、スタントンは「自分の思考を真剣に広げておらず、富も慰安も犠牲にしなかったし、現実に奴隷にされている人たちに対する差し迫った強い関心を示すこともなかった」また、ギンズバーグはこうも書いている。スタントンは「南北戦争によってなにが成し遂げられるのを望んでいるかということについて、つねに自覚していた。奴隷の解放が女性の解放のための地固めをするだろうと確信していたのだ」スタントンにとって奴隷制は抽象的な政治理念というだけでなかったとすれば、この説はよりいっそう衝撃的である。そのことは彼女が育った家庭の本質に関わる現実でもあった。ニューヨーク州では一七九九年に奴隷制が正式に廃止されたとはいえ、奴隷の所有は一八二七年まで、州の漸次的解放条例のもとに置かれたままだった。ジョンズタウンにあったスタントンの実家には三人の奴隷がいた。にもかかわらず、スタントンは子ども時代に家庭内で体験した不正義を、自分の知的な価値も可能性も認めようとしない父親の原理原則として描いた。自伝には一家の使用人、エイブラハム、ピーター、ジェイコブへの言及もあり、彼らは子どものころの無二の親友で、おとななのに幼い自分の冒険の手引きを自然にしてくれる仲間だったとされている。[*27]この三人の男性が父親の所有する奴隷だったとは書かれていない。

自分が受けた侮辱を中心にして話を進め、奴隷を所有する家族のなかの自分の立場に関しては沈黙をつらぬくという選択は、スタントンのホワイト・フェミニズムを実証している。ホワイト・フェミニズムは政治的立場であって、アイデンティティではない。スタントンの厄介なところは、彼女が奴隷を所有する由緒正しい家庭に育ち、結婚相手の男性もメイフラワー号で渡ってきた清教徒《ピューリタン》を祖先にもち、だから彼女の政治学が疑わしいということではない。周縁化が倫理的な、もしくは過激な政治学に直接結びつくとはかぎらないように、特権はかならずしも近視眼的な利己主義にはつながらない。そういうことではなく、彼女のホワイト・フェミニスト・ポリティクスは、自分が置かれている状況を大袈裟に表現する扇情的なアナロジーとして、奴隷にされている人の状態を利用するという選択をした結果なのだ。

スタントンはそれでも、奴隷制廃止の大義に勇猛果敢な犠牲を払った自分を奴隷の献身的な友人と見なしていた。一八六五年、奴隷制がついに廃止されると、彼女はそれまで奉仕したことの見返りを期待した。

二十代なかばでボルチモアをあとにしたハーパーは、オハイオ州で教職に就き、その後メリーランド州との州境から二十マイル足らずに位置するペンシルヴェニア州リトルヨークに移った。ペンシルヴェニア州の教室には五十三人の生徒が押しこめられていて、授業のあとはくたくたに疲れた。そのころ、高まりつつあった一八五〇年代の反黒人主義は彼女に打撃を与えた。一八五〇年の逃亡奴隷法の制定には、ほかの奴隷制廃止論者と同様に、ハーパーも打ちのめされた。それは大陸を横断して奴隷制の適用範囲を広げる法律だった。奴隷所有主のもとから逃げた者をとらえることは合衆国のどの州でもできて、所有者と称する人物に送り返すこともできた。この法律はまた、南部諸州の白人が自分の所有する奴隷だと宣誓証言した人物を逮捕できなかった場合、その地区の保安官に一千ドルの罰金を科し、逃亡奴隷を幇助《ほうじょ》した人間を六ヵ月間投獄した。[*28] こうした条項により、自由の身に生まれた子や自由州で生活しているおとなをつかまえ、奴隷にすることも比較的たやすくなった。実質的に奴隷制が全国制度となってしまったのだ。

リトルヨークにいるあいだ、ハーパーはたくさんの逃亡者と出会った。その人たちは〝地下鉄道〟ネットワークの秘密ルートと安全な家を使って北へ向かい、カナダにまで逃げようとしていた。逃亡者の苦境と危険はハーパーの不安と関心をかき立てた。「この貧しい逃亡者たちは歩くことができる財産なのです」彼女は友人への手紙にそう綴った。「虹が架かったナイアガラから水かさの増したメキシコ湾へ、大西洋の休みないつぶやきから太平洋の絶え間ない轟きへ、飛ぶように逃げる餓死寸前の貧しい逃亡者たちには足の裏を休める場所さえありません！」[*29]

法律を急成長させる奴隷制は三年もしないうちにハーパーを潜在的な逃亡者にした。一八五三年にメリーランド州で制定された新しい法律は、有色の自由な北部人がペンシルヴェニア州との州境からメリーランド州にはいることを全面的に禁じた。州境越えをした者は投獄ののち奴隷の身分へ戻されるという極端な処罰を受けた。ハーパーは突如として亡命者となった。自由の身に生まれ、両親も自由民なのに、ボルチモアへ戻れば、奴隷にされるかもしれない。だが、彼女を行動に駆り立てたのは自分以外の人間の苦しみだった。その法律ができたことを知らずに南のメリーランド州まで旅した自由な黒人男性が逮捕され、ジョージア州で売られて奴隷にされた。男性は逃げ、ある船の操舵室の陰に隠れた。しかし、そこでもつかまって、もう一度奴隷として売られ、まもなく死んだ。その男性の窮状と末路がフィラデルフィアの奴隷廃止論者たちに知れわたり、ハーパーは骨の髄まで震えた。「その人の墓前で反奴隷制の信念に身を投ずると固く誓いました」[*30]
ハーパーはフィラデルフィアとボストンへ旅しては、〝地下鉄道〟で活動するようになり、公開講座も開きはじめた。伯父から受けた演説法の訓練がここで実を結び、たちまちにして一週間のほとんどの夜、六百人に達することもある聴衆のまえで演説するという生活となった。ひと月ほど経ったハーパーの二十九歳の誕生日、メイン州反奴隷制協会が彼女を雇い入れ、ハーパーは晴れてプロの講演家となった。この立場はヘンリー・ブルースター・スタントンに初期のキャリアを進ませた立場とよく似ている。ハーパーははじめて講演旅行に出たとき、たった六週間で二十一の町をまわり、三十三回の講演をおこなった。その仕事は彼女に活力を与えた――「人生はわたしに美しい夢を思い出させてくれます」と、作家にして歴史家、〝地下鉄道〟では車掌役だった友人のウィリアム・スティルへの手紙に書いている。ハーパーの講演旅行によって〝地下鉄道〟への資金援助は大幅に増え、彼女はそれを自分の講演料の一部とともに定期的にスティルに送った。ときには〝地下鉄道〟組織の財政状況について、もっと積極的であってくれとスティルを叱咤し、自分は必要最小限の運営費を支援する立場だと念を押した。[*31]
成功者なのはまちがいないハーパーでも、黒人女性の講演家としては「同胞の昇進と教育に関して」といったテーマを選びながら、細い道を踏みはずさぬようにしなければならなかった。女性が人前で意見を述べる権利を認められていたのは、奴隷制廃止論者の団体や女性の権利を求める協会の会議においてだけだ。しかも、北部での彼女の聴衆の大多数である白人たちには、そもそも黒人女性の講演者の演説に耳を傾ける習慣がまったくなかった。「わたしの声は力強さに欠けているわけではなく、家からはるか離れたところまで届くと自負しています」彼女は大聴衆をまえにして二時間におよぶ長い演説をおこなう際のもっともな自尊心を、スティルへの手紙で認めている。[*32]だが、この力強さこそが、通常は白人のみに女性の地位を用意している時と場所において、不利に作用することもあった。ハーパーは北部で講演してから南部一帯をまわった。往々にして南部人は、彼女を珍しい存在として、また、苦しんでいる人種の一員として見ることはしても、同時に繊細な性とされている女性でもあるとは見なさなかった。

ハーパーは演壇からも、ペンを通しても、インターセクショナル・フェミニズムを果敢に説いた。特権の獲得よりむしろ、洗練された白人であるという地位の解体を目指すフェミニズムを。彼女は黒人女性が女性であると示すことに苦労していたが、自分たちが文明的で洗練された存在だと主張するよりも、母親としての体験を実証することによって、それをやってのけた。職業的講演者としての活動を始めたのと同じ年に、ハーパーは『雑題の詩』（一八五四年、未邦訳）を上梓した。奴隷制、キリスト教、女性の窮状を題材に取ったこの詩集はハーパーのベストセラーとなり、二十刷まで版を重ねた。たぶんそのなかでもっとも有名な詩、「奴隷の母」は、奴隷にされた女性の動物のような不思議さを強調する一節で始まり、答えを求めるかのように読者に直接語りかける。「あの叫びが聞こえたか？　それはあんなにも荒々しく宙にのぼった」しかし、詩の最後には、その野性の叫びが人間の女としての彼女の地位の証拠となる。文明化された人間の階層に加えるには不適格とされたその特質こそが、人間の感情の深さを証明してみせる。なぜなら、その女性は、奴隷の競売の場で「自分の両腕がつくる輪から」息子が引き剝がされたときに、叫びを解き放つのだから。「そのとき、この悲痛な叫びが、耳を澄ます空気を困惑させる。無理もない。彼女は母だ。彼女の心は絶望に砕け散っている」*33 ハーパーは奴隷の母親の苦痛を表すことによって、彼女を人間にしている。

　この詩集に収められたほかの詩で語られるのは、合衆国で出版された初の黒人女性の短編小説、『ふたつの申し出』（一八五九年、未邦訳）と同じく、放蕩三昧な男性に棄てられたり虐待されたりする女性の話で、以前のパートナーのふるまいを理由に女性を罰するダブルスタンダードを主題にしている。これらの話が女性の登場人物を人種で特定していないのは興味深い。こうした属性の欠如から引き出されるのは、黒人と白人の女性間の類似性というより、両者のあいだに生まれる連携だ。

ハーパーのインターセクショナル・フェミニスト・ポリティクスが強調する重要なテーマは、広義の社会正義に基づいた完全に新しい社会をつくるために戦うこと、そして、その社会を見分ける鍵は、土地をはじめとする資源が平等に分配されているかどうか、女性の権利や人種間平等や労働者のための運動のなかに連帯があるかどうか、である。「わたしたちはみな束ねられて人類という大きなひとつの塊をつくっていて」、その塊とは、神をただちに資本に置き換える現世的な利益配分偏重の権力構造ではなく、キリスト教の教義に導かれた政治体制のことなのだから。[*34]

スタントンは、アメリカ独立革命の誇り高きアングロサクソンの娘として、白人男性の議員に申し入れをしたが、ハーパーは、黒人の聴衆や読者に向けて、白人文明の倫理的・政治的失敗とそれに抗う黒人の力について語った。ハーパーは黒人が富を手に入れることだけが正義をもたらすという考え方を退けた。「裕福になるほどに社会的・政治的な平等に近づく」わけではなく、金銭は、いや「知性と才能」も、国家の腐敗した権力構造の中心で重要な柱になりこそすれ、正義をもたらしはしない。彼女は黒人の読者にそう訴えた。[*35] 体制は南部のプランテーションの余剰財産によって支えられ、いたるところで黒人の利益を損ねていた。ハーパーが思い描く正義とは、貧者と奴隷と女性の要求がすべて満たされるという相互依存の形をしていた。

黒人がみずから白人文明に値することを証明して資本主義のおこぼれにあずかったり、政治的階級のどこかに加えてもらったりすることはハーパーの望みではなかった。彼女は血みどろの構造全体が崩壊し、新たなシステムがそれに代わることを望み、「女性を鞭で打って赤ん坊を盗む男性と政治的に手を結ぶことは名誉などではない」と皮肉めかして語った。心を揺さぶる詩は、自分たちには個々の消費者として選択する力があることを読者に思い出させた。それは、奴隷にされた人々が摘んだ綿からつくられた衣服の購入を拒否することによって、屈従という構造をした歯車の歯にはなるまいとする選択である。「この布はあまりに軽すぎて／奴隷が流す涙の重みに耐えられない／わたしはこの織り地のなかに／苦悶の歳月をたどろうとは思わない」ハーパーは、自由民の労働で織られた綿布が、綿畑での奴隷の苦痛に身を包んでいることから消費者を解放するとうたった。[*36]

ハーパーが女性の権利の舞台で全国的デビューを果たしたのは一八六六年の前半、スタントンが議長を務めた全米女性権利会議のニューヨーク州での集会だった。スタントンとアンソニーが設立したこの組織は今や十一年めを迎え、南北戦争中の五年間の活動停止を経て、活動を再開しようとしていた。奴隷制廃止論者と女性の権利を求める活動家が出席したこのときの集会が紛々たる議論を引き起こしたのは、厄介なジレンマに直面していたからだった。憲法修正第十四条の法案は、合衆国で生まれた、もしくは帰化した人々の公民権とともに法のもとでの平等を保証しようという条項だが、「男性の」という語をはじめて憲法の条文に取り入れようとした法案でもあった。その修正法案は投票権を唯一かつ排他的に「男性の公民」に限定しており、女性の投票権は無視されているばかりか阻止されていた。

ユニオン・スクエアにほど近いピューリタン教会のアーチの下で開催された集会は、女性の権利を黒人男性の権利に対抗させた最初の論争となり、わずか三年後に起こる女性運動の決裂を予兆させた。スタントンとアンソニーは、修正第十四条は「人種、肌の色、性の区別なき」参政権という目標への打撃になるだろうとして採択に反対していた。スタントンはまた、ウェンデル・フィリップスやルクレシア・モットのような奴隷制廃止論者が「今こそニグロの時」と主張するのに対して、自分は「女性の時が来た」と心底から信じていると固く決意した。[*37] スタントンは内心でこう思っていた。白人女性は奴隷制の廃止を勝ち取るためにこれまで犠牲を払ってきたのだから、今度は性別によらぬ参政権の全面的支援を奴隷制廃止運動から受ける資格があるはずだ。そうでなければ、そもそも参政権ではない。男性の投票権を成文化した修正第十四条が成立すれば、女性の権利を百年後《あと》戻りさせかねないと彼女は予測していた。

フランシス・ハーパーはまさにこの緊迫した集会で、スタントンとアンソニーとモットとフィリップスに向けてはじめて意見を述べた。「わたしはこの場ではいささか新参者だと感じています」ステージ代わりの教会の祭壇に上がり、彼女は語りはじめた。ハーパーは女性の権利を求める各種の集会ではたしかに新参だが、この時点で講演家としてすでに十二年間の実績をもつ、だれもが知る知識人であり、アレクシス・ド・トクヴィルやジョン・ステュアート・ミルなど優れた政治学者の著書も読んで、当時の学術誌や週刊誌に書かれている事柄にも通じていた。[*38] こうした確固たる下地がある彼女は、ホワイト・フェミニズムへの辛辣な批評を控えようとはしなかった。

連帯声明で始まったハーパーの演説では、夫のフェントン・ハーパーが結婚のわずか四年後に死去したこと、女性の権利よりむしろ自身の人種の大義との連携をより強く感じていることが述べられた。オハイオ州で結婚し、「農夫の妻」としての地歩を固めているあいだは、ハーパーの講演と執筆のキャリアは減速した。そのころの彼女はフェントンの三人の子どもの面倒を見つつ、自分も夫とのあいだにできた子どもをひとり産み、バターをつくってはコロンバスの市場で売るという生活をしていたが、フェントンの死によってその生活が一変した。夫と死別すると財産の権利いっさいが奪われるという、既婚女性が置かれている法律上の剝奪状態を現実に味わわされた。「夫は負債を抱えて亡くなりました。すると、夫が墓にはいって三ヵ月も経たないうちに、遺産管理人がミルク壺や洗濯桶までも、わたしの手から奪い取りました……彼らが残してくれたものはひとつだけ。それは鏡でした！」生計手段を奪われてはじめてハーパーは、自分もこの会議の戦いの目的である「これらの権利を、ほかの女性たちと同様に」手にする資格があると「痛切に」感じた。

ハーパーは国じゅうの寡婦が置かれている立場——自分の賃金の成果や夫との共有財産に対するいっさいの権利が奪い取られた状況——を法的に共有した。ハーパーの権利が合法的に認められたのは、他者の目に心地よく魅力的に映らなければならないという社会的義務を果たすための鏡だけだった。「女性が法のもとに平等でないかぎり、正義は満たされていません」と彼女は宣した。だが、ハーパーは、法律上の権利を超えて広がっている社会的地位の側面が非常に多いことも認識していた。自分の父親の法的な見識に学び、それを崇拝してもいたスタントンは、その点をなかなか認めたがらなかった。白人女性は、法律上の地位をもたずとも、たくさんの権威を振りかざし、社会の「弱者や貧者を踏みつけにする」人々の一員だとハーパーは語り[*39]、白人女性に政治的な権力を与えたからといって、文明のレベルが上がって最高潮に達するとはかぎらないと強調した。白人女性の道徳心はしばしば内なるレイシズムによって損なわれるとも。

「女性に投票権を与えることが人生のあらゆる苦難の救済に直結するとは思いません。白人女性は空が吐き出した露の滴《しずく》だとも思いません。彼女たちも男性と同じく、善意の人と悪意の人と無関心な人の三種類に分けられるのではないでしょうか。善意の人はみずからの信念や主義に従って投票し、悪意の人は偏見や邪念の命じるままに投票するでしょう[*40]」彼女が言わんとしたのは、投票が人種差別に反対する白人女性に政治的権限を認めるのとまったく同じように、投票はレイシストの白人女性を武器に変えるだろうということだった。

「あなたがた白人女性はここで権利の話をしますが、わたしは不当な行為の話をしています」とハーパーは続けた。「有色人種の女性」としての彼女の体験は、女性の権利がすべての女性に平等をもたらすという神話を打ち砕いた。ハーパーは、路面電車から突き落とされるというような、男女を問わず黒人が受ける暴力は、白人男性だけでなく白人女性にも支持されて実行されていると力説した。[*41]

同じ壇上からスタントンは、投票権は白人女性がこの国の文明レベルを押し上げることを可能にすると述べていた。ハーパーは、参政権によって押し上げられるのは白人女性自身だと反論した。「投票箱ごと女性に渡すという話をしているのですか？　どうぞ続けて。学校ではふつうそう言われますよ。この国の白人女性に必要なのはそういうことです……自分のなかの実体のない空気のようなものや身勝手さを取り除かれなければならない人々がいるとするなら、それはアメリカの白人女性だとわたしは言っているのです」[*42]

ハーパーの熱弁に奮起したスーザン・B・アンソニーは、ルクレシア・モットとともに徐々に固めていた新たな決意を示した。「普通参政権を要求する」ための新たな組織、全米権利の平等協会（AERA）の立ち上げだ。ハーパーはその夜、アンソニー、スタントン、ダグラス、モットほかの人たちとともにAERAの設立メンバーとなった。

しかし、その三年後、ニューヨークのスタインウェイ・ホールで、スタントンは自分より先に「サンボ」が投票権を獲得したことに憤慨し、AERAと女性の権利を求める運動は分裂することになる。さらに、スタントンとアンソニーは一八八〇年代の数年を費やして、主要な会議での発言の書き起こしを収めた六巻からなる『女性参政権の歴史』〔訳注／スタントンとアンソニーの共著は三巻まで。一八八一〜一八八六年〕をまとめた。そのなかにはきわめて重要な一八六六年の全米女性権利会議もふくまれていたが、ハーパーの演説は除外されていた。ハーパーの名が現代人にあまり知られていないとすれば、参政権をめぐる闘争の「公式な」説明に関して権限をもっていたのがスタントンとアンソニーのふたりだけだったのが大きな理由である。

南北戦争が終わると、ハーパーは「識字、土地、解放」のメッセージを広めるために再建期の南部の未舗装の道を通って講演旅行に出た。スタントンがいよいよレイシズムの方向へ舵を切り、白人女性の権利を求める持論を固めていくのとは対照的に、ハーパーは南部一帯の黒人や白人と対話するなかでインターセクショナル・フェミニストとしての分析を深めていった。彼女は三年間、サウスカロライナ、ジョージア、アラバマ、テネシーの各州のプランテーションや町や都市を旅した。学校や教会や州の公会堂で、かつて奴隷だった人々やかつて奴隷を所有していた人々と話し、ときには一日に二回の講演をして、自由民の自宅で夜を明かすこともあった。ハーパーは黒人の学校や家庭で見つけた途方もない「頭脳の力」を友人に知らせた。悲惨な冬の夜を明かした「南部の貝殻」、つまり、窓にガラスがなく、壁には指がすっぽりはまるほどの隙間がある山小屋についても。講演料を請求しないことはよくあった。綿花の価格が低いときはなおさらだし、自分が集めた女性のみで構成された団体に対しては一度も請求しなかった。女性に向けて演説するときはひときわ気分が高揚した。友人のスティルへの手紙には「今こそわたしたち女性が行動を起こすときです。頭を起こし、暖炉石の下に進歩の根を植えつけましょう」と書き、再建期にある黒人の生活状況の改善に黒人女性が果たす潜在的な役割を称えた。[*43]

南部への旅そのものも、法律上の平等の必要と、黒人が教育や土地や倫理的な正しさを手にすることの必要についての主張を広める機会となった。サウスカロライナで列車に乗っていたとき、話をする彼女のまわりに集まってきた乗客の一団のなかに、かつての奴隷商人がいた。ひとり旅だったにもかかわらず、ハーパーはその男性を会話に引きこみ、「かなり刺激的な時間」を過ごしたと、のちに友人への手紙に書いていて、そのあとの文章からは、彼女が対峙している潜在的な危険が垣間見られる。「殺人は減ってきています」と、再建が進みつつある州の様子を希望をこめて伝えているが、プランテーションの所有者は依然として定期的に分益小作人〔訳注／小作料を収穫量の一部で納める小作農民。南北戦争後の深南部に生まれた〕の何年ぶんもの小作料を一度にかすめ取っていた。ハーパーが講演中に受けた侮辱のなかには、彼女はじつは男性で、顔を黒く塗って演じている白人なのだという非難もあった。ハーパーは、雄弁や英知が黒人女性という形で現れることを認めたがらない世界の馬鹿馬鹿しさを一笑に付し、人種の入りまじった聴衆のためのそうした「たいへんすばらしい集会」について省察した。聴衆のなかに南部連合の兵士や役人がいる場合には、奴隷制の虐待にまつわる「絶対的真理《ゴスペル・トゥルース》」を伝え、翌日に自分が幸運にもまだ生きているとわかると喜んだ。[*44]

フランシス・E・W・ハーパー。1898年刊行の詩集の著者近影。（米国議会図書館印刷・写真課の厚意により転載）

ハーパーはしかし、十九世紀の文明がもつ説得力も認めていた。六十年のキャリアを通してハーパーが情熱的に論じたのは、文明と社会的地位は白人の独占的領域ではないということ、黒人は文明人の階層に加われるということだ。文明化はこの時代の改革論者に広く浸透した枠組みであり、財産形成や、キリスト教の教義や、品よく適度に女らしい、または男らしい立ち居振る舞いや、性別による一夫一婦制や、国家という公的世界と家庭という私的世界のあいだで厳密に保たれている相違を、進歩に不可欠な要素と見なす共通の世界観だった。文明化という課題は本質的に保守的であり、昇進のヒエラルキーであり、自己鍛錬であり、人生に意味をもたせるための富の獲得なのだ。ハーパーは人種を向上させるための道具として、自己の抑制と調整を説いた。それは旅で出会った分益小作人よりむしろ、前途有望な黒人の中産階級を彼女に近づけたが、ハーパーは、自分が望む文明化のプロジェクトは、資産をもつ白人の改革論者が強く主張するような、個人の倫理的な正しさや「家庭生活の価値」をはじめとする中産階級の人々の側面ではないと断言していた。[*45]ハーパーの見解では、文明化は必然的に共同体レベルでの構造の変化を伴うものでもあった。ほかの多くの黒人の改革論者と同じように、彼女にとっての文明化とは大衆に届けられる人種の地位向上の手段だった。

「土地を手に入れるのです。それができる人はみんな。できるだけ早く」一八七一年、アラバマ州モビールにあるアフリカン・メソジスト監督シオン教会での講演に集まった大勢の聴衆に向かって、ハーパーは説いた。ガス灯で照らされ、花輪や花綱で飾られた大教会に、水晶のように透き通った声として知られる彼女の声が響きわたり、過酷な現実を告げた。「土地をもたない人々は土地をもつ人々に依存せざるをえません」この時期、土地の所有は白人が独占していた。一八七〇年の人口調査によれば、黒人の自宅所有率はわずか八%、対する白人は約六〇%。貧しい黒人の一家は耕作可能な土地という形をした財政的な自立手段を手に入れなければ、いつまで経っても無力なままだとハーパーは言った。彼女は文明化のプロジェクトに打ちこんではいても、外見の繕いだけに関心を向けているのではなかった。白人による権力の独占状態を変えられる見通しが少しでもあるなら、黒人はまず土地と財産をつかみ取らなければならないということが彼女にはわかっていた。同じ意見の人は多く、一九〇〇年までに、かつて奴隷だった人々とその子孫が千五百万エーカーの土地を取得した。[*46]

ハーパーは黒人が運営する優美な設えのこの教会において、ミソジニーと戦うために礼儀作法の限界に挑むことを厭わなかった。黒人女性にとって、どこよりも危険な場所となりうるのが自分の家庭で、その危険度は黒人以外の女性とは比較にならなかった。女性に向けられる男性の暴力を論題にすることについて慎重な姿勢を取りつつも、幾度となく口にした。「なぜなのでしょう！」彼女は驚きの声をあげた。「南部に来てから、有色人種の夫はときとして当然のごとく妻を殴るという話を耳にしています。このモビールでもそういうことが起こりうるなどとほのめかすつもりはありません。そんなことは現に開かれているこの集会自体が許しません。でも、ある恐ろしい夫が自分の卑怯な行為を自己弁護しているのを実際に聞きました。〝仕方ないだろう、鞭で打つか別れるか、どっちかを選ばなくてはならないんだ〟と」[*47]ハーパーらしい洗練された語り口でのこのくだりは、表面上は上品で倫理的なふるまいに見えるが、そのすぐ下には権力に対する彼女の過激な挑戦が仕こまれている。

同じころ、南部再建はスタントンの全力のレイシズムを女性の権利運動の主流へと投げこんでいた。彼女の怒りの大部分は、根本的には黒人を白人女性と異なるものと見なしているのに、構造上は同等の立場に置かれているとして類似性を見いだそうとする手法の論理的結末である。この個人主義者の、権利は競争だとする概念は、天秤の双方の皿に載せられる明確なふたつのグループを想定していた。この秤では、どちらのグループも投票権をもたない状態でないかぎり、秤が水平になることはない。ところが、彼女は、憲法修正第十五条が成立すれば秤は完全にアフリカ系アメリカ人の男性のほうに傾き、白人女性は宙ぶらりんで放置されると信じていた。一八六七年五月、全米権利の平等協会（AERA）の一周年を祝う集会がピューリタン教会で開かれたとき、スタントンは自分の目指す普通参政権のゴールは、秤が白人女性に味方して傾くことを優先させると明言し、教会に集まった奴隷制廃止論者や女性の権利運動の同志たちに向かって「わたしたちが黒人男性と共有できる新たな政治課題はありません」と表明した。「ですが、女性の教育と地位向上によって、アングロサクソン人種を奮い立たせ、今よりもっと高みにある崇高な生き方へ導く力を手に入れられます。そうすれば、引力の法則によって全人種をもっと水平な場所に載せることができるのです」[*48]白人女性は文明の真の力であるのだから、黒人男性をしのぐ力を握らなければならないと彼女は説いた。

スタントンが掲げる競争としての参政権の構想は、彼女とスーザン・B・アンソニーがある悪名高き白人至上主義者と力を合わせることによって、この年のうちに完全に具体化した。この厄災の舞台となったのは、一八六七年にふたつの住民投票がおこなわれたカンザス州だった。ひとつめは黒人男性の参政権を問うもの、もうひとつは、女性参政権を問うものだった。AERAはどちらも全面的に支援し、スタントンとアンソニーは三ヵ月間、選挙の運動員とともに州の各所をまわった。だが、ウェンデル・フィリップスをはじめとする著名な奴隷制廃止論者は、黒人男性の参政権に賛同する得票を減らすという理由で、女性参政権の住民投票に反対していた――スタントンの夫が何十年もまえから採用してきた、争点は一度にひとつという用心深い選挙政治の手法だ。女性参政権の住民投票のためにもっと資金と支援を集めなければならないと必死になったアンソニーとスタントンは、海運王にして露骨な人種差別主義者、ジョージ・フランシス・トレインと手を組み、三者の合同講演でカンザス州をまわる旅行費用の全額をトレインが負担した。白人女性の社会的地位が上がれば白人至上主義が強化されるという考えから女性参政権を支持したトレインのモットーは、「女が先でニグロはあと」だった。この協力関係から、スタントンとアンソニーは公式には黒人男性の参政権運動を支持していても、実際に求めているのは女性の参政権であることがあきらかになった。フランシス・ハーパーとフレッデリック・ダグラスは深く憂慮し、カンザス州の選挙運動への参加の誘いを断った。しかし、スタントンはトレインとの団結を固守し、「身なりも作法もきちんとして、煙草を喫ったり嚙んだりする習慣がなく、酒も飲まず、大食いもしない紳士」のトレインは、洗練された文明人であるから、自分たちの大義にとって貴重な存在だと主張した。[*49]

カンザスでのどちらの住民投票も法律がつくられるほどの結果とはならずに終わると、スタントンとアンソニーはトレインとの協力関係をさらに強めた。一八六八年一月、トレインが提供した資金とアンソニーの貯金一万ドルを使って、ふたりはニューヨーク市に本拠を置く週刊新聞《革命》を発刊した。白人女性の権利や問題を扱う呼び売り新聞《ブロードサイド》となった同紙には、しばしばトレインから読者に宛てた手紙が掲載された。スタントンとアンソニーは『アンクル・トムの小屋』（一八五二年、邦訳多数）の著者、ハリエット・ビーチャー・ストウを編集部に招こうとした。ストウの名声が自分たちの挑戦を成功に導くと確信したからだが、ストウは紙名の好戦性を理由に固辞した。スタントンは「〝革命〟に勝る名前はないでしょう」と反論した。ストウはトレインとの関係にも異議を唱えた。ストウの家族はスタントンとは逆に、トレインを「がさつ」、要するに洗練されていない未開人だと評していた。「女性をしかる

腰掛けているエリザベス・ケイディ・スタントンと、立ち姿のスーザン・B・アンソニー。（米国議会図書館印刷・写真課の厚意により転載）

べき王座に就けることこそが、世界がこれまでに体験した、また、これからも体験するであろう革命のうちで最大の革命です」[*50]

残念ながら、スタントンとアンソニーが追い求めた革命とは、白人性の意味を高めるために、白人女性が白人男性と対等な政治的立場を獲得することだった。「女性はあらゆるところで黒人男性の敵意に立ち向かった」とスタントンは創刊号の第一面で高らかに宣言し、「外から来た未開人」「不幸にも堕落した黒色人種」「旧世界の不毛な文明」への攻撃を週刊新聞の紙面から続けた。彼女の見方では、彼らは不当にも「新大陸の洗練された知性ある女性」より上位に位置づけられていた。スタントンが説明するこの構造においては有色人種や移民の女性が消されている。スタントンは彼女らの政治的な窮状を無視するだけでなく、白人女性の権利と自由を追求するために、もっと周縁に追いやられている人々を積極的に疎外しようとしたのだ。スタントンの問題が単純明快に示された記事もある。彼女は「白人女性参政権協会」とみずから命名した組織がニューヨーク市で設立されると祝辞を寄せていた。[*51]

一八六九年、全米権利の平等協会（ＡＥＲＡ）の不名誉な第四回年次総会がスタインウェイ・ホールで開催されるころには、緊張が高まっていた。スタントンは自分に対して偉ぶった態度を取る「パトリック」や「サンボ」に抗議し、ダグラスは私刑や殺人の蔓延が南部再建を脅かしていることを思い出させ、ハーパーはいつでも人種より性を選ぶ白人女性を非難し、ＡＥＲＡはその総会の閉会とともに消滅した――白人フェミニストとの連携が維持できなくなってきたのだ。スタントンとアンソニーは、女性に投票権を与える修正第十六条を伴わないという理由で修正第十五条の採択に反対する、全員が女性の団体、全国女性参政権協会（ＮＷＳＡ）を結成した。しかし、新たに生まれた組織はその協会だけではなかった。ハーパーとルーシー・ストーンとひと握りの男女が結束して、アメリカ女性参政権協会も結成された。これは、修正第十五条の男性に限定した条項を必要な第一段階として支持し、女性の投票権という目標から目を離さずにおくための組織だった。さらなる請願、法廷闘争、レイシストの民主党員との提携、みずから連邦議会に立候補までするという猛烈な努力をしたにもかかわらず、普通参政権に賛成して黒人参政権に反対したスタントンの数々の骨折りは立法段階ではほとんど無力で、そのかわりに成し遂げたのは、かつての盟友の多くを遠ざけたことだった。[*52] 女性の権利運動はそれから二十年間、分裂状態が続く。

ハーパーとスタントンはそれぞれ一八九〇年代後半まで、全国で政治的な指導力を発揮しつづけ、国内の女性の権利集会で何度も顔を合わせた。だが、その数十年間にわたって、それぞれが没頭した自身の仕事とコミュニティが、ふたりの政治学と手段の相違を浮き彫りにした。

スタントンは個人の権利を女性の自由に通じる道として掘り下げた。彼女は七人の子の母親であり、十九世紀のもっとも有名な女性同士の友情の一方の当事者だったが、人生を閉じるころには、人はだれしも完全にひとりだという、ますます個人主義者的な疎外感の強い人生観を抱くようになっていた。「人の心はおのおのそれ自身に全面的に頼らなければなりません」一八九二年、女性の権利運動の指導者として最後におこなった演説で、彼女はそう述べた。「人生はどこまでいってもひとりなのです……わたしたちが自分と呼ぶ、わたしたちの内面は、人であれ天使であれ、だれも見たことも触れたこともありません」スタントンはこの演説を著した『個の孤独』（一八九二年、未邦訳）を自身の最高傑作と考えた。そのとき聴衆席にいた女性参政権論者の同志のおおかたは啞然としたが、二十世紀と二十一世紀の著述家は、ヴィヴィアン・ゴーニックからフェミニストの歴史家たちにいたるまで、孤立した個の精神にある唯物論のロジックを多くの同時代人より何十年も早く受け入れたとして、その無神論的な洞察を称賛している。スタントンは、個人の孤独は女性が「生まれながらにしてもつ自己支配の権利」の状況でもあると論じた。[*53]

「個の孤独」は、人間を互いに競いあう孤立した単位と見なすホワイト・フェミニズムを発達させようとしたスタントンの生涯の取り組みの頂点だった。「個の孤独」の演説は、二十世紀後半に展開されたホワイト・フェミニズムの予兆でもある。そこには、困難と闘いながら資本主義の梯子をのぼろうとする、「機織り機や糸車」のまえに座しての昔ながらの務めから我が身を解き放とうとする、「編集者や教授の席に座ったり、法廷で申し立てをしたり、病棟を歩いたり、説教壇や演壇から語りかけたりする」権利を勝ち取るところまで昇りつめようとする、冷徹にして好戦的な女性像が示されている。[*54] この個人主義的な展望のなかでは、中産階級の女性は資本主義の専門職階級に乗り出していて、結果として白人文明が向上する。一方、機織り機や糸車をまわしつづける女性や、工場の床に留め置かれたままの女性は、陰に隠れた時代遅れの人たちになっている。

その数年後、スタントンは女性を抑圧するキリスト教の教義への画期的な攻撃、『女性の聖書』（一八九五年、未邦訳）を発表した。同書は物議を醸したがベストセラーとなり、彼女と同時代に運動に身を投じてきた人々を激怒させ、一世紀のちのフェミニストの読者を魅了した。だが、死んでからのスタントンはひとりではなかった。一九〇二年、埋葬の際に彼女の柩の上に置かれたのは、十五年まえに没した夫ではなく、スーザン・アンソニーの写真だった。[*55]

スタントンにとって前進は現世の個人の解放にかかっていた。しかし、ハーパーにとっては、信仰や交流や相互依存が解放の状態を保証する。つまり、自身を君主とする精神の孤立した単位ではなく、共同体の規模で解放が想定されているということだ。

再建期が過ぎるとハーパーは黒人女性の状況改善に取り組んだ。高く評価されている『アイロラ・リロイ』(一八九二年、未邦訳)のほか四作の小説と、何十という数の詩集や短編集を上梓し、北東部の各地で主催された禁酒会や女性の権利をテーマとする集会で多くの有名な演説をおこなった。ハーパーと〝地下鉄道〟時代からの同志のハリエット・タブマンが七十代になったころ、アイダ・B・ウェルズらとともに共同設立した全米有色女性協会は、参政権獲得およびジム・クロウ法〔訳注/南部諸州の人種差別的州法。白人が顔を黒塗りにして黒人に扮するミンストレル・ショーの登場人物名に由来する〕撤廃のために闘うことを目的としていた。ハーパーは人生最後の十五年間、同協会の副代表を務めた。この時期の彼女は、キリスト教の教義、道徳的な正しさ、禁酒、女性の「啓蒙」を壇上から提唱しつつ、黒人性《ブラックネス》こそが自分だと胸を張って、教育と信仰と道徳心を黒色人種のなかに広めることに身を捧げる個々の人々を称賛した。[*56]

ただし、ハーパーは、女性がその高潔な本質によって道徳的な力を社会に行使するだろうという白人フェミニストの論理を断固として認めなかった。「女性は生まれながらに男性よりはるかに優れているのだから、女性であることの美徳によって流れを浄められるとは思っておりません。国民の生活に女性の影響がもっともすばらしくもたらされるのは、女性という性ではなく人格を通してでなくてはなりません」一八九三年、コロンブスのアメリカ大陸発見四百年を記念するシカゴ万国博覧会でハーパーは語った。[*57]

いかにも十九世紀らしい凝った文体で表現されているためか、この人格と道徳の強調が二十世紀にハーパーのファンを生むことはなかった。W・E・B・デュボイスは一九一一年のハーパーの死に際して、「彼女は偉大な作家ではなかったが、読む価値のあるものをたくさん遺した」と追悼した。[*58]アフリカン・アメリカン文学が復活した一九八〇年代と一九九〇年代には、ハーパーの小説や詩は黒人の地位向上に情熱を傾けるあまり、古臭い感傷主義を招き、セクシュアリティを封じこめていると評されることもあった。[*59]ハーパーの小説『アイロラ・リロイ』で登場人物のひとりを、「しらふの冠をかぶり、正しさを腰巻きにしている」と称える表現は、十九世紀の黒人女性作家の文章のなかでも群を抜いて取り澄ましているうえに感傷に走りすぎで、現代性がいささかも感じられない、という評価を受けることになった典型的な一節だ。[*60]

もっとも、正しさの衣に包まれた陰部を想起させるというのは、セクシュアリティを抑えこむ方法にしては奇妙である。過度に堅苦しく型にはまっているというハーパー像がのちにできあがったが、人種の政治学に関する彼女の文章にはまったく新しいことが書かれている。ハーパーが思い描いたのは一種の連帯と肉体を恐れない精神だった。ハーパーにとって人種を洗練させるということは、人間との、そして神との肉体的な触れあいや親密な関係から生まれる結果でもある。彼女の文章に用いられるのは、あるグループの権利と似かよったべつのグループの権利を量る正義の天秤ではなく、むしろ互いを求めて波のように打ち寄せる体や、階級をまたいで祈りのために組み合わせる両手だ。そこには抑圧とはかけ離れた、連帯行動の主要手段としての人と人との接触の情景が――官能的でエロティックな形で――現れる。[*61] ハーパーのフェミニズムは肉体と精神が結びついて新たな世界をつくり出す、身体化されたフェミニズムなのだ。この身体化されたフェミニズムという課題こそが、二十一世紀のブラック・フェミニズムの主軸となっている。

しかし、文明社会における社会的地位はそれ自体のヒエラルキーを行使する。それは容赦なく民族中心主義に、植民地主義に、資本主義に寄り添う。「わたしは男性か女性のどちらかのための普通参政権があるとは考えません」コロンブス記念のシカゴ万国博覧会の聴衆に向かって、ハーパーは言った。「だれよりも無知で野蛮な男性に、だれよりも博学で公正で知性豊かな女性以上に、政治体制の強度や耐久力の価値を高める覚悟があるとも考えません」これはスタントンが語った言葉に驚くほどよく似ているが、ハーパーは大きな欠陥のある文明社会の理論的枠組みのなかで持論を展開しながらも、その基準に修正も加えて、人種と性の優越性より倫理との連帯を明確にした。投票をさせてはいけない野蛮な男性の例として彼女が挙げたのは――無学な黒人男性や中国やアイルランドからの移民ではなく――その手を「血で真っ赤にした」「大酒飲み」や「私刑屋」だった。[*62]

一方、一八九〇年代にはいるころにはスタントンも、女性に公民権を与えると有権者の無知が倍加するという説に影響されて、「投票箱のまわりには相応の威厳と神聖さ」が必要だと主張した。またしても、国家の機構は彼女の信じる神なのだった。提案の内容も相変わらず彼女らしく極端なもので、「英語の読み書きが知的にできる」合衆国生まれの男女に投票権を限定するという、教育の有無による参政権の条項を加えた憲法修正案だった。[*63]

一九二〇年、憲法修正第十九条の制定で女性、具体的には白人女性に投票権が認められるころには、スタントンもハーパーも世を去っていた。アンソニーの弟子、キャリー・チャップマン・キャットが女性参政権運動の最終段階を成功に導いた。争点をひとつに絞ったことが成功の要因で、これは五十年まえにスタントンの夫のような奴隷制廃止論者がおこなっていたことの模倣だった。このときは投票権以外の争点がすべて除外された。一八九〇年代にはスタントンの無神論がキャットと運動に前例のない困惑と不安をもたらし、キャットたちはキリスト教に対するスタントンの攻撃が自分たちの公的評価を損なっていると感じていた。スタントンは白人女性が社会に起こす革命を説いたが、キャットと彼女の同胞は投票権のみを主張した。それでも、いろいろな意味でキャットはまちがいなくスタントンの遺産の一部を受け継いでいる。女性参政権に対する国民の賛同を得るために南部の白人至上主義者の女性団体を公然と勧誘するという戦術を選んだのだから。「白人至上主義は女性参政権によって弱まりはせず、強化されるでしょう」彼女は不名誉にもそう言い放った。[*64]

しかしながら、ほかの白人フェミニストたちには、白人のナショナリストの機嫌を取ることとは異なる課題があった。対抗するひとつの戦略は、白人女性に備わった道徳的な純潔と同情する力が、白人女性をかつて奴隷だった人々の救済者にすると主張することだった。文明化の枠組みが定位置にありつづけるかぎり、上品な白人という社会的地位の外に落ちていると見なされた人々は、悪意ある敵と思いやりのある救済者が同様にもたらす、現在進行の脅威に直面することになる。だが幸いにも、女性の権利へのアプローチがひとつだけだったことは一度もない。

# 第二章　白人の同情 対 黒人の自己決定

## ハリエット・ビーチャー・ストウとハリエット・ジェイコブズ

ミセス・ストウはニグロ小説を発明した。
——ジョージ・エリオット

一八三五年六月、ハリエット・ジェイコブズは、どんな危険を冒してでも自分の子どもたちを奴隷にされることから守るのは今だと決心した。当時二十二歳のジェイコブズは、ノース・カロライナ州の海辺の町、イーデントンに住むドクター・ジェイムズ・ノーコムとその家族の奴隷だった。彼女の幼いふたりの子は法律上はノーコムの所有物だが、すでに解放されている彼女の祖母、モリー・ホーニブロウのもとで暮らしていた。子どもたちの自由を手に入れるため、ジェイコブズとホーニブロウは周到な計画を練っていた。だが、ジェイコブズは六月のある晩、六歳のジョーゼフと二歳のルイーザが「仕こまれる」ために、翌日、ドクター・ノーコムのプランテーションにやってくると知った。それがなにを意味するかはわかっていた。子どもたちが訓練されて貴重な所有物となったら最後、ノーコム家はけっして、ふたりを自由の身にしてくれる彼女の友人や家族に売ることに同意しないだろう。ジェイコブズのふたりの子はプランテーション奴隷制度に一生縛られようとしていた。[*1]

午前零時を三十分まわったとき、ジェイコブズはノーコム家のきしむ階段を二階ぶん忍び足で降り、窓からそっと雨のなかに出た。それから町まで六マイル歩いて友人の家に着くと、つぎの一週間、その家に身をひそめた。翌朝、ドクター・ノーコムはあらんかぎりの手段を使って、自分が買った品物と見なす女を見つけ出そうとした。保安官と奴隷パトロールを手始めに裁判所や新聞までが駆り出されてジェイコブズの行方を追った。彼らはノースカロライナの町のすべての港湾運航を止めて、ジェイコブズのさらなる移動を封じた。そんな状況にありながらも、夫ともども複数の奴隷をもつ、ある白人女性が、自宅の寝室の上にある使われていない狭い物置部屋をジェイコブズの隠れ場所として提供した。その女性は町で評判のパン屋で、ジェイコブズの祖母と親しく、祖母の家族の力になりたいと言った。およそ二ヵ月間、その部屋に閉じこもって音をたてぬようにじっとしていたジェイコブズを支えたのは、奴隷の料理人、ベティだった。一方、ドクター・ノーコムは懸命の追跡を続けていた。ノーコムは町じゅうの建物を捜索し、ジェイコブズのふたりの子と弟と伯母を拘置して、彼女の居場所を突き止めるための情報を聞き出そうとした。こうした捜索で発見されることを恐れて、ベティは屋外にある厨房の床下にジェイコブズを隠した。そのじめついた高さのない空間で仰向けになると、頭から数センチのところをベティが行き来するときに落ちる泥が目にはいらないように手をかざす余地しかなかった。この避難場所の想像を絶する窮屈さは、この先に待ち受ける犠牲の年月を予兆していた。

八月までには繰り返される捜索や拘置に加え、ジェイコブズの友人や家族への監視も強化されていて、ある朝、疑いを抱いた家政婦が家じゅうの鍵を使って物置部屋の解錠を試みるということが起こると、ジェイコブズを守るコミュニティはすぐにつぎの行動に移らなくてはならないと悟った。その夜、友人のピーターがジェイコブズのために水平服を用意し、ふたりで船乗りを装って波止場まで歩いた。蒸し暑い一夜を過ごした翌日、ジェイコブズはグレート・ディスマル・スワンプ〔訳注／ヴァージニア州南東部とノースカロライナ州北東部にまたがる大湿地帯〕に潜伏した。沼地に棲む大蛇に取り囲まれた状態で、蛇が寄ってくれれば小枝で打ち払った。厚い雲のような蚊の大群も肌に襲いかかってきた。蛇に咬まれた傷が逃亡から一週間でまだ完全には癒えておらず、つぎにどこへ向かうのかもわかっていないジェイコブズにすれば、この沼地の恐ろしさはいっそうこたえた。その夜、ピーターから、彼女自身の祖母の家にかくまわれることになったと告げられたときには心底びっくりした。

「でも、あそこは隅々までドクター・ノーコムに知られてるのよ」ジェイコブズは不安だった。祖母の家のどこに安全な隠れ場所があるのか想像がつかなかった。

「まあ、見てろ」明かりのない夜道を偽水兵と並んで歩きながら、ピーターは言った。「きみのためにこしらえた場所がある。だけど、そこに着くまでのこの散歩をせいぜい愉しんでおけ。またすぐにこんな散歩ができるとはかぎらないからな」[*2]

安心させようとする友人の言葉からにじみ出る悲しげな調子に、ジェイコブズの不安はつのった。

ふたりは祖母の家の横にくっついて建つ粗末な小屋に着いた。彼女が沼地に隠れているあいだに、叔父のマーク・ラムジーが下から見えない跳ね上げ戸をつくってくれていて、それを使うと、勾配のついた薄い屋根の下の、高さのない小さな部屋に出入りできるようになっていた。[*3] 完璧な隠れ場所だが、ジェイコブズが考えてもみない隠れ場所でもあった。なぜなら、そこは人間生活に必要な基本的なものをほぼ否定していたから。縦二・一メートル、横二・七メートル、高さは一番高いところでも九〇センチほどで、おおざっぱにいえば柩を四つ並べたぐらいの空間だった。

この真っ暗な洞穴のような屋根裏部屋にジェイコブズはもぐりこんだ。真んなかにマットレスが敷かれていることに気づき、視覚ではなく感触で、一方の側から他方の側へ転がれるような余裕はないのだとわかった。ためしに寝返りを打ってみると、屋根の傾斜の低いところへ肩が突っこんでしまった。この生者の墓穴——ジェイコブズはそう呼ぶことにした——は最初のうち空気も光もはいることを許さなかったが、潜伏が始まって数週間が経ち、運動のために腹這いで体を動かしているとき、壁から突き出ているなにかに頭がぶつかった。それは抜け穴、つまり、叔父が跳ね上げ戸をつくるときに使って意図的にか無意識にかそのままにした、穴を開けるための小さなドリルだった。夜が更けると、ジェイコブズはその工具で、キング・ストリートに面した壁に小さな穴をいくつかあけ、ついには外の世界と向きあう三センチ四方の小窓をこしらえた。彼女はこの場所で体を丸めて聖書を読み、我が子を見つめ、自分の服を縫い、キング・ストリートを歩くドクター・ノーコムやほかの人々を観察するようになったが、この狭い開口部ができたとはいえ、空気の通りが悪いことには変わりなく、ノースカロライナの蚊でさえ、なかなかはいってこようとはしなかった。

息が詰まりそうな夏の暑さが凍りつきそうな冬の寒さに変わっても、ジェイコブズはまだ立ち上がることができなかった。病気になろうと、凍傷に罹ろうと、意識を失おうと、いろいろな意味での肉体的攻撃を受けようと、来る年も来る年も屋根裏部屋から出られなかった。友人たちがイーデントンの波止場から北へ脱出する安全な経路を確保してくれたのは一八四二年六月。彼女は生者の墓穴で七年間を費やしていた。[*4]

七年間の潜伏場所が立つこともできない狭い空間だったために、ドクター・ノーコムは、まさか彼女が自分の家からたった一ブロックのところに隠れているとは疑いもしなかった。ジェイコブズはその狭い潜伏場所に、逃亡の手段をつくるという意味をこめて「退却の抜け穴」という名前をつけた。[*5]

北へ逃れたジェイコブズは、ニューヨーク州西部の奴隷制廃止運動のなかで、やはり逃亡していた弟のジョン・ジェイコブズと再会した。ふたりは、前年に発足したばかりの反奴隷制事務所兼読書室へひんぱんに出入りした。この団体が本拠としているのは、セネカ・フォールズから五十マイルほど西のロチェスターにある、フレデリック・ダグラスが発行人の《ノース・スター》紙のオフィスの上階だった。ジェイコブズは最終的に〝読書室〟の代理人に任命され、奴隷制廃止運動家の女性たちがつくるサークルに参加して、毎週木曜日に「裁縫や編み物や読書やお喋りをしながら奴隷制廃止の大義を目指した」[*6]読書室と銘打った試みは二年ともたなかったが、運動に参加したいというジェイコブズの欲求は弱まることなく、一八五〇年の逃亡奴隷法の成立によって、今や故郷となったニューヨーク市の路上でも自身やほかの逃亡奴隷がつかまりやすい状態に置かれると、その思いはいっそう募った。北部はもはや避難場所ではなくなっていた。

ジェイコブズは、国への圧迫を強めている奴隷制の廃止に向けて自分にできる最大の貢献は自分の体験を語ることだと決意した。北部でも南部でも多くの白人は、奴隷制は粗野であまり自活できない人々に配慮と保護を提供する文明社会の一制度であると信じて疑わなかった。彼女の体験譚には、奴隷にされた女性が耐えている苦しみ——彼女たちは「財産」としての人間をより多くこの世に送り出す産み手《ブリーダー》として利用されていた——と、その境遇から逃れるためなら彼女たちが厭わない異様な苦労が描かれるはずだった。

だが、奴隷制廃止のためとはいえ、事実を語ることは侮蔑と羞恥に自分を投げ入れることでもある。ドクター・ノーコムがジェイコブズに対して性的虐待を始めたのは、彼女が十五歳のときだった。ジェイコブズは彼のもくろんだ最終目的が遂げられるのをなんとか回避した。ノーコムはジェイコブズを、嫉妬深い妻とジェイコブズの保護者である祖母の監視の目が届かないところに隔離するという目的だけのために、四マイル離れた土地に一軒家を建て、彼女を住まわせようとしていたのだ。しかし、身の安全を確保するために彼女自身が払った犠牲は計り知れない。ジェイコブズが自分をフルタイムの性奴隷にしようとするノーコムの試みを阻止したのは、「慎重な計算」に基づいて屋根裏部屋に潜伏する十年近くまえのことである。[*7] ノーコムの快楽と利益のために監禁されるのを回避しようと決めた彼女は、町の名士の白人男性、サミュエル・トレッドウェル・ソーヤーの愛人となり、彼の子をふたり産んだ。

ジェイコブズには自分が果たそうとしている務めの繊細さを理解してくれる書き手が必要だった。奴隷の少女や女性が耐えている性暴力を白日のもとにさらすとともに、北部の白人女性との協力関係を築きたいとも思った。それが実現すれば巧妙な戦略になるだろうと。なぜなら読み手は、奴隷所有者の支配から逃れるためにソーヤーと婚外関係を結んだ彼女の選択に共感するより、まず、そのことを裁く可能性が高かったから。ノーコムの娘のひとりのおかげで、ジェイコブズは子どものころから読み書きの習慣を身につけていたが、自分の物語を出版できる形に構成することまではできそうにないと感じた。一八五〇年代前半の合衆国には、短編であれ小説であれ自伝であれ、自作を出版した黒人女性はまだひとりもいなかった。フランシス・ハーパーの短編『ふたりの巡査』が世に出るのは一八五〇年代の終わりである（一八五九年、未邦訳）。

ニューヨークでジェイコブズは、コーネリア・グリンネル・ウィリスとナサニエル・パーカー・ウィリス夫妻の家の乳母として働いた。ナサニエルは雑誌の執筆者として当時もっとも有名だった人物で、現在では《タウン・アンド・カントリー》という名称で知られている雑誌の創刊者でもあり、文学界に広い人脈をもっていた。体験譚を出版したいなら、ハリエット・ビーチャー・ストウにまかせるのがいいかもしれないとコーネリアが提案すると、ジェイコブズは夫妻が協力者を探し出してくれたのだと思った。ストウは前年に大ベストセラー『アンクル・トムの小屋』を出版していた。この反奴隷制小説はその時点ですでに三十万部売れていて、十九世紀を通しても聖書以外でこれ以上に売れた本はなかった。ストウは奴隷への同情の涙を誘い、北部の白人女性は声を揃えて泣きじゃくり、奴隷制に反対するようになった。のちに多くの評者は、この小説――と白人女性の涙――が南北戦争を引き起こし、結果として奴隷制という罪をこの国から洗い流したと力説することになる。しかも、『アンクル・トムの小屋』は、ニューイングランドの改革派の著名な一族出身の白人女性というストウの立場にもかかわらず、白人男性の奴隷女性への性的虐待と向きあうことに尻ごみしていない。

　ジェイコブズは親しい友人で、五年まえのセネカ・フォールズ会議に出席したクエーカー教徒の活動家、エイミー・ポストを通じて、自分の体験譚を書いてもらえないかとストウに打診した。それに対するストウからの返事は、ジェイコブズの人生とアメリカでの女性の著述の針路を変えるものだった。ハリエット・ジェイコブズはまたしても決然と行動を取った。ただし、今回は、その行動が彼女自身の物語の主導権を握ることになる。

　ハリエット・ビーチャー・ストウは十九世紀の合衆国でもっとも人気のある作家にして、もっとも有名な奴隷制廃止論者だった。彼女は感傷的な文体と巧みなストーリーテリングを駆使した何十年にもわたる物語を通して、白人女性の権限の伝統的領域――家庭と心――を政治的権力の手段に置き換えた。エリザベス・ケイディ・スタントンとスーザン・B・アンソニーが、請願や選挙や憲法の修正といった国家の装置を通して女性の権利と奴隷制廃止に取り組んでいることは周知されていたが、ストウをはじめとする感傷的な作風の作家もまた、読者の感情に直接訴えることによって感情の変化が引き出されることを願いつつ、社会変革のために戦っていた。

新たに出現しつつある中流階級の白人男性に世論が広く認めた理性と合理性の能力は、経済と政治を独占する権限を彼らに与えたが、それは同時に白人女性の役割を「一家の天使」に限定することにもなった。彼女たちのいわゆる純粋で繊細な感情が、政府や市場のおぞましい計算や危険な私欲から家族を守ってくれるというわけだ。国を、そして帝国を建設するのは血なまぐさい仕事なので、評論家はその暴力性を吸収して緩和する任務を白人女性に割り当てることによって、文明のなかの矛盾を定期的に均《なら》そうとした。これが白人女性に重要な、だが非常に曖昧な公的立場を与えた。合衆国と大英帝国において女性がはじめて家庭の外での役割を獲得した背景には、洗練された感情や、中産階級の家庭生活における技術や、プロテスタントの資本主義者の自制心を教え広める者としての白人女性の役割を強調した、ホワイト・フェミニズムの提唱者の存在があった。ストウも、ストウの姉で白人フェミニストの作家、キャサリン・ビーチャーも、白人女性に割り当てられた役割を家庭内の天使かつ文明の安定剤ととらえていたが、その役割をもっと大きくして、家庭をはるかに超えて国家にもおよぶ影響力の基盤にしようとしている人物としてよく知られていた。

ストウとビーチャーは、ベストセラーの家事手引き書や小説や短編のなかで、女性には女性ならではの視野が、つまり感情の領域があると主張した。ふたりの見解では、女性に備わった同情する力はもともと個人的・内面的な重要性をもたず、むしろ、そうした感情の繊細さは公的な価値であり、真の文明の基礎を成していた。ストウの小説の登場人物のひとりが身をもって示しているとおり、文明とは「気高く、素朴で、純粋で、宗教的な」国家を意味した。「そして、それを目指すには男性より女性のほうが多くのことができる。女性は社会の真の設計者だからだ」[*8]深い感動の涙は、中流階級の白人女性が家の大掃除や裁縫をほうり出して公的な領域に――国家を教え導く人として――現れることを可能にした。

女性が文明の真の設計者なら、彼女たちの涙と涙を流させる感傷的な小説や詩は建築用のブロックだった。ストウは、恵まれない人々の辛苦に対する同情が公私のすべてにわたる決定を導くべきだと論じた――しかも、その感情の同一化は恵まれない人々が体験した残忍な行為を本で読むことから生まれるのだった。もっとも、読者に流させる同情の涙は虐げられた人々の状況改善を当初から意図していたわけではなかった。ところが、他者の苦しみを学ぶことが本を読んで泣いた人間の人格と道徳心を育てると、評論家が褒めちぎった。ストウの小説のような感傷的な作品が、社会の周縁に置かれた人々の苦悩をジャンルとして提示するのは、彼ら／彼女らにはない特権をもっている人々の人格と影響力をつくり出すためだ。作家のジェイムズ・ボールドウィンは『アンクル・トムの小屋』を評して、「感傷」は「過度な偽の感情のこれ見よがしな行進」を売り買いし、その中心にひそむ「暴力のカタログを隠している」という印象的な文章を残している。本のページいっぱいに広げられた黒人の痛みが白人（女性の）権力の単なる引き立て役になっていると。[*9]

白人女性の涙を称える公的な価値は、ホワイト・フェミニズムの黎明期にあたるこのころから今日まで、よどみなく循環している。ラヴィー・アジャイ、ブリトニー・クーパー、ロビン・ディアンジェロといった著述家やフェミニストは、レイシズムを非難された白人女性が、涙を武器にして、いかにも打ちのめされたという反応を見せながら、自分こそがレイシズムの真の被害者だと訴える様子を説明している。[*10] 抑圧的な行動の被害者となるだけでなく加害者にもなりうるということを突きつけられた白人女性がわっと泣きだすと、アンチレイシストの取り組みがそこで一時停止してしまう。白人女性ひとりがすすり泣くだけで部屋が彼女にひれ伏してしまうのだ。そうした涙は自分でおこなう洗礼のように見える。過去のどんな悪事に苦しむ人もその涙で洗い浄められ、議論の余地がなさそうな真実の領域、つまり彼女自身の傷ついた感情から流れている殉教者然とした権威が彼女に授けられる。
涙を流す白人女性に広く認められている無知の浄化の流れを逆にたどると水源に行き着くことがある――ハリエット・ビーチャー・ストウのインク壺に。

一八五〇年、合衆国では奴隷制が縮小するどころか拡大していた。ストウもジェイコブズと同じく、逃亡奴隷法の成立に居ても立ってもいられず行動を起こした。一八五〇年の春、ハリエット・ビーチャー・ストウの夫、カルヴィンはメイン州のボウディン・カレッジの神学部の教授に就任した。夫妻はオハイオ州シンシナティから東部の新居への旅の途で、それぞれの兄弟姉妹の家に一週間ずつ滞在した。ストウは、奴隷制廃止論者の兄エドワード・ビーチャーとその妻イザベラが暮らすボストンの家では、制定目前の逃亡奴隷法をめぐる論議に熱中した。その法律が制定されれば、逃亡奴隷をかくまうと重罪になり、この国のありとあらゆる警察組織は事実上、奴隷パトロールと化すだろう。エドワードとイザベラは北部がもはや、かつて奴隷だった人々に避難場所を提供できなくなると憤慨した。ストウはといえば、押し黙り、そこで交わされている会話の中身を自分のものにしようとしていた。逃亡奴隷法がミズーリ協定〔訳注／一八二〇年、奴隷制の存廃をめぐる連邦議会の北部と南部の党派対立を収めるために成立した協定〕の〝一八五〇年の妥協〟の一部として九月に議会を通過すると、イザベラは行動に移るよう義妹をうながした。
「ハッティー」イザベラはストウに手紙を書いた。「わたしがあなたのようにペンの力を使えるなら、奴隷制がどれほど忌まわしい制度であるかを全国民に感じさせるものを書くでしょう」[*11] ストウはこのとき四十歳、国内の定期刊行物に随筆や短編を発表してすでに十年が経つ有名作家だった。

イザベラの手紙がストウに号令をかけた。個人的な悲劇も彼女を行動に駆り立てた。転居の直前に六番めの子の命をコレラに奪われたストウは、我が子が死んでいくのを見つめるしかなかった苦しみが新たな洞察力を自分に与えたと感じていた。今なら我が子が売られて自分から引き離される奴隷の母親の気持ちを推し量ることができると。自分はものを書く才能を通して奴隷制という悪を「この国全体に感じさせる」のだと決意し、その後、実際にそうなった――七番めの子に夜の眠りを妨げられなくなるときまで待たなければならなかったけれど。一年が経ち、その子が母親のベッドから出てひとりで眠れるようになり、書く力が復活すると、ストウは《ナショナル・イーラ》誌の担当編集者への手紙を一気にしたためた。「機は熟しました。自由と人間のために語るべき言葉をもつ者は、女であれ子どもであれ語らなければなりません……書くことのできるすべての女性が沈黙しないことを望みます」[*12]

ハリエット・ビーチャー・ストウ。（フロリダ州公文書館の厚意により転載）

　しかし、いったいどんな革命が白人女性の

感情によって引き起こされるのだろう？　黒人の暮らしを思う白人女性の感情に焦点を合わせれば、彼女たちは奴隷制廃止の真の英雄になるのだろうか？　奴隷制反対の世論を喚起するために感情主義に向かうことは、現に奴隷である人々を単なる同情の対象にする危険をはらんでいた。黒人が虐待を受け入れる従順な登場人物として描かれる一方、白人の読者はぼろぼろ涙をこぼしながら、そのカタルシスを愉しみ、究極の自己奉仕をおこなった。

改革派の有名な、ときに悪名も轟かせた一家に生まれたハリエット・ビーチャー・ストウは、家族が進める奴隷制廃止運動に加わるための明白な手段を提示した。それは「可能なかぎり現実に寄せて、かつ目に見えるように」奴隷制を描写できる筋立てをつくることだった。[*13] 用心深く描かれた物語は読み手の頑なな心もこじ開けることが彼女にはわかっていた。それでも、奴隷制をわかりやすく文章で表現するなかで大きな障害が立ちはだかった。ストウは南部のプランテーションに行ったことがなかったのだ。二十年ほど住んだシンシナティはオハイオ川を挟んでケンタッキー州と向かいあっていたが、十七年まえに一度、その川を船で一マイルくだったことがあるだけで、それ以上南へ旅したことは一度もなかった。十九世紀の合衆国の交通機関の主役が、大型の四輪馬車とガチガチに泥が固まった未舗装の道路だったことを考えると、中流階級の白人女性としてとりたてて珍しい状況とはいえないものの、実体験がひとつもなくては、自分とまったく異質な土地や人物の生き生きとした場面をつくり出すことはできないだろう。

だが、ストウにはこの題材を扱えるという自信があった。ストウは「ニグロの性格を研究する機会はたっぷりあります」と編集者に告げた。ストウの伝記作家、ジョーン・D・ヘドリックは、ストウの最初の見本となったのが彼女に仕える使用人たちだったと明かす。ヘドリックは、権力を行使する相手が元奴隷で個人的に知っている人たちだけだったストウの立場は、「彼女の認識を根本的にゆがめた」と推測している。[*14]『アンクル・トムの小屋』における結末は、白人の奴隷制廃止論者のあいだではあまりにもありふれた事柄の混ぜ合わせ、つまりは反奴隷制の激烈な主張であって、それを支えているのが、白人女性の手引きがなくてはどうにもならない馬鹿正直で極端に感じやすい依存者という、レイシストによるアフリカ系アメリカ人の描写なのだ。

ストウは、ヴァージニアとケンタッキーで売られてルイジアナのプランテーションで働かされていた元奴隷の料理人、「可哀相なイライザ・バック」から、小説の材料となる話を大量に引き出した。バックはストウのために奴隷の活動や完全な強奪の「場面」を大量に思いついた。プランテーションでの残酷な鞭打ちと、そのために負ったひどい傷についても話して聞かせた。日が暮れるといつも傷の手当をしていたということを。自分が産んだ子の話もした。父親はケンタッキーの奴隷主であることも。その話にストウが大きなショックを受け、料理人を哀れんだのも無理はない。「だって、奥さま、奴隷の女は自分を助けることができないんですよ」とバックは言った。[*15]

貞操感を揺るがされたとしても、性的虐待が女性を奴隷にすることの本質的な部分であることをストウは学んだ。アフリカで人をつかまえてヨーロッパ大陸と南北アメリカ大陸で売るという地球規模の奴隷貿易は一八〇八年に終わっていたとはいえ、その終結が、合衆国で奴隷にされた女性の体に対する南部のプランテーションの主たちの欲求を高めた。奴隷制が存続するための唯一の道は、奴隷の女性を絶えず妊娠させておくことだったからだ。ごく控えめであっても、ストウは小説のなかでこのテーマに迫り、『アンクル・トムの小屋』は、奴隷の女性に対するレイプの記述が、北部の家庭でくつろぐ読者に耳打ちのように直接届けられた最初の小説となった。また、その点がハリエット・ジェイコブズにストウを信用させたにちがいない。

ストウが『アンクル・トムの小屋』の目標としたのは、奴隷制の「もっともよい側面」と「もっとも悪い側面へかすかに近づいていている部分」を示すことだった。公平な立場で語っていると見せながら、反奴隷制へ読者を導こうという意図があったかもしれない。しかし、読者に滂沱の涙を流させるためには最悪の事態をほのめかす必要もあった。奴隷制のもっとも凶暴な虐待という側面に近づけるために、ストウは作品名となっている主人公のアンクル・トムをルイジアナの綿花プランテーションへ送り出した。この舞台設定は彼女の知識を超えていたが、奴隷所有者の考え方を収集することは容易にできた。大国になりつつある国の新聞にも定期刊行物にも書籍にも、奴隷所有者のことはいやというほど書かれていた。ただ、今なお現在進行のヒット作である『アンクル・トムの小屋』の目的は、奴隷の窮状の詳細を生き生きと描いてみせることで、入手するのがはるかに困難な、だからこそ広めることがもっと重要な知識に頼っていた。「ストウの情報収集の手段は、架空の骨組みのなかに細部を投げこむ彼女の手腕に匹敵するほど重要だった」とストウの伝記作家、ヘドリックは言う。[*16] 奴隷にされている人々の視点をもっと集めたいと思ったストウは、まったく面識のない男性、フレデリック・ダグラスに近づいた。「今書いている物語のなかに綿花プランテーションの場面があるので、プランテーションで実際に労働していた人からぜひとも情報を得たいと考えています」ストウはダグラスに手紙を出した。「この国ではヘンリー・ビブのような人物が、当方の求める類いの情報を提供してくれるのではないでしょうか」ビブがケンタッキーのプランテーションでの生活と奴隷制からの劇的な逃亡の経緯を自費出版したことはよく知られていた。ストウはビブへの質問表に「できるだけ早くお答えいただきたい」という要望を添えた。その要求をするにあたっていっさい遠慮しなかった。詳細を知らなければならないという状況が、自己解放した奴隷として合衆国でもっとも有名なふたりに、まるでメニューから注文するかのように、具体的な情報を求める大義名分となったのだろう。ダグラスへの彼女の手紙は、ダグラスが抱いている確信のふたつはまちがっていると彼を説得しようとする尊大な態度で締めくくられ、キリスト教会は概して奴隷制支持ではないし、黒人のアメリカ人をアフリカへ送ろうという植民地化構想はたいへん賢明であると主張した。*17

ビブは、そのころはすでにカナダに住んでおり、カナダ初の黒人による新聞を創刊していた。ダグラスは、現代のわたしたちが知るかぎりでは一度もストウに返信していない。南部のプランテーションに関するストウの一次史料は依然として、イライザ・バック、〝地下鉄道〟を通じて逃亡し、たまたまストウの家のまえで降ろされた人、ルイジアナに旅したことのある兄のチャールズ、それに奴隷制の直接体験が記された二、三の刊行物だった。

今日では『アンクル・トムの小屋』は主人公のアンクル・トムの不幸と同義になっている。ただし、今に残る侮蔑の意味――白人に命令されるとすぐさま跪《ひざまず》いて、ぺこぺことへつらう黒人――は、ストウの小説そのものではなく、何百という劇場版から生じたものだ。原作は奴隷にされた人々の苦しみを伝え、所有物という状態から奴隷を引き上げる手段を明確に述べている。ところが、その感情主義の課題に忠実に、もっとも重要な登場人物はアンクル・トムのような奴隷たちではない。主役を演じているのは、黒人を奴隷にしたかと思えば黒人が逃げる手助けもする白人女性たちなのだ。

『アンクル・トムの小屋』は読者に、白人、ことに白人女性には黒人の人格を形成する力があると印象づけようとする。歴史学と生物学が結びついて白人を親の立場に押し上げる一方で、黒人は傷つきやすい幼子のままにしている。黒人たちは、ほとんどなにも書かれていない、もっとなにかが記されるのを待っている順応性のある石板のように見える。たとえばアンクル・トムは「穏やかな人種ならではの優しくて感受性の強い性質」をもち、「単純で子どもっぽいことばかりしたがる」と描写されている。ストウにすれば、アングロ・サクソンは対照的に、文明のもとで「教養と命令と教育と肉体と道徳とが卓越した時代から生まれた」ために、人種的な活力を蓄積してきた。したがって、黒人の心と体に新しい影響を染みこませるのは白人女性の務めである、というわけだ。[*18]

ストウが描く奴隷の登場人物の活動は、ひどくとっぴだとしても、本のページにさざ波を立てる。イライザ・ハリスは、自分の幼い息子を追いかけるケンタッキーの奴隷捕獲人から逃げるために、息子を胸に抱きしめ、オハイオ川の氷の塊から塊へ跳び移って一マイルの川幅を渡る。にもかかわらず、小説はその中心にひとつある行動源、つまり、居間でくつろぐ白人女性たちに向かって突き進む。「南部のお屋敷の召使いたちは、育成者である女主人の性格と能力によって雲泥の差がつく」と小説の語り手は述べる。イライザについていえば、彼女を所有している見せかけだけの奴隷廃止論者ミセス・シェルビーは、奴隷たちを教化することで、「この貧しくて無知で頼ることしかできない者たちに対する自分の責任を果たそう」とした。[*19] イライザの主人に対する盲信は与えられる罰への反動でもある。

『アンクル・トムの小屋』に登場する典型的な白人女性は、そもそもおとなの女性ではなく、子どもだ。ニューオーリンズの大金持ちの一家の奴隷にされたトムは、主人の娘で五歳か六歳のエヴァ・セント・クレアと固い絆を結ぶ。まだできあがっていない彼女の体に奴隷制の悪が染みこんで、その構造を弱めているのだが、奴隷のために自分を犠牲にする機会が訪れると、喜んでそうする。「できるなら、わたしが代わりに死にたいの、トム」とエヴァは打ち明け、時を置かずしてそれを実行する――ただし、死の床に奴隷たちを集めて、その最後の望みを伝えてから。「おまえたち、怠けてはだめよ。ぼんやりして考えなしに生きてはだめよ。キリストを信じなさい」[*20] 生きても死んでもエヴァは感受性の強いトムに自分の判を押している。小説の結末を迎えるまえに、アンクル・トムはルイジアナの綿花プランテーションで仲間の奴隷を鞭打つことを拒否して殴り殺される。エヴァの犠牲が転じて彼の代価となっている。もし、エヴァがキリストのイメージで生まれてきた子だとすれば、トムはそのエヴァの鋳型でつくられている。

『アンクル・トムの小屋』は、白人女性の同情心をなによりも力強い教化の力として称賛する。このメッセージを読者が見逃さないように、ストウはヴァーモントから来た奴隷廃止論者の叔母をセント・クレア家に配している。ミス・オフィーリアは、奴隷たちに嘘をつかせ、不道徳なことや下品なことをさせるのは黒人が生まれもった性質ではなく、奴隷制という環境なのだと主張する。エヴァの父親はオフィーリアの説の真偽をためすために、トプシーという行儀の悪い孤児を買って、オフィーリアの新しい「実験」のために「捕獲したての見本」として仕えさせる。「真っ黒で」、とてつもなく「動物じみて」いて、「下劣な」子どもの奴隷でも、白人女性なら教え導けるのか？　だが、ミス・オフィーリアの奴隷制への恐怖心に敵《かな》うものは黒人への嫌悪感のみ。だから、彼女はトプシーに触れることすらできない。トプシーのほうは、リボンを盗んだり、寝台の支柱にぶら下がったり、オフィーリアの帽子の縁をちょん切って彼女の人形に羽織らせたりする。エヴァはそれでも、愛情と宗教的な教えを惜しみなくトプシーにそそぐ。エヴァの死後、オフィーリアはエヴァがトプシーにおよぼした強い影響の秘密を知り、憐憫の「正直な涙」が流される。ついに泣き崩れて、さめざめと泣きつづけるオフィーリア。「その瞬間から、彼女は極貧の黒人の子の精神におよぼす影響力を手にして、二度と失うことはなかった」[*21]

オフィーリアは泣き叫び、トプシーは一変する。
感情主義の小説は「つねに人の複製をものとして型どおりに売ったあげく、認識、救済、包摂など、英雄的な行為の機会を特権階級に提供する途中で、非人道的行為という具体化された末端のテーマの確認にふける」文芸批評家のローレン・バーラントは、ジェイムズ・ボールドウィンによる『アンクル・トムの小屋』への古典的な酷評に倣い、著書でそう述べている。[*22] ストウの小説は、白人の少女と白人女性の涙の真の重要性は彼女たちがもつ権力――折檻と決定権と優位性を導く水路――であることを暗示している。感傷的な同情は涙の染みがある権威のマントなのだ。

逃亡奴隷法が成立した一八五〇年九月、ハリエット・ジェイコブズが北部に住んで八年経っていたが、いまだに追跡を続けるノーコム一家から逃げることを余儀なくされていた。逃亡奴隷法の成立はノーコム一家の目的を強化したにすぎず、彼女は「蛇と奴隷所有者が姿を見せる」夏を恐れることを覚えた。ジェイコブズがウィリスィズ四番通りから離れることはめったになく、ニューヨークに到着した訪問者のなかに自分の知る名前がないかどうか、新聞記事に目を走らせるのは毎夜のことだった。ボストンへは二度逃げた。一度めは、ドクター・ノーコムが近々ジェイコブズと子どもたちの追跡を再開するという警告を、ノースカロライナから受けて行動を起こした。関係者がジェイコブズへの手紙を投函するのも数々の困難を伴ったためか、ノーコムは彼女の知らないうちに何ヵ月もまえに死んでいた。だからといってジェイコブズが安全になったわけではなく、むしろ危険は増した。なぜなら、ノーコムの息子、ジェイムズ・ノーコム・ジュニアが一族に借金を背負わせていて、ノーコムの娘とその夫ダニエル・メスモアが資金調達のために必死で追跡を続けていたからだ。[*23]

ストウの『アンクル・トムの小屋』をすぐにも読みたいという読者の要求に対応するため、印刷機三台が一日二十四時間フル回転を始める一ヵ月まえの、一八五二年二月のある早朝、ジェイコブズは、前夜の乳母の仕事が忙しかったせいで《イヴニング・プレス》で名前を調べるのを忘れていたことに気がついた。慌てて居間に飛びこんで、使用人の少年がくしゃくしゃに丸めて今しも火を熾そうとしていた日刊紙を奪い取り、そこに印刷されている言葉を目にした瞬間、心臓が締めつけられた。ダニエル・メスモアがニューヨークに到着しており、彼女には「三流ホテル」と思える宿に泊まっていた。[*24] ジェイコブズがなにより恐れたのは、今は十九歳になり、ニューヨーク市内のジェイコブズを訪ねていた娘のルイーザのことだった。息子のジョーゼフは逃亡奴隷法で勢いづいた奴隷捕獲人をまくために、カリフォルニアで金の採掘をする彼女の弟のジョンのもとに身を寄せ、ともに採掘に励んでいた。ジェイコブズはコーネリア・ウィリスの助けを借りてまたしてもボストンへ逃れた。ウィリスはメスモアからジェイコブズの自由を買い取り、彼の「迫害」を終わりにさせたいと、ジェイコブズへの手紙に書いてきた。ニューヨークにいてもジェイコブズが自由になるには、その身が売られなければならないのは南部と同じだった。

ジェイコブズは感謝したが傷ついた。これほど長い苦しみを経てもなお、ノーコムの家族に金銭を渡すのでは「勝利」が敗北に変わってしまう。

「所有者から所有者へ売られるのでは、奴隷制と少しも変わらないように思えます」とジェイコブズは返信した。「それならいっそ弟がいるカリフォルニアへ行きたいですね」

それでも、友人であり使用人でもあるジェイコブズの力になりたいコーネリアは、メスモアと接触してジェイコブズの売買交渉を始め、彼女の子どもたちの所有権の放棄もふくめ、三百ドルという値段で話をつけた。「自由の都市ニューヨークで！」自分が不動産かなにかのように「売られた」ことにジェイコブズは傷つき、うんざりしたが、ニューヨークへ帰る列車に乗っても顔を隠さず、まっすぐまえを見ていられると、かつてないほど楽に息ができたのも事実だった。[*25]

つかまる恐れがなくなった今、ジェイコブズは自分の体験譚を共有するという形で奴隷制廃止運動に貢献することを考えられるようになった。友人のエイミー・ポストは何年もまえから、自分の話を語るようにとジェイコブズを励ましていたのだが、実際に受けた性暴力やソーヤーと結んだ関係をみずから暴露するのは「屈辱」だった。ジェイコブズは子どもたちの出生の事情を打ち明けた北部人たったふたりのうちのひとりであるポストに、「不名誉なことがなにひとつないヒロインの人生なら」喜んで話すだろうと伝えた。[*26] 内なる「自尊心」を克服して「もうひとつの自尊心を自分の運命から救い出す」ための二年間の祈りが彼女の心を溶かし、ポストの考えに歩み寄らせた。コーネリアは、自分の人生と逃亡の物語を大衆に届けることをストウに託してはどうかと提案した。一八五二年が終わろうとするころ、ジェイコブズはポストに仲介を頼んだ。

「ひと月ほど彼女と過ごしたいのです」ジェイコブズは話の構成のためのアイディアをポストに送るときにそう提案した。その返礼に「奴隷制にまつわる彼女の著作のためのかなり細かい素描を提供できます」と。[*27] ポストはストウに手紙をしたため、ジェイコブズの人生の詳細を――潜伏とソーヤーとの婚外関係もふくめて――慎重に切り出し、話の公表が急を要すること、この繊細なプロジェクトをストウに引き受けてもらいたいという希望を伝えた。

返事はなかった。

一ヵ月後、ストウが近々、奴隷制廃止論者たちと会うためにグレイト・ブリテン島へ渡ることを新聞の告知欄で読んだジェイコブズは、自分がストウと連携する機会——大義に「役立つための」チャンス——は、今は黙って引き下がることだと気づきながらも、作家に耳を傾けさせるべつの作戦を思いついた。全寮制の学校を卒業したばかりの娘のルイーザをストウの講演旅行に随行させればいい。費用は自分がもとう。ルイーザなら英国の聴衆に会わせる「南部奴隷の代表にふさわしい」だろうとジェイコブズは主張した。それに、奴隷制廃止論者の講演旅行で経験を積みながら、ストウの奴隷制廃止の仕事を補佐できるし、そのなかでストウとの関係を築いておけば、将来は母親とのパートナーシップも実現できるかもしれない。ストウとちがってジェイコブズにはイングランドへの旅行体験があった。ナサニエル・ウィリスの最初の妻の死後、乳母として雇われたころのことだ。だからルイーザにも、アメリカの生活に染みついているレイシズムからの一時的な解放を体験させてやりたかった。コーネリア・ウィリスはジェイコブズのプランに賛同し、やはりストウに手紙を書いてくれた。[*28]

今度はストウから返事が来た。その手紙がジェイコブズの心に火をつけた。[*29]自分はグラスゴー反奴隷制協会の招待を受けて渡航するのだから、ルイーザを同行させることは「大きな苦労の種」となるだろうと、ストウの手紙には書かれていた。それ自体はもっともな異議だったのかもしれない。しかし、そのあとに続く見下したような一文がジェイコブズを激怒させた、イングランド人が奴隷としてのルイーザの歴史を知ったら、彼女は「愛玩や庇護の対象」になるだろうというのだ。そんなふうに注目を浴びることはルイーザを「喜ばせる」にちがいなく、自分はそれに対して「この階級の人々とともに……大反対である」と。[*30]ストウが信頼しているのは、英国の反奴隷制活動家から評価と称賛を受けている自分と同じ白人の奴隷制廃止論者だけだったらしい。

ストウはさらに強引に先へ進んだ。彼女はジェイコブズを自分の新作のための情報源、もっといえば、大ヒットした『アンクル・トムの小屋』に対する事実上の答えと見なしていた。次作『アンクル・トムの小屋への鍵』（一八五三年、未邦訳）は、ストウが自分のぼんやりとした想像だけで奴隷制の暴力を具体的に書いているという奴隷制支持者の非難をかわすと期待されていた。自己解放の途でルイジアナの屋根裏部屋に隠れる登場人物はストウ自身がすでにつくり出しているので、それをジェイコブズの七年間の潜伏生活に重ねれば大当たりする可能性があった。事実に基づくジェイコブズの物語をあたかも自分の考えた筋立てであるかのように差し出すことができるのだ。それまでもストウは小説に使うための物語を一生懸命ビブから引き出そうとしていた。ストウの手法は相変わらず同じだった。

ジェイコブズの物語を『アンクル・トムの小屋への鍵』で公表するために、彼女の人生の詳細が事実であることを証明したい気持ちは強くあっても、ストウがジェイコブズに直接返答したことはまだなかった。そのかわりに彼女はジェイコブズの雇い主、コーネリア・ウィリスに手紙を書いた。その封書に、ジェイコブズの子どもたちの出生についての繊細な事柄を打ち明けるエイミー・ポストの手紙を同封し、ポストが記した内容の裏付けをウィリスに求めた。ジェイコブズの物語を自分の小説の設定として使うために。ストウが欲しかったのはジェイコブズの許可ではなく、ウィリスによる立証だったのだ。

怒り心頭のウィリスから、ストウがこんな形でウィリスに秘密を漏らしたことを伝えられると、恥ずかしさのあまりジェイコブズの全身は熱くなった。優しいウィリスはルイーザとジョーゼフの父親のことを一度たりとも尋ねたことがなかった。ジェイコブズが独力で生きることを選んだのは傷を負ったからだということも理解していた。ストウはポストからの手紙を同封した時点で、ウィリスの知らないジェイコブズの事情の詳細を暴いたことになる。まさかストウが当事者のジェイコブズを避けて、彼女が守ってきた私生活に穴を開けようとは、だれも予測していなかった。[*31]

もはやジェイコブズは自分の物語をストウに託したいとは微塵も思わず、「わたしの人生の歴史を完全にその力だけで」語ろうと決意した。コーネリア・ウィリスはふたたびストウに手紙をしたため、『アンクル・トムの小屋への鍵』からジェイコブズにまつわる情報を引き上げてくれと要請するとともに、「著作のためになんらかの事実をお求めなら、喜んでお話しします」というジェイコブズの申し出を伝えた。ストウからの返信がなかったのでコーネリアはもう一度手紙を書いた。その後ジェイコブズも二通の手紙をストウに出した。

返事は一通もなく、ストウはリヴァプールへ旅立った。[*32]

イングランドとスコットランドでストウはスターか救世主のような扱いを受けた。リヴァプールの波止場で船から降りた瞬間、熱狂的な群衆に迎えられるというはじめての体験はストウを仰天させた。ストウは『アンクル・トムの小屋』を世に出したときから英国への関心を高めていて、公爵や侯爵ほか爵位ある多くの人たちやチャールズ・ディケンズのような著名な作家に、自分の本一冊に親しみをこめた手紙を添えて送っていた。出版から一年が経った『アンクル・トムの小屋』は初の国際的ベストセラーになりつつあり、ロンドンだけで四十版を重ねていた。舞台化もされ、ストウの小説を原作とする異なる劇場作品が十作もロンドンの舞台で上演されていた。ある出版人は英国とその植民地で百五十万部以上売れていると推定した。[*33]

ハリエット・ビーチャー・ストウは自分の新たな公的役割を謙遜と威厳のまじりあった態度で受け入れた。奴隷制廃止運動はストウの参加がないまま激動の数十年を費やしてきたが、突如として白人の大衆は彼女をリーダーと見なし、ストウ自身も、奴隷制という存在と闘うために、自分は奴隷制がもたらす数々のおぞましさにどっぷりとつかる覚悟をしなくてはならないと悟った。『アンクル・トムの小屋への鍵』の執筆中に書かれたストウの手紙からは、鞭打ちや誘拐や拷問の様子が目に浮かぶように描写しなければならない日々の作業の感情的な負担が読み取れる。白人作家の大多数は、残酷さの上に構築された産業から目をそらす選択をした。ストウの立場は、黒人が実際に体験している鞭打ちとは比べものにならないとはいえ、奴隷制を主題とする彼女の執筆への専心は、この制度に反対する白人の聴衆をまとめるにあたって絶大な効果を発揮した。

だが、ストウは自分こそが大義に責任を負っているという自覚に励まされてもいた、それは、幼い我が子を失った母親として、女性として、奴隷の女性の苦しみに心から同情できるという理由で自分に認めた立場だった。奴隷制の擁護者は、アメリカの黒人には白人と同じように感じる能力がないと論じたが、ストウのような奴隷制廃止論者の白人女性は、奴隷だろうとなんだろうと、すべての女性が共有する感情の特徴があると反論した。

「わたしはひとりの女性として、母親として、抑圧され、心に深い傷を受けたから、自分が感じたことを書いたのです」と、ジェイコブズの申し出を素っ気なく拒絶する数週間まえに、ストウは英国の高名な判事に説明していた。「自分のために語ることができない抑圧されている人たちに代わって語らなければならないという状況は、美徳でもなんでもありません」[*34] しかし、これは傲《おご》り以外の何物でもなかった。奴隷の女性がどのように感じているか自分には手に取るようにわかると主張する白人女性は、自分には彼女たちに対する権限があると当然のように感じていた。ダグラスやビブやジェイコブズの弟のジョン・ジェイコブズをはじめ大勢の黒人男性が自力で執筆や演説をしていても。

一方で、『アンクル・トムの小屋』は著者と出版社に多大な利益をもたらしはじめていた。ストウは出版から三ヵ月で一万ドルの印税を稼ぐという新記録を打ち立てた。当時の一万ドルを現在の貨幣価値に換算すると三十万ドル以上だ。ストウと夫の教授は生活の収支合わせをしたことがほとんどなかったため、本の制作にかかる経費と出版後の利益を折半にしようという出版社からの最初の提案を受け入れなかった。もし、この申し出にあるリスクを引き受ける余裕が夫妻にあったなら、十六年後にルイーザ・メイ・オルコットが『若草物語』（一八六九年、邦訳多数）でするような契約をストウもしていた可能性は充分にある。そこで完全な著作権を手にしていれば、それが生み出す富がストウ一家を何世代にもわたって扶養できたはずだ。とはいっても、ストウの契約した出版社が本を市場に出すために投じた莫大な経費と派手な仕掛けが爆発的な売り上げに貢献したのはたしかで、彼女が受け取る一〇％の印税はどんどん貯まっていった。[*35]

ストウの英国旅行はもうひとつの思いがけない収入をもたらした。著作権法はまだ国境をまたいでおらず、自国以外で本が売れてもストウには印税収入がはいらなかった。これに対して英国の支持者が「一ペニーの心づけ」を読者のひとりひとりに呼びかける運動を始めた。有志によるこの献金の合計はおよそ二万ドルに達した。反奴隷制の大義、とりわけ〝地下鉄道〟の活動に配分するべき寄付金もストウのもとに何百ポンドも送られてきた。一ペニー献金はストウ個人が使うことを意図して始められたものなのに、反奴隷制活動の刷新を実現するための寄付を渋るストウに不満を漏らす人もなかにはいた。[*36]

このときのストウの沈黙は、人の心に訴え、政治活動の汚れた部分に関わるまいとする作戦の結果だった。奴隷制廃止運動内のさまざまな派閥間で激しい対立が起きていた。その後まもなく女性参政権運動であきらかになるように、奴隷制廃止運動には複数の対立的な手法があった。まず、スタントンが会場のバルコニー席で立ち会った一八四〇年の反奴隷制会議以来、奴隷制の即時廃止を目指し、女性の関与を支持するギャリソン派。二番手は、奴隷制廃止運動から女性を排除する戦いを続けているルイス・タッパンが一八四〇年に設立した組織。そして、漸進的な奴隷解放と奴隷所有者の財政的損失の補助を支持する保守派。奴隷制廃止運動の活力と勢いを生む論争がおこなわれている渦中で、ストウは見過ごされることのない中立という有利な立場を選んだ。ギャリソン派の活動家のひとりは、ストウは「われわれから奪えるものは全部奪う気でいるくせに、自分を旧組織と混ぜることには細心の注意を払おうとしている」と糾弾した。ストウはのちに、一ペニー献金による二万ドルの財源のなかから六千ドルをやや上まわる額を、パンフレット制作の資金提供、請願キャンペーンの始動、逃亡奴隷の援助など、奴隷制廃止運動の支援に使ったと説明し、残りの財源の大半は、ワシントンDCに開校する黒人のみの学校、ミス・マイナーズ〔訳注／現マイナー小学校／マイナー・ノーマル・スクール〕の「大きくて優美な校舎」の建設費用にあて、同校の後援を呼びかけていくつもりだと約束した。[*37] だが、その校舎が建つことはなかった。

奴隷制に反対する作家であることと奴隷制廃止を目指す社会運動に関わることを分けながらも、ストウはあらゆる種類の奴隷制廃止論者に影響を与え、また、その影響を維持する心づもりでいたにちがいない。彼女の中立性はある意味では活動家たちに役立ったとヘドリックは記している。なぜならストウは、運動の政治学における面倒だが必要な戦いから反奴隷制の感情を切り離し、文明人の心情というわかりやすい型にはめこんだのだから。そのような戦術が多数の活動家を生み出すことはなかったかもしれない。それでもストウの小説はたびたび、アメリカ北部と英国に住む白人の、とりわけ、彼女がもっとも心をつかもうとしていた白人女性の奴隷制に対する意見を変えた唯一最大の要因のように見なされてきた。フェミニストはストウが女性の感情をターゲットにしてつくり上げた社会的役割を称賛し、実際、スタントンとアンソニーは《革命》紙の編集にストウを招こうとした。南部では、書籍商が『アンクル・トムの小屋』を禁書とすることは珍しくなく、奴隷制廃止に反対する活動家からの威嚇や脅迫を受けて、やむなく禁書にする場合もあった。奴隷制廃止運動のなかでは、奴隷制廃止という大義の支持者を新たに集めたとして、急進派からも漸進派からも同書は高い評価を受けていた。ギャリソン派のフレデリック・ダグラスは「道徳的にも人道的にも今求められていることにこれほど適《かな》うものはないだろう。驚くべき効果をあげ、あっというまに全世界に広がっている」と熱弁した。ストウの息子はもっと話を大きくしていて、作り話だと判明した現在でもときどき活字になることがある。それは、身長百五十二センチほどのストウと会ったエイブラハム・リンカーンが「あなたがこのたびの大戦争を始めた小柄な婦人ですか！」と叫んだというものだ。[*38]

しかし、すべての奴隷制廃止論者が喜んだわけではなかった。急進的なギャリソン派の医師で小説家の黒人国家主義者《ブラック・ナショナリスト》、マーティン・デラニーは、ダグラスのストウへの支持に恐怖を表明した。ストウはアフリカ系アメリカ人をアフリカに送って国内から追い出す道を模索し、黒人児童を教える黒人教師への支援をせず、反奴隷制の著作から得られる「金銭的利益」をすべて自分のもとに引き寄せて、黒人作家の機会を「結果的に奪っている」とデラニーは反論し、「企業であれ協会であれ、ほかのなんであれ、〝まず初めにわれわれに相談する〟ことをしないで〝われわれのために〟、もしくはわれわれの全般的な利益のために始められるべきではない」と結論づけた。ダグラスは運動の経験豊かなまとめ役の痛烈なロジックでデラニーに反駁《はんばく》した。「彼は相談する〝われわれ〟をどこで見つけるのだろう？　どんな組織を通せば、いや、どんな海峡を渡れば、そのような助言を運ぶことができるのだろう？……この場合、何人がわれわれにふくまれているのだろう？」[*39]

時の経過とともに合衆国での印税の蓄えは増えつづけ、出版から十八ヵ月でストウは六万ドルを稼いだ。支援の要求も並行して増え、とくに多いのは家族からの要求だったが、ダグラスも自分が設立を願う黒人男性のための実業学校への支援を求めた。ストウはもっと早い時期に、奴隷制廃止に向けた資金提供についての助言を求めるためにダグラスと接触していたが、自由の身の黒人に対する彼の要望を聞くと不満を漏らした。「学校をつくりたいなら、なぜ自分たちの手でつくらないのでしょう？　わたしより裕福な――しかも、そうした問題に力を貸すのが上手な――有色人種の人たちも大勢いますよ。その人たちはこれから歩くことを覚えるとでもいうのでしょうか？」[*40]

ストウは奴隷制廃止運動に対する自分の責任に苛立つこともあれば、指名された白人リーダーという立場を誇り高く引き受けることもあった。一八五三年のイングランドへの旅のハイライトは、改革の中心拠点として国際的に有名な、慈善家のサザーランド公爵と公爵夫人の邸宅、スタッフォードハウスで開かれた歓迎の昼食会だった。ストウの小説に触発された公爵夫人は、アメリカの白人女性に向けた請願の調整に助力した。奴隷制反対のこの請願の根拠は、ストウが『アンクル・トムの小屋』で描いたのと同じく、奴隷制は結婚の神聖さを犯し、子どもを親から奪い、奴隷がキリスト教教育を受けることを阻んでいる、という感情的なものだった。「スタッフォードハウス請願」を支持する英国の女性による五十六万筆の署名が、革装丁の二十六巻の私的な贈り物として、ストウのもとへ届けられていた。これはストウの勝利であり、フェミニズムの主流、つまり白人女性の道徳的権威における彼女の知名度を物語る証拠だった。

スタッフォードハウスに招かれたストウは、箔の貼られたヨーロッパ随一の絢爛豪華な大広間と二重階段に降りそそぐ、高さ十二メートルの天窓からの柔らかな光のもとで、貴族や貴婦人や詩人や大主教に紹介された。サザーランド公爵夫人は、ストウの尽力に個人的な謝意を伝えるために貴重な記念品を贈った。奴隷の足枷を象った重い金のチェーン・ブレスレットを。「わたしたちはこれが近い将来断ち切られる鎖の記念となることを確信します」という文字が刻まれていた。地球規模の奴隷貿易を廃止するための投票がおこなわれた一八〇七年と、英国領で奴隷制が廃止された一八三三年の数字を彫りつけた鎖もあった。リンカーンの奴隷解放宣言の直後、ストウは合衆国で奴隷制が廃止されたその記念の年、一八六三年を公爵夫人から贈られた金のブレスレットに刻んだ。[*41]

ストウのイングランドへの旅のニュースがアメリカの新聞に載ると、ジェイコブズはストウが奴隷制廃止の大義を担っているかのような世論に憤慨し、「親愛なるエイミー、考えてもみてください。万が一わたしがスタッフォードハウスを訪問したら、この身は滅ぼされるでしょうに、ミセス・ストウが考えているのは、わたしの人種は愛玩に耐えられないということなのです」と親友への手紙に書いた。「白人たちにはある人格の確立と安定が、わたしたち貧しい黒人にはないというのはなんと悲しいことでしょう」[*42]ジェイコブズはさらに、『アンクル・トムの小屋』の成功を自分の冠にしようとしているのはむしろストウ本人なのだと続けた。

ハリエット・ビーチャー・ストウがイングランドでもてはやされているころ、ハリエット・ジェイコブズはニューヨークで執筆を始めていた。ウィリス夫妻は、健康状態の思わしくないナサニエル・パーカー・ウィリスの執筆と療養の場として、ハドソン川沿いに家を建てていた。コーネリア・ウィリスがふたたび妊娠すると、マンハッタン四丁目のその家から州北部への引っ越しのための荷造りはジェイコブズほか四人の使用人にまかされた。古新聞に埋もれて荷造りしながら、ジェイコブズは《ニューヨーク・トリビューン》紙に掲載された公開書簡に目を留めた。「元大統領夫人、ミセス・タイラー」がサザーランド公爵夫人とイングランドの貴婦人たちに宛てたその手紙のなかで、元ファーストレディのジュリア・B・タイラーは、「スタッフォード請願」を激しく非難していた。彼女は奴隷制を慈善的な制度だと擁護して、奴隷の家族が離れればなれにされることはめったにないと主張するだけでなく、英国の女性たちに人を見下すのはやめるように助言し、「依存して生きる者たちの苦しみを減らすことは南部の女性にまかせて、あなたがたはご自分の面倒を見ることに専念なさい」と、英国に広がっていた貧困に言及しながら叱りつけていた。[*43]

激怒したジェイコブズはその夜ペンを取り、はじめて世間の目に触れる文章を書いた。白人女性たちが奴隷制について大西洋を挟んで議論している。自分は正式な教育を受けていないけれども、みずからの声と体験を届けようと決意したのだ。「(わたしの文章は)下手くそかもしれませんが、ほかの人に代わりに書いてもらって伝えるよりは、自分で書いたほうがいいです」《ニューヨーク・トリビューン》の編集人に宛てて彼女はこう書きだした。ジェイコブズは、奴隷が売られることはめったにないというミセス・タイラーの言い分はまちがっていると主張した。そして、性的な不道徳に依存するシステムを擁護するタイラーのような白人女性への疑問を用心深いと同時に辛辣な口調で語り、「南部の女性にこそ奴隷制を軽蔑する理由があるとは思いませんか? ご自分の夫によって実行されているあんなにたくさんの偽りに耐えることを強いているのですよ」と問うた。「奴隷所有者は白人の女主人をめったに選びません。彼女はお金のかかる商品だし、彼が望むような従順さをもちませんから」この長い手紙の最後でジェイコブズは、ストウが奴隷制の残酷さを正確に描写したと認めつつ、こうつけ加えた。「ただ、『アンクル・トムの小屋』には残りの半分が書いてありません。彼女のあふれる才能の商店から飛び散った火花のひとつでもわたしにあるなら、自分が味わった苦しみをあなたがたに語るでしょう」朝までかかってその手紙を書き上げたジェイコブズは「ある逃亡奴隷」と署名し、《トリビューン》に送ると、ハドソン川をのぼる早朝の船便に乗った。[*44]

その夏、日の出から日没まで、生まれたばかりの赤ん坊のほかウィリス家の子どもたちの世話をし、子どもたちの人形のほころびをひとつずつ縫っているとき、頭にひらめくものがあった。エイミーの励ましもあり、ジェイコブズは子どもたちを寝かせたあと、蠟燭《ろうそく》をともして自分の物語を書きはじめた。ジェイコブズは奴隷制を擁護するナサニエル・パーカー・ウィリスをけっして信用しなかった。コーネリアにもこの計画を話さなかった。自分の文章はあくまで自分のものだという気持ちの表れだと、ジェイコブズの伝記作家、ジーン・フェイガン・イェリンは言う。「ミセス・ウィリスは彼女の自由を買ったが、ジェイコブズの物語を語れるのはジェイコブズしかいない」とイェリンは書いている。[*45]

金遣いが荒いことで有名な洒落男、ナサニエルは、つぎの十年でセントラル・パークを共同設計することになる建築家のカルヴァート・ヴォーに、部屋が十八もある家、通称〝無使用の荒野《アイドルワイルド》〟の設計を依頼していた。彼はその切妻造りの家を自身と著名な作家の友人たち、たとえばエドガー・アラン・ポーやヘンリー・ワーズワース・ロングフェローのための静養所にするつもりだった。だが、〝アイドルワイルド〟で執筆されたもののうち、もっとも意義がある文章はウィリス家の使用人部屋で夜の闇にまぎれて書かれた。

ジェイコブズが自分の物語を綴ったのは、「奴隷制は男にとっても恐ろしいが、女にとってはその何十倍も恐ろしい」ということを暴いて北部にいる黒人と連帯し、北部の女性たちのなかにある奴隷制廃止の情熱を燃え上がらせようという意図があったからだ。『ある奴隷少女に起こった出来事』（堀越ゆき訳、大和書房、二〇一三年／新潮文庫、二〇一七年）でジェイコブズは、白人女性との連帯を勧めながらも、彼女たちが主張する類推《アナロジー》――白人女性の体験と奴隷の置かれている状態との同一視――を拒否した。十九世紀式の直接的な呼びかけで一気に親密な空気をつくりながらも、つぎの一文では同情を引き出すまいとしている。「おお、読者よ、わたしの喜びを想像できるだろうか？ いや、できるわけがない。奴隷の母親になったことがなければ」娘のルイーザとの北部での再会をそう記した。[*46]

二百ページにわたる物語を通じて、ジェイコブズは偉業を成し遂げた。そこに描き出された人生は、彼女の肉体の性的能力に頼る政治と経済の残酷なシステムで構成されており、しかも、意外にも避難の抜け道とわかった交渉によって中断されていた。語り手はリンダ・ブレントと名づけられた。この偽名はジェイコブズの身元を隠すだけでなく、物語に新たな声を生むことを可能にした。ジェイコブズは最初のページでリンダ・ブレントの生い立ちを紹介する際、リンダの祖母モリーの父親がサウスカロライナの大農園主であることに触れて、奴隷所有者によるレイプという主題を慎重に切り出した。そうすることで白人男性が黒人女性の肉体に加えていた虐待が、彼女のつむぐ物語と彼女自身の肉体の文字どおり前提条件となる。奴隷制は黒人女性の体につくられる痣と黒人女性が流す血と、しばしば白人女性による暗黙の、あるいは露骨な承認から絞り出されていることを伝える場面が繰り返される。彼女は個々の悪役を説明するのではなく、悲惨が飽和状態にある構造そのものを書いている。

ただし、一部の読者がなにより望みそうな情報の提供はしなかった。感傷的な拷問ポルノじみた猥褻な描写はいっさいないということだ。ストウの小説が発表された結果として、虐待を受けて堕落させられた奴隷の女性は、奴隷制のもつ残酷さの象徴として需要が高まった。黒人女性の苦痛に向けられる白人の嗜好は、文芸評論家のマリアンヌ・ノーブルの適切な要約によれば、奴隷にされた人々をいともたやすく「エロティックな同情の対象」に変えた。ジークムント・フロイトは六十年後、『アンクル・トムの小屋』で奴隷が殴られる場面を、自分の両親が自慰的な題材に変えることは日常的にあったと記している。[*47] ジェイコブズは白人読者が登場人物の苦しむ姿を期待する箇所で、あえて黒人女性に主体的に語らせた。

ジェイコブズがサミュエル・トレッドウェル・ソーヤーと結んだ肉体関係は、彼女の祖母が自身に植えつけてきたリスペクタビリティの政治〔訳注／マジョリティからの尊敬を得ることで、マイノリティの地位を向上させようとする考え方やイデオロギー〕を汚した。読者もまた、率直さと悔しさの入りまじった感情から、自分の流す涙に値する女性にリスペクタビリティの政治を求めようとした。「無理強いと同義の主人の懇願の裏に自分を隠そうとは思いません」とジェイコブズは言った。「自分がなにをしているかも、周到な予測に基づいてそれをしていることもわかっていました。でも、ええ、そう、あなたがたは、子どものころから純潔を守られていて、自分の好意の対象を自由に選べて、自分の家庭も法律で守られている幸福な女性は、貧しく孤独な奴隷少女に厳しすぎる裁きをくだしはしません！」彼女は自分の行動を完全にコントロールできる論理的な主体としての能力をあらためて強調して、この長い一節を締めくくった。「それでもやはり、自分の人生に起きたことを冷静に振り返ると、その奴隷の

ハリエット・ジェイコブズ。（ニューヨーク公立図書館、ショーンバーグ黒人文化研究センター、写真・印刷課の厚意により転載）

女性は、ほかの人たちと同じ基準で判断されるべきではないと感じています」[*48]

全編を通してジェイコブズはリンダ・ブレントを、主体性と感情を併せもつ論理的な人物として組み立てた。そのうえリンダには読者の白人女性の同情心に訴える魅力もある。結果はどうだったかといえば、教師にはおなじみのフィードバック・サンドウィッチに近く、心強い称賛のなかに非難をこめた批評が寄せられた。語り手はどの一節でも、理性も感情もある人物として、連帯を探し求める虐待システムのサバイバーとして、自身の完全な人間性を主張している。読者の白人女性は、黒人の登場人物が隷属者として――『アンクル・トムの小屋』の奴隷たちを評するアンジェラ・デイヴィスの言葉を借りるなら――「ときにはやんちゃであっても優しくて情愛が深く無防備な子どもたち」として描かれていれば、容易に同情を示すのだが、ジェイコブズは読者の同情に対して著者自身の決定と戦略的な魅力を突きつけている。彼女は感情主義の文章作法を、特権をもつ読者を最後に興奮させるカタルシスの見本のような苦しむ奴隷というジャンルではなく、自己決定のための手段に変えたのだ。[*49]

道徳心は身体的状況を超えられないとジェイコブズは考えた。身体的状況が整ってこそ道徳心が生まれると。だが、彼女自身のこの主張のせいで、語り手の声はどことなくつかみどころがないままなのはたしかだ。キリスト教の一夫一婦の道徳規範を踏みにじった恥の意識は彼女の筆を通してにじみ出ている。その恥の意識はジェイコブズ自身の感情の投影なのか、それとも、読者の白人女性がリンダ・ブレントに期待したであろう苦しむ奴隷の戦略的な造形なのか、判断するのは難しい。感情に訴える作品を書きながらも、ジェイコブズの目的は、奴隷にされている女性の立場への共感と理解を引き出すことであり、白人女性が流す涙の変革の力を賛美することではなかった。『ある奴隷少女に起こった出来事』で脈打っているのはリンダ・ブレントの主体性と敗北の絡みあいなのだ。

ウィリス家の赤ん坊たちの泣き声と、七年間の屋根裏生活による手足をつらぬく痛みのなかで、ジェイコブズは夜の執筆を四年間続け、ついに原稿を完成させた。今は水夫として働いている弟のジョンが手紙をよこし、イングランドへ訪ねてこないかと誘った。アメリカの奴隷物語がアメリカ本土よりも先に英国で出版されることは知っていた。ジェイコブズは、一八五八年五月、ボストンの著名なギャリソン派の奴隷廃止論者の紹介状を携え、ふたたび大西洋を渡った。そんな人脈を通して、サザーランド公爵夫人から招待を受けてスタッフォードハウスのパーティに出席することにもなったが、ジョンはそのときすでにコンスタンティノープルへ向かう船に乗っていて、出版人の確保も不成功に終わった。性に関する内容がヴィクトリア朝イングランドの大衆が好む硬直した基準を侵していたからだろうと、イェリンは考察している。[*50]

気分も懐もしぼませて帰国したジェイコブズだったが、翌年、奴隷制廃止論者のジョン・ブラウンが起こしたハーパーズ・フェリー襲撃で情熱を再燃させ、ボストンの出版社、フィリップス&サンプソンに接近した。フィリップス&サンプソン社は興味を示したものの、名の知れた白人の作家に序文を書いてもらいたいと考え、とくにストウとナサニエル・パーカー・ウィリスの名前を挙げた。ウィリスが〝アイドルワイルド〟でもてなしている奴隷所有者の客の顔ぶれや、彼が国内の主流誌に発表している南部の生活をロマンティックに描いた短編から、自分の雇い主はいまだに奴隷制の擁護者だと確信していたので、頭を下げて序文を書いてもらう気にはなれなかった。[*51] そこで、ひとまず自尊心を飲みくだして、もう一度ストウに接触を図った。

ストウは今度も支援はできないと断ってきた。

二番めに交渉した出版社は、ジェイコブズがべつの白人作家に序文を書いてもらう段取りまでつけることができたら、という条件で契約を申し出た。その作家とは、小説家でありジャーナリストでもある有名な奴隷制廃止論者、リディア・マリア・チャイルドだった。ジェイコブズは、チャイルドにもストウのような態度を取られるのではないかという不安をエイミー・ポストに打ち明けた。「すさまじく大きな磁力をもつもう一つの惑星に近づくのかと思うと体が震えます」それでも「最後の努力をしようと決心しています」とも書いた。チャイルドも「世界じゅうのどの作家よりもストウ夫人」が好きだと公言する感情主義の小説家ではあったが、幸いなことに、文学上の憧れの対象と本人はタイプがまるでちがっていた。チャイルドはこの企画を受け入れて、編集工程におけるジェイコブズへの支援、おもに、劇的緊張を持続させるための文や節や章の入れ替えを手伝おうと申し出た。ジェイコブズが正式な教育を受けていないことを考えると驚いてしまうが、結果的にその散文の小説全体でチャイルドが手直しした語は五十語足らずだった。『ある奴隷少女に起こった出来事』と題された圧倒的な物語はジェイコブズがひとりで書き上げた作品である。[*52]

しかし、出版までの道のりはまだ平坦ではなかった。作者を匿名にしておくためにチャイルドの名前を使った契約書に署名し、目前に迫る刊行日を知らせる広告が打たれたにもかかわらず、ジェイコブズの本は出版されなかった。その出版社は、ウォルト・ホイットマンの詩集『草の葉』第三版（酒本雅之訳、岩波文庫全三巻、一九九八年ほか）を刊行したばかりで、挿絵入り、四五〇ページの『草の葉』第三版は、同社がそれまでに手がけたどんな本よりも豪華な体裁の本だった。財源が底を突いたソーヤー&エルドリッジ社はすべての契約を履行せぬまま、歩道の看板を引っこめた。この第三版にはじめて収められ、その後半世紀のあいだに合衆国で出版されるゲイ文学のうちもっともあけすけな詩となる〝カラマス〟が、不幸にも、この国ではじめて奴隷の女性がみずから著した物語の刊行を阻んだのだった。[*53] ともあれ、ジェイコブズはまたしても本はあれども出版人がいない状態に置かれた。

ジェイコブズはここで底力を発揮し、自著の出版と流通を自分でやろうと決意した。ソーヤー&エルドリッジ社から印刷用の鉛版を買い取ると、印刷と製本の手配をした。緑と金の革装丁の本が仕上がると千部買い取り、一八六一年の冬からボストン、ニューヨーク・シティ、フィラデルフィア、ワシントンDCと、ギャリソン派の奴隷制廃止論者の講演会場をまわって一冊一ドルで売りさばいた。こうして世に出たジェイコブズの物語は、ギャリソン派の新聞や雑誌で好意的な評価を得ながらも、合衆国の幅広い読者層を獲得するまではいかなかったが、そのあとすぐに出版されたロンドン版はイングランドの大手各紙で好評を博した。[*54]

だが、ジェイコブズの著作が画期的な作品であると認められるにはそれから一世紀以上を要する。二十世紀にはいって大学の英語学部で文学研究が専門におこなわれるようになると、奴隷の女性がこのような人生を送れたはずはなく、こんな物語を書けたはずもないと学者たちは疑いだし、本の内容は純然たるフィクションで、才能豊かなリディア・マリア・チャイルドの手になるものだと言い切った。著者がジェイコブズだという事実が忘れ去られたのではなく否認されたのだ。黒人女性の図書館司書のなかには、学者によるこの新説の受け入れを拒んで、『ある奴隷少女に起こった出来事』をジェイコブズの著作として目録に残し、ジェイコブズの棚に残す人たちもいたが、ジェイコブズこそが著者であることが――さらに出版人であることも――ふたたび広く認知されるのは一九八〇年のなかば、ジーン・フェイガン・イエリンが約十年を費やして記録文書の精査を完了するまで待たなければならなかった。[*55]

ジェイコブズが自著を売る旅に出て数ヵ月が経ったころ、サウスカロライナ州の在郷軍によるサムター要塞への砲撃によって、連邦軍は脱退したばかりの州からの退却を余儀なくされ、南北戦争が始まった。その翌年には、何万という数の奴隷が、結成されたばかりの南部連合の家やプランテーションから逃亡し、北部の自由州を目指した。連邦議会が脱退州での逃亡奴隷法の適用を一時的に停止していたとはいえ、逃亡奴隷は住むところも食べるものもない貧困状態に追いこまれ――靴すら履いていない者も多かった――南部連合の首都、ヴァージニア州リッチモンドから百マイルと離れていない、北軍《ザ・ユニオン》が支配するワシントンDCに集まった。

ジェイコブズは奴隷制廃止論者にして作家というキャリアを着々と確立しつつあった。自身の家をもつという最大の望みを叶えることもおそらくはできただろう。しかし、逃亡奴隷の危険な状況を新聞で読んだ彼女は、自己解放した元奴隷の仲間とワシントンDCの路上で連帯することを求められているのだと感じた。そこで彼女は、一八六二年の冬を費やして、ニューヨークとフィラデルフィアで靴と衣服と毛布の供給網を構築し、早春にワシントンDCへの長旅に出発した。[*56] その年の夏は、逃亡奴隷の難民キャンプで働いた。キャンプにいる人々のほとんどは、若い男性のように自由に移動することも北軍に入隊することもできない女性や子どもや年配者や障害者だった。キャンプ内の状況は劣悪で、毛布と着替えの服は絶えず不足し、麻疹や天然痘や腸チフスが蔓延していた。ジェイコブズの毎日は床に寝かされた遺体を数えることから始まった。ひと晩に十人、朝までもたずに死んでいくこともあった。

その後の五年間でジェイコブズは、黒人女性と白人女性のグループと組織的に団結して状況の改善に取り組み、必需品を集めたり、キャンプの規則に違反した者を衛兵が鞭打つのをやめさせるために闘ったり、ヴァージニア州アレクサンドリアのキャンプの女性監督を務めたりした。そうした活動をするなかで、解放の苦しみと自己決定で埋め尽くされた奴隷制廃止論者発行の機関誌に長い手紙を送っていた。

ウィリアムロイド・ギャリソンの《解放者》誌に宛てた最初の手紙は四万語におよんだ。同時にジェイコブズはフェミニストの全国組織化にも慎重に着手し、一八六三年の秋にニューヨークで開かれたある集会では、奴隷解放を求める多数の嘆願を集めるためにスタントンとアンソニーが結成した女性愛国連盟の実行委員会のメンバーに満場一致で指名された。[*57]

一八六五年、南部連合のロバート・E・リーが降伏したあとも、ジェイコブズは難民や自由民とともに救済活動を持続した。南北戦争の最中も戦争後も、多くは娘のルイーザも加わって懸命な活動を続けるなかで、ひとつの共通のテーマが浮かび上がった。かつて奴隷だった人々は、教育や賃金労働や家族の自立を求める戦いの先頭に立つことができるし、自然とそうなるだろうと、ジェイコブズ母娘は主張した。だが、ふたりは黒人の自主性を信頼することを学ばなければならなかった。「奴隷制のなかで生まれ育てられた人たちは、白色人種を生まれつき自分より優れている主人と見なすことに慣れすぎているので、その習性をやすやすと捨てられるかどうか一抹の不安があります」と、リディア・マリア・チャイルドへの手紙にジェイコブズは書いている。それでも彼女とルイーザは自由民の支援を受けて、アレクサンドリアに解放奴隷のための学校、ジェイコブズ・スクールを創立した。母娘のペアは理事会が任命した白人の校長を拒否して、ルイーザの指導力に期待することもできた。ジェイコブズ母娘はそれを「自由を手にしてからの期間はまだ短くても、自身の人種への尊敬の念が芽生えた」兆しととらえた。ハリエットとルイーザは資金集めに関しても同様の手法を採用し、北部の反奴隷制団体に現金提供を求めることは拒んだ。そのかわり、慈善バザーの売れ残り品を求め、自分たちで売った。慈善というより相互扶助に近い行為だ。ふたりは影響力ある自分たちの立場を活用して、ジェイコブズにいわせれば「文明的な生活」に加わるようにと自由民を指導した。[*58]

ハリエットとルイーザの説得がストウやストウの仲間である白人女性の文明化のプランの模倣のように聞こえたとしても、戦術は模倣ではなかった。南北戦争が終わるとルイーザは、ジョージア州サヴァンナで難民を手助けしながら、もうひとつの黒人主導のフリースクールを設立した。母娘は年配者と孤児を支援しつつ、北部への報告を返すことも続けた。同じころ、ルイーザは参政権運動でも全国レベルの組織づくりを始めていた。一八六六年、全米権利の平等協会（AERA）の第一回会議でのフランシス・E・W・ハーパーの演説にあった言葉――「あなたがた白人女性はここで権利《ライツ》について語っています。わたしは不正《ロングズ》について語ります」――に刺激を受けたルイーザは、講演旅行に随行して各地をめぐるようになった。それはまさに、彼女の母が十年以上まえにはじめてストウと接触したときにしたかったことだった。[*59]

ルイーザはときおり、エリザベス・ケイディ・スタントンとスーザン・B・アンソニーの勧めでAERAの会議で登壇することもあり、アンソニーはルイーザを「容姿端麗」で「スピーチの中身《マター》も作法《マナー》も――公私のどちらも――すべてが適切にして望ましい」と褒めた。ただ、ルイーザ自身は、女性の権利を阻む真の脅威は白人の奴隷所有者ではなく、自由を得た黒人男性だとする白人のフェミニストとともに日に二回の演説をするよりも、元奴隷の仲間に直接的な奉仕を提供するほうがはるかに気が楽だった。一八六九年、AERAが分裂してスタントンとアンソニーが白人フェミニストの組織を結成するころには、ルイーザはすでに二年間、女性参政権運動から遠ざかっていた。彼女の仕事は母親と同じく、自由民のなかにあった。[*60]

ルイーザがスタントンとアンソニーとともにニューヨーク州西部の会場の壇上に立っているころ、ハリエット・ビーチャー・ストウと夫のカルヴィンは、自宅のカーペットと家具と特別な陶磁器の荷造りを終え、船で南のフロリダへ向かうところだった。夫妻は何人かの友人と一緒にフロリダ州最大の綿花プランテーション、〝ローレル・グローヴ〟を借りていた。この冒険的事業は、一行をジャクソンヴィルの南を流れるセント・ジョンズ川のほとりへと連れ出した。ストウ一家には収入のみならず脱出の目的もあった。ストウにとっては、四月にはいってずいぶん日が経っても雪の吹き溜まりが一向になくならないコネチカットからの脱出であり、息子のフレデリックにとっては、南部の戦場で榴散弾が耳に穴をあけるまえから彼を悩ませていた重度のアルコール依存症からの脱出だった。[*61] この移住でストウは自身の『アンクル・トムの小屋』に登場するミス・オフィーリアとよく似た体験をすることになり、実際、元奴隷の人々を文明化しようと試みる。

「わたしの心は貧しい人々とともにあるの。貧しい人々のなかにある大義をわたしは言葉で伝えようと努めてきたの」ストウは弟のチャールズに説明した。「そうした人たちは今はまだ無知で従順で、いわば発達段階にあるようなものだから、だれにでもつかまってしまうのよ」と。解放されたばかりの黒人の労働力を資本家が利用しようと躍起になっているのをストウは知っていた。資本家とは反対に、慈悲深い自分の影響力を巧みに使って「キリスト教徒の地区」をつくりたいと考えていた。[*62]

ストウの宣教師のような熱意は、いわゆる非文明人を自己救済させようとする、戦後に規模が拡大した白人フェミニスト運動の一環だった。北部では、学校と病院の支援を目的とする寄付が白人女性の募金活動によって何百万ドルも集まる一方、新しく自由民となった人々に読み書きや労働習慣やプロテスタントの教義を教えるための資金として、四千ドルが南部に送られていた。こうした取り組みの多くが、奴隷だった人々に不可欠の教育をもたらしたが、それはもともと、白人女性の道徳的権限とされているものを広める文明化の枠組みから生まれているので、たいていの場合は白人のみがふさわしい指導者だというような諸条件がついていた。南北戦争後のこうした再建計画の反響は全国に広がった。白人女性の改革派はいろいろな場所で、たとえばユタ州のモルモン教の共同社会や、サンフランシスコのチャイナタウンや、西部一帯の先住民の居留地で、いわゆる原始的な人々を向上させるための学校や家庭や社会福祉の組織をつくった。[*63] もっとも、白人フェミニストの活動家が文明化の取り組みで自分の手を汚すことを熱心に望んでいるとはいっても、南部の巨大プランテーションの管理まで引き受けたがる人はほとんどいなかった。

ストウと友人たちが大農園主の荒れ果てた家に着いたのは日が落ちてからだった。男性陣が使用人を手伝って船着き場から家財一式を陸揚げしているあいだ、女性たちはその家の広いベランダで待つように言われた。ストウはまわりに広がるプランテーションの見慣れぬ光景に、とりわけ、あっというまに日が沈むこの時間帯の光景に目を奪われた。もっと驚いたのは綿花畑から戻ってくる労働者の姿だった。「ひとりまたひとりと通り過ぎた」と、ストウはそのときのことを書き留めている。「綿花畑の働き手たちの姿はわたしたちが今までに見た何物よりも黒くて奇妙で惨めに見えた。女たちは男の帽子をかぶり、男の靴を履いて、男のように大股に歩いていた」[*64] ストウは、遠い南部までやってきただけでなく、原始時代——女性であるという概念が生まれていない世界——へ逆戻りしてしまったような錯覚にとらわれた。

夜が明けて、その小さな家の割れた窓から二月の陽光が射しこむと、フロリダに描いたストウの夢はふたたび呼び覚まされた。プランテーションの労働者を見る彼女の目と、四年間の戦争で荒廃した平屋の家を見る目とは非常によく似ていた。彼女にすればどちらも過去の遺物で、自分はこれからそれを、白人の洗練された生活を支えられるように、自分と同様の美徳をもつように、発達させなければならないのだった。ストウは家と労働者に指令を出そうとした。「ミセス・Fとわたしには、この地をはじめて踏みしめた白人の淑女として、この粗野な所帯をきちんとまとめる使命があった」と回想している。「ここの生活を文明的な形につくり変えなければならなかった。わたしたちは洗濯に取りかかった」[*65]

南北戦争の前後に出版されて絶大な人気を誇った家事手引き書のなかで、ストウと姉のキャサリン・ビーチャーが中流階級の読者に解説したとおり、文明化とは、白人女性が「宣教師の務め」を担い、未熟で「未発達な」使用人階級の人間の「親の代理」となることを求めていた。使用人は自立した人間ではなく、「しつけを受けていない粗野な」素材であるから、「我慢としつけによって」所帯資産に「仕立てなければならない」とする、姉妹の思いやりと慈愛に満ちた母親のような言葉は、その下に横たわる採取の経済をほとんど隠していなかった。ふたりは白人女性に、使用人には快適な部屋を与え、衣装ダンスの維持の仕方を教え、ささやかなプレゼントとして綴り字の教本など有益なものを贈るように指南した。なにより大事なのは、使用人の恭順を勝ち取るために同情を示す涙を流すことだと。白人女性は同情という武器で使用人を――ストウの場合は元奴隷を――制圧することによって、みずからの権力と権威と資産を同時に強化できた。家庭の主婦はこのメッセージを熱狂的に受け入れた。ビーチャーとストウの姉妹が共同執筆した『主婦のための新手引き』（一八七三年、未邦訳）は二十五年間で二十五刷も刷られ、この時代の随一の家事指南本となった。[*66]

それでもストウは、しつけられることを拒んだ使用人、ミーナに不本意ながらも敬意を抱き、「民主主義」は、自分を奴隷にしている人間の無礼に耐えることを阻む野性を残した「年配のある種の黒人女性において、もっとも過激な形を取る」と述べた。ミーナの背中には罰として受けた虐待の痕があった。丸太の上に俯せにされ、手足を杭につながれた彼女の背中の肉に所有者がその印をつけたのだろう。「そこまでされても、ミーナは打ちひしがれもしなければ謙虚な態度を取るようにもならなかった。なおも人間としての権利を強く主張した」ストウは満足げにそう記した。ミーナの抵抗は、ストウの文明化のプランに対してもつらぬかれた。ミーナは家事にある程度の経験がある唯一の女性の働き手として、家事使用人の役割をあてがわれていたが、「議論を吹っかける」ことがよくあった。彼女は、家事は戸外の労働よりはるかに劣る「不快な」仕事と感じていた。ほどなくミーナは自分の好きにやりはじめた。ストウも彼女には戸外の仕事のほうが向いていると認めざるをえず、ジャクソンヴィル出身の家政婦を雇った。[*67]

フロリダの多くのプランテーションの例に漏れず、〝ローレル・グローヴ〟も南北戦争によって荒廃していた。かつての〝ローレル・グローヴ〟は七千エーカーの綿花畑が広がるプランテーションだったが、ストウとパートナーたちには二百エーカーしか綿を植え付ける余裕がなかった。二百エーカーでも一万ドルという大きな利益を上げられると見積もっていたのだが、自然には自然の見積もりがあった。作付けした綿花が芽を出し、やがて白い実が成ったとき、害虫の大群の襲撃があり、たった二日で二百エーカーの畑が全滅した。畑に投資した財産が一面の雑草と化してしまったのだ。だが、ストウは勝利宣言をして、創刊に協力した月刊誌《アトランティック・マンスリー》に、「わたしたちの労力は多くの場合、わたしたちの手が稼ぐ最初の金によって充分に報われる。そして、そのことに心底びっくりさせられる」と寄稿した。[*68]ストウが選ぶ作物は最初からずっと、プランテーションで働く黒人たちだった。

その春、ストウと夫はもう綿花はたくさんだと考え、セント・ジョンズ川の向こう岸に土地を買った。そこには毎年七万五千個のオレンジを収穫できる果樹園があり、スパニッシュモスが垂れ下がる高さ二十五メートルほどのライブオークの木立の下に押しこまれるようにして建っている家もあった。ストウとカルヴィンはそれから十八回の冬を、自分たちが所有するフロリダ州マンダリンのそのプランテーションで過ごし、もとからあった小さな家を増築して、オークの大木一本を取り巻く切妻造りのコテージにした。彼女は地元のアフリカ系アメリカ人のための学校と聖公会教会の建設に多大な援助をし、勝手知ったる方法で南部を広く復興させた。黒人労働者を「不毛で視野が狭い未発達の状態」から抜け出させ、文明の道を歩ませようとしたわけだ。*69

ハリエット・ビーチャー・ストウとその家族。フロリダのプランテーションの自宅のベランダにて。（フロリダ州公文書館の厚意により転載）

ストウのこうした行動計画は『アンクル・トムの小屋』を上梓して以来、彼女自身が教えられたことを反映していた。『アンクル・トムの小屋』の結末は、黒人の登場人物の全員が死ぬか合衆国から逃亡することで有名だが、同作では自由なアフリカ系アメリカ人のための場所は国境の内側のどこにも見つけられない。マーティン・デラニーのような黒人の奴隷制廃止論者はその部分を厳しく批判した。自分の過ちから学んだストウは、同作の続編のような『ドレッド』（一八五六年、未邦訳）では、自己解放ののち広い地域で黒人暴動を呼びかける暗い色の肌の主人公を描いている。フロリダでの彼女の計画は、黒人労働者のための場所がある国の未来を想定した、もうひとつの冒険的事業でもあった。
しかし、このことがまさに、ストウが自分の使命をどう認識していたかを物語っている。彼女は、転換期にある南部の資本主義経済のなかに黒人労働者の居場所を見つけ、彼ら／彼女らにあてがうことを自分の務めと考えていた。生まれながらにして熱帯地域に適している賃金労働者というのが黒人たちの役割だった。フロリダの野外労働という「任務を果たす資格は、鋼鉄の腱と針金の神経を併せもつ黒人男性——白人男性を萎れさせる灼熱の太陽のもとでより強く、より頑丈に育った男たち——にしかない」とストウは語った。白人男性がフロリダの太陽のもとで「ひ弱に」育つのに対して、黒人労働者は喜々として「走りまわり、大声で叫び、お喋りもしている」と。南部の暑さのなかで暮らす白人たちが黒人のコミュニティを見下すことを続け、「自分たちに代わってその暑さに耐えることができ、耐えるつもりでもいる従順な人種を教育する」責任を認めないのであれば、南部の資本主義の運命を危うくするだろうと警告した。[*70]
北部の投資が南部の経済とかつて奴隷だった人々をともに回復させる。そう信じて疑わぬストウは、「ハリエット・ビーチャー・ストウのオレンジ——フロリダ州マンダリン」という派手な銘柄の柑橘類を木箱に詰め、年間千五百ドルを売り上げてみせた。立派な自宅で描いた、青い空に映える白い花と金色の果実の房の油彩画も公開した。[*71] ストウの選んだ作物が果樹園の労働者を育てたとしても、その労働の成果はそれを刈り取る彼女のものなのだった。
南北戦争の終結から六年が過ぎた十二月のある日、ふたりの作家はついに対面した。そのころジェイコブズは、ボストンにあるニューイングランド女性クラブの事務員として働いていて、数ヵ月後にはルイーザとともにケンブリッジに下宿屋を開こうとしていた。母娘が再会してからの二十五年間で最初にもった自分たちの家である。ストウはこのときはまだフロリダに移住しておらず、義姉を訪ねてケンブリッジに来ていて、その義姉が両者の対面の機会をお膳立てしたと思われる。ストウがそのときジェイコブズに進呈した『アンクル・トムの小屋』には「一八七一年クリスマス、H・B・ストウからミセス・ハリエット・ジェイコブズへ」と書かれていた。「ミセス」という敬称はジェイコブズを喜ばせたかもしれない。ジェイコブズは既婚女性ではなかったけれど、ワシントンでの逃亡奴隷の救援活動中には「ミセス」を用いていたし、奴隷制廃止論者の同志からもだいたいは「ミセス」と呼ばれていた。ストウはこのささやかな意思表示でようやくジェイコブズの自己決定の手段を認めたことになる。ストウから贈られた一冊は世紀が変わっても、ジェイコブズの家族の宝物でありつづけた。[*72]

一方、コネチカット州ハートフォードのストウの自宅には、彼女自身の宝物の一冊、いや二十六冊があった。ストウ邸のオークの書棚には、スタッフォードハウスの請願に賛同する署名、すべてがストウに宛てられた五十万筆が人目につくように飾られていた。[*73] この請願は、同じ日にストウが受け取った奴隷の足枷を象った金のブレスレットとともに、歴史に刻まれた自分の地位を彼女に思い出させた。ハリエット・ビーチャー・ストウは白人女性の同情の威力を彼女たちに教えた作家だということを。

# 第三章　入植者の母親と先住民の孤児

## アリス・フレッチャーとジトカラ・サ

獰猛で従属的な階級を援助すると……女性はにわかに人間として認められる。
——アンナ・ガーリン・スペンサー

東部の大きな赤い林檎の話を聞くまえ、八歳のジトカラ・サは、サウスカロライナ州南東部の草原《プレーリー》と起伏の激しい緑の丘を自由に走りまわっていた。鹿の皮に自分でデザインしたビーズの刺繡をしたり、冬に備えて果物や肉を乾燥させる母親を手伝ったりするのが彼女の毎朝の仕事で、それがすむとウィグワム〔訳注／樹皮や布を張ったドーム型の住居〕から飛び出して背後の丘へ向かい、遊び仲間と一緒にショウブの根を掘ったり、母や伯母たちが夜に焚き火を囲みながら語る話をそっくり真似た英雄譚を聞かせあったり、長い黒髪を流れる川のように背中になびかせながら、刻々と形を変える影を追いかけて丘を駆けまわったりしていた。「プレーリーの膝」に安心して抱かれ、「そこで火が焚かれると生き生きとする」ジトカラ・サは、自分の「野性の自由とあふれ出る魂」が「母の誇り」だと信じていた。[*1] ところが、真冬のある日、その自由気ままな魂が八百マイル離れた土地にある全寮制の学校へ彼女を誘い出し、その先の人生で、母や部族との絆を変えてしまうことになる。

一八八四年二月、クエーカー教徒の宣教師二名が、当時ガートルード・シモンズという名を使っていたジトカラ・サとその母親、〝風に伸ばす手《リーチズ・フォー・ザ・ウィンド》〟が住むヤンクトン・ダコタ族のインディアン居留地の村へやってきた。ジトカラ・サの父親は白人男性で、妊娠がわかった直後に妻と部族のコミュニティを捨てており、すでに村にはいなかった。ジトカラ・サが生まれるのを待たずに姿を消した男でも、〝風に伸ばす手〟は大好きだったその前夫の姓を生まれた娘に名乗らせたのだ。彼女はたいへんな苦労をしてきた。ヤンクトン・ダコタ族はスー族を構成する、ダコタ語、ラコタ語、ナコタ語を話す七つの集団のひとつだが、その村が、ぬかるんではいても生きる力を与えてくれるミズーリ川の草深い東岸を生活の場とするヤンクトン・ダコタ族の村だったのは、一八五九年に結ばれた条約がミネソタ州にあった千百万エーカーの部族の土地の権利を九五%まで奪って、人々を西に強制移住させたあとのわずか三十五年間だけである。[*2] それでも幼いジトカラ・サにとってミズーリ川の岸辺と丘は楽園だった。

宣教師二名と白人の通訳が〝風に伸ばす手〟のウィグワムへ向かってくるのを見た幼いジトカラ・サは、我慢できずにぴょんぴょん飛び跳ね、彼らをなかに入れてあげてと母に請うた。赤い林檎の実がなる果樹園がいっぱいある美しい土地の話を友達のジュデウィンから聞いたばかりだったから。彼女は宣教師についてその土地へ行きたかった。ジトカラ・サが生まれてから食べた林檎の数はせいぜい十個で、もっと食べたいと思わずにはいられなかった。スー族の力が見事なまでに失われてしまった今、母はジトカラ・サの兄が全寮制学校に入学するのを許可していた。かつてない強い圧力を部族にかけている入植者社会と交渉できるようになってほしいと願ったからだ。この体験で母は、コミュニティから引き離されて施設で暮らす幼い子どもが負うトラウマについても知るようになった。

「あの人たちの言うことはひとことも信じちゃいけない！」彼女は娘に警告した。「甘い言葉で誘うけれど、無情なことをやるからね。おまえが母さんに会いたいといくら泣こうが、慰めてさえくれないよ」

しかし、〝風に伸ばす手〟は最後には、せがむ我が子の願いを聞き入れ、クエーカー教徒の訪問者がウィグワムにはいるのを許した。

「母さん、東部へ行けば、小さい女の子も赤い林檎を好きなだけ食べさせてもらえるのかって、この人たちに訊いて」ジトカラ・サは必死で尋ねた。[*3]

通訳はどう答えるべきかを承知していて、蒸気機関車に乗せてあげようという約束もした。懇願と熱い涙の一夜が明けると、ジトカラ・サは自身の強い欲求で母の反対を押し切った。〝風に伸ばす手〟は娘が幼すぎることを心配しながらも、ジトカラ・サに教育を受けさせてやりたいとも思っていた。

宣教師が村から連れ出し、八百マイル東にある〝白人による肉体労働施設《ホワイツ・マニュアル・レイバー・インスティテュート》〟へ送られた八人の子どもたちのうちでジトカラ・サはもっとも年齢が低かった。出発の朝、彼女とジュデウィンほかの友達は、この日のために新調した服やベルトやビーズ飾りのある鹿革の靴《モカシン》を自慢げに見せあった。ジトカラ・サは列車の駅までみんなを運ぶ馬車のなかから、どんどん小さく遠ざかっていく母の姿を見つめていた。不安が胸に押し寄せて、八歳の少女は持参した一番上等なブランケットの柔らかな折り目のなかに涙を隠した。

インディアナ州の〝白人による肉体労働施設〟にはもっとましな名称をつけようがなかった。先住民の少年少女のために一八八〇年代初期に設立されたほかの全寮制学校と同じように、その学校も白人と同化する働き手を育てることを目的としていた。そこは死の装置でもあった。なぜなら、先住民の少年少女を訓練しようという一見慈愛に満ちた全寮制学校の意図は、同時に部族のコミュニティを破壊するものでもあったから。合衆国で最初に居留地外の全寮制学校を設立したリチャード・ヘンリー・プラットは、「よいインディアンは死んでいるインディアンのみだ」というフィリップ・シェリダン将軍の暴言におおむね賛同していた。ただし、プラットの手法は教育という装置を使ってインディアンをすりつぶすことであり、全寮制学校は「インディアンのなかにいるインディアンを殺し、本人を救う」だろうというプラットの不名誉な発言が残っている。[*4] 最低でも三年間、子どもを施設に置く目的は部族や土地への愛着を断ち切らせることだった。

居留地外の全寮制学校は、合衆国での子どもの引き離しの長い歴史においても悪名高い事例だ。この歴史は、二〇一八年夏、トランプ政権が親子分離政策を打ち出した瞬間、大音響で息を吹き返した。そのとき合衆国とメキシコの国境に設営された家族抑留キャンプでは、三十万人以上の子どもが自由を奪われ、千人以上の子どもがメキシコからの脱出を求める親と引き離された。[*5] トランプの政策のように難民の家族に恐怖を抱かせ、脅すのが目的だとしても、あるいはこのときの全寮制学校のように、先住民の少年少女を資本主義者の文明に同化させることによって部族の未来を奪うのが目的だとしても、子どもを親から引き離すことは、何世代にも余波がおよぶトラウマと文化的敵対の形態として広く認められている。

だが、先住民の子どもを家族や部族や居留地と引き離したことが、ホワイト・フェミニズムの歴史とその対抗史《カウンター・ヒストリー》における非常に重要な事例だということは、あまり知られていない。文明の装置は先住民の若者を粉砕して過去の残骸にしてしまう脅威だっただけでなく、白人女性に多大な利益をもたらすことになるのだ。

一八七九年秋、三歳のジトカラ・サがヤンクトン・ダコタ族の居留地で友達と遊んでいたころ、四十一歳の白人女性アリス・カニンガム・フレッチャーは、自身のフェミニズムの予期せぬ新たなはけ口を見つけていた。ニューヨークで勢いづいている女性クラブのリーダーとなってから十年が経っていた。職業をもつ女性《キャリアウーマン》のための国内初の社交クラブ〝桑の実〟《ソロシス》の会員として熱心に活動していたフレッチャーは、そのクラブが全国的な組織、女性前進協会（ＡＡＷ）に拡大するときにもひと役買って、共同設立者兼書記兼会議運営者となった。同種の女性クラブはそれまでの社交儀礼を一掃し、「才能も教養も慈悲もある女性」を、公会堂やレストランなど公の場に、男性の慣習的な付き添いなしに呼び集めた。クラブの女性たちは人脈や慈善活動や教育的講演を通じて、自分の地位を公私にわたって向上させようとした。[*6]

多くの変革者が〝桑の実〟とＡＡＷに参加したが、こうした中流階級向けの女性クラブの最終目標は社会的地位であって、政治活動――参政権をめぐる議論――ではなかった。女性クラブによる運動はほどなく全米の都市で発生し、セネカ・フォールズ会議の結果として発達していたホワイト・フェミニズムの第三の上品な潮流となった。その手法は、法律や社会規範を変えようとしたスーザン・アンソニーや、とりわけエリザベス・ケイディ・スタントンの声高な政治活動とも、白人女性の気持ちを利用して権限を生み出そうとした、ハリエット・ビーチャー・ストウほかの感情主義者の独断的かつ感情的な講演とも異なっていた。女性クラブの面々はむしろ、国の社会制度や職業機構のなかに自分の居場所をつくるため、白人女性の道徳規範とされているものを利用した。女性クラブが求めるのは接近手段であって、公民権でも社会の変革でもなかった。とはいえ、クラブの女性は個人として成功したいという私利私欲に駆られていただけではない。彼女たちには総体的な目標もあった。それが、ブルジョアの白人女性の個人生活と職業生活の両面での成功を促進させるという極端に限定的なものだったとしても。アメリカの著名な女性について書かれた本に載せる経歴の詳細を提供してほしいと言われたフレッチャーは、自身の業績を誇張することは差し控えて、「同志の女性を愛する者と書いてください」と答えた。*7

その年の冬、ボストンのファニュエル・ホールで催された講演会に出席したことがフレッチャーの人生の方向を広げた。ポンカ族の首長、〝立っている熊《スタンディング・ベア》〟は、ポンカ族の苦境に対する支援を得るためにオマハ族の通訳、スセッテ・〝輝く瞳《ブライト・アイズ》〟・ラフレッシュと、その異母弟のフランシスとともに東海岸へ旅した。その二年まえ、合衆国政府は、ポンカ族が強い絆で結ばれて何千年も暮らしてきたネブラスカ州北部の土地に対する部族の権利を認めた一八五八年の条約を一方的に破棄し、ポンカ族をもっと南のアーカンサンソー・インディアン領へ追いやった。講演会でスタンディング・ベアはポンカ族がネブラスカで暮らす権利を主張したが、白人の聴衆の大多数が議論したいのは彼の人間性だった。フレッチャーはスセッテ・ラフレッシュの話に感銘を受け、「言語の扉の鍵は開けることができるし、ふたつの民族のあいだに知的な関係を結ぶことも可能だ」と考えた。*8

それから二年と経たぬうちに、先住民女性と先住民家族の調査――および改革――がアリス・フレッチャーの人生の中心課題となる。彼女は人類学に没頭した。急速に発展しつつあるその科学分野は、あたかも先住民が人類の太古の起源の秘密を握っているとでもいうように、先住民との接触を図っていた。「野蛮な」伝統と世界観を理解し、修正するために、フレッチャーはネブラスカ、オクラホマ、オハイオ、コロラド、ワイオミング、アイダホ、ウィスコンシン、サウスダコタ、ノースダコタの先住民の部族を訪ね、長期間、ときには季節をまたいで暮らしをともにした。先住民の暮らし方に心から敬意を抱くようになった彼女は、先住民の土地を取り囲んで盗んでいる白人入植者の欺瞞に愕然として、インディアン改革なる大義に賛同し、先住民の権利のために闘う同時代でもっとも有名な白人女性の活動家となった。ただし、彼女は先住民を自分が責任をもって保護するべき存在、自分自身を力強く善意ある白人の母親と位置づけた。「インディアンは子どものようにわたしにまとわりつくのです」これはアイダホ州北部のネズパース族の居留地から恩師に宛てて書かれた手紙だ。「だから、わたしはインディアンたちを守らなくてはなりませんし、その決意でおります」[*9]

文明化という同時代のホワイト・フェミニズムに共通する強い欲求がフレッチャーにもあったわけだが、フレッチャーを筆頭にインディアン改革に打ちこむ女性クラブの面々が確立させたこの特殊な哲学を「入植者フェミニズム」と呼んでもいいだろう。[*10] 彼女たちの手法は分離、すなわち、インディアンの子どもを親や部族や共同で所有していた土地から切り離し、個々に割譲地を与えることによって、家父長制および一夫一婦制という入植者の生活規範に先住民を隷属させることだった。一方、先住民の女性と部族から先住民社会の伝統的な役割を取り上げれば取り上げるほど、フレッチャー自身は規範を打ち破って、政治的にも社会的にもより大きな権力を獲得していった。彼女はハーヴァード大学が女性の学部生を受け入れる八十五年もまえに、同大学の研究職に就く初の女性となった。発表する論文の数の多さは、フレッチャーを十九世紀最後の二十五年でもっとも敬意を払われ、もっとも影響力をもつ女性科学者にした。

入植者の白人フェミニストは先住民に対する権限を前提として自己解放したが、その形態は西部に唯一生まれたフェミニズムとはほど遠いものだった。ジトカラ・サは、部族を結束させ、善意を装った強盗に抵抗するアーティストにしてフェミニストの活動家になろうとしていた。

一八六五年に南北戦争が終結すると、インディアン戦争は激化した。先住民の部族はその後、二十五年間にわたり、自分たちの土地で生きる権利を求めて西部全域で合衆国の兵隊と戦った。〝座る雄牛《シッティング・ブル》〟、〝赤い雲《レッド・クラウド》〟、〝狂った馬《クレイジー・ホース》〟といったラコタ戦士に導かれたスー族の同盟は、合衆国の歴史上もっとも成功した先住民の集団による抵抗であり、一八六八年、ラコタ・スー族とシャイアン族は合衆国政府との大戦争に先住民部族として最初で最後の勝利を収めた。このボズマンの戦い〔訳注／レッド・クラウド戦争ともいう〕がもたらした結果は、南北ダコタから現在のワイオミング、モンタナ、ネブラスカ、コロラドの各州に広がる部族の土地と狩り場の完全な占有を保証する条約だった。[*11] 先住民の大々的な勝利の直後に結ばれたこの条約はスー族の耐久力を証明していた。

しかし、合衆国の当局は条約に敬意を払わなかった。一八七四年、ジョージ・アームストロング・カスター率いる探査隊千名が、違法に採掘していたスー族の土地ブラックヒルズで念願どおり金を掘り当てると、スー族の命運は劇的に変化した。しばしば合衆国部隊に案内されてスー族の貴重な鉱物を探査する入植者がその一帯にあふれた。クレイジー・ホース、シッティング・ブルをはじめとするラコタ族やシャイアン族の首長は、ジトカラ・サがヤンクトン・ダコタ族の暮らす村の東側に誕生した一八七六年、リトル・ビッグホーンの戦いでカスター率いる第七騎兵隊を破って名高い勝利を収めるも、スー族は最後にブラック・ヒルズの戦いに負け、一八七七年、合衆国軍に降伏することを余儀なくされた。スー族の土地はもとの広さの一〇％強に縮小され、合衆国陸軍はサウス・ダコタの中心部を除く全域を掌握した。レッド・クラウドや〝斑の尾《スポッテッド・テイル》〟といった首長たちはローズバッド、スタンディング・ロック、パインリッジほかのダコタ族の居留地へ、そこからさらに西や北のヤンクトン族の居留地へと移され、食糧支給を半分に減らされるのも牛肉や煙草や穀物が傷むままほうっておかれるのも、インディアン事務局の気まぐれな係官しだいだった。[*12] シッティング・ブル（ハンクパパ・ラコタ族の首長）は、カスターに対する勝利を予見する幻視を体験したことから、ブラック・ヒルズの戦いでは精神的助言者としての役割を果たしていた。戦いに敗れても合衆国の支配に屈することを拒んだシッティング・ブルと約二百人の一族に支援者を加えた一行は、逮捕を免れるために北のカナダ国境を越え、サスカチュワンの山岳部まで逃げた。

五年におよぶ抵抗ののち、五十五歳のシッティング・ブルとその一団百六十八人は合衆国軍に降伏して強制的に南へ移住させられた。何千年も昔から部族の命を支えていたバッファローの群れは、大平原の部族を飢えさせて死に追いやろうと固く決意した合衆国とカナダの合同軍の兵士や民間人によって乱獲され、絶滅寸前まで追いこまれていた。外部の文化と接触するまえには大平原に最高で六千五百万頭が生息していたバッファローが、一八六五年にはわずか千頭から千五百万頭となり、一八八〇年代はじめまでに合同軍によって数百頭まで数を減らされた。シッティング・ブルの一団はそのころサウス・ダコタのフォート・ランドールで捕虜にされていた。そこは、五歳のジトカラ・サが丘を走りまわっていたヤンクトン村からミズーリ川を挟んで数マイルの場所だった。[*13]

一八八一年の秋、スタンディング・ベアのボストンでの講演会に出席した二年後、ウエストが絞られたロングスカート姿のアリス・フレッチャーは、シッティング・ブルのテントでの焚き火を気まずく囲んでいた。三ヵ月まえに自分を降伏させたのは絶望的な空腹だとシッティング・ブルは説明した。「かつての生活はもうない」シッティング・ブルがフレッチャーに語る言葉をバッファロー・チップ（オマハ族）が通訳していた。「狩猟の技術は今はなんの役にも立たず、戦士の武勇も同様だ」[*14] 若者は生き残るためにプレーリーを鋤で耕さなければならず、ほかにもいろいろと入植者のやり方を真似なければならないだろうと彼は言った。

シッティング・ブルが話していると年若い妻がテントにはいってきた。彼女は火のなかに木切れを投げてから、焚き火がつくる柔らかな光のもとに横になり、器用に片肘をついて上体を起こしながらフレッチャーに目を向けた。見慣れない新参者を値踏みしているのはまちがいなかった。気鋭の人類学者は振り返って、この女性のきらきらした目と美貌と真鍮のブレスレットを頭のなかで整理した。シッティング・ブルもまた妻に視線をやり、それからまたフレッチャーに注意を戻した。[*15]「きみは女だ」彼はゆっくりと口を開いた。「女たちに情けをかけてやってくれ。女たちには未来がない。若い男は白人の男のようになれる。男が土を耕して食糧や衣服をつくれば、女の手から仕事を奪うことになる。われわれ男は過去にあらゆることで女たちの恩恵をこうむってきたが、部族のなかで女に力と立場を与えていたものが残らず奪われてしまうんだ。わたしの女たちに未来を与えてやってくれ！」[*16]

「インディアン女性の生活」を調査するために西部へやってきたフレッチャーは、気がつくとシッティング・ブルの客人になっていた。[*17]その年のはじめ、フレッチャーはオマハ族のスセッテ・ラフレッシュに接近し、北のスー族に会いにいくまえにネブラスカのオマハ族のもとに三週間滞在する手配をしてもらっていた。居留地にはいる許可をインディアン事務局の係官から受けるために、ピーボディ自然史博物館と国立民族学事務局による調査支援も取りつけた。

「インディアン女性の生活を内側から理解したいのです」彼女は事務局長のジョン・ウェズリー・パウエルに手紙をしたためた。「未開社会の人々においては男女の分離が目立ちますが、自分が女性であればこそ観察記録を残せる事実や状況があるとわたしは信じています」男性の民族学者には近づけないところでも自分なら近づけるということだ。[*18] こうしてフレッチャーは、国内で一番有名な先住民の反逆者からじきじきに重要な事実情報を聞き取れるようになった。

人類学は、十九世紀には人間社会の進化を探究する科学と解釈されており、人類学者は、野蛮から未開、未開から文明へと進化する直線的なプロセスとしての人間文化の全史に取り組んでいた。この硬直した図式のなかでは、文明化した成熟の段階に達しているのは欧米人だけで、人種差別を受けている人々は人類の初期の生活段階で発達停止した見本例だと考えられていた。アフリカ人を祖先にもつ人々は野蛮な状態に凝り固まって、そこから進歩することがなく、未開の段階にある先住民は人類の進化の機能が停止している状態だとされていた。人類学者はアフリカ系アメリカ人や先住民を、自身の未来に責務を負って生きている人間としてではなく、後退した過去の形見として扱った。

アリス・フレッチャーは早い段階で人類学の手法と用途にいくつかの刷新をおこなった。フレッチャーの最初の貢献は、先住民社会は自分自身の仮想の先祖なのだから、文明社会での女性に対する抑圧を理解する手がかりを握っていると主張したことだった。フレッチャーは職業をもつ白人女性のさらなる進出をうながそうとしただけではなく、西部の先住民文化の調査によって白人女性が抱えるトラブルの起源を突き止めようとした。彼女の言葉を借りれば、過去の「記録を保存する」この仕事の意図は、白人女性が文明の果てしない未来でより大きな役割を担うための手助けをすることにあった。[*19] もっといえば、ホワイト・フェミニズムはそうした技法になっていたのである。

シッティング・ブルと出会ったころのフレッチャーははじめての実地調査に乗りだしたところだった

が、そこで思いがけぬ事実情報と遭遇した。同時代の科学的な変革者の見解では、未開の集団は男女で分離されており、おもに男性が女性の労働を搾取する極端な不平等のなかで別個の生活を送っていた。先住民社会は進化の発達段階の底辺近くにあり、女性は労役者、すなわち、怠惰な夫に酷使されながら単純労働をする者だと想像されていたのだ。レイシストが思い描く、おんぶ紐で背中に赤ん坊を括りつけ、畑で腰をかがめた「インディアン女」のイメージは、大衆紙にも科学雑誌にもあふれていた。一八七九年に設立された白人女性フェミニストの改革組織、「全米インディアン女性協会（ＷＮＡＩ）」の指導者サラ・キニーは、そのような一般通念を「わたしたちの見るかぎり、先住民社会の秩序のなかでそんな家庭は存在しえない」と一刀両断にした。[*20]

対照的に文明社会は、ふたつの性の分業のランドマーク的状態、つまり心と体と感情が相補的に正反対な状態を達成したものとして描かれた。性の分業とは、男性は実業や政治という公的領域を操り、女性は炉端や家庭という私的領域を天使のごとく治めるが、パートナーシップの平等な半々とされる部分を形づくっていることを意味する。このファンタジーのなかでは、文明化された男性は中流階級の白人女性を労働の必要から解放する存在であり、子育ても家事も骨折りというより、心を癒やす贈り物と誤解されていた。

しかし、フレッチャーは、ラコタ族とオマハ族の女性は白人女性が夢見ることしかできない自由と責任を手にしていると気づきはじめた。「そのインディアン女性はみずからを完全に独立した存在と見なしている。彼女は自分の労働も所有物も管理しているし、妥当な判断ができるときには、その自身の意思に従って行動する」とわかった。一般通念に反して、その先住民女性は「かならずしも男性に隷属する存在ではなく」、むしろ、焚き火の火をかき立てたり、食事やテントや衣服をこしらえたり、トウモロコシや豆やカボチャを育てたりする仕事は、「彼女が命の守り手である」ことを示していた。それは数々の特権を伴い、相応の敬意を払われる立場だった。[*21] フレッチャーと話をしたシッティング・ブルも、ラコタ族の女性は西部の白人女性より多くの自由と力をもっていると教えてくれた。彼は、フレッチャーの表現によれば、彼女に援助も求めていた。

フレッチャーをはじめとする白人フェミニストにとって、援助とは自分が有色人種の後見人を務めるという意味だ。先住民を永遠に未開の発達段階に留め置いてはならないとフレッチャーは感じた。先住民たちが救われて訓練を受ければ、文明人のような性の分業という慣習に落ち着くことができるはずだと。「野蛮」や「未開」のレンズを通すより、「依存性が高いとされる人種を子どもと考えればいい」と一九〇〇年にフレッチャーは発言している。[*22] 先住民は、同僚たちが思いこんでいるように、先史時代で機能を停止してしまったのではないと。そこに必要なのは母親の存在――先住民を成熟したおとなに育ててあげる白人の母親――なのだと。

全米インディアン女性協会の代表、アメリア・クイントンはこの点をもっともよく言い表し、「インディアン問題をもっと突き進めて女性の問題にしなければならない」と指摘した。「すべての法的権利が保証され、すべての公正な教育施設が提供されても、部族の女性と子どもはその土地の白人女性に担わされた神聖なる責任でありつづけるだろう」[*23]

通訳に頼りながら合計で六週間、二部族を訪問するという限られた経験だったが、フレッチャーは先住民の生活に関する専門家を堂々と自称するようになった。実際、このころの彼女には、合衆国のほかのほとんどの社会学者よりも先住民の部族との直接的な体験があった。一八八〇年代と一八九〇年代を通して、フレッチャーは、先住民女性が体験するであろう自由の喪失に関する豊富な知識によって同化を促進した。女性が家事や子どもの世話をしているあいだ、男性は戸外での労働をしなければならない。歴史家のルイーズ・ニューマンによれば、フレッチャーほかの白人女性の改革者は、「インディアン女性には家父長制という贈り物が与えられなければならない」[*24]と信じていた。白人フェミニストとしてのフレッチャーの立場は、明確かつ故意にインディアン女性の伝統的権限を弱める手助けをする一方で、彼女たちからインスピレーションを受け、自身の職業上の能力と政治力の萌芽を自覚することだった。

一八八四年三月の夕暮れ、ジトカラ・サは三日間の過酷な旅を終えて〝白人による肉体労働施設〟に到着した。列車に乗り合わせた見知らぬ人の絶え間ないあくびで早くも気力を奪われていた彼女は、つぎに感覚的な猛撃にさらされた。まばゆいガス灯の光に照らされた二階建ての白漆喰の建物。八歳の少女は安心したくて、白い壁に思わず抱きついたが、その彼女を「温かいふたつの手がつかんで」ぞっとさせ、おまけに「青白い顔をした」女性が彼女の体をほうり投げたのだ。まわりにいるおとなのだれとも言葉で疎通できず、「おもちゃ」のように「扱われる」ことにも慣れていないジトカラ・サは、わっと泣きだし、その夜は泣いているうちに眠りについた。[*25]

最初の何日かは驚くことばかりだった。椅子の座り方を学び、ややこしいベルとお祈りがひとしきり続いたあとに「決まったやり方で食べ」、新しい服とベルトと鹿革の靴《モカシン》を脱がされ、うちから持ってきたもの全部を奪われてから、「まとわりつくような」服と硬い靴をあてがわれた。[*26]ジュデウィンは英語の知識が乏しいにもかかわらず、不安を訴えても「耳を貸してくれない」とジトカラ・サには感じられるおとなたちの話を理解することができ、午後にふたりの髪を切るという計画が立てられていることにも気づいた。ジトカラ・サは逆らおうと思った。ダコタ族やラコタ族の文化では髪型は大事な役目を果たしていた。短い髪は不名誉な「臆病者」に与えられる罰だった。

「いやだ、わたしは従わない！」彼女は友人たちに叫んだ。

教師たちに椅子に縛りつけられたとたん、「首にあたる鋏の冷たい刃が……編んだ髪の太い房を……じょりじょりと切る」のを感じた。[*27]

それから数週間、さらに数ヵ月が経つうちに、ジトカラ・サは「文明化の機械」の「繰り返し作業」と自分で名づけたことに慣れていった。朝六時半の点呼から就寝のベルまで、容赦のない過酷なその作業は、だれのためにも一度も止まることがなかった。〝白人による肉体労働施設〟はほかの居留地外の全寮制学校と同様に、厳密な産業教育を提供する場で、そこでは清潔と迅速とプロテスタントの教義が強調されていた。訓練は男女で分けられ、少年には大工や靴職人や農夫になる準備をさせ、少女には家事の技術を教えた。少女たちは八ヵ所のブルジョア家庭でパンを焼いたり、乳製品をつくったり、ヴィクトリア朝時代のダイニングルームとそこにある驚くほどたくさんの陶磁器類やカトラリーの質が落ちぬよう手入れをしたりする労働に、一日の半分を費やした。生徒は全員、英語以外の言語を話すことを禁じられていた。死病が全寮制学校の子どもたちを苦しめ、一八八〇年代はじめに西部山岳地帯にあるショショーン族とアラパホ族の居留地から学校へやられた七十三人の少年少女のうち、生き残ったのはたった二十六人だった。[*28]

だが、ジトカラ・サは怒りを表明する抵抗の時間をほとんどつくれずにいた。不必要な制限と思われる学校の規則を破ったかどで罰として厨房へ追いやられ、「攻撃的」な異臭を発する野菜、カブをつぶす作業に就かされたとき、頭に来て「怒りをまるごとカブにぶつけたら」、その力があまりに強かったせいか茶色の土器の底を粉々に砕いてしまった。その日の夕食はカブ抜きとなった。ジトカラ・サは一度だけでも反乱を起こしたと、心のなかで歓声をあげた。[*29] それから約二十年後、彼女はこうした情景を《アトランティック》や《ハーパーズ》のような当時（現代でも）もっとも権威ある文芸誌に書き起こすことになる。赤い林檎におびき寄せられて東のエデンの園へ旅した結果、なにが自分の身に降りかかったかを。

文明化の機械に向けられたジトカラ・サの怒りは充分に正当化できるものだった。リチャード・ヘンリー・プラットがカーライル・インディアン産業学校を創設し、居留地外の教育を始めたときにモデルとしたのは奴隷制と刑務所だった。「何百万という原始的な黒人」を「高等人種の個人の監督と権限」に服従させることによって生産的な労働者に「強制的に変えた」のが奴隷制だと彼は考えていて、それと同種のことをおこなおうとした。先住民の子どもたちを部族と引き離し、文明社会の働き手にさせることが、先住民の生活の支配とインディアン文化の壊滅に向けてもっとも有効な方法だという結論に達したのだ。[*30]

一八七九年、プラットが先住民の若者を対象とする全寮制学校を設立するための資金調達と、ペンシルヴェニア州カーライルにある兵舎の利用を連邦政府に打診したとき、インディアン事務局の長官、E・A・ハイトは、ラコタ・スー族ほかの抵抗部族の子どもを「部族の善行のための人質」に取るチャンスとばかりに飛びついた。ブラック・ヒルズの戦いからわずか二年後のことである。シッティング・ブルの一団が逮捕されまいとカナダへ逃亡しているあいだに、プラットはパインリッジとローズバッドの居留地全域をまわり、産業学校の教育は聖なるブラック・ヒルズの喪失のようなことを二度と繰り返さぬために、ラコタの子に自分を守る準備をさせるのが目的だと偽りの約束をして生徒を募った。一方で白人の改革者に対しては、新学校の性質を「個々のインディアンおよび部族としてのインディアンの絶滅」をもたらす致命的な装置であると語っていた。[*31]

といっても、ラコタ族をはじめとする先住民の子どもを人質に取ることから利益を得るのは軍隊だけではない。子どもの引き離しが多くの白人女性にとって有益なキャリアの道筋となることが判明した。文明化の機械にはそれを動かす人間、つまり白人女性の教師が必要だった。全寮制学校設立の動きは、彼女たちに重要な新しいキャリアの機会を進呈したわけだ。十九世紀中葉から後半にかけて、中流階級の白人女性の力がおよぶ範囲はまだ私的な領域に限定されていたが、西部の文明化は女性の家庭内での務めの妥当な拡大と見なされた。学者のエイミー・カプランの印象的な言いまわしを用いれば、この「家庭生活宣言」は、白人女性の仕事を入植者の植民地事業の中心に押し出した。白人女性は先住民を自分の指導が必要な子どもと見なして母親らしい態度を取ることで、もてる権力と影響力を体裁よく拡大できた。歴史家のマーガレット・ジェイコブズに言わせれば、「全国にあった全寮制学校の雇用者の大半」が白人女性だった。[*32]

改革者、とりわけ白人女性は先住民を進化させることがみずからの任務であると考えていた。十九世紀後半の進化論は圧倒的に、フランスの博物学者ラマルクの進化論に拠っており、プラットやフレッチャーはもとより、チャールズ・ダーウィンにいたるまで、遺伝は変化しない固定的な因子の結果ではなく、繰り返される感覚や運動の結果だとだれもが信じていた。児童期はもっとも可塑性のある進化の段階であり、その時期こそが、のちの世代に伝わる新たな形質を肉体に植えつけるのがもっともたやすいと考えられていた。改革者にすれば、遺伝を決定するのは固有の生態ではなく児童期の環境だったから、全寮制学校のなかには、先住民の児童の心身を変えるため、三歳・四歳という、びっくりするほど幼い時期に親から引き離し、二十一歳でやっと解放するところもあった。[*33]

身体的特徴は児童期に起因するという信念は、全先住民とその未来を牛耳る力強い新たな種類の権力を白人女性に与えた。白人女性は先住民女性との対比により、教化する者としての権威を獲得した。先住民の女性は先史時代から進化しておらず、我が子の足を引っぱっている人間として語られた。だからこそ、先住民の母親とその子どもとの絆を断ち切ることが不可欠だと、白人の改革者には思われた。フレッチャーはすでに気づいていたが、改革者のほとんどに知られていなかった真実もある。それは、多くの先住民文化は家父長制とは無縁で、女性はかなりの範囲の活動と責任と自由を享受していたということだ。[*34]

全寮制学校に入れられた子どもたちは、肉体労働や折檻や軍隊式の規律を通して新たな体験を肉体に植えつけようとする試みを敏感に感じ取っていた。プラットがローズバッドへの最初の旅で勧誘したシカング／オグララ・ラコタ族の生徒で、のちに作家となったルーサー・スタンディング・ベアは、こう振り返っている。「わたしたちに用意された任務とは、新しい概念を受け入れて新しい慣習を身につけるにとどまらず、現実に起こる肉体的な変化や不快な症状に不平を漏らさず耐え、新たな味覚や習慣に体を適応させることだった」ジトカラ・サによる全寮制学校の回想記は、つらい体験が生んだトラウマを生き生きと写し出す細やかで感覚的な描写に満ちていて、それを追う読者もまた、生徒たちの肉をつらぬいた酷薄な繰り返し作業を感じることができる。彼女はインディアン教育の科学的・軍隊的目標のどちらの意味も鋭く察知していた。全寮制学校の児童を「事実上の戦争捕虜とする実験」を、「政府が現実の一民族に対しておこなっている」ことに気づくのは「胸が張り裂ける」思いだと、彼女はのちに恋人のアパッチ族の医師、カルロス・モンテズマへの手紙に綴った。[*35]

プラットがカーライルで人質実験を始めてから一年が過ぎたころ、レッド・クラウドやスポッテッド・テイルなど、ラコタ族の首長たちがペンシルヴェニアへ旅した。息子が軍服を着せられて窮屈な部屋と粗末な食事をあてがわれ、監獄式の処罰を受けていることを知ると彼らは驚愕した。スポッテッド・テイルの末の息子は独房に一週間も監禁されたままだった。首長たちは部族の若者を連れ帰ろうとしたが、子どもを連れ帰ることを許されたのはスポッテッド・テイルだけで、しかも、そのための費用は彼自身が負担しなければならなかった。[*36] ローズバッドとパインリッジのラコタ族の子ども約四十人はカーライルに残され、夏の帰省すらできなかった。子どもたちが故郷に帰ることができたのは、囚われの身としてまる三年をカーライルで過ごしてからだった。

三年後、インディアン改革運動を進めるアリス・フレッチャーは、この三十八名のラコタ族の児童がパインリッジとローズバッドへはじめて帰省したときに付き添ったのを機に、報酬を受け取る立場となった。カーライルに児童を補充するのも、報酬が発生する彼女の仕事だ。フレッチャーは前年の夏に初の実地調査で訪れたスー族の居留地へふたたび向かった。前回の訪問で泊まらせてくれた家族の子どもはカーライルの学校の生徒になったので、彼女はプラットの全寮制学校の実現に貢献したわけだが、この一八八二年の夏の訪問にはプラットの直接の代理人という役割があり、数十年にわたって続く両者の協力関係の最初の局面にはいったといえる。フレッチャーはそのあと、カーライルとハンプトン（インディアン同化プログラムを開始したばかりのアフリカ系アメリカ人のための産業学校）に送りこむ児童をさらに集めるために、南のオマハ族の居留地へも行った。彼女が連れ出した児童は少なくとも三十六名。予定よりも多かった。児童たちを東の学校へ送り届けたあと、フレッチャーはその追加の児童にかかった旅費その他の千八百ドルを調達するため、講演旅行を開始した。マサチューセッツ州スプリングフィールドでの講演には二千人の聴衆が集まり、プラットは彼女の仕事に対して毎月五十ドルを支払った。[*37]

レッド・クラウドのパインリッジ居留地にいるあいだ、フレッチャーはプラットから報酬を得る仕事とはべつに、人類学者としてハーヴァード大学付属ピーボディ自然史博物館用の資料収集も無報酬でしており、平原インディアンにとって最重要の霊的儀式サンダンスには、儀式のさなかに到着した。最後のサンダンスがパインリッジで執りおこなわれるという告知があったからだ。合衆国とカナダの政府は先住民文化の破壊を進めるという期待のもと、この聖なる儀式を非合法化しつつあった。パインリッジを管理する野卑な白人の係官は、十四年まえのボズマンの戦いで合衆国軍を制したレッド・クラウドと彼の部族への見せしめとして、食糧支給の抑制と儀式の禁止に余念がなかった。ラコタ・スー族のうちオグララ族とブルール族に属する九千人以上が最後のサンダンスに集結し、直径四分の三マイルの円のなかに、東の空の日の出に向けて開かれる白いテントが張られた。レッド・クラウド自身は白人の勧誘に熟達していて、科学者が化石の採掘や部族の調査をしに自分の土地へやってくると、部族の存続を賭けて同盟を結ぼうとした。フレッチャーも例外ではなく、レッド・クラウドはサンダンスの重要性を彼女に教え、先住民であれ白人であれ無数の敵と戦えるように「(我が部族の若人の) 忍耐力を鍛える」のが儀式の意図だと説いた。[*38]

サンダンスの儀式には準備段階である断食・断酒・集団での祈りの四日間もふくまれていた。メインイベントの二日間は、円の中心に立てた高さ十二メートルほどのハコヤナギ《コットンウッド》の柱のまわりで踊る。赤い横断幕が二枚、獣の生皮でつくった偶像が二体、ひとつはバッファロー、もうひとつは男根を屹立させた戦士で、どちらも柱ではためいている。一名以上の男の踊り手が鷲やバッファローの骨で自分の肉を突き刺し、体を柱に縛る。踊っているうちに骨から肉が剥がれ、部族のために我が身を犠牲にする恍惚の痛みが生まれる。

フレッチャーはこのふたつの偶像を入手してピーボディ自然史博物館の所蔵品にしようと決意していた。サンダンスの儀式には欠かせないバッファローと戦士の偶像を手に入れたい者はたくさんいたが、フレッチャーは競争相手に勝つために、居留地の白人の係官と地元の警察の協力を取りつけた。警察が生皮の戦士像を手渡すまえに男根を取りはずすと、彼女はためらいがちに、標本はできるかぎり現存の状態がよいので元どおりにしてくれと言った。フレッチャーにすれば、それらは神聖な偶像でもなければ卑猥な偶像ですらなく、ただの工芸品だった。過去の遺物を収集するのは社会の原始的起源の証拠を保存するために必要なことだと感じていたし、そうした証拠はまもなく大陸から消えてしまうにちがいないと思っていた。[*39] しかし、フレッチャーの選択した方法——分離——によって先住民の文化はたしかに保護された。この場合でいうなら、彼女は神聖な現象を部族から引き離し、それを博物館の静止した展示品に変えたのだ。

フレッチャーは対象を引き離すことに躊躇しなかった。何年もかけて先住民の首長と交流し、彼らをおだてて、ヴィジョン・クエスト〔訳注／夢から啓示を得る成人の通過儀礼〕やホワイト・バッファローの宴のような、神聖な霊的儀式の詳細を聞かせてもらった。ほとんどの首長はそうした情報を漏らすことにきわめて消極的だったが、たいていは彼女が説き伏せた。白人が先住民の生活様式をもっと知れば、土地をめぐる先住民の争いをもっと理解して同情するだろう。首長をそう説得するのが彼女の戦法で、いわばプラットの説得術のフレッチャー版だった。プラットもフレッチャーも、先住民と入植者のどちらから得た情報であっても、情報があればあるほど部族と入植者の力関係は平等になるという幻想を掲げた。だが、集められた情報は、同情と同じく権力の軛《くびき》から逃れられない。むしろ権力の結果なのだ。

フレッチャーの知識の探求はとどまるところを知らず、興味を抱いたピーボディ自然史博物館の友人のために、インディアンの墓を掘り返してオマハ族ほかの部族の頭や体の蓋骨を取り出す作業も進んで引き受けた。先住民文化を救うためとはいえ、それは遺骸や儀式の残存物としてガラスの向こうに保存された文化だった。この泥棒行為のなかで彼女にできたおもしろい仲間たち――同時期に東海岸の博物館に収蔵された先住民の頭蓋骨――はじつに四千個以上にのぼった。[*40]

先住民の物と子どもの両方を入植者の後見のもとに置こうとしたフレッチャーは、プラットの学校の宣伝にも情熱をそそぎ、それから数年かけてワシントンDCの男女をカーライルに案内しては、馬の蹄鉄のつけ方や、薪の窯《かま》での調理や、軍隊式の隊形での行進を学ぶ四百人の生徒の様子をじかに視察させた。学校の宣伝でカーライルへ出張する予定がないときには、学校の運営資金を増やすためのロビー活動にいそしんだ。全寮制学校は先住民を同化させるには非常に効果的な方法であると政治家に説いた彼女の努力の甲斐あって、インディアン教育への連邦政府の補助金はほんの数年で二倍になり、一八八五年には、あと少しで百万ドルというところまで予算が上がった。一八九〇年には、先住民の児童およそ一万名が、生徒を最低でも三年間拘束することを目標とする居留地内および居留地外の全寮制学校に入学した。[*41]居留地外の全寮制学校は一九七〇年代まで運営されていた。

〝白人による肉体労働施設〟での三年を終えて十一歳になったジトカラ・サは、夏休みの帰省を許された。もしかしたら彼女は涙の再会や仲間と自由奔放に丘で過ごした日々を思い描いていたかもしれない。しかし、故郷に帰ってみると、自分が「人間の支援の手も声も届かないカオスの中心に漂っているかのように」と感じられた。文明化の機械は世界における彼女の立ち位置を空中分解させていた。母との意思の疎通ができなかった。娘の苦悩をやわらげようと、母が自分が持っている本の一冊、インディアン・バイブル〔訳注／北米で最初に印刷された聖書〕を手渡しても、ジトカラ・サは「その本を燃やしてしまいたくなった」という。彼女は板挟みになっていた。母と気持ちが通じない。それでいて、自分の過去の愉しい思い出にまではいりこんだ文明化の罠が「無性に腹立たしく」、月夜のパーティで入植者の美しい衣装に身を包んだ友人たちが集まっても、孤立感は深まるばかりだった。「みんなはもはやブランケットと鷲の大羽にくるまれた若き勇士でも、頰に塗り粉で化粧したインディアンの乙女でもなかった」なぜなら友人たちもまた、遠く離れた学校で三年間を過ごしてきたのだから。[*42] みんなの輪に加わりたくてたまらなかったが、自分は帽子をかぶっていないし、リボンの縁飾りがある体にぴったりしたモスリンのドレスも着ていない。それに、モカシンのほうが好きで底の硬い靴は捨ててしまった。仲間はずれにされたジトカラ・サがウィグワムのなかで大泣きしていると、母は悲嘆に暮れた顔をした。全寮制学校は娘を変えただけでなく、部族の文化まで変えようとしていた。

ジトカラ・サは一年半を故郷で過ごしたが、絶え間ない不安と読書やクラシック音楽への愛着が、さらなる三年間の全寮制学校での生活へ彼女を引き戻した。学校に戻ってからの三年間ではジトカラ・サの抵抗の標的が変わりはじめた。彼女の不満と怒りの矛先は文明化の機械ではなく母に向けられた。彼女にとって母は、文字をもたない伝統的な生活様式の象徴になっていた。〝白人による肉体労働施設〟は、ものを書くこと、ものを論ずること、ヴァイオリンやピアノの演奏といった、自分の世界を開く技術も教えてくれた。彼女の批判力は文明の欠点を指摘することもやめなかった。彼女は卒業スピーチ「女性の進歩」を、自分のなかで高まりつつあるフェミニストの意識を声に出す機会として利用し、女性が白人文化における「征服」の地位まで降格させられている仕組みに異を唱えた。[43]

母の反対を押し切って、ウォバシュの百マイル南に位置する男女共学のクエーカー教の教育機関、アーラム・カレッジに入学したジトカラ・サは弁論術で頭角を現し、一八九六年、インディアナ州弁論大会にアーラムの正式な代表として出場した。夜に開かれたこの大会の会場はインディアナポリスの豪華なオペラハウスだったが、ジトカラ・サは「根強い偏見」が会場に充満しているのを感じ取り、「野蛮人の無作法より質《たち》が悪い」と思った。千人を超える聴衆が集まったなかで、学友たちが会場のあちこちでインディアンを「侮辱」する言葉を小声で口にしていた。乾いた「火傷」を胸に負いながら、彼女は演壇に立ち、「並存《サイド・バイ・サイド》」と題したスピーチをおこなった。

「宇宙は進化の所産です」と彼女は語りだした。「継承のエネルギーはすべての命に宿っています」フレッチャーがそうであるように、ジトカラ・サも世紀の変わり目の知識人の考え方を支配した進化という思考的な枠組みをよく知っていたが、彼女の場合はその枠組みを用いて、先住民には進歩する能力が生まれながらに備わっていると主張した。彼女の考察は同化主義者の考察の一種ではあったが、進歩の能力を等しく有するふたつの民族が「並んで」進めば、その先にある未来はすべての人のものとなる、というものだった。[44]

ジトカラ・サに対する敵意をまえもってまとめていた学生たちのグループがいた。彼女の弁論が終わると、そのグループは大きな白い横断幕を広げた。「インディアン女《SQUAW》」という文字の横に人種差別むき出しのインディアン女性が描かれていた。つまらない仕事をする無教養な、男でも女でもない未開人として。これが「人の目がつくる広大な海をまえにした」彼女に浴びせられた侮辱だった。[45] ジトカラ・サは怒りに震えて歯を食いしばった。もっとも、それなりの報復は果たすことができた。州が主催したその弁論大会で第二位を獲得したのだから。

ふたつの文化を知るジトカラ・サは、教育を受けた先住民女性に開かれている唯一のキャリアの道を進んで、居留地外の全寮制学校で教職に就くことを目指していた。病気と日銭稼ぎに追われてアーラム・カレッジでの学位の取得ができなくても、故郷へ帰ることを拒み、いまだに「体力が戻らず、元気が出ない」状態でありながら、一八九七年、東のペンシルヴェニアへ向かった。[*46] 二十一歳になった彼女には、軍隊式ではあっても全寮制学校は有益な教育を提供する場に見えていて、カーライルでプラットのために子どもたちを教えることによって先住民の文明化を助けたいと思ったのだ。

カーライルに到着したその日に懸念が頭をもたげた。不充分な窓をさらに分厚く薄汚いカーテンで覆った「不気味な」白い小部屋に案内されると、ジトカラ・サは静かな恐怖に襲われて硬い背もたれの椅子に腰をおろした。廊下を進んでくる男性のブーツの靴音が聞こえたときには、旅行用の帽子すらまだ脱いでいなかった。その「堂々たる体躯」のわりには「優しげな」男性は、彼女を上から下まで眺めまわしてから、あきらかに落胆した表情を浮かべて挨拶した。

「ほほう！　きみがあの弁論大会で大学代表の連中を興奮させたインディアンの女の子か！」

その人がプラット大尉だとすぐにわかり、「不運」の予感が強まった。彼が部屋を出ていくと帽子を脱ぎ捨て、ベッドに身を投げ出した。それが彼女の人生におけるもうひとつの苦難の季節の不吉な始まりだった。[*47]

一ヵ月後のある朝、早い時刻にプラット大尉はジトカラ・サと話すために執務室に彼女を呼び出した。といっても、その三十分間で喋っているのはプラットだけだったが、最後に彼の放った言葉がジトカラ・サの耳に残った。

「きみを放牧してやろう！」プラットはジトカラ・サを西部のヤンクトンへ送り返してカーライルに入学する生徒を集めさせようとしていた。[*48]

彼女はヤンクトンへ戻った。学校での労働から一時的にでも解放されたかったのと、母に会う機会を逃したくなかったからだ。こうしてジトカラ・サもフレッチャーと同じように、報酬が支払われるカーライルの採用担当者になった。ヤンクトン居留地に着いて故郷の状況を知ると気分が落ちこんだ。高給取りの公務員だった兄のダウィーは、その地位を白人男性に奪われていた。兄の受けた教育が結局は無用だったとわかった。家族には食べ物を買う余裕もなかった。

生徒募集を目的とするオマハ族とスー族の居留地へのフレッチャーの旅が子どもの引き離しの義務を帯びていたころ、ジトカラ・サは新たなシニシズムをまとってカーライルへ戻った。インディアン教育／戦争装置は、人間の残酷さを表す光景だとあらためて気づきはじめていた。同僚のひとりが生徒を、きみは「政府に保護された貧民」にすぎないと罵倒するのを聞いて愕然とした。そのころのカーライルでは、自分たちの博愛の効果を見届けたくて続々と訪れる白人の視察者の受け入れが続いていたが、そうした視察旅行の調整役はもはやフレッチャーではなかった。ジトカラ・サは学校の宣伝を兼ねた視察に疑いを抱き、自己満足している視察者たちは「北米イン

ガートルード・ケーゼビアが撮影したジトカラ・サ。（スミソニアン協会、国立アメリカ歴史博物館、労働・産業部門の厚意により転載）

ディアンにほどこした慈悲を自慢したい」のだと気がついた。「でも、このうわべだけの文明化の下に横たわっているのは現実の生活なのか終わりなき死なのか、ふと立ち止まって疑問に思う人はほとんどいない」と警戒した。[*49]

「白壁の監獄」のような部屋にひとりでいると、新たな思いが胸に湧いた。一八九九年、ジトカラ・サはニューイングランド音楽院でヴァイオリンを学ぶために、カーライルを離れてボストンへ向かった。その一年後、ホワイトハウスでウィリアム・マッキンリー大統領をまえにしてソロ演奏を披露すると、東海岸の名だたる写真家たちが彼女の肖像写真を撮りたがった。[*50]

ボストンでのジトカラ・サは、子ども時代と教師時代を振り返る半自伝的エッセーを《アトランティック・マンスリー》誌に寄稿しているので、本書では自由に引用させてもらった。きめ細やかな文章で綴られたエッセーは彼女を文学界の寵児にし、《ハーパーズ・バザー》のような歴史ある雑誌で称賛されるにとどまらず、二十年後にはそれらの選集が東部一帯の教科書に加えられた。元教師の華々しい成功を広めたいカーライルの新聞《レッドマン・アンド・ヘルパー》はそのエッセーを転載し、長々しい編集後記で検証した。「われわれが残念に感じるのは、彼女があの長い学校生活の愉しかった一面を一度も思い返さず、学友について言外にほのめかすことすらしなかったという点だ……学友たちの多大な力添えがあったから、彼女は貧窮と無価値から抜け出し、現在の申し分なく充実した豊かな生活を享受しているというのに」編集者は前書きでまずこう述べてから、彼女の文学的な成功は全寮制学校の教師の博愛のたまものである一方、彼女の「内なる苦痛」は個人的な弱点であると主張した。この件に関してプラットは公には沈黙を通し、私的な書簡で怒りを爆発させるという選択をした。「中傷された人々から見れば、彼女はいずれどこかの取るに足らないインディアンと結婚し、インディアン・キャンプの貧しいインディアン女に戻るのだろう」[*51]

ジトカラ・サはプラットのもとで二年間働いたが、ようやく全寮制学校について発言するときが来たと思い、《レッドマン》の編集者に明確な答えを返した。「さまざまに変化する自分の進化の状態を完全に捨ててでも」、全寮制学校教育に関する政治的討論を巻き起こすつもりであると。「わたし自身が受けた印象と苦痛に異議をはさむことはだれにもできない！」[*52]

先住民は未成熟すぎて自分で決断できないと言って譲らない同化装置や善意の白人フェミニストに囲まれた状態で、自身の体験を述べたジトカラ・サの努力は、交差的《インターセクショナル》フェミニストの行動と見なすことができる。彼女にすれば主体性は、女性としての自分の地位とはそもそも無関係であり、生物学的な性別《ジェンダー》が自分の政治的功績の唯一の様態というわけでもなかったが、先住民女性として自身の体験を証言する権利は、彼女の政治的闘争の中心にあった。ジトカラ・サは自分の言葉で綴る自分の物語を出版した初の先住民女性だった。そこには、たとえばサラ・ウィネマッカ、ジェロニモ、レッド・クラウドのような、ほかの先住民の物語を型にはめた翻訳や編集などの仲介手段はいっさいなかった。カーライルの新聞の読者に語りながら、ジトカラ・サは自分の物語と自分の感情に責任を負っていた――彼女は第三者が変質させてもいい素材ではなかった。新しい感覚の印象と習慣を生徒の体に植えこむことに専心する全寮制学校のシステムのなかで、ジトカラ・サは的を絞った遠慮のない抵抗を示した。彼女の「進化」と「印象」は彼女だけのものだった。[*53]

ジトカラ・サの数々のエッセーは自己表出と自己発見を助ける感情の芸術的表現であると同時に、先住民の子どもたち一世代が味わった苦しみを、自由な脚色をまじえながら中流階級の白人の目に触れさせた自叙伝の集成でもある。彼女が紡ぐ物語では、ひとりの語り手の声が集団の生活を本のページに描き出す。まるでそこには彼女ひとりの物語だけでなく、名もなき何万もの子どもたちの経験が書かれているかのように。ジトカラ・サをエデンの園から追放することになった魅惑的な赤い林檎のようなモチーフが、彼女の個人的な体験を神話の領域にいたらせ、ひとりの人間ではなく、ひとつのコミュニティの物語となっている。

ジトカラ・サは文学の才能を生かして、入植者文化のなかにスー族の視点を送りこみつづけた。一九〇一年の夏を費やして自身のヤンクトン・ダコタ族に伝わる物語を収集し、『インディアン伝説集』(一九〇一年、未邦訳)として上梓した。ニューヨークの出版社のためにいくつかの短編やエッセーも書いた。それらの作品は政治への傾倒を明白に示している。ジトカラ・サは女性の権利を先住民の自己決定や先住民文化の再建に結びつけた。彼女の物語には、近隣の部族にとらわれて処刑を待つばかりの恋人の縄を解いて、確実な死から救い出す先住民の女戦士が登場するかと思えば、全寮制学校の教育によって文明化を選び、狩猟はもうしないと約束してしまったために、父親が餓死するのを見守るしかない息子も登場する。プラットは後者を「ゴミ」と断じ、「異教徒よりひどい」著者だと非難した。[*54]

ジトカラ・サはなんと返答したか? 《アトランティック》誌に掲載された「なぜわたしは異教徒なのか」には、北米先住民の主神が川や花や雲の「雄弁」を通して語りかける言葉に耳を傾けることから生まれた精神性が明快に述べられている。ジトカラ・サにとって土地は家族であり、所有物ではない。先住民の宗教とともに育った彼女は「この広い宇宙のありとあらゆるものを親戚と認める」ことができ、「大きなものも小さなものも主神の偉大さに確実に包まれているのだから、そのどれにもまちがいなく、さまざまな機会のある自分の持ち場を主神からあてがわれている」とわかっていた。[*55] 詩人の鋭い目を備えた彼女が操る言葉は非常に繊細だ。機会を分配するのは改革者ではなく主神であって、主神はすべての民に機会を与えるのだ。

著名な雑誌や出版社に発表の場をもっていても、ジトカラ・サは自分の声を届けるのは部族と全インディアンのネットワーク内と想定していた。全国的な販路を念頭に執筆を始める直前、教育の道に進んで家族を見捨てたと彼女を責め立てる異母兄の妻と衝突すると、シモンズという名前を捨て、自分でつけたジトカラ・サを選ぶ決心をした。「故郷の人々と離れ――帰る家もなく――無一文で――名前さえなくした今のわたしがどんなに妙な気分に陥っているかわかるでしょう！　自分で自分の名前をつくることにしたのは自分の選択。ジトカラ・サという名前を公表したのは――イタリアにだって自国語があるからでしょうね！」彼女は結婚に向けて交際期間にあったカルロス・モンテズマに意気揚々と語った。インディアン事務局の長官トマス・J・モーガンは、すべての全寮制学校の児童は入植者の家父長制に準じて父親の姓をつけられなければならないと定めていた。しかし、創作力で自信をつけたジトカラ・サは、いつものように我が道を行くことを選んだ。ジトカラ・サはラコタ語で「赤い鳥」を意味する――彼女が使っていたナコタ語ではない。[*56] 彼女がスー族をはじめとする先住民の言語と習慣を取り混ぜて名前や衣装に用いたのは、固有性より一体化を通して機能する全インディアンの集合体としての地位をつくり出そうとする初期の努力だった。実際、全国に散らばった先住民をまとめようという政治的な仕事が彼女の主たる目標になっていく。

アリス・フレッチャーは、先住民にとって土地は所有物ではなく生活そのものであり、主神とともにあることが祝福なのだという考え方を学びつつあった。たとえば、ロウアー・ブルールのスー族の学者にして活動家のニック・エステスによれば、この時期のラコタ族は共用の領地を「植物や動物との関係を築くあらゆる場所」と定義していて、そのなかには広大な狩猟場や農作には不向きな乾燥土壌の土地もふくまれた。[*57]

フレッチャーは、自然を神聖視して人間は自然のリズムの一部であるとする先住民の価値観に一定の敬意を払っていたが、未熟な考えだとも思っていた。先住民と土地との関係性は「おとなの明瞭な話よりも子どもの叫び声に近い」と、ある科学雑誌に記している。[*58]フレッチャーや入植者文化にとって、近代における土地との関係は概して変化するものだった。プレーリーの耕作、森林の伐採、河川のダム建設、そして鉄道線路敷設のための山の貫通。資源を採取したり利用したり個人として資源から利益を得たりするよりも、自然界との友好な共存という生き方を求める先住民は、物質的にも精神的にも感情的にもまえへ進めず、いつまでも未開状態のままだろうと、フレッチャーたち人類学者は考えていた。人間が進化するために自然は人間の所有物に変わらなければならないのだと。

フレッチャーの人生で最大の政治的な仕事は、土地との互恵関係のなかで暮らしていた先住民を土地から引き離したことだ。彼女にすれば先住民が暮らす土地は不毛よりなお悪い、不幸の元凶、浪費、同化を妨げるものだった。「土地から得る富がインディアンの破滅を招いた」と彼女は結論づけた。[*59]フレッチャーにとってインディアンを広大な土地から救い出すことは、子どもたちを部族と引き離すのとまったく同じように、先住民の文明化を促進させ、インディアンと入植者のあいだの血なまぐさい関係を平和な状態に戻すという博愛主義に基づく行為だったのだ。

一八八〇年代なかばになると、フレッチャーもほかの改革者も政治家も新たな戦略に飛びついた。居留地の私有化だ。これは既存の土地を農耕地として分割し、個々の家長に割り当ててから、広大な「余剰」地を入植者に売却しようとするものである。[*60]土地の分割または分配とも呼ばれるこの策の狙いは、共同保有されている土地をなくして、部族の首長の力と先住民の暮らし方を壊すことにあった。土地の私有化は、家父長制の夫婦を基本とする入植者の親族関係のモデルを押しつけることを意味していた。伯母伯父、叔母叔父、いとこ、配偶者の兄弟姉妹、複数の愛人、それ以外の人たちも近親と見なす先住民の部族には認めがたい関係性だ。[*61] 先住民のジェンダー・ロールや性的な習慣を打ち壊すことが、先住民の暮らし方を打ち壊すための最重要の手段となった。

一八八三年、アリス・フレッチャーは全国にある先住民の土地を調査して、分割に適しているかどうかを判断するため、インディアン事務局の特務員に任命された。フランシス・ラフレッシュを通訳にしてオマハ族の居留地を分割することも彼女に課されていた。この任務についてフレッチャーには独自の壮大なアイディアがあった。彼女はふたたびオマハ族のもとへ向かう旅を、時を超えた先例のない障壁の横断だと美化し、「わたしは野性の人々と未知の未来を目指します。だれも知らない過去の声がそこで聞けるかもしれません」と語った。[*62] 自分が代弁者となり守護者となるのだから、オマハ族には未来があるはずだとフレッチャーは思っていた。

フレッチャーのこの働きにより、オマハ族の土地の一部に初の所有権が発生するように修正された一八八二年制定のオマハ単独土地所有法は、七万六千エーカーの土地を九百五十四の区画に分割した。残る五万エーカーは白人入植者の購入に向けて公開された。オマハ族のなかには、無断占拠その他の盗みを防ぐために、家族単位での土地の所有権をもちたがる人々もいないではなかったが、そうした人々は同化に対しておおむね肯定的な見方をしている一団で、オマハ族全体の四分の一にすぎなかった。部族の優に三分の一は土地の分割には積極的に抵抗し、土地は部族の慣習に従って法律上も今までどおり部族で保有するべきだと主張していた。フレッチャーは地元警察の協力を得て反抗的なオマハ族を一ヵ所に集め、土地の私有化を強制した。[*63]

共同保有されていた土地を分割して家父長または夫婦に私有地としてあてがうという役目は、入植者のフェミニストとなるまたとないチャンスだった。フレッチャーは入植者のジェンダーや性の規範を押しつけることによって、オマハ族を救おうとした。オマハ族社会は一夫一婦制ではなく、男性はひとり以上の妻をもつことを許されていたが、フレッチャーとラフレッシュは、複婚は一般的な慣習ではないと指摘した。[*64] シッティング・ブルがハンクパパ・ラコタ族の女性に未来を与えてやってくれとフレッチャーに頼んだのは、その二年まえだった。今回の彼女はオマハ族の人々のなかにはいり、一夫一婦の家父長制という生き方を強要することを愉しんでいた。

分配は集合体としての部族の権威を骨抜きにし、先住民が保有する土地を一夫一婦婚の家族に強制し、はじめて女性を経済的に夫に頼る存在にした。このことが多くの先住民女性の立場を大きく引き下げるだろうとフレッチャーにはわかっていた。同じ年、アングロ・アメリカの既婚女性には自分の財産に対する権利も子どもの監護権もないと聞かされたある先住民女性は、「白人女性でなくてよかった!」とフレッチャーに言った。[*65] しかし、入植者フェミニズムにとって先住民女性の権利など二の次である。なによりも大事なのは彼女たちを未開の状態から救い出すことで、それは同時に白人女性の権威を強化する救出でもあった。先住民女性の権利と主体性の縮小は単に進歩の代償とされた。

オマハ族の土地の私有化を進めたフレッチャーの仕事は、同様のことを全国展開するための予行演習の役目を果たし、分配は合衆国政府の西部への新たな取り組みの鍵となった。軍が部族を打ち負かした今、ゴールは征服ではなく同化だった。フレッチャーの実務知識はこの新たな課題作成において大きな発言権を彼女に与えた。改革者と法律制定者の考える土地の分配とは部族への分配であって、個人への分配ではなかった。だが、フレッチャーはこの計画に反対した。「いかなる状況であっても土地を部族の所有にしてはなりません」一八八四年、彼女はニューヨーク州北部レイク・モントの花の咲き乱れる私有地で開催された年次会議で、集まった白人のインディアン改革者たちに告げた。「その原則はまちがっています」[*66]部族に土地をもたせれば統治や親族の共有形式が持続されてしまうのではないかとフレッチャーは疑っていた。彼女の文明化のプランは、アメリカ先住民の完全な同化と最終的には公民権を伴っていた。それはすなわち、土地との現行の関係のなかで成り立っている集合的共同体は、私有財産をもつ個々の家族に分けられなければならないということを意味した。

入植者フェミニストという立場を維持しながらのこの救出作業は、十年後、ジトカラ・サがインディアナ州のオペラハウスでのスピーチで述べるように、インディアンと「並んで」ではなく、インディアンのためにおこなわれなければならなかった。一八八七年成立のドーズ単独土地所有法と名づけられた分配政策は、最初の草案の段階では合衆国下院を通過した修正案と同じく、土地の私有に関して部族に承諾権を与えていた。ただし、部族の三分の二が分配を承諾しなければならず、それができない場合は分配はなしとされた。フレッチャーはここでも草案に異議を唱えた。「この仕事は部族が賛成してもしなくても、部族の人々のためにおこなわれなくてはいけません」と彼女は主張した。「わたしたちはインディアンの後見人たる立場を受け継いできたのです。わたしたちの被後見人の利益のために行動しなければなりません」だが、白人の同志のなかには、自分に先住民の母親のような権限があると考えるのは行き過ぎだと感じる人もいた。「彼女はオマハ族を自分の子と――いや、赤ん坊と――呼びそうな不快きわまる感傷的な状態に陥っていた」と同志の改革者のひとりは不満を漏らした。[*67]

白人女性にはまだ参政権がなかったが、フレッチャーのような女性はすでに政治的影響力を振るいはじめていた。[68] 一八八五年の夏、フレッチャーがこつこつと進めた「インディアンの教育と文明化」の歴史と進展に関する調査は、のちに六九三ページの報告書として結実するが、そこには、合衆国政府が履行の義務を果たさぬままにしている盟約の更新情報も書かれていた。この調査で彼女は押しも押されもせぬ権威となった。その力を利用してフレッチャーは、分配が部族全体に対しておこなわれるのではなく、個々の家長に認められるように、先の草案を書き換えることをドーズ上院議員に納得させた。同年の秋、フレッチャーは自分の意見への支持を求めるため、議会に直接働きかけた。

ドーズ法は世紀で最初のインディアン大政策だった。ひとりの人間が法律制定の最終段階にこれほど影響をおよぼした例は、アリス・フレッチャーをおいてほかにないと、フレッチャーの伝記作家、ジョーン・マークは述べている。フレッチャーのプランが勝利したわけだ。土地は部族の承諾なしに個々の家族間で分配され、共同体や夫婦でさえなく家長に割り振られることになった。最終的な公民権――文明化した状態の主要な標識――に通じる細道は土地を私有することに対する褒美だった。百六十エーカー以上の土地はすべて家族用の区画で、十八歳以上の独身者には八十エーカーが割り振られた。一部の部族では子ども用の土地四十エーカーが売りに出されていた。これはときに盟約破りがあることを意味した。スー族との共有地をめぐる盟約も破られたし、フレッチャーやほかのレイク・モホンクの改革者が熱心に採用したプランどおりではなかった。グレイト・スー族の居留地の五〇%は二十年以内に白人の入植者に売られた。[69]

フレッチャーは土地分配の大部分を自分でおこなった。インディアン事務局の特務員としての十年におよぶ仕事のなかで、彼女は国内の先住民人口の一・五%――四千四百人――に土地を分配した。通常はフレッチャーが土地を調査し、割り振る区画を選んだが、居留地ではやはり新参者だ。それでも彼女は自分の任務を慎重に遂行した。居留地の大半が乾燥土壌で居住にも農耕にも適さないということは重々承知していた。フレッチャーの仕事のなかでとくに大規模な作業となったのが、土地の私有化に大々的に抵抗しているアイダホ州北部の部族、ネズパース族に対する分配だった。一八八九年に始まる幾度かの春、フレッチャーは新しい同棲相手で写真家のE・ジェーン・ゲイとアイダホへ旅した。フレッチャーが土地を調査し、部族の大多数の希望に反して家父長の私有にする作業を進めているあいだ、ゲイは写真を撮り、執筆し、家事を担当した。まだ残っている土地は白人の入植者に売り払われた。フレッチャーの分配作業の結果として、ネズパース族は土地の七五％、優に五十万エーカーを失った。[*70]

その時期はフレッチャーとゲイとの長い、そしておおかたはロマンティックなパートナーシップの幕開けだった。フレッチャーがアイダホで置かれた状況をつい皮肉りたくなるかもしれない。たしかにアイダホでの彼女は、過激なまでに種々のロマンティックな親族関係を維持している部族に一方的に異性愛を押しつけながら、その間自分はずっと、まさにその規範から個人的にも職業上も自由の身でいたのだから。ただ、彼女の状況は皮肉とはいえないのだ。なぜなら、それは意図せぬ結果ではなく、充分に意図した結果だったから。フレッチャーをはじめとする白人フェミニストにとって、白人女性は疑問の余地なく文明化した存在であり、同性間の愛情がその地位を危うくすることはなかった。彼女たちが夫と暮らしていようが、上流階級の白人女性同士を永続的な親交で結びつける、俗に「ボストン結婚《マリッジ》」と呼ばれる生活を送っていようが、彼女たちの道徳的権威が道徳の発達の骨格であることにはかわりなかった。フェミニストの学者、ジャスビル・K・プアはこれを問題のある現象「ホモナショナリズム」と命名し、白人の同性愛生活は本質的に洗練されていて国家のためになるけれども、黒人や茶色い肌の人間やアジア人の非異性愛《ノンヘテロセクシュアル》生活は原始的・後進的で、進歩に対する脅威だとするファンタジーであると指摘している。[*71] プアは二十一世紀について書いているのだが、そのダイナミックな視点は十九世紀後半まで遡って、フレッチャーやゲイのような当時の女性たちにあてはめることもできる。ふたりは西部開拓時代の「辺境」での自分たちの立場を利用して家父長制の性的規範から自己解放しながら、他者にはそれを押しつけていたのだから。

一八九一年、フレッチャーとゲイはふたりでワシントンDCに家を買い、それから十六年間、フレッチャーの研究仲間のフランシス・ラフレッシュとともにその家に住んだ（ラフレッシュとフレッチャーは一八八四年から一緒に暮らしていた）。その新しい家でのラフレッシュの行動範囲は一部に制限された。相変わらず自分はすべての先住民の母だという考えから抜けられないフレッチャーは、ラフレッシュが三十四歳になると養子にしようとした。法律上の正式な養子縁組をしなかったのは、そうすると彼がもとの姓を失うことになるからだったが、仕事上の長年の関係の最初から最後まで、彼女はラフレッシュを助手と見なし、自分には得られない文化的・言語的な知見をもった貴重な同僚とは見ていなかった。彼のほうでは養子縁組という概念とはまったく異なる関係を築いていたのかもしれない。成人が養子になることは、オマハ族では一般に受け入れられている文化の一部だったから。[*72]

ラフレッシュが愛人で、このあきらかに風変わりな一家の構図を完成させていた可能性も高い。フレッチャーは私文書のいっさいを破棄したので、ゲイとフレッチャーとラフレッシュの関係の詳細はほとんど知られていないが、結末だけはちょっとした騒動になった。一九〇六年、フランシス・ラフレッシュは、カーライルの全寮制学校で教育を受けた体験のあるチペワ族の女性、ローザ・ブラッサと結婚し、ローザもワシントンDCの家に引っ越してきた。その数週間後、ゲイとフレッチャーとラフレッシュの三人が病に倒れたかと思うと、フレッチャーとゲイがフレッチャーの枕元で派手な衝突を起こした。それから二週間後にゲイは家を出て、二度と帰ってこなかった。ラフレッシュとローザは同じ年の終わりに離婚した。そして、ラフレッシュとフレッチャーは彼女が一九二三年に死去するまで、その家でともに暮らした。[*73] 詳しいことはなにひとつわかっていないものの、社会的な立場が上になったフレッチャーが家庭内の関係性をいかようにも操れたのはたしかだろう――それこそが進化の遅れている人々にはないと彼女が見なす主体性だった。

書き物机に向かうアリス・フレッチャー。（スミソニアン協会、国立人類学資料館の厚意により転載）

フレッチャーが継続させた人類学の仕事の大半はラフレッシュとの共同研究で、それが彼女を職業上の新たな高みに昇らせた。フレッチャーは先住民文化の伝統に関する幅広い書物を出版した。音楽や踊りに関するものはとくに多かった。一八九〇年の秋、フレッチャーはハーヴァード大学のピーボディ自然史博物館で報酬を受け取って研究できるようになった。裕福な女性の後援者たちが彼女のために特別にその職位をつくらせたのだ。この新たな職位はフレッチャーのためだけにあり、ラフレッシュはその後も無報酬で彼女の調査研究の助手を務めた。ハーヴァード大学の特別研究員になったとはいっても資格に制限があり、自分で育てられる学生はいなかったが、それでも今やフルタイムの職業研究者であり、ハーヴァード大学で女性がその地位に就いたのはフレッチャーが最初だった。ワシントン

DCに住む中流階級の白人フェミニストのコミュニティにとっては、フレッチャーがハーヴァード大学で研究職に就いたことは大勝利で、二十年まえにフレッチャーが設立を助けた同種の各団体からも敬意を表された。ワシントンDCの女性クラブが催した盛大な祝賀会には八百人が出席してフレッチャーを祝った、彼女は慣例の出迎えの人の列にまじって来客と挨拶を交わすのに五時間を費やした。[*74]

その冬、フレッチャーは、ワシントンDCのアルボーズ・オペラハウスで開かれる全米女性評議会の年次会議に演説者として招かれた。この組織の創設者であるエリザベス・ケイディ・スタントンとスーザン・B・アンソニーも演壇に立つ予定だった。フレッチャーが書記と会議運営者を務めた女性前進協会の共同設立者、著名な女性参政権論者にして禁酒運動家のフランシス・ウィラードは、人類学者フレッチャーを仰々しい賛辞とともに紹介した。「彼女をハーヴァード大学科学大学院所属博物館の特別研究員として紹介できることを、わたしたちは格別の誇りと感じています」とウィラードは宣した。「彼女は群れから巣立った最初の小鳥なのです」[*75]

フレッチャーの演説は自分がフェミニストを統率する立場にあること、会場に集まったフェミニスト全員が文明化という課題のもとで結束することを想定したものだった。フレッチャーは平等の表明とともに「依存する人種に対するわたしたちの務め」を語りはじめた。いわく、世界のすべての人種には「戦争や疫病や同化による破壊」の企てからまぬがれて「生存する」権利があるが、自分が心血をそそいで取り組んでいる進化の階層に従えば、発達において人種は平等ではない。「高尚な芸術や科学」や上質な土地の保有を白人が独占していることからもわかるように、「人類の進歩の行進を率いてきたのが白人種なのは火を見るよりもあきらか」であり、これがジレンマを引き起こしている。「あふれるほどあるもののうち、わたしたちはいったいなにを、依存する人々に与えればよいでしょう？」フレッチャーは同志の改革者たちに問いかけた。[76]
しかし、全米女性評議会でフレッチャーの演説を聴いていたのは、有色人種の文明化を通した自分の立場の強化に熱心な白人フェミニストだけではない。フェミニズムの意味や目的や変革への展望をはっきりと思い描いている人たちもいた。結局、すべての社会運動がそうであるように、フェミニズムも定まった綱領があるわけではなく、進行中の緊張関係と討論と激しい衝突が回転するシーンなのだ。
つぎの演説予定者はほかならぬフランシス・E・W・ハーパーだった。ハーパーはウィラードの紹介を待たずに、いきなり辛辣な批評を口にした。「ミス・フレッチャーは、依存する人種という見出しつきでインディアンとニグロの大義を述べられました」とハーパーは切り出した。「わたしは白人の特権とは、ニグロを北部の同情もしくは南部の慈悲にすがる単なる依存者としてでなく、国家に正義を求める権利がある国民の一員として紹介することであろうと考えます」[77]
ハーパーは、白人が自分たちの「所有の権利やら優れた知能の主張やら」で、その他の人種を寛大な保護のもとに置こうという手前勝手な幻想を抱いているとしても、正義はすべての民に平等に与えられた権利だと強調した。「白人の政治家が妙に困惑した様子で、〝自分たちより弱い人種にわたしたちはなにをすればよいのでしょう?〟と尋ねると、わたしはいつも思うのです、その質問にはイエス・キリストが二千年もまえに答えていると。〝何事も人にしてもらいたいと思うことは人にもしてあげなさい〟」ハーパーはそう締めくくった。[78] スタントンやストウやフレッチャーのような白人フェミニストが手法の矛盾を意に介さず、文明化というプロジェクトを中心に結束しようとする一方、ハーパーやハリエット・ジェイコブズやジトカラ・サのようなインターセクショナル・フェミニストは、白人女性の攻撃的な博愛を振り払って自分たちの自己決定の権利を掲げた。

それから四年後、アリス・フレッチャーはアメリカ科学振興協会の人類学部門副代表に就任した。国家のもっとも権威ある科学機関の指導的地位に女性としてはじめて昇りつめたわけだ。国家を主導する女性科学者という地位まで彼女を押し上げたのは、先住民社会における女性の抑圧の起源を探る研究だった。フレッチャーはこの先何十年にもわたって女性の科学者、医者、人類学者の新世代を鼓舞することになる。フレッチャーの指導を受けた弟子には、フランシス・ラフレッシュの異母姉で、医学博士号を取得した初の先住民女性、スセッテ・ラフレッシュもいた。人類学者のマーガレット・ミードも同様にフレッチャーの志を継いで、一九三〇年代からオマハ族の研究に取り組んだ。[*79]

土地の私有化は着々と進められていた。押し寄せる入植者が先住民の私有地を欺し取ることがないように、ドーズ法には、家族が得た土地は二十五年間売ることができないという条項もあった。だが、ほとんどの先住民が自分は耕作する農民にはならないという選択をし、所有する区画を入植者に貸し出した結果、効率よく土地を失うことになった。インディアン再組織法のもとで分配政策が根本的に変化させられた一九三四年までに、アメリカ先住民はドーズ法の通過時にみずから管理していた土地の三分の二にあたる九千万エーカーを失っていた。[*80] 現在ではドーズ法は合衆国の歴史上最悪のインディアン政策と考えられている。

アリス・フレッチャーが政治活動で選んだ手段は、自身の入植者フェミニズムに忠実な分離だった。対照的にジトカラ・サは集産化を選んだ。彼女の集産手段は分離戦術を好機に変えた。全寮制学校は部族への愛着を断たせることを目的としていたが、学者のブレンダ・チャイルドが指摘しているように、全国の部族の児童を学校に集めるということは、まったく異なる地域出身の先住民に部族間ネットワークの可能性を与えることでもあった。[*81] ジトカラ・サはこの状況で生まれた関係を政治力に変える最前線に立っていた。

全米で名声を博する成功を収めながらも、ジトカラ・サは二十世紀初頭の個人の自由と芸術の追求には背を向け、自作の出版をやめた。クラブの女性たちのような職業的な取り組み方は彼女には適さなかった。ジトカラ・サが願ったのは、モンテズマとともに、国内の部族をひとつにまとめる新たな全インディアン政治組織の結成に自分の能力を役立てることだった。もっとも、ふたりの構想は大きく異なっていた。モンテズマは男女別の協会をつくりたがり、彼女は合同での活動を望むフェミニストだった。「この手を差し出してインディアンの男たちの委員会を一掃したい!!!」彼女はモンテズマへの手紙に書いた。「わたしは深刻な問題に対処できて、人種への興味も充分すぎるほどもっているインディアン女性ではないかしら? ―― あなたたち男性のだれひとり、いえ、ふたり束になっても敵わないぐらいに。どうしてわたしを除外しようなんて考えるの?」このときの激しい怒りは、将来の結婚に関する考え方の相違の繰り返しだった。同化した医師の妻、さもなければ「あなたの荷馬車を引く立派な馬!」と彼女が呼ぶものとして脇役を演じてほしいと願うモンテズマには愛想を尽かしていた。[*82] 彼女はただちに彼との関係を終わらせ、ヤンクトン族の幼なじみ、レイモンド・ボニンと一九〇二年に結婚した。

十年後、ユタ州のウテ居留地にボニンと暮らしていたころ、ジトカラ・サは、サンダンスの儀式を盛りこんだオペラでモルモン教徒の指揮者ウィリアム・ハンゾンと共演した。アリス・フレッチャーが一八八〇年代にパインリッジで魅了された儀式だ。台本や譜面を使った共同作業が始まって二年後の一九一三年、ウテ族の歌手とダンサーを主役に配した〝サンダンス・オペラ〟がユタ州のヴァーナルではじめて上演された。先住民が主導した合衆国の演劇史上初のこの公演は、それまで先住民をテーマにしたエンターテインメントの主流だった歴史悲劇や扇情的な西部開拓劇ではない、勇敢な抵抗の物語をよみがえらせた。ダコタ族とスー族の伝説や精神性を大勢の観客に届けようとするジトカラ・サの努力は、翻訳行為であると同時に共同体の保存行為でもある。たとえサンダンスの儀式の「真正の」表現とはかけ離れたものだったとしても。ただ、それはジトカラ・サの描くインディアン構想の一部でもあったかもしれない。彼女にとってインディアンは過去の化石ではなく進化を続けているのだから。ラグーナ・プエブロ居留地のフェミニスト、ポーラ・ガン・アレンが明確に示すとおり、入植者の植民地主義の中心にあるのは文化と創意の根絶だ。アレンはこう記している。「帝国の征服戦争は地球上の人間を支配するために、人間の体と頭と心の内で戦われてきた。伝統主義者が自分の起源や文化や歴史や母や祖母を忘れてはならないと主張する理由はそこにあるのだと思う。郷愁よりも継続を伝える記憶をなくせば、人間はたちどころに呑みこまれてしまうと伝統主義者は言う」[*83] ジトカラ・サは自分が受けた教育を、同化するためではなく呑みこまれぬために使ったのである。

ユタ州でウテ族を支援して十五年近く経ち、先住民共有の権利を求める全国的な組織活動を展開したいと考えたジトカラ・サは、夫とともにワシントンDCに移り住み、一九一〇年代なかばから一九三八年に死を迎えるまで、アメリカ先住民のための政治活動に専念した。彼女がリーダーシップを取ったさまざまな運動のなかには、現在は同化運動だと厳しく批判されるものもあれば、時代を先取りしたモデルだと支持されるものもある。彼女は合衆国国籍の取得を提唱した。ペヨーテ〔訳注／インディアンが儀式に用いた幻覚剤〕の使用をやめさせるための運動では、かなり保守的だとしてプラットの同志と見なされた。インディアン事務局による先住民部族の支配を終わらせるための戦い、そしてなにより、ドーズ法が可能にした土地泥棒と権力のはなはだしい乱用との戦いがあった。精力的に執筆もしたが、彼女の文学を待つ読者の愉しみのためにはもう書かなかった。アメリカ・インディアン協会（SAI）が発行する季刊誌《クォータリー・ジャーナル》を編集し、連邦職員と書簡を通じて交渉し、カリフォルニア州からオクラホマ州まで土地の酷使の調査と記録を進めた。六年間で四百回の一般公開講座をもったこともある。聴衆のほとんどはインディアンの国籍取得のための同志を補充しようとする女性クラブのメンバーだった。第一次世界大戦はとりわけジトカラ・サを激怒させた。先住民男性の二五％が入隊して合衆国のために戦ったにもかかわらず、依然として先住民には参政権も裁判を受ける権利も与えられていなかった。しかし、「アメリカの理想のために戦えると認められたなら、アメリカ人として公民権ももう認められてもいいはずだ」と彼女は反論した。[*84] 一九二四年にはほぼ全州の先住民が合衆国国籍を取得したが、居留地ではなおもインディアン事務局の石油のついた親指に押さえこまれていて、仕事を成し遂げたとはとてもいえない状況だった。

SAIが瓦解すると、一九二六年、ジトカラ・サと夫はワシントンDCに拠点を置くアメリカ・インディアン国民会議（NCAI）を結成し、五十歳のジトカラ・サが代表となった。「権利と財産の保護にみずから助くるインディアンを助く」をモットーに、ふたりはしばしば陳情や聴聞会での証言によって四十九の部族の代弁をするかたわら、毎年一万一千マイル、中西部と西部を移動して部族の現況を調査し、居留地に《インディアン会報》を配布した。こうした指導力の発揮により、ジトカラ・サは合衆国でもっとも有名な先住民女性の活動家となった。[*85]

ジトカラ・サの最大の政治的功績といえば、共同執筆した小冊子《オクラホマの貧しく豊かなインディアン》（一九二四年刊）をきっかけに、石油で潤った先住民の土地の搾取に関する聴聞会が開かれたことだった。先住民に分配された四十エーカーの土地をかすめ取るために、入植者の男性がインディアンの子どもを拉致してレイプするというのが代表的な一例だ。聴聞会で即座に結果が出ることはほぼなかったが、この聴聞会が開かれたことによって居留地における搾取の調査を議会が許可するにいたり、十年後の一九三四年、インディアン再組織法（ＩＲＡ）の制定を導いたと評価されている。インディアン・ニューディールとしても知られるＩＲＡは、連邦政府のインディアン政策では五十年まえに制定されたドーズ法に匹敵するほどの大転換だった。だが、ドーズ法が軍事的敗北ではなく同化によって征服する政策を採用したのに対し、ＩＲＡは先住民の主権を認め、いまだ進行中だった土地の分配を終了させた。部族に返された未分配の土地は、現在では半主権国と認識されている。サンダンスをはじめとする先住民の宗教儀式は合法化された。フレッチャーがネブラスカ州で土地の分配を始め、ジトカラ・サがはじめて〝白人による肉体労働施設〟の敷地に足を踏み入れてから五十年後、ジトカラ・サは同化政策を終わらせるのに手を貸し、部族の自己決定力をある程度まで回復させた。サウスダコタに戻ってからは、ＩＲＡが押しつける新たな規約に抵抗する部族をまとめ、部族の実務を連邦政府が規制するのを禁止する自分たち自身の規約のひとつをつくった。[*86]

ところが、一九三八年、ジトカラ・サが貧窮のなか六十二歳で没すると、わずかな遺産のおかたが、彼女があれほど抵抗した入植者の規範によって曖昧にされた。《ニューヨーク・タイムズ》の短い死亡記事は、インディアンの権利に関する「ミセス・Ｒ・Ｔ・ボニンの」業績に触れていたが、彼女自身の死亡証明書には「サウスダコタ出身ガートルード・ボニン——主婦」としか書かれていなかった。[*87]

# 第二部　浄化

# 第四章　優良な国家を産む

## マーガレット・サンガーとドクター・ドロシー・フェレビー

われわれの文明の歴史は記された瞬間に生物学の歴史となり、マーガレット・サンガーはそのヒロインとなるだろう。

——H・G・ウェルズ

一九一二年七月なかばのある蒸し暑い日、トラック運転のシフトを終えて帰宅したユダヤ系ロシア人の移民、ジェイク・サックスは三階のアパートメントへの暗い階段をのぼった。彼と妻のセイディと幼い子どもたちが暮らす三部屋のアパートメントは、ニューヨークの治安の悪い貧民街にあった。隣人たちと似たり寄ったりのその住まいは直射日光がはいらず、水の出が悪く、窓はみなゴミの山だらけの通風路《エアシャフト》に面していた。ロウアー・イーストサイドでは五万人以上が、本来はその五分の一の数の人のために設計された建物群に住んでいた。[*1] 貧困はサックス一家にも一家と同じような境遇にある人々にも選択肢をほとんど残さなかった。その日、玄関ドアを開けたジェイクを悲劇が襲った。三人の子が怒りと恐怖の泣き声をあげている横で、二十八歳のセイディがむき出しの床板に痩せた体を俯せにして倒れていたのだ。またしても妊娠したセイディは隣人に助言を求めていた。ジェイクのわずかな稼ぎのなかで、食べ物を運ばなければならない口と、服を着せなければならない体がもうひとつ増えるなんて彼女には想像できなかった。いろいろな薬や下剤を試してみたが、流産することができず、とうとう友人から借りた鋭利な器具を子宮に挿入したのだった。その結果、死を招くことも少なくない血流感染の敗血症に陥り、ジェイクが帰ったときには意識をなくしていた。

病院に行きたくないジェイクは近所でよく知られている医師に電話した。医師はセイディの命を救うために看護師を伴ってやってきた。けっして容易な仕事ではなかった。セイディの感染症の危機的な状態を食い止めるためには、猛暑のなか必要な水と食料と薬剤と氷を三階の部屋まで運ばなければならない。排泄物はすべて、同じ建物に住む何百人もの人々が共用する階下のトイレまで運ばれた。看護師は一家の住まいで仮眠と軽食をかろうじてとるだけの「昼と夜が熱に溶けて活気のない地獄と化した」三週間を過ごした。[*2]だが、心優しい隣人たちはスープや主菜や飲み物を持って毎日セイディの介抱に訪れ、彼女はしだいに回復した。

三週間が経ち、引き上げる準備を始めた看護師に、セイディは勇気を奮って尋ねた。「また子どもができたら、きっと死ぬんでしょうね?」

看護師は言葉を濁し、「そういう話をするのは早すぎるわ」とだけ答えた。

医師が最後の往診に訪れると、看護師はふたたび妊娠することへのセイディの不安を伝えた。医師は遠慮のない言葉を返した。

「今度あんな悪ふざけをしたら、わたしを呼ぶにはおよばないだろうね」

セイディはおののいた。「でも、またああいうことになるのを防ぐにはどうすればいいんですか?」

「おいおい」医師は声をあげて笑った。「お菓子を食べていながら、お菓子を欲しがる気かね? それは無理というものだ」医師はコートと鞄を手に取った。部屋から出ていくまぎわ、親しげに彼女の背中を叩き、医師として真面目な助言をした。「ジェイクに屋根で寝ろと言いなさい！」[*3]

セイディと看護師は目を見交わした。看護師は涙をこらえていた。セイディはもっと情報が欲しいと必死で頼んだ。中流階級の女性にはすぐにも入手できる情報があることをセイディは知っていた。なぜなら、彼女たちの子どもの数はセイディやセイディの隣人たちよりはるかに少ないのだから。

「彼にはわからないのよ、そうでしょ？」とセイディは言った。「でも、あなたにはわかるわよね。あなたは女だから、秘密を教えてくれる。ぜったいにだれにも言わないって約束するから」[*4]

こうなると看護師もさすがに心を乱された。医療の訓練を受けているとはいえ、彼女が知るテクニックはコンドームと膣外射精のふたつだけで、そのどちらもセイディの興味を引くとは思えなかった。このあたりの共同住宅の夫たちには避妊手段を使うつもりがまるでないという結論もとうの昔に出ていた。セイディに教えてやれることはなにもない。看護師は数日したらまた来るという約束だけをした。しかし、数日が数ヵ月になった。看護師はセイディにも彼女が置かれている環境にも取り組むことができなかったが、彼女の顔はしょっちゅう夢のなかに現れた。

三ヵ月後、寝る支度をしていた看護師に電話がかかってきた。相手はジェイクで、妻の手当をしてくれとひどく苦しそうに懇願された。セイディが一回五ドルの堕胎医の施術を受けて重傷を負ってしまったというのだ。看護師はまたあそこへ行くのは気が進まなかったが、地下鉄に乗ってダウンタウンへ向かい、三階までの階段をのぼった。セイディは昏睡状態にあり、看護師が着いて十分もしないうちに死んだ。ジェイクの怒りと悲しみは慰めようもなかった。

「ああ！　どうしてこんなことに！　どうして！」彼は自分の髪を引っぱってうめきながら、狭い部屋をぐるぐる歩きまわった。[*5]

看護師はセイディの細々とした両手を胸の上で組み合わせてやってから、マンハッタンの街路をひたすら歩き、何時間もかけてアップタウンの自宅に着いた。自宅のアパートメントの窓から外を見ると、昇る朝日が目のまえに連なる屋根にまばゆい光を投げていた。自分の心でも夜が明けたように感じられた。「一時しのぎや表面的な手当はもう終わった」と看護師は気づいた。「災いのもとを見つけ、大空ほどにも茫漠とした苦悩を抱える母親たちの宿命を変えるために、なにかをしなければならないと決心した」看護師は鞄をほうり投げ、看護衣を脱ぎ捨てると、二度と看護の仕事はしないと誓った。これからは、自分が見たセイディの悲劇の原因の根底にある事実――「野放しの生殖」――に専念しようと。[*6]

セイディの悲劇は、マーガレット・サンガーがパートタイムの看護師からフルタイムの産児制限活動家への転身を語るときに好んで使った逸話だ。セイディ・サックの物語のなかで、サンガーは聴衆を感動させるために女性個人の苦しみを活気づけるような技巧を凝らしているのだが、必要以上に細やかに語られる主人公はむしろサンガー自身であり、セイディはサンガーの自己表出の引き立て役になっている。もとの話がほぼ作り話なのはたしかで、おそらくはサンガーが看護師時代に手当をしたさまざまな女性の混成だろう。

もっとも、自身を美化した感のあるその寸描以上にあからさまなのは、彼女が二冊めの自叙伝でその話を繰り返した際に骨組みとしている道徳観である。サンガーは共同住宅で暮らす人々の貧困に辟易していたことを隠さない。「わたしは貧しい人たちの不幸や絶望がいやでたまらず、多くの上流階級の婦人が貧窮者のために尽くすことで味わう満足感を味わったことは一度もなかった」と打ち明け、ロウアー・イーストサイドで「だれも手を差し伸べないどん底の階級の人たちと過ごしていると……とてつもない憂鬱に襲われ……ちがう空気を吸っているような、自分が見聞きしてきたものとは無縁の習慣や慣習をもつ人々が住む別世界か別の国にいるような気持ちになった」[*7]サンガーはニューヨーク州の田舎の、子どもが彼女を入れて十一人いる労働者階級の家庭で育ったが、移民が多いロウアー・イーストサイドは自分の育った環境や経験を完全に超えた場所だとしている。

マーガレット・サンガーは産児制限活動家としての自分の誕生を、定期的かつ強力に、そのロウアー・イーストサイドの共同住宅に設定することによって、自身の仕事と遺産の価値を上げた。彼女は自分には産児制限に対するふたつの使命があり、ひとつは女性の自主性を可能にすること、もうひとつは、貧者やいわゆる不適格者のなかでの「野放しの生殖」を防ぐことだと説明した。このふたつの目標は単に隣りあうだけでなく結びつけられ、サンガーは産児制限を優生学の一手法と位置づける一方で、避妊は有効なひとつの技術であるとともに、人の遺伝形質とされているものを規制することによって国家を強化しようとする非道な優生学運動に打ちこむ、「始まりの楔《くさび》」ととらえていた。サンガーにとって宇宙の弧は長く、その長い弧は、人口の浄化に向けて湾曲しており、一方の終点にある避妊は速度を上げることができた。「自然の法則を侵すと非難されることが多い産児制限それ自体は、不適格者の排除と障害者または将来障害者になるであろう人々の誕生の阻止、このふたつの工程の円滑化にほかならない」というのが彼女の説明だった。「不適格者」の範囲は広く、心身に障害のある人、虚弱者、病人、クィア〔訳注／非規範的なジェンダーやセクシュアリティを実践する人〕、アルコール依存症の者、犯罪者を意味していた。サンガーは合衆国の人口の優に「四分の一」が不適格者で、国の向上はそのような人々が子を成すのを未然に防ぐことにかかっていると考えていた。[*8]

これがマーガレット・サンガーのホワイト・フェミニズムの中心にある緊張であり、いわゆる適格者には性的自主性を求め、いわゆる不適格者には生殖上の暴力を向けている。彼女を歴史上もっとも永続的に物議を醸すフェミニストにしたのはこの特徴だ。それでも、彼女の産児制限運動は、フェミニスト優生学の内部矛盾をはらみながらも加速していった。

サンガーの運動が広がったのは、二十世紀のホワイト・フェミニズムの標準装備となる新戦術を取り入れたからだった。十九世紀の前任者たちは、みずからの優位性を文明化という柔らかな襞に包みこんでいた。ハリエット・ビーチャー・ストウやアリス・フレッチャーのような女性たちは、転換のための同化と機会の道筋を提供することによって、自分たちが劣等と見なす人種集団を改造しようとした。そうした道筋は、白人文化は本質的に優れているという信念に導かれて、州や資本主義者や宗教的権力に軛《くびき》でつながれた、あらゆる形の規律だったが、穏やかな微笑みと同情の涙で広げられた支配の形式でもあった。サンガーが手を貸して開始されたのはそれとは異なる様態の支配だった。そこでは感傷の覆いが剝がれ落ち、その下にある狼がむき出しになった。「愚かで残酷な感情主義」は精神的・肉体的・金銭的な不適格者の増殖をうながし、無用な苦しみを大量に生むだけである、と彼女は主張した。[*9] サンガーにとって優生学とは、社会の病を根源で断ち、もっと成功した社会をつくり出す改革の科学的な現代版だった。

しかも彼女は、自身の優生学的構想のおぞましい暗示にもひるむことなく、「場合によっては過激なスパルタ式の手法」が、定型化した博愛によって束縛を解かれた危険な生殖に歯止めをかけることの必要性を証明するかもしれない、と警告した。[*10] 彼女のこの手法から、ホワイト・フェミニスト・ポリティクス全体の転換が始まり、無価値と見なされている人々を現代性から排除しようとする方向へ進んだ。文明化がホワイト・フェミニズムの主要戦略だった十九世紀には、だれもが白人社会で役立つ人間になれると約束していたが、二十世紀にはいって戦略が浄化に変わると、文明化の進行を脅かすと見なされた人々に過酷な結果がもたらされるようになった。

一九二九年のある朝、まだ学齢に達していないジョニーという名の黒人少年が、二歳の弟の手を引いて、ワシントンDCサウスイーストの三番通りにある数軒先の民家へ向かっていた。家事使用人をしている母親は朝の六時に家を出なければならず、よちよち歩きの弟の世話を頼むために隣人の家まで連れていくのはジョニーの役目だった。[*11] ふたりが家のまえに着くと、隣人の女性が道路に面した窓を開けた。「今日はあんたの弟を預かれないわ。具合が悪くて。帰ってちょうだい」と彼女は言った。

家に戻ると弟が泣きだした。いつも隣人の家で朝食を食べさせてもらっていたからだ。冷蔵庫を開けても氷のほかにはなにもはいっていないとわかると、ジョニーも弟と一緒に声をあげて泣きはじめた。弟のお腹を満たしてやるにはどうすればいい？　毎朝、牛乳配達の来る家が近所に何軒かあることを思い出し、ジョニーは外に出た。道路を挟んだ真向かいの、ブロックで唯一の白人家族の家の上がり段で新鮮な牛乳のはいった瓶がきらっと光っていた。ジョニーは牛乳配達の男が通りの角を曲がって姿を消すのを見届けてから、意を決して通りを渡った。牛乳の一クオート瓶を両腕で抱きしめた彼が走って家に戻りかけたとき、警察官が現れた。警察官は即座に怪しんだ。

「おい、そこの坊主。おい、おまえだ！」警察官は叫んだ。ジョニーはなにも言えなかった。「今、盗むところを見たぞ、ええ？　盗んだんだな」警察官は少年の沈黙が罪の告白だと確信した。

「いいえ、盗んでません」少年は言い返した。「弟がお腹をすかしてるんです」

「おまえの弟が腹をすかしていようがいまいが、牛乳を盗んじゃいけないんだよ」警察官はジョニーの襟首をつかむと、五番通りの警察署まで連行し、こいつをぶちこんでおけと取調官に指示した。

「ボールディング先生に電話してください」ジョニーは懇願した。「先生はぼくのことを知ってるから助けてくれます」ドクター・ドロシー・ボールディングは、ハワード大学自由民病院での実習期間中、ジョニーの住む地区に定期的に派遣されていたことがあり、自身も同じ地域の住人だった。このときはすでにハワード大学医学部産科の臨床指導者で、まもなくハワード大学医学部の全女子学生をまかされる医長となろうとしていたが、依然として地域住民の頼りになる存在でもあったのだ。大学のオフィスで電話を受けた彼女は、医学部の卒業祝いに裕福な伯父からプレゼントされたロードスターに飛び乗り、五番通りの所轄署へ直行した。カウンター越しにジョニーと対面する際には取調官とくだんの警察官が見張りに立った。

「警察はぼくを牢屋に入れようとしてるんだ！」ジョニーはドクター・ボールディングに訴えた。

「どういうことですか？」と彼女は尋ねた。

「この子は盗みを働こうとしたんですよ。牛乳瓶を盗むところをわれわれが目撃したんです」

「盗もうとしたんじゃないよ。小さい弟に牛乳を飲ませてやろうと思ったんだ」ジョニーはふたたびドクター・ボールディングに説明した。

「お腹をすかせた赤ん坊の弟を助けようとしている幼い少年を逮捕するとでもおっしゃるんですか？」ドクター・ボールディングは丁寧な、だが威厳を感じさせる口調で尋ねた。

「いや、この子の家の事情がどうであろうと関係ありませんよ」警察官は言い返した。

取調官はそれよりは共感を示し、少年を釈放して彼女の保護のもとに置くことに同意した。ドクター・ボールディングは牛乳を持たせてくれと言い、警察の要求する十七セントを支払った。ジョニーを連れて彼の家に戻ると、ベッドにいる幼い弟は狂ったように泣きわめいて手足をばたつかせていた。あるプランがドクター・ボールディングの頭に浮かんだ。「この町にはまちがっているところがある」と彼女は気づいた。「こんなふうに子どもがお腹をすかせていても、母親は子どもを家に置いて働きに出なければならないときに、子どもを預かる場所が町に必要なのだ」[*12]

ジョニーが抱えていた問題――少年の名がジョージーとされた場合もある――は、ドクター・ドロシー・ボールディング・フェレビーが一九二九年にサウスイースト隣保館を開設した経緯としてかならず語られる話だ。一九三〇年、ハワード大学の歯科医、ドクター・クラウド・フェレビーと結婚したドクター・ボールディングは、法律家を輩出してきたボストンの著名な一族の出身だった。彼女の父の両親は奴隷として生まれながらも、祖父はフィラデルフィアへ逃れ、のちにヴァージニア州で政治家となった。伯父のジョージ・ルイス・ラフィンはハーヴァード大学法科大学院を卒業した最初の黒人で、ほかにも七人の親戚が弁護士をしていた。だが、ドロシーの天職は公衆衛生にあり、一九二四年、タフツ大学の医学部を百三十六名中トップの成績で修了した。[*13] 彼女は、自分が属するコミュニティとは比較にならないほど貧しく、黒人であることを理由に既存の社会福祉からほぼ例外なく排除されている黒人コミュニティの需要に、医学という手段を通して対応できると感じた。公衆衛生についての彼女の見解は、健康の公平性という課題のなかでの栄養摂取、性教育、医療、育児と、非常に広い範囲におよび、彼女はハワード大学医学部での指導と管理の職務とはべつに、地域での個人診療も継続させた。こうした仕事に対して数々の重圧があっても、資金を集め、地域の貧しい黒人家族のための託児所の設立という使命に身を投じた。

機転の利くフェレビーは、潤沢な資金があり経験も豊かな白人託児所の理事会に接触し、出身地のボストンにあったような人種統合プログラムをつくるための協力を呼びかけた。そのときの反応を「まるでわたしが部屋に爆弾を投げこんだかのようだった」と述懐している。全員がただちに爆発した。黒人の子どものフレンドシップ・ハウスへの入所は完全に不可能とわかったので、戦略を変えた。「それでは、わたしたちを助けていただけますか？」すると資金調達の要請が調停の様相を帯び、ある富裕な白人女性がすぐさま一千ドルの資金提供を申し出た。その女性の仲間たちも一千ドルとまではいかなくても寄付することに同意した。フェレビーは、のちにユナイテッド・ウェイとして知られることになる地元のボランティア団体からも五千ドルの資金を調達していて、G通りにある空き家に狙いをつけてあった。さっそく理事会を組織し、家主との交渉で価格の引き下げに成功すると、幼児の昼間の保育と学童の放課後プログラムを提供するサウスイースト隣保館を開設した。これは黒人の児童を対象とするワシントンDCで初の福祉施設である。フェレビーが一九四二年まで理事長を務めた同施設は、一九八〇年に彼女が死去するまでに、二百万ドル以上の年間予算のもとで年間一万二千人以上の人々に役立つ組織となった。[*14]

フェレビーの考えでは、彼女と同じような中流階級の黒人女性は「自分の人種の肉体的・精神的・宗教的な向上をうながす責任」を負っていた。[*15] 彼女は人種の向上という同時代の原則を容認する、教養ある中流階級の黒人女性のひとりだった。彼女たちはその原則に立って、黒人の貧困層を文明のもっと高い段階まで押し上げる責務をみずからに課していた。これは少なからぬエリート主義によって形づくられた慈善のイデオロギーだった。向上の原則は専門職をもつ階級の黒人女性の改革者にとりわけ訴求力を発揮し、一八九〇年代には何百という黒人女性のクラブが全国に結成されるようになった。クラブに所属する黒人女性はリスペクタビリティの政治を採用し、実際に発展させていたが、彼女たちの社会活動は、一八七〇年代にアリス・フレッチャーの力添えで始まった、政治色の薄い自力向上を目指す白人女性のクラブ運動とは一線を画していた。九〇年代にできた黒人女性のクラブは露骨に政治的で、育児、住宅供給、反リンチ、健康管理、投票権、適正賃金など、大規模な改革をテーマとすることも多く、貧困のなかで生きる何百万という黒人が直面している蜘蛛の巣のような難題への彼女たちの理解を反映していた。

黒人の貧困層を、避妊もふくむ健康管理が早急に必要な状態に置いているのがレイシズムであることは、サンガーもフェレビーもわかっていた。サンガーが南部の黒人女性への産児制限の導入を主張した一九四〇年代、サンガーとフェレビーはともに、失敗に終わるニグロ・プロジェクトに直接取り組もうとしていた。ただ、ふたりの課題ははっきりと異なっていた。産児制限運動のほぼ開始期から、このふたりのフェミニストの取り組みは共存していた。サンガーは、「適格な」女性が性の自主性を確保し、「不適格な」女性の生殖を制限して、世界の人々の質を変えるであろう技術として避妊を利用した。フェレビーは健康の正義、つまり、貧しい女性の生殖の選択を支援し、彼女たちの子どもの生活環境を改善するという、幅広い目標のなかに避妊を組みこんだ。

この異なるふたつの手法は、それぞれに寄せ集めだった。どちらも女性のセクシュアリティを称えながらも、程度の差こそあれ優生学も取り入れていた。ところが、フェミニストの意義深い功績として歴史に刻まれてきたのは、子どもを産まない権利を求めたサンガーの運動だけだ。サンガーの運動が優生学をまるごと課題に取り入れているのはまちがいない。他方、妊娠を防ぐ能力のみならず貧しい女性が子を産み、安全な環境で親となる権利をも掲げたフェレビーのプロジェクト——一九九〇年代に黒人の活動家ロレッタ・ロスが生殖の正義《リプロダクティブ・ジャスティス》と称した手法——には、補足説明のひとつすらほとんど見当たらない。[*16] しかし、産児制限活動の歴史には、妊娠を阻止するサンガーの運動とともに生殖の正義《リプロダクティブ・ジャスティス》という対抗史も存在する。わたしたちが前者を思い出すだけなら、性差というただひとつの回転軸で世界がまわっているかのような白人フェミニストの幻想に加担し、公衆衛生や生殖の選択に多大な影響をおよぼす社会的権力の他のすべての側面を消し去ることになる。

　二十世紀初頭、国家の通商と金融の中心となったニューヨークは、その好調な経済を低賃金労働に頼っていた。南欧と東欧の人々がニューヨークに流れこみ、一八九〇年から一九二〇年のあいだにニューヨーク市の人口は二倍以上に膨れあがった。移民のなかには、ロシア帝国での組織的大虐殺から逃れてきた、イディッシュ語を話す百五十万のユダヤ人もいた。一九〇〇年にはニューヨーク市の人口の三分の二が共同住宅に住み、二百三十万人がセイディやジェイクと同じような生活環境で暮らしていた。ジェイコブ・リースは、一八八八年に出版された有名な著書『向こう半分の人々の暮らし：19世紀末ニューヨークの移民下層社会』（千葉喜久枝訳、創元社、二〇一八年）のなかで、ロウアー・イーストサイドの共同住宅の悲惨な状況を世界に知らしめた。そこには乳児死亡率一〇％という空恐ろしい数字も示されていた。[*17]

　サンガーのような改革者は貧者の苦しみを軽減しようと懸命だった。改革者の多くはその社会的不平等の源に資本主義があると考えた。自由な精神をもった社会主義者の娘たるサンガーは、当初はこの視点に立って労働運動の左派で活躍し、世界産業労働者同盟の結成にも関わった。しかし、共同住宅での看護師としての経験を嫌悪するあまり、べつの犯人像を思い描くようになった。

　サンガーはニューヨークの移民階級と国全体に突きつけられた問題の中心は資本主義ではなく、女性の体力を奪い、往々にして欠陥を伴う「低質な」赤ん坊を生産する、終わりなき誕生であると主張した。サンガーにとって文明化がただひとつの回転軸になったのだ。人口は生物学的実績であり、産児制限はそれを操作するレバーだった。サンガーから見れば、さまざまな種類の大勢の人間たちは子を成すに値しなかった。以下が彼女の定義による不適格者である。

身体障害者
知恵遅れ
白痴
痴愚
精神薄弱者
精神異常者
精神病質者
貧民街の病人
雇用不可能者
犯罪者
てんかん患者
慢性的貧者
病弱者
アルコール中毒者

〔訳注／この箇所は、原語の露骨な差別表現を伝えるため、訳語でもあえて差別語を用いている〕

優生学者と人種科学者は、精神的無能力の明快なレベルを診断するために、「知恵遅れ《モロン》」「痴愚《インベサル》」「白痴《イディオット》」という新語をつくった。いずれも今日では日常的な侮蔑語としてだれもが知っている言葉だ——優生学者の成功ということだろう。「精神薄弱者《フィーブルマインデッド》」という優生学用語は、精神的ときには肉体的障害を広範囲に表す診断名で、クィアや貧困女性に対しても使われた。サンガーのこのリストがいわんとしているのは「不適格」は大容量のカテゴリー、悪臭を放つるつぼでもあるということだ。

優生学とフェミニズムは対立する課題のように見えるかもしれないが、ともに、ホワイト・フェミニズム思想という傘の下にあらかじめ避難している。ホワイト・フェミニズムは、複雑な社会階層を性というひとつの原動力に単純化する。サンガーはこのモデルに従って、広範な政治経済の不平等に対して単一軸の方策を採用した。出産能力のある女性を管理することにより、人口の生物学的価値を向上させようとした。「国家は国民の身体的な質に応じて盛衰する」と彼女は信じていた。[*18] 女性が産む子の数を減らすのを可能にすることと、国家がいわゆる不適格者を排除するのを可能にすることは、同じ目標に通じるふたつの道だった。目標とはむろん、明確に生物学的な手法による向上だ。

しかしながら、サンガーはほかの多くの白人の優生学推進論者とはちがって、不適格それ自体が人種の標識なのではなく、すべての人種に適格者と不適格者がいると確信していた。[*19] サンガーにとっての標的はあくまでも精神や身体の障害だった。とはいえ、サンガーは、こうした特質は出生率の高い貧しいコミュニティに集中すると信じていた。この信念は、たとえ彼女がべつの形態の人種差別と戦っていたのだとしても、まぎれもなく不釣り合いに、移民や有色人種を彼女の規制的な視線下に置くことになった。

サンガーは貧困層の女性に産児制限を行き渡らせるため、非常手段に訴えた。それはサンガーの意図とはべつに、激しく求められている便宜だった。一九一六年、サンガーは合衆国ではじめて産児制限を専門とする診療所をブルックリンの共同住宅の道路側に構え、ヨーロッパから輸入したペッサリーを配布した。ただちに逮捕されると、裁判と拘留の期間をメディアに向けた活動に費やし、かなりの支援を集めた。重大な法的勝利も勝ち取った。既婚女性に対する避妊具の処方が医師に認められたのだ。こうして医療専門家の監督下で産児制限が利用可能になったとはいっても、対象者は医師にかかる余裕のある既婚女性、しかも場所はニューヨーク州に限られていた。サンガーはそれから五十年間、この勝利を合衆国全土に広げるために産児制限運動を起こし、医学界と合衆国内におけるカトリック教会のヒエラルキー両方を相手にできる戦力をもった組織をつぎつぎと結成していく。

一九二一年の秋、マーガレット・サンガーが国内で最初の産児制限会議を企画したときに出発点として選んだ場所は、ニューヨークのプラザ・ホテルだった。セントラル・パークの南東の隅と接する五番街に位置する十九階建てのプラザ――一九〇七年の開業時、同種の高級ホテル中最高級の建造物――からは、マンハッタンのアップタウンが一望できる。第一回アメリカ産児制限会議は、このランドマーク的なホテルに改革者、優生学推進論者、政治家、社交界の名士を呼び集めて、アメリカ産児制限連盟を発足させた。社会運動を起こすためにたゆまず活動してきたサンガーは、既存の産児制限組織のひとつに参加することを拒み、自身をトップに置く組織を立ち上げることにしたのだ。彼女はその年の前半、六ヵ月間にわたって四十六回もの公開講演をおこなっており、会議の開会式までに三万一千以上の支持者の連絡先リストを集めていた。贅沢な舞台設定に加えて、当時の英国議会議員ウィンストン・チャーチルや小説家のシオドア・ドライサーといった著名な後援者の顔ぶれは、共同住宅の道路側の診療所での日々が彼女の遠い過去になっていることを印象づけた。[*20]

プラザ・ホテルでサンガーは開会の辞を述べ、アメリカ産児制限連盟発足の目的は、文明社会が飢餓の本能に払っているのと同じ細やかな関心を性の本能に向けることだと宣言した。[*21] 女性の性的快楽は深遠で重要なものだとサンガーはとらえていた。この時代としてはすこぶる過激な考え方だが、彼女は性を社会の病の種とも見なしていて、産児制限の最重要点は性と生殖を近代化できるところにあると聴衆に訴えた。

わたしたちは国家の健康で適格な構成員が不適格者という重荷を背負っているのを見ています……わたしたちは不適格者や精神異常者のために、精神薄弱者のために――けっして生まれるべきではなかった人々のために――立派な住まいを建て、それらの人々の存在が次世代に引き継がれるのが許されていることについて、なにも語ってきませんでした。今こそ一丸となって、この根源的な不幸と無知と怠慢と犯罪のまえで立ち止まらなければなりません。これが産児制限運動のプログラムです。[*22]

連盟は、子どもは「愛のなかで授かり」、「母親の意識的な願望のもとで生まれる」べきであり、「健康という遺産を可能にする状況下でのみもうけられる」べきであると決議し、避妊と不妊手術の両方を、不適格者の生殖を阻止するのに必要な手段と認めた。サンガーはまず初めに、自発的母性と優生学を結びつけ、同一の白人フェミニスト・アジェンダに落としこんだのだ。これによって個々の女性の解放についての彼女の構想が社会の浄化という行為と結びつけられた。産児制限は望まない出産から女性を解放すると同時に、「怠慢と欠陥と依存」から文明を解放することになった。[*23]

会議の閉会時に仕掛けたイベントは、連盟の書状をセントラル・パークの希薄な空気のなかからマンハッタン島ミッドタウンの劇場街にいる人々に届けることだった。一九二〇年代前半に飛躍的に人気者となったサンガーと、彼女とともに連盟を発足させた仲間たちは、西四十三丁目にできたばかりのタウンホールを会場として産児制限の公開集会を催した。集会は尋常ではない関心を引き寄せ、カトリック教会のニューヨーク大司教の強い要請を受けた警察が開会の直前に会場を封鎖したほどだった。警察署長は会場の扉を施錠するよう命じ、会場を満杯にした千五百人の聴衆はなかに閉じこめられた。サンガーが到着したときにはもう建物の扉が閉ざされていて、路上にはさらに何千もの人々がひしめいていた。警察は閉じこめられた人々を自由にするために扉を解錠せざるをえなかった。サンガーたちは会場にはいり、前方にぼんやりと見える演壇へ向かった。彼女は聴衆に対してどのように話すのが一番いいかと考えながら、登壇するのをしばしためらった。

本人に代わって決断する人が現れた。筋骨たくましい男性が演壇までサンガーを導き、茎の長い薔薇の花束をぐいとその両腕のなかに押しこむと、ひたと彼女を見つめた。精力的なマーガレット・サンガーはこの種の演説はお手の物だったが、演壇に上がったとたんに逮捕された。べつの演説予定者も同様だった。ニューヨークの《ワールド》紙は、興奮した三千人の群衆が「我が祖国それはあなた、自由なき愛しい大地」〔訳注／一九三一年に現国歌が制定されるまで愛国歌とされていたマイ・カントリー・ティズ・オブ・ジーの冒頭の歌詞をもじったもの〕を歌いながら、逮捕されたふたりを追って四十三丁目をブロードウェイの警察署まで練り歩き、警察に着くとふたりはすぐに釈放されたと報じた。[*24]

サンガーを壇上に導いた男性は著述家のロスロップ・ストッダードで、国内随一の名の知れた優生学推進論者の白人至上主義者だった。クー・クラックス・クランに所属するストッダードは、「人間以下」の劣等人種という概念の着想をナチに与えた人物でもあり、一九三九年のナチのポーランド侵攻を「ドイツの血統の最悪の変種を科学的かつ人道的方法で除去する」行為だと称賛した。[*25]サンガーはこの時点ですでに、避妊の推進運動を優生学運動と意図的に結びつけていたわけだから、ストッダードのような男性との連携は当然起こりうることで、ストッダードは実際、先のアメリカ産児制限会議の組織委員会のメンバーだったたし、このたびのアメリカ産児制限連盟の理事会にも名を連ねていた。サンガーはほかにもふたりの悪名高き優生学推進論者、ヘンリー・プラット・フェアチャイルドとハリー・ラフリンと協力関係にあった。三人とも全世界に影響力をもつ白人ナショナリストで、合衆国の人口を白人一色にするための手段として優生学を利用していた。女性の性的自由を求めるサンガーの運動は、彼女の優生学への信奉とたまたま時期が重なっただけでなく、そのことによって補強された。

オーストリアの修道士、グレゴリー・メンデルの実験による遺伝の法則が再発見された一九〇〇年以降の遺伝学の進歩は、現代の優生学運動に通じる道を整えてきた。遺伝はもはや経験と環境の結果とは理解されなかった。この新たな遺伝子モデルによって遺伝はいよいよ固定化した不変のものと定義され、何百何千とある形質や習性にもそれぞれ遺伝的な原因があると示唆されることになった。サンガーほかの優生学推進論者は、心身の障害、性的倒錯、アルコール中毒、貧困も遺伝子に刷りこまれた状態だと考えた。障害や疾病を世代間に変更なく伝える先天的な不変の遺伝物質という考え方から、優生学推進論者は、女性の生殖能力を人類の舵取りに最適なレバーととらえた。優生学推進論者が恐れたのは、遺伝的に「不適格」な者たちの生殖を許すと、まるで誤植のある新聞が印刷機から続々と出てくるように、多種多様な不適格者の複製が将来に現れてしまうことだった。

だが、不適格者が生殖した結果、遺伝子給源《プール》を毒するという事態を確実になくす最良の手段とはなにか？　ひとつの方法が隔離だ。「遺伝の種類で精神薄弱、とくに知恵遅れと分類される女児または女性に関しては例外なく、生殖可能な期間は隔離されるべきである」とサンガーは助言した。ただ、隔離は絶対確実な方法ではなく、性的倒錯者であればなおさらで、知恵の働く女性なら十年間の幽閉から容易に抜け出して「欠陥のある無限の子孫」を生じさせるかもしれない。したがって隔離より不妊手術のほうが好ましい。というように、生涯を通じてサンガーは、「矯正不能な欠陥」をもつ者の生殖能力については「……強制的にまたは説得のうえで」州が管理するべきだと提唱した。一九〇七年、インディアナ州は合衆国で最初に優生断種法を制定し、「常習的犯罪者、白痴、痴愚、強姦魔」など、不適格者の断種を州政府が強制的におこなう権利を認めた。三十以上の州がただちに続き、一九三〇年代後半までに六万人から七万人の女性に不妊手術を実施した。ナチスドイツが民族浄化と称する大量虐殺をおこなったことを受けて、合衆国の大半の州が優生学から撤退しはじめていた一九五〇年代でも、サンガーは、不妊手術を受けることに同意した不適格女性は社会への貢献を理由に毎月七十五ドルの公的年金を受け取るべきだと提言した。[*26]

しかし、不妊手術には欠点もあった。外科手術は費用と時間を要する。不妊手術が「絶えず増えている不適格者に適用されても表面的な抑止力」にしかならないのではないかとサンガーは案じた。コンドームやペッサリーや膣洗浄液のほうがはるかに行き渡りやすく、そもそも「病気で機能不全な大量の人間」のこれ以上の誕生を防げる。彼女は産児制限を、「生物学的かつ人種的過誤」と自分が呼ぶ人々を一掃する第一の手段とした。[*27]

サンガーの優生学への取り組みには、ストッダードや科学者のチャールズ・ダヴェンポートほか、いわゆる優良生殖運動を主導した白人男性たちのような激しいレイシストのそれとは決定的な相違がいくつかあった。社会運動がすべてそうであるように優生学運動も、明確でしばしば矛盾をはらむ手段と目標が絡みあっていた。保守派の男性指導者にはふたつの目的があったが、サンガーが共有しているのは最初のひとつだけ、すなわち、優生学推進論者が遺伝的に無価値と定めた女性の出産を減らして、「適格な」女性の出産を増やすことだった。一方、保守派の優生学推進論者はフェミニズムと産児制限を猛然と非難した。保守派の望みはサンガーのような女性が妊娠し、家庭にとどまり、白人種をせっせと増やしてくれることだったからだ。中流階級の白人女性たちは、世紀の変わり目には大学教育を受ける機会を手に入れ、職業に就く女性も多くなりはじめていた。そうした「新しい女」は煙草を喫い、自転車に乗り、町に出て生活を維持していたから、五人、六人、いやもっと多くの子を自宅で育てたいとは思わなかった。サンガー本人がこの転換期の典型で、子どもは三人だが、彼女の母親は十一人の子を産んでいた。

社会保守主義者は、ダウンタウンに住む移民の大家族との均衡を保つ社会的責任を逃れているかに見える、アップタウンに住むフェミニストの新しい女たちに腹を立てた。社会学者のエドワード・ロスは一九〇一年、移民女性の出産率が上昇しているのに対して、アメリカ生まれの中流階級の白人女性の出産率が減少していることを糾弾する「人種の自滅」という造語で、白人種の滅亡が近づいていると説いた。セオドア・テディ・ルーズベルトが大統領という公的地位から人種の自滅の不安を広めると、その言葉はまたたくまに広まった。優生学推進論者は中流階級の白人の誕生の増加をうながそうと、一九一〇年代から一九三〇年代を通して、「優良乳児」や「適格家族」を選ぶコンテストを州や郡の祭りで展開した。「優良乳児事務局」は一九一三年だけで十五万人の子を審査している。[*28] コンテストでは、優れた容姿と高い知能指数をもち、子だくさんで銀行預金額が安定している家族にメダルが授与された。

サンガーは不適格者の出産率の高さが「文明に対する現時点での最大の脅威」だという点については保守派の優生学推進論者に同意したが、保守派が目指すもうひとつの目標には反対した。それは、裕福な女性たちを励まして子どもをもっとたくさん産ませようというもので、彼女は「正統派優生学」と呼んだ。サンガーにすれば、裕福な女性が貧しい女性より多く子どもを産もうとする「揺りかご競争」は、裕福な女性が自分の出産率を「共同体のなかでもっとも責任のない構成要素」に釣り合わせることを推

アメリカ産児制限連盟の職員に囲まれて座るマーガレット・サンガー。1921 年頃。
（米国議会図書館印刷・写真課の厚意により転載）

奨する危険な考え方だった。あまりに多くの出産が母親とその多くの子どもたちから健康と活力を奪っている。彼女はそう主張した。[*29] 人間の限界がある体力は妊娠のたびに弱められるという十九世紀の通念からも抜けきれず、もし裕福な女性が貧しい女性と同じような率で出産を続ければ、最終的には不適格者を産むことになると思っていた。

サンガーは、産児制限はむしろ優生学の有益な手段になるだろうと反論した。科学技術の成果の活用によって女性の健康を改善し、より「質」の高い国家を創出し維持することが優生学の最終目標であるというのが、サンガーほか優生学フェミニストの主張だった。英語圏世界ではスザンヌ・クラウセン、アリソン・バッシュフォードといった歴史家が、フェミニストの産児制限論者は「過激な家族計画の思想を社会に広めるために、手袋をはめた手で優生学推進論者と」組んだと論じている。運動の中心にあったのは制限《コントロール》だ。避妊は「管理、規制、阻止」を意味するとサンガーは説いた。もはや獣ではない中流階級の人々なら、人間の本能を女性の自由と科学の進歩という道具に変えて、性行為そのものを「文明化」することができると。出産率の規制によって「わたしたちはこの体を」弱めるのではなく、「完成させなければならない」と。[*30] 優生学フェミニズムは貧しい人々の生殖を抑制しようとしただけでなく、中流階級や上流階級の女性の最適化も望んでいた。

アメリカ産児制限連盟は発足と同時に、診療、法的整備のためのロビー活動、企画調査、教育支援など、あらゆる方面で前線に立った。一九二三年にはマンハッタン五番街、ユニオン・スクエアのすぐ西に国内初の合法の産児制限専門の診療所、「臨床研究調査局」を開設した。ここでは調査資料をまとめ、教育を提供し、既婚女性にペッサリーとゼリーを配った――最初のころ、それらの避妊具は、サンガーの隣人でイタリア人のヴィトーとその二番めの夫のJ・ノア・スリーが、ニューヨークの沖合十二マイルに停泊中の船を通じてオランダから密輸入していた。二年後、化学エンジニアでたまにサンガーの愛人にもなるハーバート・シモンズがニューヨーク市内でペッサリーを製造し、この窮状を解消した。[*31]

サンガーと彼女が率いる組織は、開業医を通じて避妊具を手に入れることが難しい貧困女性に手を差し伸べることに加え、会議の開催、《バース・コントロール・レビュー》誌の発行、各診療所での調査資料のまとめ、何千という数の医師や看護師の訓練も続けた。彼女たちの仕事には、一八七三年の成立以来、避妊具や堕胎薬、卑猥な商品、性具、さらには、それらに関する――郵便物を通した――いかなる情報も違法としてきた、コムストック法の全廃を求めるロビー活動のような政治的目標もあった。ブルックリンで逮捕されたあとサンガーは訴訟を起こしたが、それ以前は医療情報もコムストック法の禁止事項にふくまれており、医師が性に関連するものを配布することも禁じられていた。サンガーは避妊への支援を獲得するためにネットワークの距離を伸ばし、一九二〇年代の終わりとその後の十年間で、国内だけでなく海外でも広範囲に講演旅行をした。自分の大義を進められると思われる誘いはすべて受け入れ、ニュージャージー州シルバーレイクのクー・クラックス・クランの女性支部の女性たちから、ヴァーモント州ブラットルボロの農場主の妻たち、ソビエト連邦の公衆衛生人民委員会の書記官にいたるまで、さまざまな相手に語りかけた。[*32]

一九二四年、臨床研究調査局はアフリカ系アメリカ人の住民が多いニューヨーク市のコロンバス・ヒルに診療所を開設したが、患者がほとんど訪れず、数ヵ月後には閉鎖した。それからの十年間、ハーレムの女性が臨床研究調査局の診療を受けるには、ダウンタウンにある診療所まで行かなければならなかった。その十年間でハーレムから来る患者の数は一挙に増え、ダウンタウンの診療所の患者一万七千人のうち、およそ二千人がハーレムに住む患者だった。このことがサンガーと彼女のダウンタウンの仲間の仕事に支障をきたした。黒人女性に診療を提供しようという決意はあっても、現実には白人患者に浸透しているレイシズムに迎合していたからだ。サンガーは財政支援が見こまれる人物に宛てた手紙にこう書いている。「診療所の待合室に有色人種の女性が先に三人か四人いるような場合、彼女たちを早めに二階の医師のところへ送らなければなりません。ときには、有色人種専門の診療所に見えないように、ほかの患者の受診時間を遅らせることもあります……そうしないと、ほかの患者たちから文句が出てしまうのです」サンガーはかつてない意欲に燃え、ハーレムに診療所を開くための必要資金一万ドルを集めた。乳児死亡率がニューヨーク市で一番高いハーレムはなんとしても産児制限のための診療をしたい地区だった。[*33]

だが、奴隷制があった時代も制度が撤廃されてからも、黒人が医療搾取を受けてきた長い歴史ゆえに、ハーレムの住民は診療所の課題に疑いを抱いていた。診療所は実験的研究の場でも絶滅計画でもないということをハーレムの住人にどうやって納得させるか。この件に関して、著名な黒人の市民で構成されたハーレム諮問委員会の提言をサンガーが受け入れてはじめて、診療所は軌道に乗った。サンガーはハーレム諮問委員会のもうひとつの提言、白人職員を独占的に雇うのをやめるということにも、ようやく同意した。これらの変化は、診療所の運営においてさほど重要でない役割に甘んじている諮問委員会のメンバーにとって、大きな意味のある勝利だった。諮問委員会のメンバーで看護師のメイベル・ストーパーズはサンガーに、「やっとあなたもあなたのお仲間も、わたしたちのことを世話されるばかりで、どういう世話がなされるべきかの決断を助けることはない子どもと見なす習慣を断ち切るときが来ましたね」と告げた。[*34] どちらの事例――黒人の協力者を対等に見ることができなかったこと、生涯を賭けた課題に対する不信の広がり――も、サンガーが黒人コミュニティと組んだつぎの大プロジェクトにつきまとうことになる。それは、ドクター・ドロシー・フェレビーと力を合わせたプロジェクトだったのだが。

マーガレット・サンガーと同じく、ドクター・フェレビーもセクシュアリティを公に論議することにまつわるタブーを破った。黒人女性の過度なセクシュアリティが奴隷制と植民地主義の正当化を手助けしたとする、長きにわたって定着してきた話のすり替えのタブーを黒人女性が破るのだから、危険度の高さはサンガーの場合の比ではない。フェレビーは子どもの健康と性の健康について幅広く大胆に講演した。一九二八年、女性の協同市民連盟がボルチモアで開催した講演会をまえに、フェレビーを招いた中流階級の人々は、彼女が掲げた講演のタイトル「青少年への性教育」にたじろいでいた。フェレビーはその演説のなかで、五歳の子は両親から基本的な性教育を受けるべきだと提案した。彼女は産児制限を認める言葉を繰り返すだけでなく、サンガーが公には一度も支持していない人工妊娠中絶を話題にして、セクシュアリティについて自由に議論しようと呼びかけた。ただ、悲劇が自身の家族を襲ったときには、公の場では沈黙を通した。ニューヨーク州プラッツバーグの大学にかようために離れて暮らしていた娘のドリーが急死したのだ。フェレビーの伝記作家が示す証拠によれば、一九四九年当時に唯一利用できた非合法の中絶手術がドリーの死因と思われる。[*35] フェレビーは娘の死因を重い風邪が引き起こした肺炎だと言っていた。ブルジョアジーは黒人女性の地位向上について異様に強固な基準を定めていたから、事が自分の最愛の娘の評判となればとても破ることはできなかったのかもしれない。

フェレビーの性の健康の課題も優生学に近づいていった。優生学は黒人白人を問わず中流階級の改革者に広く行き渡った関心事だったのだ。今日の議論では優生学という語は人種科学の同義語であるかのように用いられることが多い。元来の優生学の意味が拡大され、あたかも、白人種の先天的優越性とその他すべての人種集団の先天的劣等性を肯定的に仮定する科学研究を言い表すかのように思われている。このロジックに従えば、黒人の優生学はほとんど存在しないことになるが、二十世紀前半の優生学の理解はそういうことではなかった。優生学という科学は人種科学の特殊なタイプ、つまり、遺伝形質のランク付けに重点を置く科学であり、もっといえば、人間集団の生物学的多様性を有益または無益とされる遺伝物質の痕跡として扱う行為なのである。そこでは不適格はかならずしも人種の標識ではない。身体および精神の障害、極貧状態、犯罪性、クィア・セクシュアリティを、遺伝子が伝える特性として糾弾するために、不適格という語が用いられる場合が圧倒的に多かった。[*36] したがって、広範な優生学運動においては、エリート層による適格／不適格の家族のランク付けは人種の境界線を越えていた。黒人やほかの有色人種の共同体のほうが白人よりも病弱だの虚弱だのと、白人の優生学推進論者によっておざっぱに語られることはよくあったとしても。黒人の職業人は、社会の進歩は遺伝形質の調整にかかっているという、内戦時代にはごく一般的だった優生思想をしばしば認めていた。

サンガーのような白人の改革者が、無益とされる遺伝物質の浄化を力説しているころ、専門職に就く階層の黒人の改革者は、黒人の特質とされているものを改善する手段として優生学を受け入れた。それは、ストッダードやダヴェンポートのような白人至上主義者とも、サンガーのホワイト・フェミニスト優生学とも異なる第三の立場だった。フェレビーと、著名な学者で全米有色人種地位向上協議会（NAACP）の創設者でもあるW・E・B・デュボイスは、不妊手術のような暴力的な浄化戦略に異を唱えた。ふたりにとっては、適格者の生殖を促進させることが優生学のもっとも重要な側面だった。そうすることが黒人種の地位向上のための戦術となるからだ。ドクター・フェレビーとしては、優等と劣等の身体タイプが存在することを認め、優等なタイプを増やすのはあなたがたの責務だと進歩的な女性に助言していた。一九二八年のボルチモアでの演説では、「望みうる最高の遺産を子孫に伝えるために、最優等のタイプの配偶者を探すように」と女性たちを激励した」と、ダイアン・キーゼルはフェレビーの伝記で述べている。これは黒人エリート層の一般的な心情だった。優生学的結婚が人種の身体と精神の状況を改善すると考えられていたからだ。一九二〇年代と一九三〇年代にNAACPの代表を務めたデュボイスは、「適格な」子どもを産んだ中流階級の黒人家族を対象とする「立派な赤ちゃんコンテスト」の主催を通じて、NAACP内の反リンチ運動に資金を提供した。それから三年以内に、NAACPの三百の地方支部のうち半数以上が赤ちゃんコンテストを開催し、六年以内にそれらのショーによって八万ドル以上の運動資金が集まった。デュボイスは不妊手術をはじめとする、州の暴力が個人の身体の一部を除去する手段には反対した。[*37]

デュボイスとドクター・フェレビーは、一九二〇年代と一九三〇年代の産児制限運動でもっとも周知された黒人活動家で、一九四〇年代にふたりは、家族計画連盟が南部の黒人女性に避妊を普及させることを目的として立ち上げた、ニグロ・プロジェクトに参加することになる。ふたりにとって産児制限と「優良な」結婚は、広い意味での公衆衛生と人種の地位向上運動の一環だった。とはいえ、どんな手段を取ろうと優生学は根深く有害である。人間の差異を「優等」と「劣等」の遺伝物質という標識に変換するわけだから。そうなると種類を問わず優生学は人種の地位向上のイデオロギーに易々と組みこまれ、その原理の核心にひそむエリート主義にまで到達してしまう。

出産の調整は、人種の向上を目指すドクター・フェレビーの多面的な取り組みのひとつの側面にすぎなかった。彼女は黒人の女医が全米で百三十人足らずだった時代に、その女医のひとりとして、産児制限を黒人の公衆衛生の改善という広範な目標に組みこんだ。ハワード大学での臨床と指導の立場にありながら幼い双子も育てていたフェレビーは、クラブに属する黒人女性の伝統のなかで人種の役に立とうという強い使命を感じた。そして、サウスイースト隣保館の理事会代表をまだ務めていた一九三五年、貧困にあえぐアフリカ系アメリカ人に医療をもたらす国内で最重要の取り組みの開始に力を貸した。黒人の女子学生のための有名な社交クラブで、フェレビー自身も医学部以来ずっと所属していたアルファ・カッパ・アルファ（AKA）が、ミシシッピ・デルタ地帯の小作人を対象にした夏期健康管理の診療体制、ミシシッピ・ヘルス・プロジェクトを開設した。このプロジェクトの医長兼給仕長を務めたフェレビーは、資金集めと物流とボランティアを取りまとめるかたわら、野外労働者に医療を直接届けるために、大恐慌のさなか地元と連邦の保健局に対してロビー活動をした。[*38]

一九三五年の夏、フェレビーはミシシッピ・ヘルス・プロジェクトの南部への最初の出張にボランティア十二名を補充した。一行は、石炭を燃やす蒸気機関車の真うしろにつながれた煤まみれの黒人専用車両《ジム・クロウ》に乗ることを拒み、七月の灼熱のなか四台の車を連ねて、八百マイル以上の距離を南へ走った。エアコンがないうえに、人種差別の激しい南部でそんな長距離を移動するのは並大抵なことではなかった。レストランもホテルもガソリンスタンドでさえ黒人客へのサービスを拒否した。道路は南へ行くほど状態が悪くなり、砂利と泥の道と化した。一行は友人の家や沿道の黒人大学に泊まり、ワシントンを発ってから四日後にミシシッピ州ホームズ郡に着いた。[*39]

フェレビーの予定では合衆国でもっとも貧しい地域のひとつ、ホームズ郡に臨時の診療所を五ヵ所設営するはずだったが、着いてみると、郡保健局の職員からプロジェクトの話を聞きつけた十人あまりのプランテーション経営者による締め出しを食らった。郡保健局は、農場で働く小作人に基本的な医療を受けさせたくない裕福な農場主の要望に応じた。「器具や薬をはじめとして、幼い子どもの健康に必要なものを全部買い求めて、やっとミシシッピまで来たのに、わたしたちはそれを使うことができなかった」とフェレビーは回想した。自分の農場で働く何百人もの人々が医療サービスを受けるのを認めようと言ったプランテーション経営者もひとりいたが、いかなる状況でも自分の地所から労働者が出ることは許さないという条件をつけた。さまざまな点で一九三〇年代の小作人には奴隷だった祖先と同程度の自由しかなかった。南部プランテーション地帯では、成人の黒人の九九・五％以上が選挙で一度も投票したことがなかった。[*40]

ＡＫＡ診療所は綿花畑まで出向かなければならなかった。ワシントンから車で隊列を組んでやってきたことが天の配剤と思われた。四台の車は診療所に早変わりした。フェレビーと彼女のチームは合衆国で正真正銘はじめての移動診療所をつくったことになる。ＡＫＡは一週間に六日、朝の五時に出発し、砂埃や土埃を行く手に巻き上げる整備の悪い道路を走った。最初の停留場所はワクチンを冷やすための貯氷庫《アイスハウス》だ。郡保健局はアフリカ系アメリカ人にはワクチン接種をしていなかったので、フェレビーは、致死的ではあっても今や予防可能な病気、とくに天然痘とジフテリアの予防接種をこの診療所の第一目標とした。[*41] プランテーションに到着すると全員が白衣を身に着け、プライバシー保護のために木に幕を張り、大多数の文字の読めない患者にも理解できるように解説的な挿絵入りの衛生教育ポスターを物干しロープに留めた。

フェレビーと彼女のチームは地元の助産師と直接話をすることによって、移動診療所に人を補充する最善の方法をすぐに見つけた。ホームズ郡では黒人の助産師が黒人の赤ん坊の九五％を取り上げていた。ところが、田舎の黒人と医療を結ぶ主要機関として、黒人の女性と子どもを生きながらえさせるという非常に大きな役割を果たしているにもかかわらず、黒人の助産師はホームズ郡でもアメリカの南部諸州でも、白人で構成された医療の現場においてほとんど力をもたない極端に脆弱な立場にある人たちだった。公衆衛生局の白人の職員から非衛生で無教養で迷信的だとして軽んじられている黒人助産師の多くは、同時に小作人でもあり、黒人の罹病や死亡を引き起こすシステム上の問題の責任をたびたび負わされていた。とくにひどいのは、多くの黒人助産師が白人女性の看護師が先導する黒人助産師排除運動の標的とされていることだった。AKAは黒人助産師が用いている方法の一部は不可としながらも、彼女たちの影響と権限を認めた。[*42]

時をおかずしてAKAの栄養士が郡の農務担当者から食糧支援を確保すると、フェレビーは米や乾燥リンゴや乾燥ジャガイモなど、患者になじみの薄い食材の調理実演を始めた。小作人はプランテーションの食堂で信用払いで食べ物を受け取っていたが、農場監督は入手可能な食品を栄養価の低い三種の炭水化物、コーンミールと砂糖と小麦粉に限定し、調味料も豚の背脂と塩に限っていた。女子学生社交クラブの面々は午後遅くに食べ物を提供することを学んだ。その時間なら小作人はお腹がぺこぺこだし、ときには三百人もいる列に一日じゅう並んで疲れ果てているため、彼女たちの指示にも与えられる食べ物にも抗えなかった。その最初の夏、AKAは二千六百人を超す児童へのワクチン接種と二百人以上の健康診断の実施にこぎ着け、保健関連情報が書きこまれた印刷物を約七千部配布することもできた。診療所の患者のほとんどは医療機関と接する機会をほかにもたない子どもたちだった。フェレビーがミシシッピ・ヘルス・プロジェクトを進めた七年あまりで、約一万五千人の青少年にワクチン接種がおこなわれた。[*43] プロジェクトは何千という成人も診療し、とくに梅毒をはじめとする性感染症の検査と治療にあたった。

ドクター・フェレビーと仲間はその目で確かめたプランテーションの状況にショックを受けた。ひと部屋しかない掘っ立て小屋に十人以上の人間が詰めこまれていた。貧困と栄養不良が死をもたらす副作用になっているのは明々白々だった。フェレビーは「子どもはあっけなく病気に罹り、体が変形し、老いて、干からび」、おとなはたいてい「悲嘆に暮れ、敗北し、運命に服従する集団」となり、「希望を失って惚《ほう》けたような、うつろな」顔でこちらをにらみつけることに気づいた。彼女が患者たちに返した反応のなかにはクラブの女性特有の心理に根ざしたものもあった――それは慈善行為であって、連帯行動ではなかった。彼女たちは、ブルジョアの黒人を南部に送りこめば貧しい人々を文明に近づけることができると信じていた。AKAの広報は「啓蒙されたニグロは南部へ行き、社会的地位がもっとも低く、肌の色がもっとも黒く、〝もっとも歪められて心を抑えこまれた〟ニグロの農奴と共存し、実際の接触によって、そうした人々を向上させなければならない」と謳っていた。[*44] 同じ人種に帰属しているという感覚は改革者の共感を呼ぶとしても、大学教育を受けて専門職に就いている人たちと極貧の人々のあいだで対等な体験が生まれることも、自然な連帯関係が結ばれることもめったにない。性と同じく人種もほかの権力の力学、とりわけ階級と能力／無能力によって切り離される。AKAの女性たちは恵まれない人々を助ける責務を負った、ひとかどの救済者を自負していた。それでもやはり、彼女たちのエリート主義的態度は、不妊手術提唱者や「不適格」な人々の生殖を全力で阻もうとした人たちの姿勢とはかなりの隔たりがある。

フェレビーは、診療所が提供するもののなかにはかならず産児制限の情報や手段もふくめるようにしていたが、その医療サービスはプランテーション経営者の怒りを買った。農場主は小作の女性が継続的に妊娠して無給の労働力を将来にも安定供給してくれることを望んでいた。地元の白人の医師は、労働者が欲する健康管理に応じるのではなく、大農場主の蓄財の欲に迎合し、黒人女性の避妊を通常は認めないばかりか、十二歳や十三歳の黒人少女が性行為に従事するのを推奨した。プランテーション経営者は、子どもたちが死んでいくよりは次世代の労働者が生きていることのほうが望ましいとようやく同意し、移動診療所が広大な農場にはいることを許可してもなお、AKAのヘルス・プロジェクトを監視していた。プランテーション経営者は「腰のベルトに銃を、ブーツに鞭打ち棒を挿した〝馬乗り《ライダー》〟を配属した。ライダーたちはひっきりなしに馬を駆って診療所に近づいては、面接のスタッフが小作人になにを求めているかを聞き出そうと耳をそばだてていた」とフェレビーは書き残している。この偵察任務の裏には、AKAの女性たちは共産党員で、組織ぐるみで反乱を煽動しようとしているという噂があった。しかし、馬に乗った偵察員は恐ろしげではあっても、かわすのは容易だった。フェレビーも仲間の看護師も、プライバシーが必要なときには医療の専門用語のみで話したので、白人のライダーにはひとことも理解できなかったと、AKA代表のアイダ・ルイーズ・ジャクソンはさも愉快そうに報告した。*45

ドクター・フェレビー率いるチームは、大農場主の地所は小作労働者に再分配されるべきだというような主張をしたわけではない。彼女たちの使命は《リーダーズ・ダイジェスト》〔訳注／一九二二年創刊〕で大幅にページを割いて語られた職業人による改革であって、生産手段を共産主義者が握ることではなかった。だが、ドクター・フェレビーはサンガーと異なる戦略を選び、産児制限を多様な需要に応えるより広範な健康管理の戦略として、社会から徹底的に無視された女性たちに届けようとした。彼女はその点について「経済と健康の両面で底辺にいる人々は計画出産の技術をもっとも利用しにくい状態にある」と明快に説明した。だからこそ避妊に関する情報は――性の健康に特化した診療所を介して紹介されるのではなく――公衆衛生プログラムに組みこまれるべきで、公衆衛生プログラムは貧窮化した共同体に対して独創的な取り組みをしなければならないのだと。*46

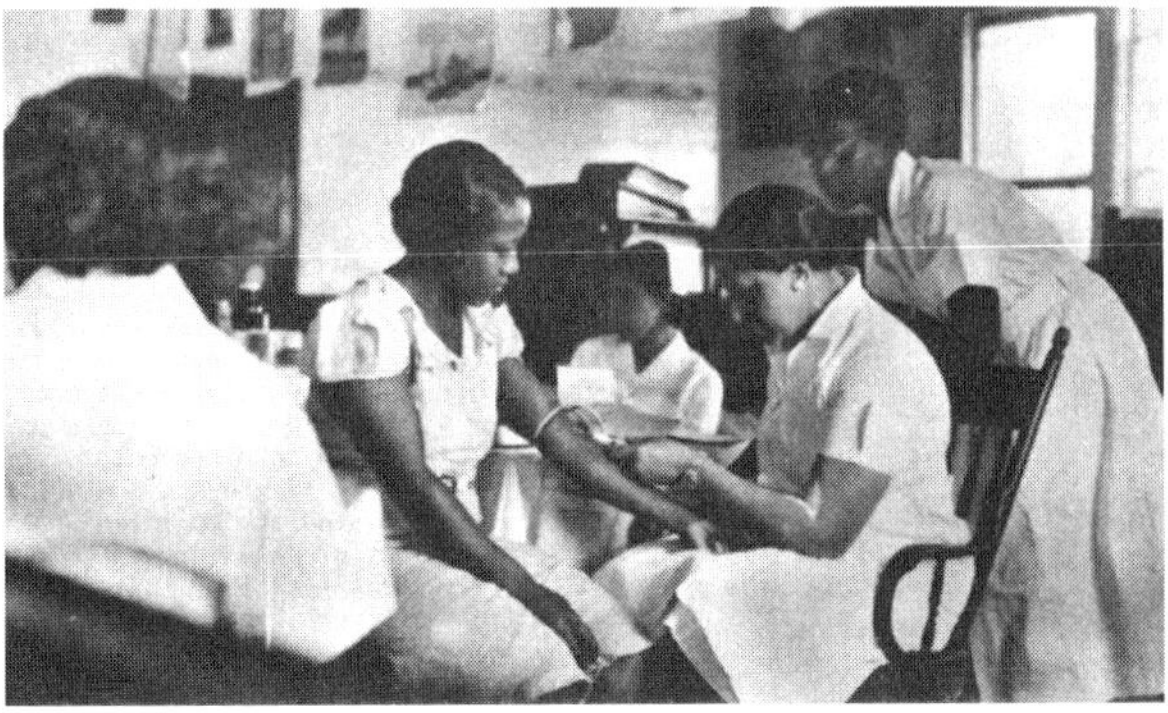

アルファ・カッパ・アルファ・クラブの移動診療所で女性に血液検査をおこなうドクター・ドロシー・ボールディング・フェレビー。1938年、ミシシッピ州。（スミス・カレッジ、ソフィア・スミス・コレクションの厚意により転載）

　病気は個人の価値を定める単一の基準ではなく、人間生活のなかにある複数の権力と交差する抑圧の軸のひとつであると考えるフェレビーは、ミシシッピ・ヘルス・プロジェクトは「あらゆる社会・経済活動の相互関係を全体の一部として図式で示してみせた……健康上の問題は、それを社会秩序全体とつなぐ多くの面のひとつだ。病気は数多《あまた》ある悲惨な社会状況や経済状況の原因であるとともに結果なのだから」と、一九四一年の文章を締めくくった。[*47] 健康は、健康上に問題があるとされている人々の出産が減少する例はべつとして、人間が形成できない自己再生遺伝子に刷りこまれているものではない。健康は、隔離や貧困や何世紀もまえからの隷属的な労働のもとに成り立つプランテーション経済のような、相互に連結する複数の社会構造の交差路に出現するものだった。生殖を権力の高密度な配列のなかに位置づけたドクター・フェレビーの交差的な視点は、子どもの質を文明の単一軸ととらえるサンガーの手法とはあきらかに異なっていた。両者とも産児制限を目指すフェミニスト運動のリーダーであったとしても。

マーガレット・サンガーと彼女の二番めの夫で石油王のJ・ノア・スリーは一九三七年から、一年の大半をアリゾナ州ツーソンの北の乾燥地帯、カタリナ山麓に建てた「ブルーの縁取りがある日干し煉瓦《アドビ》」の家で暮らすようになった。ニューヨークの共同住宅地区からは気の遠くなるような距離である。結婚の枠組みのなかでもできるだけ独立していたいという彼女の終生の強い思いに合わせて、サンガーとスリーは〝カサ・デ・アドビ〟内にも別個のアパートメントをもつ形で暮らした。引退後の静養の場として構えたカタリナ山麓のその住まいでは、エリザベス・アーデンやエレノア・ルーズベルトのような人々を招いて豪華なパーティを催すこともあったが、そんなときは倹約家の百万長者スリーにあまりお金を使わないよう説得することもあった。六十歳を間近にしたサンガーはアメリカ産児制限連盟や臨床研究調査局の日常業務から解放されて、一九四二年に全米家族計画連盟と改称される組織の名誉会長の立場にあり、不定期な出張や定期的な書簡を通して世界の産児制限運動に依然として存在感を示しつづけていた。朝の早い時間を好んで手紙の執筆にあて、いくつも重ねたふわふわの枕に背中をもたせかけ、運動関連の手紙を書いていた。[*48]

サンガーがこうしてゆとりある働き方をするようになった陰には、法制化を求める長年のロビー活動が実って一九三〇年代なかばに勝ち取った避妊法導入の際の二大勝利があった。勝利のひとつめは文字どおり法的な勝利で、臨床研究調査局による使用を日本の窓口から要請していたペッサリーの試験台が、思惑どおり連邦政府との法廷闘争を招き、裁判で臨床研究調査局が勝利したことだった。その結果、医師による避妊具や避妊情報の州際および国際取引が合法化され、事実上ますます可能になっていたそれらの入手が正式にできるようになった。サンガーのふたつめの勝利は臨床上の勝利で、一九三七年、アメリカ医師会が性感染症の患者への避妊治療を制限する国の政策を覆したことだった。アメリカ医師会は、すべての既婚女性の性的健康に不可欠な手段として避妊を認め、避妊は医学部の議論に適した話題というだけでなく、さらなる科学研究や今より強固な法的地位に相当すると表明した。[*49] 避妊は健康管理の標準要素になりつつあり、サンガーが長らく願っていた一般市民の意識の大変化も達成されようとしていた。ここにいたる合意の否定的側面は、産児制限へのアクセスがいまだに医療従事者の管理下にあることで、サンガーはその点を支持していたが、そうなると避妊を利用できるのは医師の診療を受ける金銭的余裕がある既婚女性に限られてしまうことだった。

看護師としての腕にまだ自信があったサンガーは、日本で産児制限運動をしているあいだも、胆嚢に異常のある患者や腕を骨折した患者を診ることがあったが、ツーソンでは一時的な猶予を自分に与えた。それから数年間、彼女は全米家族計画連盟の多様な提案のただひとつに強硬手段を継続して投じることを選んだ。そのニグロ・プロジェクトを実行に移すにあたっては、長年の秘書、フローレンス・ローズだけを信用するという独自の計画を立てた。ニグロ・プロジェクトの目標とは、南部の労働者階級の黒人女性に産児制限プログラムを浸透させれば、母親と乳児の致死率と罹病が減るとともに州の保健福祉の経費も減ると証明してみせることだった。避妊に対するサンガーの一般的な優生学の取り組みと同様に、ニグロ・プロジェクトのリーダーたちは、黒人女性の生殖の自己決定を確実にすることがプロジェクトの課題だとは考えず、個々の女性の生殖能力を縮小することがコミュニティ全体の重荷を軽くするための解決策になる――プロジェクトの目標を反映させつつ、白人主導の公衆衛生部門にも訴えるべく練られた戦術である――と考えた。ただ、サンガーがとくに懸念したのは母親と乳児の異様に高い死亡率だった。黒人女性の出産時の死亡率は白人女性のほぼ二倍、乳児の死亡率も同じように歪んだ数値が出ていた。なんと黒人の乳児の九％が最初の誕生日を迎えることができず、乳児の死亡率は白人の乳児の二・五倍だった。[*50]

一九三九年十二月初旬のある日曜日、サンガーは親しい仲間の医師、ドクター・クラレンス・ギャンブルに手紙を書き、ニグロ・プロジェクト構想を伝えた。ギャンブルは慈善家にして指導的な優生学推進論者、しかも、プロクター＆ギャンブル社の財産相続人でもあった。手紙のなかでサンガーは、避妊――ギャンブルが抗ってきた革新的な動き――を促進するため、家族計画連盟は白人ではなく黒人の医師を雇って訓練すると主張した。「肌の色が黒いニグロは白人の医師に深い尊敬の念を抱きますが、同胞にはもっと近づいて、無知や迷信や疑心を意味する手札を、程度の差こそあれ、テーブルに並べてみせるかもしれません」サンガーは心配そうな、それでいて、どこか見下すような独特の口調でギャンブルに説明した。「わたしたちがニグロの絶滅を望んでいるかのような噂を広めたくはありません」と彼女は書いた。「かりに、扱いづらいタイプのニグロのだれかがそんな想像をしたなら、その考えを質すことができるのは聖職者だけです」[*51]

これが宿命的な表現の選択であることは判明している。「わたしたちがニグロの絶滅を望んでいるかのような噂を広めたくはありません」という一節は、二十五年以上の人工妊娠中絶反対運動のなかで残響のように繰り返され、現在も広告掲示板で、ウェブサイトで、パンフレットで、ドキュメンタリーで、本一冊分の論文で、最高裁判所の意見陳述で躍っている。サンガー自身の手が発射した一発の弾丸《たま》が彼女の評価を損なっているのだ。保守派の作家、ディネシュ・ドゥスーザと、左派のフェミニスト、アンジェラ・デイヴィスほどにも真っ向から対立する政治学をもつ活動家の双方が、何十年にもわたってこの一節を引用し、ニグロ・プロジェクトをアフリカ系アメリカ人の絶滅プランだと非難している。人口の四分の一は子どもを産むことを許されるべきではないというサンガーの信条は、人工妊娠中絶の合法化に反対する生命尊重運動《プロ・ライフ》が積極的に広めている信条でもあり、そうした考え方に近しい人々は、彼女の言葉を額面どおりに信じられるのだろう。だが、真実はもっと複雑だ。

ニグロ・プロジェクトの短期間の運営期間中、その構想の本質をめぐってリーダーたちのあいだに緊張が走っていた。ニグロ・プロジェクトは多彩な関係者――サンガー、ローズ、家族計画連盟の白人男性のリーダーたち、南部の白人会員、助言者の役割を果たしてもらうためにサンガーとローズが引き入れた黒人の改革者――にとって、それぞれ意味あいが異なった。ドクター・フェレビーも関係者のひとりだった。

議論はプロジェクトが始動するまえの一九三九年に始まった。感謝祭の短い旅でアリゾナ州北西部のスカル・ヴァレーからずぶ濡れで戻ったサンガーは、ツーソンの〝カサ・デ・アドビ〟の一階の自分の居住スペースから何通もの手紙を送り、ニグロ・プロジェクトは自分の当初の意向どおりに始動すると主張した。「連盟がわたしたちの理想に沿って」訓練した黒人の医師と黒人の聖職者による一年間の奉仕活動として、「有色人種を目覚めさせて教育する」のだと。白人には黒人の専門家があげる成果と同じだけの成果をあげることができないということがサンガーにはわかっていた。「南部でひとたび覚醒が起きれば、イースト菌さながらの働きをするでしょう」と彼女は熱弁した。活性化した人間集団が発酵したパン生地のように膨らんでいくイメージを思い描きながら。そこまでこぎ着けたら、つぎはプロジェクトの診療所を開設し、黒人たちの要望に応じる。プロジェクトの発展過程で指導的立場にある黒人の専門家に助言を求めることもあるだろう。産児制限を黒人のコミュニティに根付かせようとするなら、「白人に助言を求めても……得るところはありません。白人たちの意見はつねにまちがっていますから」とサンガーは強調した。[*52]

ところが、家族計画連盟でリーダーシップを取っているのはサンガーを除くと全員が白人男性で、彼らはサンガーが最初に示したニグロ・プロジェクト構想を無視して、実演的な診療所をナッシュヴィルに一ヵ所、サウスカロライナ州の農村地域リー郡とバークレー郡に一ヵ所ずつ、早々と開設してしまった。サンガーは白人医師を雇用したらプロジェクトそのものを取りやめると警告したが、連盟は意に介さなかった。[*53] バークレー郡の診療所の看護師は白人で占められ、サンガーは激怒した。看護師が白人だからという理由だけではない。

「この段階で看護師を雇うことには同意できません」彼女は家族計画連盟の幹部に、今必要なのは医師なのだと告げた。サンガーは連盟で同等の発言権をもつ白人のおおかたに比べれば、はるかに人種差別反対主義者ではあったが、専門知識と権限には執着した。彼女は、黒人であれ白人であれ、優れた知識と技術で武装した都会に住む専門職の人間を、農村の黒人女性を野放図な出産から解放する救済者と見なすトップダウン式の組織のなかで活動してきた人間だ。そうした救済の使命は「わたしたちがこの身を捧げて解放しようとしている母親たちの命綱」になるだろうとサンガーは記した。[*54]

サンガーとローズはプロジェクトを先導するために全米ニグロ諮問委員会を結成し、国内の著名な黒人約三十名を委員に指名した。こうして、ドクター・フェレビー、W・E・B・デュボイス、当時ルーズベルト大統領の「ブラック・キャビネット」〔訳注／黒人で構成された政治顧問集団〕のメンバーだったメアリ・マクロード・ベスーン、公民権運動の活動家で作家のメアリ・チャーチ・テレルなど、専門知識と指導力を備えた面々が揃った。なかでもテレルは、交差する抑圧という概念をもっとも早い時期に構築した黒人フェミニストとして認識されている。一九四〇年に上梓された自伝には「白人女性が乗り越えなければならないハンディキャップはたったひとつ――性差――しかない」とある。「わたしには性差と人種のふたつのハンディキャップがある。この国でわたしは乗り越えるべき巨大な障害をふたつも抱えた唯一の集団に属しているわけだ」しかし、これほどずば抜けた専門家を結集させながら、全米ニグロ諮問委員会の会議が招集されたのは、連盟の診療所ができてから数ヵ月後で、諮問委員会の活動がやっと軌道に乗ったときには委員たちは単なるお飾り的な扱いを受け、家族計画連盟のある会員の言葉を借りれば、諮問委員会は家族計画連盟のスタッフに「精神的支援」を提供し、「連盟のプランをニグロの心理に適応させる際に非常に役立つ」だけの存在となった。[*55] 家族計画連盟は真正の白人パターナリズム〔訳注／立場の強い者が立場の弱い者のためと称して、当人の意思とかかわりなく介入や干渉をすること〕の流儀に則り、国を代表する黒人のリーダーたちに対して、黒人に洞察を与えつつ、白人スタッフの自尊心を下支えしろという過酷な務めを課したのだ。

プロジェクトには、黒人の同僚がお飾り以上の役割を演じているように見えると腹を立てる白人リーダーもいた。サウスカロライナ州の白人地区をまとめるドクター・ロバート・サイベルズが診療所の広報の配布を阻んだため、フローレンス・ローズは、プロジェクトは「われわれニグロ諮問委員会の指導を受けている」という一節を書き換えなければならなかった。怒り心頭に発したドクター・サイベルズは、ローズと彼女の同僚たちに対して「遠慮のない言葉で……南部人がニグロに〝指導される〟ことなど断じてない！」と警告した。[*56] ドクター・サイベルズにとって黒人の専門知識など、真の南部人たる南部の白人のために採取される資源にすぎなかった。

高まる緊張が表面化したのは一九四二年、マディソン街に燦然と輝く全米家族計画連盟本部で開かれた諮問委員会の会議だった。諮問委員会のメンバーは、貧しい人々の手助けをするには白人または黒人の専門家を分散させるより草の根組織をつくるほうが、おそらくは患者の獲得によい結果を生むだろうと確信していた。南部の黒人教師の代表、シェリー・ノースカットは、産児制限は――その医療サービスだけを提供する新しい診療所や専門家によってもたらされるのではなく――すでに信頼関係がある組織経由で紹介されたほうが、黒人の母親たちの心に届くだろうと訴えた。あるメンバーは、テネシー州の農村では出産時すら医師の診療を受ける黒人女性はわずか一一％であり、彼女たちに医療を提供するのは黒人の産婆なのだと述べた。メンバーはつぎつぎと同意し、諮問委員会は満場一致でその統合の提言に賛同した。つまり、産児制限を医療の専門家のみの権限とする、選択肢がひとつの手法を捨て、産児制限を地域コミュニティへの働きかけ《アウトリーチ》やそのほかの健康構想と一体化し、ニグロ・プロジェクトだけでなくすべての地域の黒人アドバイザーを任命することによって、家族計画連盟のリーダーシップを人種的に統合しようというわけだ。[*57] だが、そのような提言を実現させるには家族計画連盟内の諮問委員会の力が弱すぎて、結局、諮問委員会からの助言は無視された。

一九四二年、ウォルドーフ・アストリア・ホテルで開かれた家族計画連盟の年次会議には、女性クラブ、アルファ・カッパ・アルファの代表であるドロシー・フェレビーも登壇した。彼女は忌憚のない連盟批判をした。ニグロ・プロジェクトでのフェレビーの目標は公衆衛生だった。家族計画は重病の女性の妊娠を阻止させることによって、黒人の母親と黒人の乳児の高死亡率を減少させたし、生活水準を高めた、と彼女は説明した。ただし、諮問委員会の同僚たちと同じように、産児制限の促進という一点突破のプロジェクトの手法は裏目に出ているということも家族計画連盟の面々に伝えた。貧しい黒人の多くは、避妊の「動機は、人種の自滅をおこなうことを自分たちに納得させるための小賢しい企み」なのではないかと疑い、そうでない人たちも人の道にはずれたことだと考えているのに、避妊サービスに専念する白人主導の診療所は、そうした不安をやわらげる手立てをほとんど講じていないと。解決策として「こうした仕事を統一し、すべて公衆衛生サービスに直結させること」を提案した。

フェレビーは黒人の教育支援活動《アウトリーチ》に対する家族計画連盟の取り組みをさらに鋭く批判するとともに、「ニグロの専門家は完全に統合されて、この組織のスタッフとなり」、アウトリーチのスペシャリストとして雇用されなければならない、と主張した。自分のような黒人の専門家は、「助言者」という格下げされた二番手の役目ではなく、運動の完全なる「参加者」としての役割がふさわしいはずだと。[*58] フェレビーにとって産児制限を黒人女性に浸透させることは、黒人の公衆衛生と人種間平等を目指すもっと大きな運動、つまり、黒人の専門家が主導する運動のひとつの要素にすぎない。だが、家族計画連盟は単一軸の戦略を捨てるべきだという彼女のこの助言があっても、なんら変化は生まれなかった。

しかし、諮問委員会には、サンガーや家族計画連盟のスタッフの一部がなおも主張している優生学の課題を提起するメンバーもいて、それが役立つ地域での支援を拡大するために、ニグロ・プロジェクトは、黒人家族向けに家族計画を唱道するデュボイスの論説を一万五千部、配布した。デュボイスは差別まる出しの言葉を用いて労働者階級の黒人の子どもを描写したので、かの有名な優生学推進論者クラレンス・ギャンブルはその文章の一節を一語一語なぞったほどだが、ニグロ・プロジェクトの資金集めの訴えでは、それがデュボイスの言葉だとは言わなかった――絶滅に関するニグロ・プロジェクトのレイシスト発言の証拠として、それから何十年にもわたって学者や活動家が引用することになるのだが。デュボイス(と、のちにギャンブル)はこう述べた。「無知なニグロの大集団がいまだに軽率かつ悲惨に繁殖している。したがって、白人の人口増加の何倍もの割合でニグロの人口が増加しているのは、まさにその、もっとも知性が低く、もっとも不適格なその集団が原因なのだ……無知なニグロは野菜についてと同様に人類や人間集団についても学ばなければならない。ほんとうに重要なのは単に量ではなく質だということを」[*59]

優生学的手法は産児制限運動のいたるところで見られたが、その中心に階級のヒエラルキーが芽生えていると非難する人もいた。ある社会学者はニグロ・プロジェクトの計画について意見を求められるとこう嘆いてみせた。「なぜ、おお、なぜ、産児制限提唱者は本人やその家族に対する自分たちの処方の利点を強調できないのか。それになぜ、地域や国や世界の進歩に関して、自分たちが与えると言い張っている歌や踊りを忘れたり、うしろへどかしたりできないのか」[*60]

結局、ニグロ・プロジェクトが南部の黒人女性とその家族におよぼした影響は最小限にとどまった。テスト期間を通して、スポンジと泡立つ粉末、さもなければ殺精子ゼリーとペッサリーを手に入れるために、三ヵ所の診療所を訪れた女性は三千人に満たなかった。まる二年かかって診療所が診た患者は、ミシシッピ・ヘルス・プロジェクトが夏季の六週間限定の診療所で受け入れた患者の五分の一以下だった。諮問委員会は、アフリカ系アメリカ人の女性は根本的にニグロ・プロジェクトの診療所を信用しておらず、そこでおこなわれている医療サービスを避けたのだと結論づけた。[*61]

地域のコミュニティに直接働きかけなければ需要が低いということは、フェレビーも諮問委員会の仲間もサンガー自身も正確に予測していた。ナッシュヴィルのスタッフは、診療所で初診を受けた女性が定期的な受診を続けない理由を探るために注意深く観察した。その結果、窮状にある患者が直面している交差的な問題があきらかになった。女性たちが口にしたのは、移動の手段も留守中の保育のあても「人前に出ても見苦しくない衣服」もないということだった。まだ十四歳の患者もいた。初診の五十名の患者がそれぞれに「深刻な健康状態」に苦しんでいるとわかった。[*62]たった一回の特効薬や避妊では、ジム・クロウ法のもとにある南部の貧しい黒人女性が直面している厳しい現実は変えられそうになかった。

一九四四年、家族計画連盟は三ヵ所の実演的診療所とニグロ・サービス部をともに閉鎖した。連盟は「ニグロ相談員」の肩書きで雇われたある職員の勧告を受けて、人種隔離されたプログラム学習も停止し、一九四四年に黒人コミュニティへの限定的な教育支援活動を家族計画連盟のより主要な目的に組みこもうとした。[*63]それでも人種で分けられた諮問委員会は継続させ、限られた数の黒人女性を避妊させることが黒人種を救うための第一歩だと主張した。「千三百万人の健康増進」の文字がニグロ・プロジェクトの最終報告の表紙を飾った。

ニグロ・プロジェクトは絶滅プランではもちろんなかった。サンガーは、黒人女性に産児制限サービスを提供することに心血をそそいだ人種差別撤廃論者だった。だが、彼女は同時に、優生学の視点と同化主義の野心とフェミニストの課題ももっていて、家族計画支援の活動で使った戦略から生まれたニグロ・プロジェクトでは、社会・経済・政治の膨大な不平等を軽減するための要として避妊を扱った。この手法は生物学的尺度によって社会の進歩に貢献しようという、圧倒的な健常者優位主義《エイブリズム》のプランで、そこでは出産率と子どもの精神および身体の質とされるものが、経済や政治の問題を解決する第一の方策と見なされる。ただし、サンガーの優生学には人種もふくまれていた。彼女は黒人女性を同化させ、国の生物学的未来を守る責任を担った女性たちのなかに組み入れようとした。このアウトリーチがある以上、サンガーの手法の中心にある至上主義は消し去れない。なぜなら、彼女は自身の優生学的構想に黒人女性を取りこもうとしていたのだから。サンガーの包摂的な優生学はフェミニスト戦略としての包摂そのものの限界を浮き彫りにする――既存のヒエラルキーを精査せずに体制を多様化しようとしていたのだから。

ニグロ・プロジェクトをつくったサンガーの「優生学的フェミニズム」は、ホワイト・フェミニズムが陥りやすい権力の誤解と同じ罪を犯しているともいえる。[*64] ニグロ・プロジェクトを総合的に評価すれば、経済と政治の根深い抑圧に対する単純な解決策を促進しながら、ホワイト・フェミニズムが世紀をまたいで繰り返している判断ミス――権力は単一の主軸でまわっているという誤解――を犯したことになる。生殖の選択をめぐる運動は妊娠の防止を万能薬のごとく扱い、それを女性が抱えるほかのすべての健康上の心配から切り離して頂点に置こうとする。おおまかにいえば、ホワイト・フェミニズムも同様に男女平等という唯一の争点にこだわる。どちらの戦略も、制度的不正義にかかわるその他の形態に対抗するよりは、それらのなかで機能するのだ。

エリザベス・ケイディ・スタントンの力添えでホワイト・フェミニズムが船出してから百年後、交差的《インターセクショナル》フェミニストたちは複数の権力構造を同時に取り調べるためのプランを進展させつづけた。

一九四〇年代、ドクター・フェレビーとニグロ・プロジェクトの諮問委員会のメンバーが、産児制限を黒人のコミュニティにもたらすために採用した多面的な手法は、サンガーとの仕事とは切り離されたものだった。委員会のメンバーはみな理解していた。デュボイスのような公民権運動の指導者さえも優生思想に心をつかまれる国で生きる黒人女性にすれば、妊娠を阻止する力量以上に生殖の自由が広がらなければならないということを。そして、すべての女性が子どもを産む権利も守らなければならないということも。

ドクター・フェレビーとメアリ・マクロード・ベスーンの指導のもと、全米ニグロ女性会議（NCNW）は、国内のあらゆる黒人公民権団体は健康支援活動に避妊を組みこむべきだとする議案を可決させた。白人女性のクラブのほとんどが公に産児制限を支持する数年まえのことである。NCNWは家族計画を課題に取り入れた国内初の団体となった。NCNWの会報は決議案の全文と、ドクター・フェレビーが家族計画連盟の年次会議でおこなった演説の全文を載せ、自分たちの使命に対するこの取り組みの重要性を示した。マクロード・ベスーンとフェレビーには自由意思による母性という開放的な構想があった。家族計画の「目的は、各家族が扶養しうるすべての子を産むのを援助することであるが、それ以上ではない」と決議案は謳っている。*65 〝すべての〟という強調の意図はあきらかだ。全米ニグロ女性会議は不妊手術のような手段をいっさい勧めておらず、女性が子どもを産む機会を否定してもいなかった。そもそもNCNWが支援していたのは貧しい女性が子どもを産む権利だった。しかし、決議案は生殖の自己決定に言及する手前で終わっている。「それ以上ではない」という強い表現は、答えと同じぐらい多くの疑問を残すものの、全体としては妊娠を防ぐという単一の焦点からは大きく一歩離れ、より広範な生殖の正義《リプロダクティブ・ジャスティス》に近づいている。

今日では、一九九四年にロレッタ・ロスほかの黒人フェミニストが始めた生殖の正義《リプロダクティブ・ジャスティス》をめぐる運動が、妊娠の予防と中絶という単一軸ではなく三つの前線で戦っている。そこにある第一の原理は、サンガーが始めた人工妊娠中絶合法化に賛成する選択尊重運動《プロ・チョイス》に端を発する、避妊や中絶や禁欲を介した子どもを産まない権利であり、第二、第三の原理は、ドクター・フェレビーが予測していた取り組みに呼応する、安全で健康的な環境で子どもを産む権利と子どもの親になる権利である。そこには、白人至上主義、経済的不平等、性的虐待、環境的レイシズム、大量収監、クィアやトランスジェンダーの周縁化、関連する権力構造に取り組むといった課題も伴う。[*66] この運動は、人の一生の全段階で生殖を害する構造的不平等とも戦っている。

選択尊重という課題とサンガーとの関係はこうして現代のわたしたちにひとつの機会を提示する。サンガーのホワイト・フェミニズムに真正面から対峙すれば、彼女が構築し、今なお彼女がその主役でありつづけている生殖の選択をめぐる運動から離れて、生殖の正義《リプロダクティブ・ジャスティス》をめぐる運動へ向かうことができる。今日のインターセクショナル・フェミニストがサンガーのキャリアから取り除くべき重要な点は、子どもの質が変化したら国家にとっても価値が生まれるというおぞましい主張だけでなく、進歩は単一軸で回転するという、彼女が基礎をつくった政治的な枠組みなのだ。サンガーは女性の解放を目指しながら、国民の生物学的な質を向上させることによって国の社会的な病を治そうとした。それは階級のヒエラルキーによって倍加し、周縁化された人々をさらに追い立てようとする優生思想だった。しかし、つねに選択肢があった。すべての人の子を産む権利と子を産まない権利を守るという選択肢が。そして、すべての子どもが成長できる環境に置かれる権利を守るという選択肢も。

# 第五章　フェミニズムを路上へ

## パウリ・マレーとベティ・フリーダン

（中流階級の白人女性は）家事を屈辱的で非人間的だと思えば、お金を出して――たいていは黒人のメイドを雇って――自由を買うことができる。わたしたちにとって決定的な事柄は、黒人女性の人生の経済的・社会的現実だ。（抑圧は）知的な迫害とはかぎらない。わたしたちにとって運動は精神の爆発などではない。運動には実体がある。どんな運動をしていようと、わたしたちはそれを味わうことができる。

――フランシス・M・ビール「黒人女性の声明書」

仕事と自由を求める一九六三年八月のワシントン大行進へと向かう日々のなかで、公民権活動家にして弁護士のパウリ・マレーは怒りに燃えていた。旧知の仲間で運動のまとめ役、A・フィリップ・ランドルフがナショナル・プレスクラブで会見をおこなうと言ってきたのだ。ニュースは報道されるだけでなく、記者クラブの会見でつくられていた。大統領はそこで政策の提案をし、ニキータ・フルシチョフやシャルル・ドゴールのような外国のリーダーもその演壇から地球規模の構想を発表した。だが、アメリカのジャーナリストが構成する最高組織、ナショナル・プレスクラブはいまだに女性会員を認めていなかった。聴衆としての参加は女性記者にも許されたが、あくまでも聴衆としてだけで、バルコニー席に座ることを義務づけられ、質問は禁じられていた。

この設定は女性運動の歴史のなかの重要な一場面をマレーに思い出させた。彼女は自分の好みの行動様式、本人の言葉によれば「タイプライターを使った対決」に専念することにして、ワシントンの新聞各紙に怒濤の投稿をした。彼女はこう書いた。「一八四〇年、ウィリアム・ロイド・ギャリソンとチャールズ・レモンド――後者はニグロ――がロンドンでの世界反奴隷制会議の代表の座に就くことを拒んだのは」、ルクレシア・モットとエリザベス・ケイディ・スタントンほかの女性たちが会場の通常の席に座ることを拒否され、格下の「バルコニー席」に座らされたからだった。マレーはランドルフにも同じことをするように求め、性別による合法的分離は人種による合法的分離と同種だと主張した。「ミスター・ランドルフのスピーチの取材を命じられた女性記者にとってバルコニー席に座らされることが屈辱的なのと同じように、ミスター・ランドルフにとってバスの後部席に座らされることは屈辱的だろう」[*1]

マレーの介入は成功した。記者クラブはランドルフの会見の日だけ一時的に、女性記者が男性の同業者にまじって座ることと質問することを許可した。しかし、記者クラブが方針転換して女性のジャーナリストを会員として承認するのは、一九七一年まで待たなければならない。[*2]

ワシントン大行進までの数ヵ月間、マレーと長年の同志ふたり――ワシントン大行進企画委員会の唯一の女性メンバー、アンナ・アーノルド・ヘッジマンと、全米ニグロ女性会議（ＮＣＮＷ）の代表、ドロシー・ハイト――は、男性の調整役による性差別と闘っていた。ランドルフも、行進の調整役のバイヤード・ラスティンも、ほかの男性リーダーも、行進の先頭に並ぶのは自分たちだけで、ハイトやローザ・パークスなど、公民権運動の著名な女性活動家を自分たちの妻と一緒にうしろに配することを事前に取り決めていた。彼らが演説を認めた女性はひとりだけ、それも、マレーとヘッジマンとハイトの三人組からの絶え間ない圧力に屈したためでしかなかった。結果的にランドルフはデイジー・ベイツに一分間の演説を許し、終わるとすぐさま彼女の手からマイクを奪った。ワシントン大行進で唯一長く聞かれた女性の声は歌声で、なかでも有名なのはゴスペル歌手のマヘリア・ジャクソンの声だった。一分間の演説を終えて定位置に戻ったベイツに「わたしたちの時代がいつか来るわ」とローザ・パークスは耳打ちした。[*3]

行進の翌日、ドロシー・ハイトは八十万人の会員を擁するNCNWのリーダー一団を本部に集めた。当時、NCNWの本部はメアリ・マクロード・ベスーンの住まいの一階にあり、そこで公民権運動女性支部のつぎのステップの構想を練ろうというのがハイトの狙いだった。国内最大の黒人女性のクラブとなったNCNWは構造改革に力を入れるようになっていた。NCNWの視野を人種差別訴訟を超えて拡大したいというハイトの意見には全員が同意したが、雇用、住居、教育、保育の改革のような、黒人女性や子どもの日常生活に直結する変化を生み出そうと意見を出しあううちに、緊急性の高さではそれらと同等のべつの課題がもちあがった。政策の優先順位の隙間に感情が忍びこみ、高まり、暴れだしたのだ。仲間とともに、公民権運動の指導体制の内にある凝り固まった家父長制への怒りとはじめて向きあった彼女たちは、ひとりひとりの体験が積み重なって「二級の」待遇パターンができていることに気づかされた。[*4]このときにあふれ出た啓示的な会話は、その後マンハッタンのショアハム・ホテルで開かれた集会へ流れこむ。

「わたしたちは気づきはじめたのです」とハイトはのちに語った。「自分の権利は……みずから求めなければ手にすることができないのだということに。（すると）これまでよりはるかに自覚的に、はるかに積極的に、性差別に正面から立ち向かえるようになりました」つまり、性差別を向けられたその場所で、ということだ。「あのときの時間こそが、女性運動の覚醒に不可欠でした」と振り返りながら、彼女は、ワシントン大行進が慎重かつ排他的に黒人男性に焦点を絞っていることの効果も同時に告発した。ハイトが招集した会合は、一九六〇年代で最初のフェミニストのコンシャスネス・レイジングの集まりと呼ぶにふさわしいものだった。もっとも、通常この呼称を与えられるのは、六〇年代の後半、中流階級の白人女性が中心となって週一回の会議の開催を始めたニューヨーク・ラディカル・ウィミンのほうだが。歴史家のキャロル・ジャルディーナは、第二次世界大戦が多数の白人女性を一時的に労働力として駆り出して以来、なりをひそめていたフェミニスト運動が、この日に再燃したと述べている。黒人女性の時代はまだ来ていなかったが、彼女たちは自力でそれをつかみ取ろうとしていた。[*5]

その三ヵ月後、ケネディ大統領暗殺の一週間まえ、ニューヨーク・シティで一九六三年度NCNW指導者会議が開かれると、パウリ・マレーは演壇から聴衆に訴えた。女性たちは行進しながらも相変わらず、「二級の、お飾りじみた」扱いを受けていることへの不満を煮えたぎらせている。運動内で大手を振っている性差別に対抗するために力を結集しなければならない。黒人女性は「もはや性差別に対する戦いを先送りにすることも、公民権闘争を優先させることもできません。両方の戦いを同時に進めなければならないのです」とマレーは言った。彼女がここで示したふたつの事柄は、男性の訓練と雇用の改革のみに焦点をあてた公民権運動の努力に対する抵抗を必然的に伴うと同時に、一九六〇年代の合衆国の女性に突きつけられていた驚くべき数の法的・社会的禁止事項と戦うべく、白人女性と「連帯」することも意味していた。マレーは私的な痛みを政治課題に転化させながら「状況を平等の文脈まで引き上げた」と、称賛とともにドロシー・ハイツは振り返っている。*6

ワシントン大行進の男性指導陣にあった女性嫌悪《ミソジニー》に怒った活動家のなかでも、パウリ・マレーほど強い覚悟で制度化した性差別と戦った人物はいなかった。マレーは二十世紀を率いる法律家のひとりとして、黒人女性の活動家が自分たちの経験を理解するための政治的枠組みをもたらした。彼女たちは「白人至上主義」と「男性優位主義」の二重の権力によって「経済的にも社会的にも底辺に」留められていた。マレーは、性差別は男性個人の優越意識の結果ではなく、むしろ人種差別に酷似した構造的な現象で、その構造が女性を法的・社会的・文化的に低い地位に置いているのだと論じた。マレーは性差別と人種差別を、黒人女性の生活のなかに集中して存在する同種の権力としてとらえ、その過程でインターセクショナル・フェミニスト理論の発達に大きな貢献をした。*7 詳細に論じた出版物においては、性差別は男性の手のなかに権力と資本を隔離するカースト制度に似ているととらえなおし、記憶に残る名称を与えた。ジェーン・クロウと。

だが、それから十五年間で、フェミニストの行動主義が家庭の居間を会議で満たし、大通りをデモの列で埋め尽くすと、フェミニスト運動の再燃にはまったく異なる触媒が存在したことに、ほとんどのジャーナリストが気づいた——歴史家もあとに続いた。一九六三年が女性解放《ウーマン・リブ》を再燃させた年だという見解は一致していても、ジャーナリストの筆が火のついたマッチをその手に投げこんでいるただひとりの女性は、ベティ・フリーダンなのだ。フリーダンが一九六三年に発表した画期的な著書『女らしさの神話 *The Feminine Mystique*』（『新しい女性の創造』三浦冨美子訳、大和書房、一九六五年、改訂版二〇〇四年）は、中流階級の主婦の不幸を白日のもとにさらした。彼女のメッセージは野火のごとく広まり、彼女の名は女性の権利という大義の同義語のようになった。フリーダンはその後まもなく、パウリ・マレーほかの女性たちと全米女性組織（NOW）を結成して、フェミニズムを路上に押し出した。フリーダンは自分を語るときに「女性たちを荒野から連れ出す」風変わりな「ジャンヌ・ダルク」という表現を好んで用いたが、実際には先行する黒人フェミニストの歩んだ道をたどっていた。[*8] その借りを認めようとしなかったために、彼女は黒人フェミニストの政治的手腕、とくにマレーの手腕を独り占めすることになった。今日では、フリーダンが起こした主婦の反乱を一九六〇年代のウーマン・リブ運動の推進力ととらえると、運動の歴史を白塗りするにとどまらず、性差別そのものの性質に対するフェミニストの理解を妨げてしまう。

一九四四年の夏、ベティ・フリーダン（当時はベティ・ゴールドスタイン）はカリフォルニア大学バークレー校でもっとも名誉ある博士特別研究員の地位を辞退し、東部へ戻ってジャーナリストとなった。フリーダンはマサチューセッツ州の名門女子大、スミス・カレッジで過ごした学部課程の日々をこよなく愛していた。故郷のイリノイ州ピオリアでつきまとっていた孤独をスミス・カレッジで洗い落とした彼女は、理知的な活動家かつ学生リーダーとしての使命に目覚めた。故郷でのフリーダンは、ハイスクールの社会生活を組織する女子学生の社交クラブから排除されていたが――ユダヤ人の入会が認められなかったから――スミス・カレッジでは友人をつくり、ユダヤ人というアイデンティティを公然と受け入れた。ファシズムに反対する論文を書き、人間心理の複雑さを総体として理解しようとする心理学の新たな理論が、自分を「峰から峰へ跳びまわるシロイワヤギになったような気分」にさせてくれることを発見した。フリーダンは後年、かなり謙遜してこう推測した。「ロースクールはきっとわたしの性に合っただろう。ひょっとしたら判事になっていたかもしれない……でも、法律家になろうという考えが頭をよぎったことは一度もない。ハーヴァードのロースクールは女性の願書を受け付けることさえしていなかったので」[*9]

しかし、フリーダンは心理学でも抜群の成績を収めた。カリフォルニア大学バークレー校の主導的な立場にある発達心理学者、エリク・エリクソンのもとで一年間学んで修士号を取得したあと、バークレー校が科学者に授けるもっとも名誉ある特別研究員の地位を得た。これは女性としても心理学部の学生としてもはじめてのことだった。ロバート・オッペンハイマーの原子爆弾プロジェクトに取り組む物理学者で共産主義者のボーイフレンドは、「ぼくらの関係はもう終わりだな」と腹立たしげに言った。研究所から続く丘を覆うセコイアの森を歩きながら。「ぼくがそんなふうに特別研究員になれるなんてことはぜったいにないだろう」と。相次ぐ失恋の不安が学究生活に対して抱いていた疑念と結びついた可能性は高い――かりにここで地位を得たとしても、多くの大学がユダヤ人の教授を学部から締め出している現状を考えれば、学究生活は自分を感動させる急進的な政治学とかけ離れていると、フリーダンは思ったことだろう。[*10] さらに、持続性の喘息の発作と全身に出た発疹によって、身に沁《し》みて悟った。心が孤独な人生には体が耐えられないだろうということを。

フリーダンは心理学分野で積みあげたことを活かして、ゆくゆくは見事な成果をあげるつもりでいた。一九四七年、左翼の舞台演出家カール・フリーダンと結婚すると、主婦の役割を演じることになったが、片手間に続けていた女性雑誌の記事の執筆で、夫より多額の支払小切手を受け取ることも珍しくなかった。一九五七年の同窓会の準備を進めていたスミス・カレッジからは、同期の卒業生二百名に関する調査と、卒業から十五年経ったスミス出身の女性たちの人生の謳歌をテーマにした原稿の執筆依頼が舞いこんだ。[*11] ところが、長年フリーダンが繰り返している話によれば、驚きの発見があった。知的な目覚めをともに体験した同期の卒業生たちの大半は、大学で学んだことに目をつぶり、冷戦時代の主婦のむなしい役割に身を沈めていた。しかも、彼女たちは惨めなのに、その惨めさは、エプロンとパールの生活スタイルが約束するものを自分自身が実現しそこねたせいだと思いこみ、黙々と苦しんでいた。

フリーダンはそれからの五年間を費やして「名前のない問題」――職業に就くことを否定されることから生じる、よく知られているのに語られていない女性の不幸――について書きあげた。[*12] アメリカの女性――とりわけ主婦を意味していた――が置かれている状況を暴いた彼女の仕事は、本人と大手メディアによって、またたくまにフェミニズムの代名詞として伝えられた。

パウリ・マレーは、人種差別《レイシズム》と性差別《セクシズム》がいかにして日常生活の触感を形成し、個人の心理に浸透する巨大な構造をつくり出すかを見極めた、二十世紀でもっとも鋭い眼識をもつ人物のひとりだった。ふたつの差別の累積効果は平等や正義を阻むだけでなく、致命的な脅威となる。レイシズムを急性外傷として体験することはあまりない。ジム・クロウ法の時代の南部で暮らした幼いころについて書いたもののなかで、彼女はそう述べている。レイシズムはむしろ「蔓延した刺激、慢性アレルギー、人を心地悪く過敏にする漠然とした不安」で、不断の用心が必要だったと。だが、ときおり、個人的な圧力が高まってストレス耐性が失われたときはことさら、レイシズムがほどけて動きだし、「死亡事故」や「遮断機のない踏切」や「暗闇に突然現れた急カーブ」のように具現化したと。[*13]

マレーにとってのそんな瞬間は一九一九年、八歳のときに起こった。祖父が危篤だと夕方近くに電報を受け取り、育ての親である伯母とともにボルチモアの一族のもとへ向かうところだった。夜汽車に乗るために雷雨で水浸しの通りを走っていたポーリーン伯母が、足を滑らせて転び、眼鏡を割ってしまった。伯母の頬は血まみれになり、目は腫れあがった。ノースカロライナ州ノーフォークで、ポーリーン伯母はダーラムへの乗り継ぎ列車について尋ねようと、幼いポーリーン〔訳注／パウリの子どものときの名前〕と荷物を扉のまえに残して駅のなかにはいった。戻ってくると姪はその場に立ちすくんでいた。パウリは白人の男たちがつくる輪の真んなかにピンで留められた標本だった。男たちは怒りで顔を真っ赤にしてパウリを見おろしていた。そのうちのひとりが、床に灰が撒かれ、石炭の煤で汚れたジム・クロウ車両までふたりを追いかけてきた。白人の男が去ってからもずっと、伯母もパウリも恐ろしくて眠ることができなかった。なにか法律に違反することでもしただろうか？　眼鏡をかけずにいたポーリーン伯母は駅の待合室にあった「白人専用」の文字が読めなかったのだ。[*14]

祖父の死後、同じ年の秋にはべつの出来事があった。夫を失った悲しみで頭が混乱した祖母のコーネリアの意識は一気に二十代に戻った。それも、夫の留守を守っていた最後の日に。当時の祖母は、燃える松明を手にして夫婦の住む小屋を取り囲むＫＫＫのナイトライダーズ〔訳注／馬に乗って夜中に現れて黒人に脅迫や暴行を加える団員たち〕がたてる蹄の音にたびたび目を覚まされていた。老いたコーネリアは毎晩、幼いポーリーンと一緒に二階の寝室に閉じこもり、ドアと窓のまえに家具や服を床から天井まで積み上げて身をひそめようとした。安全だとわかると、暖炉でジャガイモを焼いたり、葉野菜や塩漬けの豚肉を茹でたりしてくれた。幼いポーリーンは怖くて食べるどころではなかったけれど。コーネリア自身の子ども時代は恐怖の一色だった――彼女は白人の著名な弁護士である奴隷所有者から日常的にレイプされていた女性の子として生まれたのだった。奴隷制は二十世紀まで長い影を伸ばしており、一九二〇年代のはじめの幼いパウリ・マレーの人生を曇らせていた。[*15]

慢性的な負担が溜まると致命的な危機を迎える。マレーの父親は、退院する患者の二倍の数の人間が遺体袋に入れられて病院を去るという、職務怠慢な精神病院の隔離病棟に収容されていた。病院の臨時雇いの守衛が父を殴り殺したとき、マレーはまだ子どもだった。レイシズムは有色人種に対する個人の反感や憎しみではないと、現代の刑務所廃止論者で学者のルース・ウィルソン・ギルモアは著書に書いている。レイシズムが与える最大の衝撃は人を肌の色で不当に評価することではなく、継続的に致死と近接しているその構造、すなわち「集団差別の結果である早死にに対する脆弱性が生産され活用されていること」なのだと。[16]

レイシズムは早死にに対する脆弱性として具体化するという考え方は、フランスの哲学者、ミシェル・フーコーが創案した、生政治《バイオポリティクス》との生産的な対話を成立させる。バイオポリティクスとは、人口の最適化を、とりわけ生物学的・経済学的判断での最適化を、社会の重要な責務とする現代的な統治システムをいう。優生学が、保守的な白人フェミニストの戦略であろうと黒人の職業の多様化を目的としていようと、バイオポリティクスの主要な道具なのはたしかだ。なぜなら、人口の質とされるものの向上という観点から政治学に取り組む戦略の象徴が優生学なのだから。バイオポリティクスにおいては、地位や資本や文化のメカニズムが、ある種の人々、とくに白人の中間富裕層を、繁殖してもらわなければ困る国家の重要なメンバーとして選び出す。資本や教育や健康であることといった資産は、彼ら／彼女らの繁栄が人口全体の成功を確実にするという信念に基づいて、この選ばれたグループへ流れる。同じメカニズムは同時にほかの人々、とりわけ有色人種や貧困層や障害者を、労働力を搾り取られたあとは放置されて死ぬのがもっともよい病原体として指定する。社会学者のルハ・ベンジャミンの言説を引用すれば、とくに黒人は、選ばれた人々に「過剰なサービスを提供する」ために「まともなサービスを受けられない」[17]

結果は生と死の不平等な分配である。金持ちで心身に障害がない白人が繁栄するために、人種差別された貧しい、または障害のある人々の罹患率と死亡率が集中的に高まる。バイオポリティクスの政策と実践があった何十年もの影響は、今日の合衆国の都市人口のなかで極端に異なる寿命の統計に明白に見て取れる。現在、シカゴやワシントンDCのような都市では、貧困率がもっとも高い地域の住民は、白人と富裕層がもっとも多い地域の住民より平均で三十年早く死亡している。[*18]

性差別もまたバイオポリティクスの道具のひとつだ。どんな機関も伝統的に、優れた知性と経済的生産性を見こんで、白人男性を繁栄に値する存在と指定してきた。同時に白人女性は、その選ばれた人々のなかの補助的役割に追いやられる。彼女たちに課せられた任務は、人種差別を受けたり貧しかったり障害があったりする人々を死なせるように設計されたシステムにうわべだけの慈悲を提供すること、つまり、野蛮きわまりない権力構造が生む矛盾の皺を整えること。彼女たちは、白人女性にあると期待されている道徳的権限と同情の力と文明化のプロジェクトによって、その構造全体を浄化するということらしい。対照的に有色人種の女性は、生殖装置としての役を振られる。「不適格者」の危険な産み手《ブリーダー》である彼女たちにできるのは、せいぜいが囲いのなかで「適格者」の家族に仕えることだ。

ホワイト・フェミニズムはバイオポリティクスに対抗するというより、バイオポリティクス内で機能し、このような力学の内にいる中流階級の女性のために目立つ場所を切り開く。十九世紀にはエリザベス・ケイディ・スタントン、ハリエット・ビーチャー・ストウ、アリス・フレッチャーといった白人フェミニストが、割り当てられた役割をみずからの権威を拡大する文明の安定剤と解釈し、自分たちが社会の構造に提供している重大な仕事に対して敬意と地位を要求した。二十世紀になると、白人フェミニストはもっと大胆なアジェンダを展開し、白人女性は完全に対等な立場の者であると――文明化の伴侶というだけでなく、全人口のうち繁栄しなければならない部分に属すると——力説した。白人女性の成長が彼女たち自身の可能性と子どもの「質」を最大化し、それによって国家全体を向上させるだろうと、ますます生物学に寄った言葉を用いて主張した。二十世紀のバイオポリティクス的支配のほとんどがそうだったように、白人フェミニストの戦法のひとつは自分たちの成功を脅かしていると思われる人々を浄化することだった。これはマーガレット・サンガーのフェミニズム（と作家のシャーロット・パーキンズ・ギルマンのフェミニズム）のような優生学的フェミニズムにおいて顕著だったが、そこまで目立たなくても、国じゅうのホワイト・フェミニズムに一貫していた。NOWの代表であるベティ・フリーダンも自身の浄化プロジェクトに着手することになる。

繁殖する価値のある人々のなかで白人フェミニストが堅固な立場を着々と築こうとするのとは対照的に、社会が進歩するためには多くの人間の犠牲が必要だという思考を一掃しようとするのがインターセクショナル・フェミニストの特徴だ。マレーはこの伝統を実証している。二十代前半にひとりのおととして、パウリという男とも女とも取れる名前を選んだマレーの望みは、個人的に人種隔離から逃れることだけではなかった。[*19] 彼女はジム・クロウという蛇の牙を抜き、黒人にとって生死に関わる脅威を弱めようと決意していた。黒人の生活を制度で引き下げる効果を彼女は直接に体験していた。粗悪な教育しか受けられなかったこと。低すぎる賃金のせいで満足に食べられない状況が常態化し、慢性的な栄養失調に陥っていたこと。大学への入学条件を満たすために予備校の二年ぶんの内容を一年に詰めこんでも、ダーラムの人種別ハイスクールの授業はとても希望に適うものではなかった。大恐慌時代にマンハッタンの軽食堂でシフト勤務に就いたときも、ろくに食費も捻出できないほど低賃金なうえに黒人スタッフには食事の提供もなかった。その期間は学業を中断したけれども、マレーはハンター・カレッジで貴重な学位を取得した。

「貧しい子女のラドクリフ」という通称をもつハンター・カレッジ〔訳注／ラドクリフ・カレッジはマサチューセッツ州にあった名門女子大〕から授与された卒業証書は、南部の著名な白人と黒人の一族の血を引くプライドと結びつき、マレーいわく「優越」を目指す原動力を彼女に与えた。しかし、ニューディール政策下で得た労働者教育プロジェクトでの仕事は、社会主義組織への加入とともにマレーを急進的な方向へ導いた。彼女は資本主義が生んだ暴力と貧困を見つめ、「抑圧のシステムはその犠牲者の黙諾から大きな力を引き出している」と理解しはじめた。それは自分が今まで受け入れてきた状態であることも。権利とは、自分がその価値を「証明している」ような、例外的な人種の構成員によって生じるものであってはならないとマレーは気づいた。戦うことで頂上まで昇りつめ、その命が大事とされる人口の一部になることが目標であってはいけない。そうではなくて、平等な扱いは生得権だと主張する幅広い運動によって、人権が勝ち取られなくてはいけない。レイシズムは制度が生んだ現象である以上、個人が障壁を突破したところでほとんど効果はない――解体が必要な権力構造なのだから。「(この考え方が)一九三〇年代にどれほど革命的と思われていたかは理解しがたい」とマレーは晩年に振り返った。「ニグロがこの信念に基づいて行動するのは南部の多くの地域では自殺行為に等しいと見なされていた」[*20]

にもかかわらず、マレーは社会の隅々に浸透したレイシズムの構造を打ち砕こうとした。一九四〇年、彼女は十五年後に公民権運動を推し進めることになる新たな直接行動の技法を採用した。バスの後部に座ることを拒否し、黒人客には給仕しない簡易食堂に陣取ったのだ。このバス・アクションによってマレーと女友達のアデリン・〝マック〟・マクビーンは投獄された。マレーはバイヤード・ラスティンほかの人々とともに人種平等会議（CORE）も創設し、市民の不服従運動に携わった。さらに、ジム・クロウ制度を骨抜きにしたいという思いと、七十歳に近づいて介助が必要になったポーリーン伯母への忠誠心の両方に引っぱられるようにして、南部へ戻る決断をした。一九三八年の秋、マレーは人種問題の専門課程での学位取得を目指してノースカロライナ大学の大学院に入学を志願した。ノースカロライナ大学が人種隔離機関であることはもちろん知っていたが、そうした大学の方針に変化を起こしたかったのだ。だが、大学は「本校はあなたの人種の構成員の入学を認めておりません」として、彼女が提出した社会学部への願書を受け付けなかった。[*21]

その拒絶は偽善で焼けただれていた。レイシズムに関する主要な研究の場が白人のために確保されているだけでなく、マレーの祖母コーネリアの伯母で、コーネリアの法律上の所有者でもあった裕福な白人女性は、ノースカロライナ大学の永続的な奨学金制度の設立者でもあった。大学はマレーの一族が奴隷制時代に築いた富の恩恵をまだこうむっていたのだ。マレーの個人的な出願はたちまち公的な問題となった。というのも、彼女の出願からわずか一週間後、州立大学における白人のみを受け入れる高等教育に関する事案が、合衆国最高裁判所で争われることになったからだ。結果として生じた熱狂のなかで、ノースカロライナ州知事は州の立場をあきらかにした。「ノースカロライナは人種間に社会的平等があるとは考えておりません」[*22]

これを受けたメディアの大攻勢を操縦した経験がマレーを勇気づけ、社会学ではなく法学の道に進ませた。同時進行で人種間平等にも取り組み、全米有色人種地位向上協議会（NAACP）の顧問弁護士とひんぱんに接触した。法律の分野に足を踏み入れたことによって、生死の機会を不公平に分配する人種差別の構造を変えるための試みも可能になった。しかし、さらなる障壁が待ち受けていた。繁栄のために選ばれるということは性の問題でもあると彼女は悟った。一九四一年の秋、ハワード大学ロースクールでの一日め、女性がわざわざ法律の教育を受ける理由がわからないと指導教授のひとりが言い放った。この侮辱的発言は級友の笑いに反響し、マレーの成功への野心の引き金を引いた。「教授のその発言はわたしがクラスのトップの成績を取ると保証してくれた」[*23]もっとも、彼女の応答は努力して上に立つことだけではなかった。社会主義は、例外になるというエリート主義的手法を見限ることを彼女に教えていた。国内随一の黒人大学で、公民権訴訟の先頭に立っているまさにその人たちから受けた女性軽視は、自分がとらわれているもうひとつの抑圧の構造システム、ジェーン・クロウを認識するよう彼女をうながした。

ミソジニーに直面しながらも、マレーには自分が学生でいるあいだに法的戦術を編み出してみせるという自信があった。ジム・クロウ制度の人種隔離は一八九六年の〝プレッシー対ファーガソン〟裁判で最高裁がくだした判決によって合憲と認められ、同裁判は黒人の住民に対して「隔離すれども平等」を掲げる公共施設が勝利した判例となった。一九四〇年代には〝プレッシー〟効果に挑んだ法律家たちの主要戦略が、人種隔離をしている公共施設が実際には平等でないことを暴露するようになった。こうした個別の取り組みを通じてNAACPの弁護士や支持者は、黒人が使用を強制されている施設の質ははなはだしく劣っているため、ジム・クロウ法の文言に反することを立証した。こうした手法は漸進的な変革をもたらした。たとえば、マレーの出願の結果として、ノースカロライナ州は黒人学生のための大学院の開設に向けて相応の努力をせざるをえなくなっていた。[*24]ただ、マレー自身にはべつの考えがあった。

マレーは、人種隔離それ自体が「屈辱と降格」を目的として設計されていると、大学の教室の自分の席から論じていた。ジム・クロウ制度の全体構造が腐っており、朽ちかけている梁を差し替えても建物を補強するだけだと。ハワード大学ロースクールが生み出す新たな収穫物たる公民権弁護士がまず第一にやるべきなのは、人種隔離の中心目標が有害だと証明することによって、「分けられた」施設の法的価値に挑むことであるとも指摘した。ジム・クロウ制度が黒人の自尊心と精神的健康を蝕んでいることを示す心理学的・社会学的データに立脚して、人種隔離が修正第十四条にある法のもとでの平等な保護を侵していると主張するべきだろうと。[*25]

それはきわめて型破りな意見だった。同級生はいっせいに「馬鹿にしたように大笑い」をして、〝プレッシー〟の正当性に反論すれば逆火《さかび》でジム・クロウを煽ることになると言った。だが、マレーには自信があった。自分の見解を明確に示す長い論文を準備し、最高裁判所が〝プレッシー〟の根幹――隔離すれども平等――を二十五年以内に覆すかどうか、スポッツウッド・ロビンソン教授と十ドルの賭けをした。[*26] それから数十年間、あえて本人に知らせる人間はいなかったが、マレーの論文がその勝利にひとつの役割を果たすことになる。

ジム・クロウ制度は再三にわたってマレー自身の法曹界での成功を妨げた。実際、マレーは一九四四年、ハワード大学ロースクールの唯一の女性でありながら首席で卒業すると、ハワード大の大学院の優秀な卒業生に慣習的に用意されている道を歩みたいと願っていた。つまり、ハーヴァード大学で修士号を取得するということだ。ところが、彼女の出願に対して、どこかで聞いたことのある言葉がハーヴァードから返された。「あなたの性別はハーヴァード・ロースクールに入学を認められる資格を備えておりません」[*27]

マレーは六年まえにノースカロライナ大学でジム・クロウと衝突したのと同じように、ハーヴァードでジェーン・クロウと衝突したのだった。女性たちは一八七一年以来、ハーヴァード大学ロースクールへの入学を求めていたが、同ロースクールは一九五〇年まで女性の入学を認めなかった（約二十年後にハーヴァード・カレッジは女子大学のラドクリフ・カレッジと提携し、女性の学部生を受け入れたが）。マレーには著名な支援者がいた――ファーストレディのエレノア・ルーズベルトとは労働者教育プロジェクト時代に始まる長い友人関係を築いていたし、フランクリン・D・ルーズベルト大統領本人もマレーのために調停役を買って出てくれた。ただ、ハーヴァード大学の関係者の多くは困惑を示し、ハーヴァードが女性の入学を認めると思っている彼女をからかった。[*28] ハーヴァードにはジェーン・クロウの伝統が根を張っていた。

マレーとしては、奇妙なほど語調を強めて、ハーヴァード大学ロースクールへの無益な訴えを締めくくるしかなかった。「おかしなものですね、紳士のみなさん。あなたがたの要求に応じて性別を変えられるなら喜んでそうするでしょうが、そのような変更の方法を当方は教えられておりませんので、この問題に関してはそちらの頭を切り替えていただくようお頼みするしか道がございません。一方が他方と同じぐらい厄介だとあなたがたはわたくしに言うことができるのですか？[*29]」

ユーモアがたいていそうであるように、マレーのこのジョークはもっと深い真実をおもしろおかしく言い表していた。マレーは性別を変える方法を「教えられる」のを漫然と待っていたわけではない。そのまえの十年間も、そのあとの十年間も、マレーは男性ホルモン《テストステロン》の入手を求めて医師と戦ってきた。最初はハーレムで、それから、ドラァグ舞踏会《ボール》やブルース・ニュージェント、グラディス・ベントリーのような性別を横断したスターを生んだクィア・ルネサンスの現場で過ごした日々が、ホルモンへの探求を彼女に告げたことはまちがいない。一九三九年、マレーとマクビーンは、大手の黒人新聞が女性的な男性へのホルモン治療の記事を一面に載せたことに対して謝礼の投稿をして、この「マイノリティ中の

「マイノリティ」の需要に光をあてた同紙を称賛した。華奢で男の子のような体型のマレーはいつも髪を短く刈り、ブラウスやスカートを拒んで、襟のあるシャツやスラックスを着ていた。ポーリーン伯母はそんな彼女を愛情をこめて「ボーイ・ガール」と呼んだ。パウリはもっとも人目を惹く中性的な自分の写真を「いたずら小僧」と名づけ、ときには手紙の署名に「ピーター・パニック」と書くこともあった。彼女は「超がつくほど女らしい異性愛者の女性たち」と熱烈な関係をもった。そのうちのひとり、五年間つきあったペグ・ホームズとは一九三五年、列車に飛び乗ってアメリカを横断する旅をした。彼女は自分が同性愛者だとは思っておらず、「男性の側に立つ実験がしたかった」のだと、ロングアイランド療養施設の医師に語っている。[*30]

マレーの手紙と日誌、とくに一九三〇年代から一九四〇年代にかけて、女友達との破局のあと精神と感情に破綻をきたしていた時期に書かれたものには、自分のもつ男性的な特質を理解するための探求がありありと見て取れる。彼女はその特質を「ズボンを穿いている。男性の仲間入りをしたいと思っている。男たちのすることをしている。自分が好きでない女性に支配されるのはいやだ」と書いている。新しいホルモン学を探るうちに分泌腺の異常があるのではないかと疑いを抱き、自分が「偽雌雄同体」〔訳注／現在でいう「性分化疾患」のこと〕であることを示す停留精巣などの兆候を探してほしいと医師を説得した。[*31]結果は、生体構造も内分泌も彼女が標準的な女性であると断じるものだった。マレーは落胆し、この数十年のあいだにマレーの伝記を書いた作家がそれぞれに詳説しているとおり、自分が男性であるという強い認識をさらに強めるために医学的・科学的な説明と治療法を追求した。こうした理由から今日の学者たちは、マレーの人生をトランスジェンダーの歴史における重要な一章として考察している（本書でも同様にマレーに対して女性代名詞を用いているのは、マレー自身が生涯を通じてそのようにしていたからだ)。

マレー自身が社会的地位を求めていたことや、進歩は先導役の「最良人種」によって生み出されるという一族の信念から完全には抜け出せなかったことがそうさせたのか、本人が公にした文章からは非規範的なジェンダーや性の痕跡が見事に消し去られている。[*32] 身体的に女性であることとの不安定な関係は、ジェーン・クロウの仕組みを暴いて解体するという彼女の誓いに新たな光をあてた。マレーは性と人種の差別を終わらせることに専心したが、それは彼女が一貫して女性を自認していたからではない。さらけ出すにはあまりにも傷つきやすい私的な真実があろうとも、マレーが要求していたのはつねに構造上の正義だった。

法学の修士号を取得するために、パウリ・マレーが最終的にカリフォルニア大学バークレー校のキャンパスに姿を見せたのは、ベティ・フリーダンが東部へ発ったわずか数ヵ月後である。

一九五〇年代後半、ベティ・フリーダンはスミス・カレッジの卒業生の調査結果から推定される問題を提起し、独自の分析を始めた。女性たちは女らしさの神話、もしくは、自分を犠牲にして夫や子どもの要求に応えることによってしか花開けない有害なファンタジーに苦しんでいる、とフリーダンは指摘した。一九六三年に出版された大ヒット作『女らしさの神話』――三年間の売り上げ部数が三百万部[*33]――で論じられたのは、大衆文化と社会科学と企業広告による女性の能力の系統的な低評価によって、家庭の主婦は深刻なアイデンティティ・クライシス(原注/フリーダンの大学院時代の助言者エリク・エリクソンが理論化した概念)に苦しみ、心身に支障を来すレベルに達しているということだった。

ベティ・フリーダンはこう主張した。女性は「病んで」いる。そして女性が病んでいるのは、来る日も来る日も家事をこなさなければならない苦役のせいである。主婦の生活スタイルは「端的にいえば大量虐殺《ジェノサイド》」だ。なぜなら主婦は単純作業によって——壁から壁へ移動させる電気掃除機が舞い上げる埃ではなく炭疽菌を定期的に吸いこむかのように——成長と繁栄のための本質的な権利をゆるやかに毒されているから。あるいは、繁殖のために選ばれた人間たちの仲間入りをする資格が充分にあるはずの中流家庭の女性たちが、不当にも早死にの王国に投げこまれている、と言い換えてもいい。フリーダンは名医がするように診断と治療法を示した。抽象的・創造的な思考の「潜在能力を発揮」できるような職業を女性に思い描かせるためには、料理と掃除と育児の果てしない流れから女性を解放しなければならない。政治や芸術の分野での活躍はどうでもいい。重要なのは専門性だけ。「素人」や「物好き」が「(自分の仕事で)社会に真の地位を得ることはないのだ」とフリーダンは強調した。市場を経由した尊敬と自己実現を獲得できるのはプロフェッショナルだけであると。[*34]

　黒人フェミニストのベル・フックスは一九八四年、フリーダンによる〝女らしさの神話〟という分析は、高等教育を受けた白人の主婦の心理を全女性の普遍的な状態と見立てた誤診だと評した。一九六〇年代前半に全女性の三分の一は賃金労働を現にしていたし、その三分の一には有色人種のほとんどの女性がふくまれ、彼女たちは家庭での退屈の何倍もの実質的な不平等に直面していたと。もっとも、フックスがここで挙げた女性たちとは、フリーダンに存在を忘れられた女性たちではなく、フリーダンに成長を妨げられた女性たちだった。フリーダンのような「ホワイト・フェミニスト」は立派なことを言うわりには富と権力の再分配の努力をせず、それどころか、自分も「資本主義の家父長制という権力構造のなかにはいれるかどうかをなにより気にかけた」とベル・フックスは指摘する。フリーダンが「名前のない問題」と名づけた状態の根本的な問題は、彼女が主婦以外のすべての女性を無視していること、つまり、彼女は暗黙のうちに主婦以外のすべての女性を主婦の願望の犠牲にしているということだ。声なき多数派《サイレント・マジョリティ》を構成する労働者階級の女性たちは、フリーダンが定めた枠からこぼれ落ちているだけでなく、その下に留め置かれていることが、フックスによって明るみに出た。[*35]

フリーダンは中流階級の女性が単なる「生物学的な存在」から自己解放して、繁栄するための自分の能力を解き放つことを勧めたが、これを実現するには、生命維持のための絶え間なく単調でつらい仕事を労働者階級に請け負わせることが必然となる。中流階級の女性を解放して専門的分野の職業人《プロフェッショナル》にさせてくれるのは、ブルーカラーの女性が提供する、日常生活の維持に不可欠な労働なのだ。フリーダンは、専門的な仕事を続けるために「清掃の女性を週に三日」雇い、食品や雑貨は買いにいくのではなく電話で注文し、「洗濯物はクリーニングに出し」、夫や子どもに「手伝い」を頼むという作戦を称賛する。この助言はかなりおおざっぱで、著書の最終章の補足のような印象を受ける――フリーダンが主眼としたのは中流階級の女性を家事の罠から救うことで、彼女たちのかわりに掃除をする女性はそもそも眼中になかった。

要するにフリーダンは、バイオポリティクスの一形態を推奨したわけだ。彼女は主婦が慢性的に受けている過小評価を人口の成長力に対する生物学的脅威ととらえていた。フリーダンに言わせれば、〝女らしさの神話〟は国を内側から蝕んでいた。主婦から能力を奪うのは「既知のどんな疾病よりもはるかに大きな被害を我が国の心身の健康に与える」ことだった。女性は生命力を吸い取られ、「生ける屍のごとく残り物の人生を歩んでいる」と断言した。社会が強化せずに消耗させたために弱体化した主婦は、「病的な」子を産む――フリーダンは自閉症の発生率が上がっている原因を母親に帰し、母親自身の発育遅滞の結果として、人間の感情から壁で隔てられた、物と動物の世界でしか生きられない未熟な子どもがつくり出されたと考えた（当時認められていた自閉症の病因は、乳児のころから子どもに愛情をそそがなかった「冷蔵庫マザー」だったので、フリーダンも定説に従って生理学よりも母親の条件づけに原因を求めた）。彼女はまた、「よどんだスモッグのように広がってアメリカの風景を覆っている同性愛」も主婦のせいにし、子どもを身代わりにして生きなければならない主婦の「寄生的な」愛情が息子の成熟を妨げ、異性愛の関係を結べなくしていると考えた。極度の「人間性喪失の進行」に苦しんでいる主婦にとって、床面に段差がある郊外の自宅は「居心地のいい強制収容所」のようなものなのだと（後年、この喩えを後悔している。当然だろう）。[*36]

しかし、中流階級の女性が単純作業から解放されて自己実現できれば、社会は「人類の進化のつぎのステップ」に達するかもしれない、とフリーダンは締めくくった。[*37] サンガーと同じく、フリーダンが目指したゴールも単に女性の自由だけではない。彼女のもうひとつの目標は、女性と国の「質」を生物学的・社会的な意味あいで向上させることだった。この目標は、富裕層の女性を心身ともに健康に育てるために労働者階級を家事労働の犠牲にすることを意味した。

フリーダンは著書の出版に伴う講演旅行やメディアに登場する際には――彼女は自著の販売促進のためにテレビの力を使ったはじめての著者だと自認していた――カクテル・パーティにまとうシフォンのような〝女らしさの神話〟にくるまれた主婦の役を自分に振り、働く女性だった事実を省略して語った。実際にはバークレー校を去ってからの六年間、妊娠したために解雇されるまで、フリーダンは国内でもっとも左寄りの労働組合の機関誌にストライキの記事を書く、労働ジャーナリストだった。記事では労働者階級の黒人女性の特定の闘争に光をあて、一九四三年には共産党に入党しようと、パールとパンプスを身に着けてニューヨーク支部に姿を見せたことさえあった。[*38] 彼女が労働者階級との連携から離脱し、中流階級の女性を解放するために貧しい人々を家事労働の生贄にする方向へ進んだことは、衝撃的に思えるだろう。この方向転換をもたらした主要因はマッカーシー時代に拡大した保守主義かもしれないが、もうひとつ、フリーダンが社会の本流での大成功を狙って採用した白人フェミニストのバイオポリティクスの構造にも理由がある。

フリーダンに代表される中流階級の白人フェミニストは、自分を繁栄から引き離す唯一の要素として性を認識する。フリーダンは、中流階級の白人男性との関係において他に類を見ないほど過小評価されている「女性がひとつの階級」になったと見なし、「いわゆる労働者階級のための記事を書いていた初期の政治的経験が教えてくれたのは、思想も生活様式もアメリカでは中流階級から変化が始まるということだ」と力説した。[*39] 性以外の権力のベクトルを調べる可能性がいつのまにかなくなると、先行する白人フェミニストの伝統を受け継いで、中流階級の女性のみが単一軸になった。アナロジーで分けられた半分に、守られるべき人口になったのだ。

しかし、パウリ・マレーには、黒人女性がジム・クロウとジェーン・クロウと資本主義の合流点で生きていることがわかっていた。公民権になんらかの意味があるならば、今必要なのは雇用ほかの領域における人種と性の差別からの保護だということも。マレーの場合を例に挙げよう。マレーは一九五〇年代なかばに法律の学位をふたつ取得し、弁護士でのちに最高裁判所の判事となるサーグッド・マーシャルが「バイブル」と呼んだ、人種隔離の州法に関する重要な書籍を上梓した。[*40] マレーはたまに友人のエレノア・ルーズベルトのハドソン川沿いの隠居所で週末を過ごすことさえあった。創作的な文筆の才能を買われてアフリカ系アメリカ人ではじめて、マクドウェル・コロニー〔訳注／資産家で元音楽家のマクドウェル夫妻がニューハンプシャー州につくったアーティスト育成を目的とする制作と静養の場〕で暮らす栄誉にもあずかり、その著名な静養所に数週間後に到着した作家のジェイムズ・ボールドウィンとも友人になった。マレーがそのコロニーで綴った一族の歴史を語る初の自伝は一九五六年に出版される。だが、そんな華々しさとは裏腹に、女性弁護士に案件を依頼しようという組織は少なく、また、作家としても詩人としても生計を立てることはできなかった。執筆では生活費を稼げないので、マレーの著作権代理人は彼女のためにタイプライターの仕事を見つけた。マレーは匿名でほかの作家の手書き原稿をタイプ打ちした。

一九五五年と一九五六年にはベティ・フリーダンの原稿も幾度となくタイプで打ちこんだ。[*41]

マレーは自分が受けた法学の教育も、どうすればジム・クロウ制度を断片的にではなく一気に解体できるかを注意深く語ってきたことも、「無駄な努力」だったのではないかと悩んだ。[*42] 家賃を支払えるのも食べ物を買えるのも、結局は人種隔離のハイスクールで身につけたタイピング技術のおかげだ。自分の説いたことが人種隔離法の撤廃に役割を果たしたとは、それが現実となってから十年後までマレーは知らずにいた。チャンスがめぐってきたのは一九五六年、フランシス・E・W・ハーパー、ハリエット・ジェイコブズ、フレデリック・ダグラスと緊密な関係にあった十九世紀の奴隷制廃止論者、ウィリアム・ロイド・ギャリソンのひ孫にあたる弁護士のロイド・ギャリソンから、ニューヨークにある彼の法律事務所で働かないかと打診されたときだった。その仕事が法律家としてのマレーのキャリアを再開させた。

この運命の変化でいくぶん活気づいたマレーは、一九六三年、ハーヴァード・ロースクールに足を向けた。二十年まえに提出した論文を探したかったからだが、〝隔離すれども平等〟な施設を合憲とした〝プレッシー〟裁判の判例が二十五年以内に覆されるかどうかの賭けに負けた元指導教授のスポッツウッド・ロビンソンから、十ドルの賭け金も回収したいとも思っていた。

マレーがロビンソンに論文の返却を求めると、驚いたことにロビンソンは手もとに置いたファイルの束から即座にそれを取り出した。秘書がカーボンコピーを取るのを待つあいだに、彼はその論文が〝プレッシー〟の判例を覆す際に「われわれの役に立った」とぶっきらぼうに告げた。サーグッド・マーシャル率いる全米有色人種地位向上協会（NAACP）の一員として〝ブラウン対教育委員会〟裁判の弁護をおこなうための文書を用意していたときにマレーの論文を思い出し、ロースクールの論文ファイルから探し出したのだという。人種隔離は人間の心理に持続的な危害をおよぼすので、合衆国憲法修正第十四条が謳う法のもとでの平等の保護に反する。このマレーの論の骨子が、人種隔離を実施している教育施設は本質的に不平等で違憲であるとするマーシャル率いる弁護団を勝利に導き、最高裁は満場一致で判決をくだした——公教育を分けることは「劣等意識を生み出す」のみならず永続的な結果も生み出す。隔離は平等ではありえない。[*43] 彼女のロースクール時代の論文が、二十世紀の公民権訴訟で最大の意義ある勝利に影響を与えていたのだ。驚き

パウリ・マレー、1955 年、ニューハンプシャー州ピーターズボロにて。「これが一番自然な自分だと思います」マレーは写真の裏にそう書いてから、エレノア・ルーズベルトに送った。フローレンス・ゴールドマン撮影。（マクダウェル・コロニーの厚意により転載）

のあまり、マレーは言葉を失いそうになった。

「スポッツ、いったいなぜわたしに教えてくれなかったのですか?」と言うのが精いっぱいだった。[44]

この先の人生でも政治と法律の両分野でのマレーの仕事が、長年にわたる差別の正当化を打ち砕いた。このとき彼女は自分の功績を認めようと思った。

一九六〇年代は、「求む、男性」「求む、女性」という求人広告が日刊新聞の紙面を埋めていた。女性が陪審員になることや総合大学に入学すること、自分のクレジットカードや預金口座をもつことを禁じる法律もあったし、レストランやクラブやバーには依然として「女性お断り」「男性のみ」「女性の入店は付き添い要」といった貼り紙がされていた。城を守る歩哨のごとく国のいたるところに禁止令があったにもかかわらず、女性が置かれた従属状態は法律上の隔離のレベルに達していると考える人はほんのわずかだった。多くの白人女性は、参政権と産児制限と専門職への参入によって、自分たちの主要な闘争の勝利はすでに勝ち取っていると考えていた。だがマレーは、人種と階級の境界線を横断する構造上の深刻な不平等に目を向けていた。投票権よりはるかに強固に定着している権力の不平等な分配を白日のもとにさらそうと決意すると、法のもとでの平等の保護を謳う修正第十四条に則って起こされた公民権訴訟に関する自身の専門知識に基づいて新たな戦略を唱道し、女性の周縁化も同様に権利を侵すものであると主張した。

ジム・クロウ制度を終わらせようとワシントン大行進が掲げた要求のいくつかが、一九六四年の冬、合衆国議会に公民権関連の新法案が提出されるという形で具体化すると、マレーはジェーン・クロウを弱体化させる好機ととらえた。ヴァージニア州選出の民主党議員ハワード・W・スミスは、合衆国下院の委員会の終盤に公民権法案第七篇、雇用の領域における差別を違憲とする一節の修正を提案し、雇用者が採用にあたって考慮することを禁じられている属性として、人種、肌の色、出身国、宗教のほかに「性」も加えるべきだと述べた。スミスは、キリスト教徒の白人女性には、公民権後の時代に黒人が手にしようとしている権利からの保護が必要になると考える人種隔離主義者だった。ほとんどの議員はスミスの提案をジョークと受け止め、議場に笑いが沸き起こった。法案の起草を任務とされている委員会は、保護されるべき属性に性を加えることを検討すらしていなかった。ところが驚いたことに、下院はその修正案を通過させ、公民権法案を上院に送った。その法案の出自はともかく、平等な雇用の機会の配分のなかに性が加えられたことにマレーは歓喜して、こう語った。「ニグロの女性として、自分が差別を受けるのが人種のためなのか性のためなのかを判断しづらかった例は山ほど体験している」[*45]

しかしながら、人種による差別とはちがって、性による職業参入の制限は重要な漸進的課題と見なされていた。一九〇八年に遡ると、労働運動家は労働者の保護を勝ち取るために、性を雇用上の有効な制限とするように要求して成功を収めている。女性労働者の最長の勤務時間を十時間とするような、労働者側のいくつかの大勝利のもととなった〝ミューラー対オレゴン州〟裁判の判決では、子どもを産んで育てるという女性の社会的義務に鑑みて、過重労働から女性を守ることで州は既得権益を得ているとされた。一九六〇年代になっても〝ミューラー〟はまだ有効な先例であり、依然として残る性に基づいたもっとも一般的な制約は、女性が一週間に働ける最長の時間を定めた制約だった。合衆国最高裁判所はさまざまな領域で「性を法的分類の基本として」擁護しつづけ、一九六一年のある事案でも、女性は家族の世話をするという「特殊な責務」を担っているゆえ、市民の義務まで背負わされるべきではないということを考慮すれば、法廷の陪審員席に座るのが男性にのみ許されているのは合憲であるとした。[*46]

マレーはしかし、性に基づいた保護は有益どころか有害だと確信していた。職業に関して性差別を禁止する条項が公民権法案をめぐる駆け引きのなかで生き残り、上院議会で実現するのに力を貸そうと、彼女はふたたびタイプライターに向かった。そして、性差別禁止の条項を援護する挑発的な法的覚書をしたため、主導的な立場にある上院議員、司法長官、ヒューバート・ハンフリー副大統領、ファーストレディへの返答として公表した。マレーは合衆国憲法修正第十四条が保証する法のまえの平等は性にも適用されるという革新的な自説を展開し、「〝性〟をふくまない第七篇で主として利するのはニグロの男性であるから、潜在的なニグロの労働力の半分にだけ真の機会平等を差し出すことになる」と主張した。[*47] 二週間後に届いたレディ・バード・ジョンソンの私設秘書からの返事が、覚書の成功をマレーに知らせた。ジョンソン政権が性の条項を加えた修正を支持すると、上院もただちに支持した。こうして大部分はマレーの介入のおかげで、一九六四年の公民権法第七篇は、一世紀まえに憲法修正第十四条が成し遂げなかったこと――この場合は雇用の領域での人種と性に基づく差別の禁止――を達成した。マレーはインターセクショナル・フェミニズムにおける最初の法的勝利を勝ち取ったのだ。

この成功のあと、マレーは公民権弁護士の白人女性、メアリ・O・イーストウッドと協力して学術論文兼声明書、「ジェーン・クロウと法」に取り組んだ（一九六五年）。ふたりはインターセクショナル・フェミニズムのための法的課題を定め、性に基づく差別は修正第十四条と公民権法第七篇に照らして違法だと論じるとともに、人種と性を、どちらか一方の差別禁止の優先がもう一方を優位にする「完璧に比較可能な等級」として関連づけた。マレーとイーストウッドは、性の格付けと人種の格付けは原理が似ており、どちらも上書きされる「永久不変の自然の等級」で「生得的な劣等性からの影響を受けやすく」、時間制限や重量挙げの制限じみた家父長的な労働保護は「制限と条件」を通して不平等を補強すると論じた。このような法律は「騎士道」の実施であって正義ではなく、隔離すれども平等の論理を再生するものだと。[*48] マレーはワシントン大行進で強調したように、女性であることに基づいて人の価値を下げれば、個人的な後退をもたらすだけでなく、性差別を構造的な周縁化のレベルにまでいたらせると主張しつづけた。

ほどなくマレー自身もジェーン・クロウに対する法廷での大勝利を手にした。一九六五年、七十七歳の白人弁護士ドロシー・ケニヨンと組んでNAACPの代理人となり、アラバマ州の陪審員の構成が白人男性に限られているのは憲法修正第十四条に反すると弁護して勝利したのだ。これは人種と性の差別に同時に挑んだはじめての公民権訴訟となった。平等の保護条項が性差別の事案にも適用されるという判決を連邦裁判所がくだしたのも、はじめてのことだった。[*49] この裁判はアラバマ州の先例となっただけだったが、マレーはジェーン・クロウの解体に向けて進んでいた。

六年後、女性が遺言執行者となることを妨げるアイダホ州法の妥当性を問う裁判で、最高裁が国内に先例を打ち立てた。〝リード対リード〟裁判（一九七一年）で、修正第十四条は性に基づく異なる待遇を合衆国全土で禁じているとされたのだ。原告代理人を務めたジェンダーの権利を専門とする、アメリカ自由人権協会（ACLU）の前途有望な女性弁護士は、この法的論拠を展開させたマレーの功績を確信した。書面に署名する際、彼女は訴訟に直接的には関わっていない弁護士二名、パウリ・マレーとドロシー・ケニヨンの名前を書き添えた。この女性弁護士とはルース・ベイダー・ギンズバーグである。このときに提出文書を共著にしたギンズバーグの戦略は、「有色人種の女性の知的・政治的労働を認めぬ白人フェミニストの占有状態をめぐって現代の若いフェミニスト間に生じる争点を解決する手本になる」とブリトニー・クーパーは記している。[*50]

性差別と人種差別は同種だというマレーの洞察は、インターセクショナル・フェミニズムのプロジェクトを前進させた。マレーが理論の拠り所としたのはアナロジー、すなわち、白人フェミニストの論理で人気の高い修辞的な戦略だが、彼女の手にかかると、アナロジーが分離ではなく集約のための手段になった。スタントンのようなホワイト・フェミニズム論者は、一方が他方の代わりになる、たとえば女性が奴隷に代わるという、人間集団間の等価性を示した。だが、マレーは権力の多数の構造を調べ尽くし、それらが協同で効果を発揮することを証明した。ベティ・フリーダンがしたように、女性の運動をほかの社会運動と切り離された自主的な運動と位置づけることはしなかった。フリーダンは「学生がそれをしていた。黒人がそれをしていた。わたしたちもするときが来た」と二〇〇〇年に振り返った。この定式が示す、はっきり異なる並列のアイデンティティはけっして出会うことがなく、黒人女性の構造的な困難を放置する。対照的にマレーは、クーパーをはじめとする人々が論じてきたとおり、セクシズムとレイシズムのつながりを暴く概念的骨格をつくった。「人種差別と性差別の問題は自分のなかでは出会っているから、わたしはどちらも等しく重要だと考えなければならないのだ」とマレーは書いた。十字線上で生きる人間にとって、このふたつの権力は互いを構成しつつ実質的に増殖するものだから、黒人と白人がいる空間で性差別の最大の被害を受けるのは、白人女性ではなく黒人女性だということをあきらかにしたわけだ。[*51]

マレーは歴史の重大な分岐点にいる。一九六〇年代、法律分野で彼女の仕事は、百年まえにフランシス・E・W・ハーパーやフレデリック・ダグラスによって最初に設定された課題――レイシズムとセクシズムという権力を別個の、だが重複する社会的権力の形態として同時に扱う公民権――を実現させながら、大きな進歩を遂げた。マレーのあとにはフェミニズム理論の土台が築かれた。〝交差性《インターセクショナリティ》〟という言葉は、レイシズムとセクシズムの合流点に法律の領域で取り組むため、黒人フェミニストの法学者、キンバリー・クレンショーが一九八九年にはじめて使った。彼女が先例として挙げたのがパウリ・マレーだった。[*52]

インターセクショナル・フェミニズムは、他者から奪うことを通して自身をまえに進めるホワイト・フェミニズムのバイオポリティクス的指令を拒絶し、そのかわり、あらゆる複雑さのなかで勢力を伸ばすのに最高に優位な立場として、もっとも周縁化された人々の需要に重点を置く。一九七七年、コンバヒー・リバー・コレクティブがこれを理論として提示した。「黒人女性が自由であるなら、それはほかのすべての人間が自由でなければならないということを意味するだろう。われわれの自由はすべての抑圧のシステムの破壊を必要とするだろうから」[*53]

マレーは性に基づいた雇用差別の禁止が公民権法案に確実に盛りこまれるまでの手助けをした。「求む、女性」や、人種隔離政策に基づく求人広告は過去の遺物になる運命だった。ところが、ひとつの公民権法制定には、その法律を実行する機関やそうした機関に責任を課す社会運動と同程度の信頼性しかない。一九六五年、公民権法第七篇の職場での適用を監視するための新たな組織、雇用均等委員会（ＥＥＯＣ）がつくられた。ＥＥＯＣの指導は性差別を真剣に受け止めるつもりがないことをあらゆる点で示唆していた。ＥＥＯＣの常任理事ハーマン・エデルズバーグは、重要な場での演説で、公民権の雇用法に「性」が加わったのは「不測の事態」で、「婚外で孕まれた」私生児のごとき思いつきだと言い放った。一方でEEOCの弁護団は、法律評論の記事で、マレーが性条項の「過度に限定的な」解釈と称したものへの賛意を述べ、第七篇をさらに弱体化させた。[*54] ＥＥＯＣには女性を権利が必要な労働者と本気で受け止める気がなかった。

マレーは第七篇が実質的には性差別からの保護を提供しないことを見抜いた。外部からの強い圧力でEEOCが第七篇を支持せざるをえない状況にならなければ、女性は資本主義が搾取できる労働を最大限に供給しつづけることになるだろう。マレーは「この国の働く女性に自分たちの権利を求めて戦うよう喚起するにはなにが必要なのでしょう?」と、フェミニストの弁護士ネットワークに手紙を出した。「女性で構成された強力な特別委員会を今こそ国内に組織するべきだとは思われませんか?」[*55]

ニューヨークのビルトモア・ホテルで開かれた会議ではもっと重大な提言をした。ビルトモアは常連客ですら女性がバーにはいることを認めていない高級ホテルだ。マレーはエリザベス・ケイディ・スタントンとスーザン・B・アンソニーが創設した全米女性評議会の年次会議の来賓講演者だった——しかも、かつてその年次会議で、いわゆる依存する人種を白人女性が文明化しようと訴えたアリス・フレッチャーの演説を、フランシス・E・W・ハーパーが中断させたことがあった。マレーは、女性は性差別を禁じる第七篇が実行されるよう覚悟を決めて要求するべきだと、上品な聴衆に忠告した。「すべての人に均等な雇用の機会が与えられるために新たなワシントン大行進をする必要があってはなりません。しかし、万が一その必要が生じても、女性たちが尻ごみしないことを願います」[*56]

マレーは自分の演説がことさら感動的とも過激とも思っておらず、第七篇の法律面の詳細を取りあげながら語るようにしていた。夜にはニューヘイヴンの自宅に帰った。そのころの彼女はアフリカ系アメリカ人としてはじめて、イェール・ロースクールで博士号を取得しようとしていたが、演説者としての自分の影響力には自信がなかった。そのうえ、聴衆の大半は中流階級の白人女性だ。[*57]淑女に路上での反乱を起こすよう挑発するマレーの威勢のいい言葉は、翌日の《ニューヨーク・タイムズ》紙に会議での彼女の演説の記事を載せさせることになった。

ニューヨークの市《まち》が目覚めて市民が朝刊を読んでいるころ、マレーの自宅の電話が鳴りだした。電話の主、ベティ・フリーダンはあなたと話したいと言い、『女らしさの神話』に続く新作のためにインタビューさせてほしいと申し出た。出版社に版権を売ったのに、まだ書きあげていないどころか三分の一しか書けていないその本に『ジェーン・クロウ』という記憶に残るタイトルをつけたとも告げた。[*58]「妊娠を理由に解雇されたとき、〝性差別〟などという言葉はわたしの語彙にはなかった」とフリーダンはのちに回想した。公民権法第七篇を読んで以来、宙に浮かんでいた「その言葉〝性差別〟が突如として闇に光を投じた……わたしはイェールにいたパウリ・マレーを見つけ出し、面会の日取りを決めた。女性運動に通じる道をそこから歩みはじめたのだ」[*59]

数ヵ月以内にフリーダンとマレーと十人ほどの女性が結集して全米女性組織を結成する。彼女たちは公民権法時代のフェミニストの行動主義の改革に尽力した。

マレーは一度ならずフリーダンのインタビューに応じ、執筆中の著作のタイトルまで提供した。このころにはほかのフェミニストとの関係も静かに結んでいて、連邦機関や委員会内部の立場からは、女性の権利に関して、あまり穏やかではない取り組みを進めていた。パウリ・マレーは「わたしを女性の地下ネットワークに引き入れた」、とフリーダンは語った。「もっとも、わたしは地下活動をしなくてもよかった。ジョンソン政権時代は形式だけでも女性が必要になると、女性をテーマにしたベストセラーの著者として、ひんぱんにホワイトハウスに招かれていた」[*60]それでもフリーダンの目に見える活動と自立性は地下ネットワークにとって大きな資産となった。公務員は政府機関と戦うことができないけれど、ジャーナリストならできるからだ。

一九六六年六月、地下ネットワークが運動となり、マレーとフリーダンとメアリ・イーストウッドらは、ケネディ大統領によって設立された、女性の権利を拡大させるための組織、女性の地位委員会の第三回年次会議に出席した。初日の朝、フリーダンはワシントン・ヒルトンのエスカレーターで、マレーと全米自動車労働組合の指導者ドロシー・ヘナーに遭遇した。三人とも雇用における性差別を禁止する第七篇が無意味にされようとしていることを危惧していた。雇用均等委員会（ＥＥＯＣ）は性の平等の実施から撤退しつつあり、性の制約がある求人広告を、「読者の便宜」を図っているという理由で容認できるという決定をくだしたばかりだった。人口の半分を低賃金の仕事に限定する男女別の雇用は資本家に利するというのがほんとうの理由だろうと、三人とも疑っていた。白人男性の一ドルに相当する白人女性の賃金は平均で約五十セント、白人女性の一ドルと比較すると黒人女性はわずか七十セントだった。ジェーン・クロウは、黒人であれ白人であれ女性を膨大な余剰労働力源にしていた。女性が雇用主のために生み出す価値は彼女たちの給与支払小切手の価値をはるかにしのいでいたのだから。[*61] マレーとヘナーは、女性の力で雇用均等委員会に第七篇を実施させるための戦略を練ろうと、フリーダンに話をもちかけ、その夜フリーダンが泊まっているホテルの部屋で会合を開くことに成功した。

翌朝の会議でマレーは、ＥＥＯＣは職場での平等を守る行動を起こさなくてはならないと、壇上から呼びかけた。しかし、委員会は第七篇の支持をＥＥＯＣに勧告する決議案の提出すら拒んだ――女性の地位委員会は民主党政権のショーウィンドウを飾る働きしかしていなかった。怒りのエネルギーに突き動かされたフリーダンとマレーとほかの十余人の女性は、その日の会議の昼食時に小声で声をかけあい、政府機関に圧力をかけて行動させられるような新しい組織をつくろうと覚書を交わした。新たな集団はＮＯＷ――全米女性組織――と命名され、フリーダンはその使命の最初の一行を紙ナプキンに書きつけた。「今、女性をアメリカ社会の本流に送りこむために必要な行動を起こし、男性との真に対等なパートナーシップのなかで、すべての権利を行使し、責任を全うすること」と。[*62]

ベティ・フリーダンはNOWの代表となり、マレーはイーストウッド、ヘナーのほか五十人近い女性とともに共同創設者に名前を連ねた。そのなかにはワシントン大行進の卒業生、アンナ・アーノルド・ヘッジマンやプエルトリコ人の活動家、イネス・カシアーノの名前もあった。夏が終わるとマレーは、NOWを永続的な組織として構築するための作戦を練る七名の小グループに加わった。その秋に開催された第一回の会議でマレーは、女性の法的権利のみに絞りこむのではなく、貧困など、あらゆる形の社会の不正義に取り組むべきだと提言し、富の不均衡はとくに黒人女性に打撃を与えていると強調した。フリーダンがNOWの声明文の草稿を作成すると、マレーは、フリーダンが個人の「平等の権利」に焦点をあてたのに対し、社会的権力の幅広い性質に言及した。フリーダンの言葉を削除してから、「女性の抱える問題が社会正義の幅広い数々の問題点と結びついていることにわたしたちは気づいている」という文言を挿入し、NOWは「差別」だけでなく「剥奪」にも関心を向けると宣言した。[*63]

マレーは黒人女性と白人女性が連携して、富裕な男性の手に集中している権力と戦わなくてはならないと、長い時間を費やして提言した。しかし、フリーダン率いるNOWはマレーが求める黒人と白人の連携には失敗する。ましてや多民族の連携など望むべくもなかった。このように指導体制にまとまりを欠きながらも、NOWはフリーダンの掲げた課題――中流階級の女性の繁栄を可能にする――はおおむね実行に移した。ヘッジマンは貧困に特化したNOWの特別部隊の先頭に立ったが、NOWのメンバーの大半は、貧困改善プログラムに女性の雇用も組みこませるように連邦政府と戦うべきだとマレーが主張したときと同じく、しだいにヘッジマンを脇へ追いやった。そのかわりに、労働人口に加わろう

記者に語りかけるベティ・フリーダン。1967 年。（米国議会図書館印刷・写真課の厚意により転載）

としている中流階級の女性に的を絞り、いまだに女性を締め出している公共施設にはいれるようにしたり、大学院への女性の入学許可数の制限を撤廃させたり、働く母親のための国営の保育所を支援したり、さまざまな手段を講じた。貧困女性はＮＯＷの念頭にはなかった。フリーダンは男女平等憲法修正案（ＥＲＡ）の発議に挑戦したが、この法案は性の権利だけに的を絞ることになるので、当時のマレーは支持していなかった。失望したマレーは、創設に力を貸しただけでなく、いろいろな形で命を吹きこんだＮＯＷから身を引いた。マレーの著書にそのあたりの事情が書かれている。ＮＯＷは、一九六七年に理事候補名簿から自分の名を消させたＥＲＡへの一点集中によって、「人権を目指すほかの運動との強い絆をもたぬ、ほぼ〝女性の権利〟のみに自己制限した運動体になっていくだろう」ＮＯＷが採用しているヒエラルキーは「黒人の公民権運動やほかの闘争と〝正面衝突〟する」恐れさえあると、彼女は警告した。[*64]

ＮＯＷの創設者の多くは「女性のためのＮＡＡＣＰ」としてＮＯＷを設立したのに、その組織は今や人種差別と性差別と資本主義が絡みあう権力と戦うために一体化するよりも、ホワイト・フェミニスト・ポリティクスに邁進していた。フリーダンの指導のもとにあるＮＯＷでは、女性は性によってのみ阻害されている階層として扱われた。マレーは、自分を三通りにスライスして「あるときはニグロ、あるときは女性、あるときは労働者」にする運動体に参加するつもりはないと仲間に語った。[*65] 黒人女性はそのすべての前線で同時に戦わなければならないのだと。

フェミニズムの対抗史がホワイト・フェミニズムを生産的に転換させ、もっと包容力のある正義の概念のほうへ引き寄せる可能性もつかのまあったが、長続きしなかった。白人フェミニストは黒人女性を真に対等な戦略家とは見なさず、利用するべき資源と見なしつづけた。

その一方でフリーダンはNOWを性差別訴訟の象徴たる力強い組織に育てようと、ボイコットを指揮し、デモ隊を編成し、人工妊娠中絶権のために戦った。彼女はNOWの運動に「若い黒人女性、とりわけ南部の若い黒人女性が参加することを願った」が——振り返る時間が四十年もありながら——自分の願いの傲慢さにかならずしも気づいてはいなかった。一九六〇年代後半にアトランタへ出張したとき、彼女は学生非暴力調整委員会（SNCC）の女性たちに向かってフェミニスト運動への参加を奨励し、多くの学生が自分たちの優先事項は黒人を支持することであって、黒人女性を励ますことではないと主張すると幻滅した。「さすがに、彼女たちのお尻を叩きたかった」と回想したのは、なんと二〇〇〇年だ！「でも、時をおかずして彼女たちは充分に学んだ。最終的には参加したのだから」と彼女は言うが、統計はべつのストーリーを教えてくれる。ウーマン・リブ運動への支持を見定める一九七二年の全国世論調査では、黒人女性の六七％が女性の権利の大義に賛同しているのに対して、白人女性は三五％しか賛同していないことがわかった。[*66] フェミニストを自覚して運動を導いたのは、一九六三年と同じように、ここでも白人女性ではなく黒人女性だったのだ。

フリーダンの指導のもと、NOWはウーマン・リブの体裁を整えるという任務に取りかかった。要はウーマン・リブ運動を浄化するということだ。フリーダンにとっては不名誉なことに、フェミニズムには女性解放運動の成功を脅かす内なる敵がいた。排除しなければならないその敵とはレズビアンだった。彼女は自分が重視する人々――異性愛者の中流階級のアメリカ人――に影響をおよぼせる組織を結成しようとした。レズビアンとレズビアン・ポリティクスの可視化は「ラベンダーの脅威」〔訳注／一九六九年のNOW会議でフリーダンが用いた造語〕として彼女に衝撃を与えた。一九四〇年代後半と一九五〇年代、フリーダンと彼女の仲間の社会主義者たちは、「赤の脅威」を行政から一掃しようとするマッカーシズムに狩られてきた。その彼女が今、同じ手法を運動内で使っていた。フリーダンにとってレズビアンは、「本流に向けて、本流のために、本流から」語りかけるという自分の課題を危うくする「過激な男嫌い」だった。[*67]

一九六九年、女性運動の複数の派閥をまとめるためのNOW初の女性連帯会議を結成したとき、フリーダンはレズビアンの演説者をひとり残らず排除し、女性の同性愛《レズビアニズム》に関するいかなる議論も禁止して、一九五五年に結成された中流階級のクラブ、〝ビリティスの娘たち〟のようなレズビアンのグループを粛清した。それからまもなく、NOWニューヨーク支部の会報誌編集者でレズビアンのリタ・メイ・ブラウンを解雇した。運動に熱心に打ちこんでいたメンバー数名はNOWの同性愛嫌悪《ホモフォビア》に反発して辞職した。辞めたなかには筆頭常任理事もいた。[*68]

しかし、レズビアンは黙って消えようとはしなかった。リタ・メイ・ブラウンは、レズビアンの問題がウーマン・リブに不可欠なことを明確にすると決意していた。ブラウンと約四十名の女性グループは、前年にゲイ解放運動によって自然発生的に始められたとされる演劇スタイルの抗議活動「ザップ」を、NOWの女性連帯会議の第二回年次会議のオープニング・イベントとして上演した。公立学校の講堂で、出番を待っていたある活動家がライトを消してマイクを切った。彼女がふたたびライトをつけると、ほかの何十人もの活動家が通路や座席から飛び出して、自分の着ているブラウスや上着を脱ぎ捨て、「ラベンダーの脅威」を宣言する紫のTシャツをあらわにした。ラベンダーの脅威はステージに突進すると、その政治学と情熱をたぎらせて聴衆に参加を呼びかけた。彼女たちが聴衆に配った声明文には「レズビアンは爆発寸前まで凝縮された全女性の怒りである」と書かれていた。[*69]

NOWの女性たちは「罵声を浴びせるか、逃げ出すか、見なかったことにするか」判断がつかずに困惑していたと、後年ブラウンは語った。ブラウンはほどなくワシントンDCでレズビアンの生活共同体《コミューン》、〝フューリーズ〟〔訳注／ギリシア神話を由来とする〝復讐の女神たち〟の意〕をつくり、二十世紀でもっとも広く読まれたレズビアン小説『女になりたい』（中田えりか訳、二見書房、一九八〇年）を上梓することになる。だが、フリーダンはその後三十年間、ブラックパワー運動でもよく似たことがあったように、ラベンダーの脅威の活動は、もう少し穏やかな「過激なレズビアンの分派」と一緒になって運動を主流派から「遠ざける」ことを目的にした、CIAの諜報員によるスパイ活動だったと主張しつづける。[*70]

フリーダンが定めた目標は「職業、結婚、家族、家庭の再構築」だった。既存の仕組みを解体することによってではなく、そのなかにある女性の立場を変えることによって、それらを再構築しようというのだ。彼女は中流階級の女性が自由になってキャリアを積むことを望んだ。そのことが意味するのは基本的にひとつ。主婦には繁栄する資格があると白人のブルジョアの男女双方に認めさせなければならない。それはすなわち、レズビアンが消えなければならないということだ。なぜなら、彼女たちは一般的な性役割や男女間の不平等を変えるというフリーダンの使命を脅かす存在だから。自分以外の女性に向けられた彼女のこの敵対的な姿勢は誇張ではない。NOWの初期は「外の敵と内の敵」に取り囲まれていたと、本人が述べている。[*71]

一九七〇年、フリーダンは任期満了と彼女自身の慢心と短気が生んだ波紋によりNOW代表の立場から追われた。後任となったアフリカ系アメリカ人のアイリーン・ヘルナンデスは、公民権活動家にして労働組合の指導者で、雇用均等委員会（EEOC）が第七篇に従って行動を取るのを拒んだことに不満を抱いて理事を辞した人物でもあった。とはいえ、フリーダンの影響力はなおも衰えず、全米各地で成功を収めた一九七〇年の、女性の平等を求めるストライキでも名目上のリーダーを務めた。（白人）女性の投票権獲得五十年を記念するために何十万人もの女性が路上に出たこの出来事について、フリーダンがはじめて触れたのは、ヘルナンデスが自分の後任になることを公表したNOWの記者会見の最中だった。「彼女がそれを発表したとき、わたしは座っていた椅子から落ちそうになった」とヘルナンデスはのちに述べている。ただし、そんな無礼はたいして問題ではなかったのだろう。どのカメラも相変わらずフリーダンに向けられていたから。彼女の放った爆弾は自分がセンターステージに立ちつづけるという目的を遂げた。一九七一年、NOWは、レズビアニズムは「フェミニズムにとって当然の懸念」だという決議を採択したが、代表の座を降りて数年経った七〇年代の最後にヘルナンデスは、NOWは「女性であることにつきまとう不平等より大きな社会の不平等に関わる問題には、ほとんど口をつぐんできた」と嘆いた。[*72]

こうしたホワイト・フェミニスト・ポリティクスは、白人女性が、しかも白人女性だけが、万単位でNOWに押し寄せるという結果を招いた。一九七四年のある内部調査によれば、NOWの会員の九〇％が白人だった。その調査結果は一度も公表されず、NOWはその後の四十五年間でも組織の人口比を検証してきたようには見えない。[*73]

だが、レズビアン・ポリティクスが制度の変化を達成しようとするNOWの力を弱めるという懸念を公にしていた人物は、フリーダンひとりではない。フリーダンは《ニューヨーク・タイムズ・マガジン》の一九七三年のある号に、女性運動における自分の役割を美化する文章を寄せ、レズビアンはフェミニズムを「操作」して「性嫌悪への熱狂」に陥れようとしたと、ここぞとばかりにこきおろした。ティ・グレース・アトキンソンやNOWの全米副代表のトニ・カラビロなど、著名なフェミニストから怒りの手紙が続々と編集部に届いた。活字となったそれらの抗議は、同性愛に関するフリーダンの見解を一様に批判していた。ただし一通だけ、そうではないものがあった。パウリ・マレーは、つい二週間まえにパートナーのアイリーン・バーロウが世を去って哀しみのなかにあったにもかかわらず、タイプライターに向かい、書きあげた手紙をすぐさま《ニューヨーク・タイムズ・マガジン》に送った。フリーダンの論は「穏健で、理路整然として、妥当」であるとマレーは擁護した。彼女の意見には、一九四四年、女子学生を締め出すハーヴァード・ロースクールに異議を唱えるように「故エレノア・ルーズベルト」に最初に励まされたフェミニストであるとの自信の裏付けがあると。運動を「レズビアンが占領」すれば敵対者の力を強めるだけだと、マレーはフリーダンに同調した。「極右反共主義者や人種差別主義者や隔離主義者や超保守主義者には、フリーダンとその同志のほうが……いわゆる革命的フェミニストよりはるかに脅威」だとわかっている。彼女たちは内側からシステムを改造しようとしているから。レズビアンは女性のなかの「少数派にすぎない」とマレーは結論づけた。「レズビアンに特化した平等の問題」は、だから「フェミニストの問題」のレベルまで達しないのだと。同性愛は「あくまでも個人的な事柄」であると、マレーとフリーダンは声を揃えて表明した。[*74]

同性愛がフェミニズムにとって有効な政治課題ではないとするマレーとフリーダンの共通の信念は、

活動家としての共通のルーツに端を発しているのではないだろうか。ふたりとも労働組合や社会主義の組織を通して社会運動にはいった。組織であれば経済問題をあらゆる政治的関係の基本線ととらえるのは当然だし、唯一大事なのはその構造だろう。フリーダンもマレーも旧左派の枠組みに対して意義深い刷新をおこない、それを性の正義という領域に、さらにマレーにとっては人種の正義という領域に追いこんだわけだが、同性愛はこのふたりにとって歴史がない、権力の構造的な利用や悪用との関連もないものだった。同性愛は寝室の問題でしかなかったのだ。

一九八一年、カンザスシティでの講演でフリーダンが家族改革について語ったあと、聴衆のひとりのレズビアンが迫った。

「なぜゲイやレズビアンの家族についてもっと語らないのですか?」とその女性は質問した。

「それは性の問題であって政治学ではないからです。もしくはそうあるべきだからです」とフリーダンは答えた。[*75] 運動からレズビアンを排除しようとする自身の取り組みにまつわる皮肉——まさに政治学そのもの——が彼女の頭からは抜け落ちていたらしい。

マレーとフリーダンは公的な姿勢を共有する一方で、フェミニズムにおけるクィアネス〔訳注/非規範的なジェンダーやセクシュアリティ〕の役割には、それぞれまったく異なる個人的な利害関係をもっていた。マレーが自身の著作で、自分の戦いの先にいる人々を指すときに人種や性の差別被害者とともにしばしば用いたのは「社会的少数者」という言葉だった——おそらくは、彼女自身のように性やセクシュアリティの規範からはずれている人々を暗に指していたのだろう。一九七七年に一度、マレーのセクシュアリティについて憶測した米国聖公会の主教を批判する手紙のなかで、そもそもクィアネスについて語る権限が主教にあるのかと問いただしたことがあった。「あなたはセクシュアリティについて

——ヘテロセクシュアリティについて、バイセクシュアリティについて、ホモセクシュアリティについて、トランスセクシュアリティについて、ユニセクシュアリティについて——実際になにをごぞんじなのでしょう？　代謝不均衡《メタボリック・インバランス》については？……メンタルヘルスへのさまざまな取り組みについてはどうですか？」今しも公にトランスジェンダーの人々と一緒に行動するつもりだといわんばかりだ。しかし、その数行は削除され、手紙は投函されなかった。[*76]

公の場でのマレーは依然として、性に関する世間体の境界を越えることなく運動と自身の経歴を維持することにこだわった。また、彼女の優先課題である制度を内側から変える重要な機会を拒否されたのは、たぶん自身のクィアネスが理由だったようだ。一九六六年、マレーはＥＥＯＣの理事に指名されたが、ＦＢＩの人物調査に合格できなかった——そのうえ、ＦＢＩが彼女の性自認や恋愛関係、一九三〇年代から一九四〇年代にかけての社会主義者との連携、心の健康を害した病歴まで調べ尽くしたらしいとわかって心底ショックを受けた。一九八〇年代前半、死に向かうなかで二冊めの自伝を著したマレーは、それまでの恋愛歴と、女性より男性に近い自己認識をずっともちつづけていたことに少しでも触れた部分を削除した。生涯のパートナーだったアイリーン・バーロウについても「もっとも大切な友人」のひとりとしか書かれていない。マレーにとってジェンダーとセクシュアリティは公にする問題ではない。だから権力の交差について述べるときにもその部分はふくまれない。たとえ彼女が一貫して、男性か女性か、黒人か白人かという二元的なアイデンティティに対する社会的期待に抗って突き進んできたのだとしても。[*77]

フリーダンはどうかといえば、フェミニズムにおけるセクシュアリティの役割には敵対する立場をつらぬいた。自分自身の性の解放と男性への激情を記すという選択を除いては。もしかしたら、そのように異性愛を公表したことで、時が経つにつれ、彼女個人にとってゲイの権利は以前ほど脅威ではなくなっていったのかもしれない。彼女はレズビアンの権利をあきらかな大義と認めるにいたり、決定的な場面で驚きの支持をした。一九七七年、ヒューストンで開かれた全米女性会議に、レズビアンの権利を支持する決議案が提出され、激しい議論になった際、フリーダンは起立してこう宣言した。「わたしがレズビアンの問題に大反対していることはよく知られておりますが……ここで優先したいのは、男女平等憲法修正案（ＥＲＡ）を通過させることです。そして、ＥＲＡのなかに同性愛者を守る文言がない以上、わたしたちはレズビアンの女性を手助けしなければならないと考えます」[*78]

パウリ・マレーは一九六〇年代後半と一九七〇年代の急進的な政治学とはそりが合わなかった。マサチューセッツ州のブランダイス大学でアメリカ研究の教授となったマレーは、アフリカ系アメリカ人のフェミニズム思想家に注目した講座を国内ではじめて設けた。つけ加えると、マレーの在職権は、彼女の研究を「才気と構想力」に欠けると批判する在職権審査委員会に対して徹底抗戦を仕掛けたすえに獲得したものだった。しかし、盛り上がりつつあったブラック・ナショナリズム運動のなかで、マレーは学生たちと衝突した。制度の変化を勝ち取るために黒人フェミニストと白人フェミニストの連携を望んだのとまったく同じように、マレーは運動の目に見える急進化ではなく黒人社会と白人社会との統合を望んだ。彼女はまた、「ブラック」という言葉の再利用に強い違和感を覚え、「ニグロ」のアイデンティティを主張した。どちらの姿勢も学生たちを激高させた。一九六九年、学生たちから出されたアフロ・アメリカン研究講座の開講にマレーが反対すると、優秀な学部生のひとりが「ブラック連帯」と叫びながら憤然と教室から飛び出した。その学生、パトリシア・ヒルは、法学の分野にあったインターセクショナリティ理論をフェミニズム運動に持ちこんだ貢献者たる学者、パトリシア・ヒル・コリンズとして有名になる。[*79] マレーの古風な手法は学生から反発を受けたとしても、結果的にマレーは次世代のインターセクショナル・フェミニストを育てたことになる。

だが、マレーの宿命でありつづけたものは、学究的環境でも出版された詩集でもなかった。破壊するべき障壁はほかにあった。一九七三年、アイリーン・バーロウが癌で世を去るとマレーの希望は潰えた。マレーは十字架のまえに跪き、「静かなパートナー」であり「魂の友」だった人の柩に両手を置きながら、エネルギーが体を突き抜けるのを感じていた。三十歳のときから聖公会の熱心な信者として活動し、バーロウとも十五年間、信仰を共有してきたマレーにすれば、魂が触知できるようになるのは偶然でもなんでもないとわかっていた。それは神への奉仕の求めだった。ところが、当時の聖公会は聖職者、つまり、教会がカトリシズムのみと分かちあっている地位に、女性を就けることを認めていなかった。それでもマレーは収入が八〇%減ることを受け入れて、とにもかくにも神学校に入学し、一九七七年、六十六歳にしてアフリカ系アメリカ人の女性で初の米国聖公会の司祭となった。同月、聖公会ははじめて女性を牧師に叙任した。マレーが牧師として最初に聖餐式を執りおこなうときには、CBSの夕方の番組で特集が組まれた。マレーは個人的に深いつながりのある教会を選び、奴隷だった祖母のコーネリ

パウリ・マレー牧師。スーザン・ムラーリー撮影。（撮影者の厚意により転載）

アが洗礼を授けられたノースカロライナ州の教区教会で儀式に臨んだ。[*80]
法律や学術的環境と袂を分かったことはマレーの政治的方策の重要な転換だったが、戦略上の変化と一概にはいいきれない。生涯を通じて深い信仰に導かれた彼女は、さまざまな形で権力と格闘し、人種と性の名のもとに行使される不正義と制度や法律や組織のなかで戦ってきた。精神生活への転換は、それまでのあらゆる形での権力との根本的な関わりの延長と考えられるかもしれない。マレーにとって権力は厳密には現世的ではなく、宇宙の存在までおよぶものだった。マレーはみずからの政治学と信仰を結びつけるなかで、正義の究極の調停者として神との関係を育むフェミニスト行動主義の長い伝統を継続してきたのである。フランシス・E・W・ハーパー、ハリエット・ジェイコブズ、ジトカラ・サからマレーへと通じる活動家によって理論化されたインターセクショナル・フェミニズムは、物質と神聖の両面の権力との新たな関係を切り抜けながら、肉体の「硬直した鋳型」の向こうまで広がっていく。彼女はその終着点を目指して黒人神学とフェミニスト理論を結びつける初の研究書を出版した。[*81]
「自分は神の子だ――神の姿に似せてつくられている――とわたしが言うときは、〝ブラック・イズ・ビューティフル〟〔訳注/公民権運動のスローガン〕の意をこめています」一九七五年のある宗教的集会のまえの説教でマレーは語った。「それはホワイト・イズ・ビューティフル、レッド・イズ・ビューティフル、(そして)イエロー・イズ・ビューティフル、ということなのです。自尊心を支えるために自分の性を――男性であろうと女性であろうとその中間であろうと――ことさら申告する必要はわたしにはありません」[*82]すべては神と結びついていて、すべては等しく価値があった――生物学的な性の二元論を否定する人々もふくめて。
対照的にホワイト・フェミニスト・ポリティクスは、一般的にそれ自体を物質的な側面に限定し、現世的な合理主義や科学的な近代性や資本主義社会のヒエラルキーを、人間存在を最適化するための手法として強調しがちだ。白人フェミニストの課題のなかで、権力は機会と平等を最大限に引き出すために獲得されるものになる。その地平線上にあるバイオポリティクスは、少数の人間の健康と潜在的可能性を高める一方で、多数の人々から収奪し、彼ら／彼女らを枯渇させ、廃棄する双生の運動なのだ。

# 第六章　TERFの門番とトランス・フェミニストの地平

## ジャニス・レイモンドとサンディ・ストーン

トランスセクシュアルな体と出会うこと、出生時の性別と異なる性の意識の訴えを理解することは、自然の秩序の構成を暴く危険を冒すことだ……この不穏な知らせの運搬人として、わたしたちトランスセクシュアルはしばしば他者の苦痛のために苦しむ……わたしたちは自然にあることの特権を諦めてはいるけれど、阻止されてはいない。なぜなら、わたしたちは、自然そのものからこぼれ出るカオスや闇と同盟を結んでいるのだから。

――スーザン・ストライカー「シャモニー村の上空でヴィクター・フランケンシュタインとした約束」

一九七三年四月、憤怒と恍惚に同時に包まれた千五百人の女性が、煉瓦とパームツリーに彩られたカリフォルニア大学ロサンジェルス校（UCLA）のキャンパスに結集した。「いよいよ始まる。ヤバい」と、主催者のひとり、バーバラ・マクリーンはひそかに手帳に書き留めた。金曜日の夜のコンサートが西海岸レズビアン会議（WCLC）の幕を開けようとしていた。「まるでコンセントに差しこまれたような感じ」を味わいながら、彼女が楽屋から見やると、すさまじい数の女性がUCLAのムーア・ホールの座席を埋めつつあった。ショートヘアでブラをつけず、中性的な格子柄の服を身に着けた自由闊達な女性たちのほとんどは白人女性だった。[*1]

マクリーンと共同主催者は、レズビアンの統一的な政治課題を確固たるものにすることを目的にした合衆国で最大のクィア女性集会をそこに実現させた。レズビアン・フェミニストであるということは、だれとデートをするかということよりずっと重要だった。それは人の体や欲望やコミュニティから家父長制をえぐり出すことなのだ。レズビアン・フェミニストの多くはこの世界に存在するための過激で斬新な流儀をつくろうとしていた。もしかしたら、それが今夜、UCLAで現実となるかもしれない。だが、実際にはこの夜の西海岸レズビアン会議は、その先の数十年を予兆するような、ほとんど分裂に近い激しい内部対立で名を馳せることになる。

集会が始まって二時間経ったころ、白人のフォーク歌手、ベス・エリオットがアコースティックギターを肩からさげてステージに登場した。このときエリオットは二十一歳、会議の運営委員会のメンバーで、全米で最初に発足したレズビアン組織〝ビリティスの娘たち〟のサンフランシスコ本部の副代表も務めていた。彼女はレズビアン・フェミニスト文化のもつ遊び心と自由と美意識を大切にしていた。それは蔓延するミソジニーの真っただなかで女性への深い愛と女性の能力を育み、ユーモアのセンスを育てる流儀だった。「そうね、もし、セクシストの曲が好みなら」と囁くように彼女は歌いはじめた。「カントリー・ミュージックが最高よ。女たちが歌ってるわ、男は王さまで、虐げられるのが嬉しいって」[*2]

しかし、エリオットがレズビアン運動で活躍することをみんなが認めているわけではなかった。彼女が用意されている椅子に腰をおろすと、ふたりの女性がいきなり現れてマイクをひったくった。「彼はトランスセクシュアルのレイピストです！」とひとりが叫んだ。「このステージに上がる権利はない！」

「それはちがう！」とべつの女性が言った。「彼女は女性です！　女性であることを選んだのだから！　なんの権利があって、あなたは彼女のセクシュアリティを決めるんですか?!」[*3]

聴衆席は見るまに大混乱に陥った。何人かの女性がステージに駆け上がってエリオットに襲いかかろうとしたが、ほかのパフォーマーふたりがこれを阻み、ふたりして殴打を食らった。[*4]

最後に少人数のグループがステージを占拠し、反対意見を表明した。「ベス・エリオットがここでパフォーマンスを実行できないなら、だれにもできません」[*5] 聴衆を鎮めるために主催者のひとりが、エリオットが予定どおり歌を披露するのを認めるかどうか多数決を取ろうと提案した。大勢の仲間のうちのひとりがエリオットの隣に座って手を握った。圧倒的な数の聴衆がエリオットにパフォーマンスを続けてもらいたいと望んだ。

エリオットはギターをかき鳴らしはじめたが、ひとりの野次が怒号に変わり、歌声もギターの音もかき消された。エリオットがステージに上がる権利はふたたび投票に託された。そしてふたたび、聴衆は彼女のパフォーマンスを選び、今度は三対一で勝利した。彼女の甘い歌声がホールに響きわたった。彼女の体は震え、怒れる女性九十人は抗議の意を示して足音も荒く会場から出ていったけれど。[*6]

このとき聴衆席にいて、西海岸レズビアン会議におけるエリオットの存在にことさら怒りをあらわにしたのが、女性間の連帯《シスターフッド》に関する著述で知られる元子役スター、ロビン・モーガンだった。モーガンは翌日に会議の基調演説をおこなうことになっていた。彼女の目には、「おばあちゃん眼鏡をかけて、母なる大地のような衣装をまとったキザな男」が、レズビアン・フェミニズムのユートピアの真んなかに不和の種を蒔いたと映った。モーガンは夜半までかかって基調演説の原稿を書きなおした。彼女にとってその演説は、レズビアン・フェミニズムという政治課題の設定を手助けする重要な意味をもっていた。大事なその原稿は「昼も夜もスタントンとアンソニーの霊が見張る秘密の貸金庫に保管して」後世に残さなければならない、とモーガンは冗談めかして語った。[*7]

翌朝のモーガンの演説はキャンパスの中庭でおこなわれた。大いに人目を惹く八十七段の階段セットを三分の一ほど上がったところに彼女のための演壇が設えられた。モーガンはこう主張した。自分は「ファゴット・エフェミニスト」〔訳注／ゲイのフェミニスト。faggot はゲイを意味するが、一般的には差別語として認識されている。effeminist は effeminate と feminist を合わせた造語〕と結婚しているが、「政治的レズビアン」としての資質はある。[*8] さらに、聴衆に向かって断言した。レズビアン運動に身を置く資格も自分にはある。だが、ベス・エリオットにその資格はない。

「男性を〝彼女〟と呼ぶつもりはありません」モーガンは痛烈な非難を展開した。「男性中心の社会で苦しみながら生き延びてきた三十二年間で、わたしは〝女性〟という呼称を獲得しました。女装した男性が通りを歩いて五分間の嫌がらせを受けたからといって（それが愉しいのかもしれませんが）、大胆にも――あつかましくも――わたしたちの苦しみがわかるとでも思っているのでしょうか？　いいえ、わたしたちの母の名において、そして、わたしたち自身の名においても、彼をシスターと呼んではなりません。白人が黒塗りのメイクをすれば、どういうことになるかをわたしたちは知っています。男性が女装しても同じことです」[*9]

モーガンはホワイト・フェミニズムが好む修辞の新ヴァージョンを生み出した。女性を黒人に喩えるアナロジーを。ここでは人種差別的な揶揄とジェンダーの移行が同列に扱われている。このアナロジーが定着することになる。

「わたしは彼を日和見主義者として、侵入者として、破壊者――レイピストの精神構造をもった――として告発します」モーガンは非難を続けた。「みなさんは彼を自分のワークショップに迎えることはできます。あるいは、彼と取引することもできます」モーガンのスピーチは割り当てられた時間の二倍になった。[*10]

バークレーから来たトランスフォビックなレズビアン集団、ガター・ダイクスは司会を務めるバーバラ・マクリーンの邪魔をして、モーガンの長い演説を続けさせた。

どんな形であってもトランスジェンダーの権利に反対するトランス排除ラディカル・フェミニスト（TERF）は、レズビアン・フェミニストの革命に到達した。西海岸レズビアン会議での対決はレズビアンの新聞や雑誌でたちまち広まり、その後何年も続く戦いの火蓋が切られた。多くの人は会議の主催者で作家のマクリーンと同様に、ベス・エリオットには女性が女性を愛するコミュニティのメンバーになる資格があると主張した。これに対してロビン・モーガンに代表されるような人たちは、エリオットを運動の敵と見なし、戦線を張った。モーガンは、レズビアン・フェミニストのコミュニティが発行する広報誌のフォトコピーの読者の何倍もの聴衆を集められた。ベティ・フリーダンがレズビアンの権利をしだいに認めるようになっても、ホワイト・フェミニズムの内部にはトランスセクシュアルの女性という新たな不安材料が生まれていたのだ。

TERFの怒りはすぐさまエリオットから女性の音楽業界にいるべつの標的に移った。一九七〇年代なかば、レズビアンの音楽レーベルとして愛されていたオリヴィア・レコードに、サンディ・ストーンという名前のトランス女性の録音技師が招かれ、そのコミュニティに加わった（原注／〝TERF〟も〝トランス女性〟も二十一世紀になってからの造語である。過去の歴史を伝える部分に新しい造語を使うのは、トランスジェンダーの権利のための現在進行の戦いには、反トランスとトランス支持のフェミニズムやコミュニティの継続性を経時的に認識することが必要と考えるからだ）。オリヴィア・レコードにおけるストーンの存在は熾烈な闘争の核心となり、レズビアン・フェミニスト運動にトランス女性が参加することへのＴＥＲＦの反対の規模と深刻度を浮き彫りにした。反対者のなかでだれよりも大きな影響力をもっていたのが、修道女から学者に転身したジャニス・レイモンドだった。彼女が発表したトランスセクシュアリティに関する悪名高い研究論文は、何十年間にもわたってＴＥＲＦのアジェンダとなった。

　トランスセクシュアルの権利は一九七〇年代の新しい論点だったが、ウーマン・リブ運動内部の反対者は、ホワイト・フェミニスト・ポリティクスの長い伝統を利用した。ＴＥＲＦは、女性の人生を形づくる主要素は性差別で、女性たちはその共通の体験で結ばれているというファンタジーのもとに結集しながら、男性は抑圧するだけ、女性は抑圧されるだけという厳格に二元論的な世界を考えついた。トランス女性は生物学的な女性として成長する万国共通の苦しい体験をしていないのだから、男性であり抑圧者だというのがＴＥＲＦの言い分だ。ＴＥＲＦは、ゲイ・リブ運動の時代に向けてホワイト・フェミニズムを更新しようと、トランス女性をウーマン・リブから、とりわけレズビアン分離主義のコミュニティから排除するという新たな浄化計画を立てた。

　しかし、ＵＣＬＡで二度の投票の結果、聴衆の大多数がベス・エリオットがステージに残ることに賛成したように、ＴＥＲＦの立場がフェミニズムのなかに普遍的に受け入れられることはけっしてなかった。今日では、七〇年代のフェミニズムは強度のトランスフォビアに陥っていたと誤って解釈されることが多い。たしかに今日にいたるまで、ＴＥＲＦイズムがその対抗史の存在を押し流し、トランス女性が運動に果たした役割を消し去り、闘争の一時期を白人フェミニストの単一の歴史に均してしまう危険はあるが、トランス女性とその仲間は、モーガンやレイモンドに比べて発言の場ははるかに少なくても、女性であることの道はひとつしかないとするTERFの主張に敢然と反撃した。[*11] 彼女たちが進めた性とジェンダーと権力のより広範な解釈が、インターセクショナル・フェミニズムの重要な流れをつくっている。

西海岸レズビアン会議から二年後、三百五十マイル北のサンタクルーズにあるステレオ修理店に、レズビアン・ミュージシャンの一団がはいっていった。その店、〝オドの魔法使い〟はレズビアンの溜まり場で、店というより共同体に近かった。壁を飾るチラシ。ソファでくつろぎながら互いの人生に追いつこうとしている女たち。サンディ・ストーンという名の主人は博識なテクノロジーの達人で、オーディオ機器の修理の仕方を共同体のメンバーに教えていた。カリフォルニアの海岸地帯での安上がりな生き方が流行っていたあの時代、月に五台のステレオを修理すれば家賃を支払えたし、中古の機材を売れば追加の収入になった。

カウンターのうしろのステレオに埋もれていても、ストーンには人の目が店の入り口から覗きこんでいるのがわかっていた。彼女の頭の上のほうの壁に貼られた小さな紙には「心の相談5セント」と書かれていた。

「いらっしゃいませ」ストーンは黒人と白人の小グループを見上げた。

「オリヴィア・レコードの者です。あなたはレコーディング・エンジニアだそうね。オリヴィア・レコードの音楽づくりに携わってくれる女性を探しているの。わたしたちと一緒にやってみる気はないかしら?」[*12] オリヴィア・レコードは、リタ・メイ・ブラウンが女性たちのグループとワシントンDCの家で営んでいた共同体、〃フューリーズ〃が解散したときにメンバーで立ち上げた音楽レーベルだが、今や国内最大の女性だけの音楽レーベルとなり、レズビアン分離主義運動の拠点でもあった。リンダ・ティラリー、ジュディ・ドルガーチら、〃フューリーズ〃のメンバー数名は、ABCテレビの録音スタジオにはじめて雇用された女性のレコーディング・エンジニア、レズリー・アン・ジョーンズからストーンの技量の高さを聞きおよび、ワシントンDCからはるばる車で会いにきたのだった。

「ええ、ぜひ！」とストーンは答えた。一週間ほどまえにオリヴィアのメンバーから電話があり、彼女たちが訪ねてくることはわかっていた。「でも、話を先へ進めるまえに、わたしがトランスセクシュアルだということを伝えておいたほうがいいと思うの」

「ええ、知っているわよ」彼女たちは平気な顔でそう言った。[13]

ストーンは華々しい経歴をもつレコーディング・エンジニアだった。そのキャリアは八年まえの一九六八年、創業まもないマンハッタンのレコード・プラントのスタジオから始まった。それからまもなく伝説となるレコード・プラントは、最先端の音響機材の修理ができる技師を求めていた。スタジオにある〈スカリー〉の12トラックのような機材などそれまで一度も見たことがないストーンだったが、テクノロジーの天賦の才には恵まれていた。なにしろハイスクールを卒業したばかりの一九五五年、初の半導体メモリ《SSD》搭載のコンピュータを製作するチームの一員に加えられたほどで、カンザス州のトピカでは高名なメニンガー・クリニックで、九官鳥に言葉を教えながら聴覚に関する研究の研究員として働いた経験もあった。三十代前半になるとロックンロールのレコーディングに関わりたい気持ちが芽生えた。レコード・プラントの面接では、まだ小学校のときに独学で習得した技術を用いて12トラックの説明書を速読してから、その音響機材に近づき、二分間で修理をやってのけた。レコード・プラントの所有者ゲアリ・ケルグレンは、驚きのあまり顎が床にとどかんばかりに開けていた口をなんとか閉じ、彼女の雇用を即決した。ストーンは夢を追いかけてニューヨークへやってきたばかりで、まだ住む場所も決まっていなかったので、ジミ・ヘンドリックスの古いマントにくるまって会社の地下室で寝た。[*14]

レコード・プラントの仕事を始めて三週間経ったころ、「ストーン・フリー」ほかヘンドリックスの曲を何曲もレコーディングしたエンジニアのトップが勤務中に病に倒れ、ストーンにあとを引き継いでほしいと強く要望した。ストーンはまだ一介の修理担当にすぎなかったが、レコーディングやミキシングのあいだ、心を奪われたように見つめていることにスタジオにいる全員が気づいていた。操作卓《コンソール》のまえに座った瞬間、ストーンは電気を起こした。ブルーのエネルギーが自分の体から放射状に広がるのが、ジミやほかの人たちにもときおり見えているのを彼女は感じていた。[*15]

ケルグレンは最終的には子会社のひとつをストーンにまかせたがったが、ストーン自身は音楽に直接関わっていたかった。ニューヨーク州北部で催されたLSD《アシッド》パーティで、心理学者のティモシー・リアリーの支援者で金まわりのいい人物が、チャーター機で西海岸へ向かうことに興味がある野心家はいないかと持ちかけると、ストーンは手を挙げた。翌朝、LSDの幻覚から覚めたときには、サンノゼ空港の縁石に座りこんでいた。彼女はそのままカリフォルニアにとどまった。エンジニアとしてのそれまでのキャリアがサンフランシスコとロサンジェルスへストーンを導き、クロスビー、スティルス&ナッシュ、ジェファーソン・エアプレイン、それにヴァン・モリソンのアルバム「テュペロ・ハニー」のレコーディングとミキシングを担当したほか、グレイトフル・デッドやバーズなどとも、多くはドク・ストーチの名で仕事をした。[*16]

彼はドク・ストーチとして昔からのロックンロールの夢を叶えたけれど、相変わらずふだんは床で寝ていた（原注／後述のとおり、サンディ・ストーンは、性別二元論も生得の性を露見させないパッシングも拒否することについて画期的な説を立てている。ここではそれに倣って男性代名詞を使用する）。また、四歳か五歳のころから夢を見はじめて以来——夢に出てくる彼はいつも少女だった——自分のなかではわかっていることに対処するための行動を起こさなければ、今の体のままで死んでいくことになるのだという苦しい気持ちを振り払うことができなかった。そこでジェファーソン・エアプレインの結成時のリーダーでヴォーカルのマーティ・バリン、とくにデイヴィッド・クロスビーとグラハム・ナッシュ、ほかにも一緒に仕事をしたミュージシャンたちの支援を受けて性別移行を始めた。だが、もっと範囲を広げたクィアのフェミニスト・コミュニティを欲して、一九七四年、自由な気風で有名なサンタクルーズへ引っ越し、タウンモールにある家電のチェーン店でステレオ修理という手軽で気楽な仕事を見つけた。性別移行を始めていると慎重に雇い主に説明すると、即座に馘《くび》にされた。そこで彼女は通りの真向かいに〝オドの魔法使い〟をオープンするという対抗手段を取った。二年も経たないうちに、彼女と彼女を中心に急速に育った共同体は通り向かいのチェーン店を廃業に追いこんだ。「あの店には自滅の要素が複数あった」とストーンはのちに振り返った。「まずひとつは、もうだれもなにかを修理してもらいにあの店へは行かないということだった」[＊17]

オリヴィア・レコードはレコード・プラントとはまるきりちがっていた。ドラッグを使用しながらヘンドリックスをはじめとするミュージシャンとレコーディングするのは最高だったが、組織としてのプラント・レコードの構造は多かれ少なかれふつうの会社と似たようなもので、クライアントはいずれも全米屈指のミュージシャンだった。対するオリヴィアは正真正銘の共同体で、レズビアンの共同生活を築きながら、レズビアン・ミュージックを全米に流通させていた。オリヴィア・レコードはロサンジェルスのウィルシャー大通りの一ブロックに三軒の家を借り、メンバーは生活もレコード制作もそこでおこなった。経費はすべて分担、利益はすべて分配、炊事や掃除も当番制だ。オリヴィアの音楽にある政治性と、彼女たちのレコード制作と流通の物質的環境は、サウンドそのものと同じだけ重要だった。この現実によって、オリヴィアの共同設立者のメグ・クリスチャンや、とくにクリス・ウィリアムソンがいくらよく通る澄んだ声をもっていようとも、レコードに刻みつけられるとそこに静かで濁った意味が生まれた――ボニー・レイットは、はじめて聞いたウィリアムソンの歌声は「まるでチェロの上に蜂蜜がぽたぽた落ちているかのようだった」と述べている。[*18]

〝オドの魔法使い〟でのその最初の出会いのあと、ストーンはオリヴィア・レコードで一年間、試験的に働くことになり、女性だけで編成されたロックバンド、ビビ・クロークのアルバムのレコーディングや、ウィリアムソンの大ヒットしたアルバム「ザ・チェンジャー・アンド・ザ・チェンジド」の再ミキシングを担当し、ロサンジェルスにあるオリヴィアの家に寝泊まりした。

政治性と音楽を同時につくることに慣れていないストーンは、最初のうちはスタジオで的はずれなことばかり言っていた。

「彼女がうまくできないなら、できる人を入れるべきよ」レコーディングの最中にそう言ったこともある。

「座って口を閉じてなさい」と共同体のメンバーは言い返した。[*19]

こうしたシスターフッドを経験するのははじめてではなかった。ストーンはアマゾン9と称する冒険心に富むアウトドア派のレズビアン・グループの一員で、アラスカの北極圏の北で飛行機から降ろしてもらい、十三日間カヤックを漕いでコバック川をくだったこともあったが、レコーディング・エンジニアとしての才能と女性文化への思い入れを結びつけることができずにいた――このときまでは。これこそがオリヴィアの特質だと得心すると、受け入れるのに時間はかからなかった。「技術的な完成度よりシスターフッドの精神を自分のものにすることのほうが大事だった」そして試用期間が終わった一九七六年、オリヴィアはストーンとともに新たな構想を進めた。ストーンはオリヴィアの家の居間のひとつを改造して学校にし、新世代の女性レコーディング・エンジニアにサウンドデザインを教えるだけでなく音響装置の開発や設計もできるように訓練したいと思った。[*20]

オリヴィア・レコードは、種類を問わずゲイの生活のほとんどが閉ざされたドアのうしろで営まれている時代に、レズビアンであること自体を感じ取れる現実にした。ホモセクシュアリティは、オリヴィアの共同体がつくられたのと同じ一九七三年に、精神病理学の『精神疾患の診断・統計マニュアル』から除かれたにすぎなかったが、女性同士の愛を官能的に歌ったウィリアムソンの「ザ・チェンジャー・アンド・ザ・チェンジド」はそれから二十年間、独立レーベルで制作されたアルバムとして全米トップの売り上げを示す一枚となった。オリヴィアのメンバーはレズビアン・シスターフッドの調整役の役割を真剣に果たしていた。共同体のメンバーで歌手のテレサ・トラルの熱心なファンが十六歳のときに熱烈な手紙を出したところ、長い返事を受け取った。女性専門の書店にある十代向けの本を薦めるトラルの言葉で埋まっていたという。[*21]

「ワイズ・ウィミン」、「リーピング・レズビアン」、「オーデ・トゥ・ア・ジム・ティーチャー」といったレズビアンをテーマにしたフォークソングは、社会の主流が家父長制の観点から奇怪と見なすものをエロティックかつポリティカルな歌として再生した。しかし、オリヴィアはフォークソングだけをつくっていたのではない。初期のメンバーのリンダ・ティレリーのような黒人歌手を通して、オリヴィアは女性の音楽をそのアコースティックの心地よい世界の向こうへ押し進め、ジャズ、ソウル、ゴスペル、ファンク、さらには白人と黒人のミュージシャンによる詩も手がけた。一九八六年発売の黒人レズビアン、パット・パーカーの話し言葉によるLPは、抑圧者は男性のみだとする白人フェミニストの神話と正面から対峙した。語り手のパーカーは白人のガールフレンドのまちがいをこう正す。「シスター、あなたの足のほうがわたしの足より小さいわ。だけど、その足はいまだにわたしの首を踏んづけているのよ」[*22]ショーで物議を醸したこともあった。テレサ・トラルが、受け入れがたい女性抑圧の象徴とされる口紅をつけて舞台に上がったのだ。

こうしたオリヴィアの突出はストーンの存在が避雷針になっていることを意味していた。ある日、大学の合格通知の書類一式か裁判所の召喚状でもはいっていそうな大判のマニラ封筒が、オリヴィアのもとに送られてきた。送り主はボストン・カレッジで倫理学の博士号の取得を目指しているカトリックの元修道女のジャニス・レイモンド、中身はトランスセクシュアリティに関する論文の一章だった。目下、著名なフェミニスト神学者のメアリ・デイリーのもとで修学中だという。レイモンドのその論文では、性転換者《トランスセクシュアル》は性別による型どおりの役割と搾取的な医療的権力の両方を備えた危険な手先と語られていた――彼女にとってトランスセクシュアルとは女性になりすましている男性という意味だった。分離主義コミュニティに属するトランスセクシュアル・レズビアンは、女性の体を所有して、その空間に侵入するレイピストに似ているとレイモンドは主張した。共同体のメンバーは気分を害したが、ストーンに倣って「またどこかの変人が似非《えせ》科学論文を書いている」と、すぐにこの一件を忘れることにした。[*23]

しかし、その封書は前兆だった。それからほどなく嫌がらせの手紙がオリヴィア・レコードに届きはじめた。送り主の名前が頭文字だけの手紙には、執着する共通のテーマがあった。オリヴィアから発売された新しいアルバムにある「男の」音――派手なドラム音をふくむミキシング――が聞くに堪えないというのだ。そうした音は手紙の主たちには不愉快に「震動する男のエネルギー」に感じられた。ストーンははじめは性別化された音という考え方の矛盾を笑い飛ばしていた。共同体のみんなが自分たちの発表するレコードの質に誇りをもっていたから。ところが、月を追うごとに手紙の山は積み上がり、一日に四、五十通も送られてくるようになった。嫌がらせの口ぶりも変化し、ストーンを殺すという脅迫や、共同体を構成する十人ほどの女性たちに対する深刻な暴力行為の予告にエスカレートした。[*24]

　オリヴィア・レコードからストーンを追い出すための組織的な努力がぬかりなく始まっていた。オリヴィアの初の全国ツアー――主催者もステージのパフォーマーも裏方もすべてレズビアン分離主義コミュニティに属する、レズビアン・ミュージック初の全国ツアー――が迫っていた。経費を抑えるため、ストーンは、マイクスタンドからミキシングボードまで、ツアーの音響装置のほとんどを自分で製作した。ツアーの出発を目前にしたある日、かつてない具体的な脅迫状が届いた。ラディカル・レズビアンの自警団、〝ゴルゴンズ〟〔訳注／ギリシア神話に登場する醜怪な魔女の三姉妹〕がシアトルのショーに乗りこんでサンディ・ストーンを殺すという内容だった。

　ストーンはこのときもまた笑い飛ばした。魂胆が透けて見える馬鹿げたシナリオには信じるに足る危険など見いだせなかった。だが、このときも、周囲の人間に訊いてまわるにつれ、共同体のメンバーの笑いはすぐに生々しい恐怖に押しやられた。迷彩服を着て頭髪を剃りあげ、武器を持ち歩く〝ゴルゴンズ〟は、深刻な脅威だった。ストーンは共同体に個人的な事情を打ち明けざるをえないと感じていた。外科手術を受けるだけの金銭的余裕はまだないが、スタンフォード大学の性別違和《ジェンダー・ディスフォリア》プログラムで性別移行のプロセスを承認されていることを。治療を受けていることを内密にしているうちに、共同体が手もとに残っている資金をかき集めてくれて、ツアーの出発のちょうど一週間まえ、ストーンは手術を受けた。[*25]

オリヴィアはシアトルで筋骨たくましい護衛を雇い、聴衆に対する武器の所持検査と没収をおこなった。これもまた女性のミュージック・シーンではじめてのことである。ストーンはそれでも自分が撃たれるのではないかと怯えた。ショーの中盤、ストーンがミキシング・コンソールに向かっているときに、だれかが「ゴルゴンだ！」と叫んだ。直感的な恐怖から、彼女はとっさに卓の下に身を隠した。全身が総毛立った。幸いなことにショーは何事もなく続行されたが、ストレスと疲労に加え、術後の治癒に充分な時間をかけていないことがストーンを追い詰め、このショーの直後に極度の疲労で倒れてしまう。[*26]

ツアーの一行が南へ向かうあいだもストーンへの攻撃は続いた。バークレーではオリヴィアの主催で、女性の音楽コミュニティにおけるストーンの役割に疑問を抱くレズビアン・コミュニティのメンバーとの会議がもたれた。オリヴィアとしては、率直な対話をすることで自分たちに対する敵意が高まる一方の状況を彼女たちが理解し、やわらげてくれるのではないかと考えたのだが、そんなゴールには到達しないと思い知らされることになる。ガター・ダイクスを筆頭にTERFのメンバーが求めているのは対話ではなく、血だった。しかも、彼女たちは組織化されていた。オリヴィアでのストーンの役割を非難するためにシカゴから飛行機でやってきたグループさえあった。

ガター・ダイクスとその支持者はバークレーの会議での冒頭、トランス女性は女性のコミュニティをレイプする男性であるといった類いの罵倒が並んだ長々しい声明を読みあげた。オリヴィアのほうはだれも声明を用意しておらず、共同体のメンバーはストーンが返答するのを期待した。切羽詰まったストーンは、最初に頭に浮かんだ言葉を口に出した。「そんなのは全部たわごとよ！」[*27]会議室に怒りが炸裂した。今ストーンが見せたのは典型的な男の行動だと、多くのレズビアンが——何人かは椅子の上に立って——金切り声で指摘し、ストーンの退席を要求した。ストーンはこの場にとどまるべきだとはじめは主張していたオリヴィア共同体も、彼女自身が退席を願い出ると承諾した。ストーンは、自分が退席すれば対話が可能になるだろう、オリヴィアなら共同体の将来を危うくしそうなこの亀裂を修復する理性的な答えを返すことができるだろうと見こんでいたが、残った八名ほどのメンバーはこれ以上の対話は不可能だと判断した。TERFにとってストーンは男性であり、男性はつねに敵だった。オリヴィアはストーンを裏切ったことになる。[*28]

猛烈な反トランスのミシガン・ウィミン《womyn》音楽祭の共同開催者、リーザ・ヴォーゲルは、オリヴィアがサンディ・ストーンと組むことを糾弾する公開状を取りまとめ、二十一名の女性の共同署名にこぎ着けた。オリヴィアはこのレズビアン・コミュニティに長い返信をした。どちらの書状も西海岸のフェミニスト誌《シスター》の一九七七年六月号に掲載された。「サンディはわたしたちが緊密な連携を取ろうとしているすべての女性に適用するのと同じ基準を満たしました」オリヴィア・レコードはそう認めたうえで、自分たちがトランスセクシュアルと組んで仕事をしていることを女性の音楽コミュニティに知らせずにいたのはオリヴィア共同体の裏切りだったという繰り返しの非難をはねつけ、「わたしたちにとってサンディ・ストーンはひとりの人間であって問題点ではありません」と主張した。だが、TERFはすでに嵐を起こしていた。ストーンが女性の音楽コミュニティに身を置く権利を攻撃または擁護する記事や投書が、《シスター》、《ダイク》、《レズビアン・コネクション》などの雑誌をおよそ二年間、埋め尽くした。ほとんどが感情論だった。「オリヴィアがトランスセクシュアルのサンディを本物の女性だと押し通すと、わたしはレイプされたように感じます」と綴る読者がいるかと思えば、非常に多いサンディ支持者のひとりはこう綴った。「女性には性別変更を受け入れるだけの度量があるはずです。わたしたちは世界を変更するために声をあげているのだと思っていました！」[*29]
TERFは、全国のレズビアンに働きかけて全国的なオリヴィア・レコード不買運動を展開すると脅した。一九七九年、ストーンは共同体を去る決意をした。レコードの売り上げがわずかでも落ちれば、オリヴィアのメンバーやレコーディング・アーティストの生活が脅かされることは目に見えていたからだ。彼女は古巣のサンタクルーズへ戻ったが、そこにもTERFの敵対が待ち受けていた。五十人ほどの女性たちが、ストーンには「〝女性の空間〟にはいることを許される」権利があるか否かを決める集会を開いたのだ。[*30]投票結果は決定的だった。ストーンを排除するべきとした女性は三人以下で、ごくわずかなその女たちは、投票で負けると烈火のごとく怒って集会場から飛び出した。集会を開くだけの憤怒が中傷者にあったのはたしかだが、数にすれば微々たるものだった。
一九七〇年代のレズビアン・フェミニスト運動は反トランス一辺倒ではなかった。むしろTERFが運動を乗っ取るための仕掛けを繰り出しても、たいていの場合は失敗していた。ストーンはサンタクルーズのレズビアン世界で自分の居場所を取り戻し、〝オドの魔法使い〟へ戻った。ほどなくして地元のとある女神カンファレンスでベス・エリオットと出会い、北カリフォルニアの復興異教主義《ネオペイガン》精神のコミュニティに不可欠な人材となっていくが、オリヴィア共同体のメンバーとの親交は途切れることなく何十年も続いた。[*31]
こうして実在の人物、サンディ・ストーンは先へ進んだが、女性の空間に侵入する仮想のレイピスト、サンディ・ストーンは、一部のフェミニストを引き寄せる磁石の役割を担いつづけた。その影響は合衆国におけるトランス政治学《ポリティクス》の方向を転換させることになる。

一九七九年、ジャニス・レイモンドがオリヴィア・レコードに送りつけた論文の抜粋の改訂版が出版された。彼女の初の著作の第一章として収められたその文章は、トランス女性を敵視する学術論文だった。その本が出版されるまでには困難な道のりがあった。多くの編集者は彼女と関わりをもちたがらず、ゲイの権利に反対する活動家に転身した歌手になぞらえて、彼女を「トランスセクシュアル運動のアニタ・ブライアント」と呼んでいた。だが、レイモンドは執筆活動を通じてロビン・モーガン、メアリ・デイリー、作家のミシェル・クリフのような著名なフェミニストから支援を受けていた。詩人のアドリエンヌ・リッチは推敲を重ねた原稿のすべてに目を通してくれた。『トランスセクシュアル帝国：シー《She》ーメイル《Male》の創造』（一九八〇年、未邦訳）は刊行と同時に話題となり、《ニューヨーク・タイムズ》紙では人道主義者の精神分析医、トーマス・サズから、《ミズ》誌ではグロリア・スタイネムから絶賛された。[*32] こうして最初にお墨付きをもらったことが功を奏して、同書はその後少なくとも三十五年にわたってTERFのバイブルとなる。

レイモンドは『トランスセクシュアル帝国』のなかで、性別移行は男性による女性の客体化と支配の最たる行為だと非難し、トランスセクシュアルは「女性ではない。彼らは〝逸脱した男たち《メイル》〟である」と論じた。外科医や精神分析医、ほかにもさまざまな専門家が結託して築いた「帝国」が、男性の肉体から偽の女性をつくり出している。トランスセクシュアル——レイモンドのいうトランスセクシュアルはほぼトランス女性を指す——の存在理由はただひとつ、彼らは性差に基づく役割と現代医学がつくった馬鹿馬鹿しいが危険な手先だということだ。性の固定観念が生み出す問題には治療による個別の解決法があると信じこまされ、「性転換という改造をされた《transsexually-constructed》」女性は、男らしさを期待する社会に適応できない男性でしかない。彼らは性役割の固定観念に抗うかわりに、女性性という正反対の概念に固執し、みずからの逆行的な欲求を満足させるために、既成の医療産業が喜々としてその体の一部を「切断する」にまかせている。レイモンドから見れば、「改造で女になった男」は、ハイヒールと「フリルのついた」ドレスと化粧に取り憑かれている。主婦になりたいと願うあまり、本物の女性をやみくもに崇拝し、客体化し、寸断する。彼らは『ステップフォードの妻たち』（平尾圭吾訳、早川書房、二〇〇三年）〔訳注／アイラ・レヴィンのSFホラー小説。原作の刊行は一九七二年。一九七五年と二〇〇四年に映画化されたが日本では未公開〕に登場する隔世遺伝の従属的なロボット女性に似ている。彼女たちは現代科学のフランケンシュタイン的成果物であるにもかかわらず、一九五〇年代の硬直した性役割に社会を引き戻すためによみがえるが、偽装の男性としてのこちらのロボットたちはレイピストであって、性的玩具ではない。「すべてのトランスセクシュアルは、本物の女の形を変えて人工物にすることによって女性の体をレイプし、しかも、改造したその体を自分のために使用している」とレイモンドは糾弾した。[*33]

　レイモンドは調査の一環として十五人のトランスセクシュアルに会って話を聞いたと主張したが、ミキシングボードとフェミニストの共同体のためにエプロンとキッチンを断念したサンディ・ストーンのような人物が取材対象のなかにいたとは思われない。もっとも、レイモンドとストーンは、少なくともレズビアン関連の出版物の紙上では出会っている。トランスセクシュアルはレズビアン・フェミニストのコミュニティに対して侵入と破壊をおこなっているというのがレイモンドの主張で、その例として最初に挙げたのがサンディ・ストーンだった。レイモンドによれば、ストーンはオリヴィア・レコードに自分を「挿入」した。そこは「彼」が今、「支配」し、「分断」している空間なのだ。すべてのトランスセクシュアルはジューン・クリーヴァー〔訳注／一九五〇年代のホームドラマの主人公。典型的な専業主婦でふたりの息子の母親〕とドナ・リード〔訳注／一九五〇年年代後半から始まったホームドラマ「うちのママは世界一」の主人公を演じた女優〕の模倣だといわんばかりの非難をしていたことを考えると、ずいぶんと矛盾するが、トランスセクシュアルは女性の精神と女性の創造性に引き寄せられるのだと論じることで、レイモンドはこのあきらかな矛盾を回収した。女性のエネルギーはとりわけレズビアン・フェミニストによって形を与えられるため、トランスセクシュアルは吸血鬼に引き寄せられるがごとく彼女に引き寄せられる。彼は「女性の真のエネルギー源、つまり、女性である彼女の自我をむさぼっている」のだとレイモンドは訴えた。[*34]

しかし、吸血は彼らが犯す罪のなかでは一番小さい。ストーンのようなレズビアン・フェミニストは、女性と女性の空間を征服・支配しようとしている。「性転換で改造された《transsexually constructed》レズビアン・フェミニストは去勢されているわけだから、自分の全身と全行動をペニスに変えて、幾通りもの方法で時を選ばずレイプできるようになる」レイモンドはほとんど制御不能な自己満足で推し量った。[*35]

TERFの宇宙を動かしているのは生物学的二元論《バイオロジカル・バイナリー》で、抑圧するのはつねに男性、抑圧されるのはつねに女性である。トランス排除フェミニストがこだわる権力の単一軸モデルではセクシズムがつねに基本にあり、なにより重要な社会の不平等とされる。資本主義も植民地主義も、その両エンジンの燃料となるレイシズムも、たいして力をもたず、そのかわりに、男であるか女であるかということだけが社会の階層における人の位置を固定し、個人の行動を決定する。この簡略化された宇宙では、レイプと暴力が最上位にある犯罪であり、女性は男性による周縁化、暴力、虐待という共通の経験をしている。安全な街路を取り戻す《リクレイム・ザ・ストリーツ》ための夜間のデモ行進から、夫婦間レイプ訴訟でのはじめての勝利にいたるまで、女性に対する男性の暴力をさらして戦うことがこの時代のフェミニズムの重要な要素だった。インターセクショナル・フェミニストも女性が直面している暴力の範囲の広さを強調し、その根っこには、個々の人間関係に加えて、貧困、警察の過剰な取り締まりをはじめとする形を変えた国家的暴力、医療の不足があるとしたが、反トランス・フェミニストは、女性に対する男性の虐待や搾取が暴力の総和と考えた。

結果としてTERFは、男性がいないという条件のもとでしか女性の解放はありえないと主張した。彼女たちの目指す解放とはホワイト・フェミニズムの分離主義であって、かつてスタントンやフレッチャーやフリーダンがしたように、白人男性が占めている社会的地位を白人女性が占有しようというのではない。その役割を自分たちの定めた制度で完全に肩代わりしたいのだ。一九七六年から二〇一五年までリーザ・ヴォーゲルの共同主催で毎年開催されたミシガン・ウィミン音楽祭は、一週間にわたるイベントからすべての男性とトランス女性を締め出すだけでなく、四歳以上の男児も母親や姉から引き離し、会場から離れたキャンプ場に送りこんだ。少女たちには安全な空間が必要だというのがその論拠だった。

レイモンドが描いたTERFの枠組みは、性別による抑圧が抑圧の最上位の形だとする聞き覚えのある前提に依拠している。モーガン、レイモンド、ヴォーゲル、その仲間たちは、この宇宙には不当かつ一方的に繁栄を妨げられてきた普遍的な女性の肉体と体験のようなものが存在するという例のファンタジーの長い政治的伝統を新たに反復・進展させたわけだ。TERFの世界観では、人種も資本主義も家族もすべて、疑いの余地なく補助的な要素であって、第一の要素は生物学的な性——TERFの定義によれば誕生と同時に肉体を通して現れるアイデンティティ——である。ホワイト・フェミニズムのこの最新版においては、女児または女性であることは生物学的、すなわち自明な事柄で、それ自体が統一された政治的階級を生み出す。TERFポリティクスの中心には、生物学的にも体験的にも同様のルーツをもつとされる偽の普遍的「女性」が置かれている。

二十世紀のホワイト・フェミニズムと歩調を合わせて、女性の繁栄は認められなければならないし、女性の成功を脅かすものは取り除かれなければならないとTERFは主張する。TERFの女性たちにとって繁栄できるかどうかは、フェミニスト共同体や今日の公衆トイレのような、女児として生まれ、女児として育てられた女性だけに用意される空間しだいとなる。生物学的に女性で性自認も女性のシス女性だけがいる空間は、危害や暴力とは無縁で、傷ついた過去を癒やすことを女性に許す、文字どおり安全なスペースであるとTERFは夢想している。だれであれ男として生きたことがある人は、男性から切り離され、それゆえに暴力のもっとも根本的な形態からも切り離されている神聖な世界を侵す危険な存在という役を割り振られる。

レイモンドはその安全な武器庫のなかで、もっともなまくらな武器を振りかざした。彼女はトランスセクシュアルに、「現代医学がつくりうる女性の多様な〝品種〟」のうち危険をはらんだ見本という烙印を押した。トランスセクシュアルを人種的な亡霊だと示唆しながら同時に、退廃的な医療帝国の偽造品として位置づけたのだ。レズビアン・フェミニストは、ストーンのようなトランス女性を追放しなければならない、なぜなら彼らは「わたしたちと品質と本質も立場もちがう」のだから、とレイモンドは主張した。[*36] 性染色体XXをもつ者だけが本物の女性であるとするレイモンドの説は、ホルモンや外性器の形状といった性別を示す六つの明確な、ときには相反する構成要素を識別した性科学の二十年の歩みに逆行していた。

レイモンドの本質主義者的な立ち位置は、一九七〇年代のTERFではないレズビアン・フェミニストのそれとは大きく異なっていた。一九七四年、ボストンを拠点とする社会主義の黒人レズビアンのグループが、「抑圧の主要なシステムは相互に連動するという事実に基づいた分析と演習」の開発に着手した。そのグループ、コンバヒー・リバー・コレクティブが開発したのは人種、ジェンダー、異性愛《ヘテロセクシズム》、資本主義の同時分析だった。しかも、そうした分析を進めながら、フランシス・E・W・ハーパーをはじめ十九世紀の黒人女性たちの着想を引証した。トランス研究を専門とする学者にして活動家のスーザン・ストライカーは、コンバヒー・リバー・コレクティブは一九七四年の有名な声明のなかで性別本質主義に明確に異を唱え、共同体のインターセクショナル・ポリティクスに反すると見なしたと論じている。コンバヒー・リバー・コレクティブの説明によれば、レズビアン分離主義は「女性が受ける抑圧のうち性別を理由とするもの以外は完璧に否定し、生物学的に雄であること」をそれ自体で脅威だと想定する。「わたしたち黒人女性にとって、種類を問わず生物学的決定論は、支配関係を築くためのとりわけ危険で反動的な土台である」とコンバヒー・リバー・コレクティブの女性たちは助言した。[*37]

これとは対照的に、TERFの立ち位置を特徴づけるのは二重の本質主義、つまり生物学的本質主義と体験的本質主義で、前者は女性には共通する身体性があるという、後者は女性のその肉体が経験することも同様に共有されているという考え方だ。どちらも同じ白人フェミニストのコインの表と裏である。レイモンドは、トランス女性は「その歴史からして、わたしたちと対等ではない」と断言した。[*38] しかし、ここで論じられている女性の単一の歴史とはなんだろう？　ハリエット・ビーチャー・ストウがその肉体で経験したことと、肉体が性的な標的や繁殖機械になっていたハリエット・ジェイコブズのような奴隷の女性たちが耐えた経験とのあいだに類似点でもあるのだろうか？　パウリ・マレーが強調したように、性のカースト制に無理やり組みこまれるのは白人女性ではなくて、黒人女性なのだ。なぜなら黒人と白人どちらの領域でもレイシズムとセクシズムは相乗効果を生むから。

あるいは、一九七九年の春にオードリー・ロードがメアリ・デイリーに宛てた公開書簡で、デイリーのレイシズムを解説するのに苦労したように、女性は雌としての身体性にあるストレスを完全に同じように経験しているわけではない。「この国の非白人女性の場合、乳がんの死亡率が八〇％なのはあなたもごぞんじのはずです」とロードは書いた。「無用な内臓脱出症や子宮摘出や避妊手術を体験した黒人女性の数は白人女性の三倍です。レイプ、殺人、生きたままの暴行の被害者数も白人女性の三倍です」[*39] 生物学的な共通性が普遍的な女の経験をもたらすとするデイリーの神話は、人種と階級をまえにして脆くも崩れ去る。

しかし、ジャニス・レイモンドにとってデイリーはフェミニズムの権化だった。デイリーは、『トランスセクシュアル帝国』でのレイモンドの尋常ではない献身ぶりに証明されるように、愛弟子の人生と仕事の双方で力強い役割を演じた。同書は「メアリ・デイリーに捧ぐ」という言葉で始まる。「わたしを精神の荒野へ歩ませた人……自分のもてる知のすべてで感じ、自分のもてる心のすべてで考えるようにと教えてくれた人……感謝と畏敬と愛をこめて」[*40] 師に送ったこの熱烈な献辞がデイリーとレイモンドは恋愛関係にあるという憶測を周囲の人間に抱かせるなか、レイモンドはデイリーのもとで博士号を取得した。

ふたりの愛が完結したのかどうかはともかく、『トランスセクシュアル帝国』でかなりの分量のページを割いて書かれているロマンスは全体的に真実のように思われる。TERFポリティクスには性愛がある。生物学的にも歴史的にも普遍的に共有されている同一性というファンタジーには欲望が詰まっている。この宇宙において重要なのは性別のみ。ペニスは権力を行使する主たる装置だ。女性に対する暴力の元凶たるペニスを抜き取ることによって真の情熱が生まれる。この回路から推定するなら、TERFの女性たちは安全な空間に属しているだけでなく、性的な空間——雄の生殖器に固有とされる暴力性から解放されて欲望が燃え立つことのできる隠れ家——にも属していることになる。

レイモンドの見方では、トランス女性は「ペニス」とともにフェミニストの空間に出没する。TERFのシスターフッドは、トランス女性を排除することによって、大事なのはセックスのみというホワイト・フェミニズムのファンタジー宇宙論を繰り返す。この宇宙論ではトランス女性は、有色人種の労働者階級の女性や障害のある女性、ほかにも多くの女性たちと同じく、ホワイト・フェミニズムのファンタジーを事実上切り裂く存在となる。ホワイト・フェミニズムファンタジーとは、すべての女性は同一であり、女性は共通の肉体と歴史をもち、シスターフッドは権力の鋭い角をやすりでこすって先の先まで全部なめらかにし、柔らかで安全で均質な欲望のみを残してきたという幻想だ。

トランスセクシュアル医療はロボット・レイピストを社会全体に押しつけると信じて疑わないレイモンドは、その医術が果たした重要な貢献のひとつ、ジェンダーの概念を拒絶した。一九五〇年代なかば以前、ジェンダーは、たとえば船を「ｓｈｅ」と呼ぶ慣習のように、階級や類型の文法的な概念にすぎなかった。ジェンダーという語には、性科学者のドクター・ジョン・マネーとその同僚がインターセックス〔訳注／性に関わる身体の機能・形・発達において、典型的だとされる状態とは一致しない部分がある人たちの総称〕の患者とトランスセクシュアルの患者の研究過程でその語を提案するまで、性差に基づく役割に関する文化的な概念はふくまれていなかった。ジェンダーがその現代的な意味あいをもってはじめて登場したのは、一九六六年、ジョンズ・ホプキンズ大学にマネーズ・ジェンダー・アイデンティティ・クリニックが開設されることを知らせる《ニューヨーク・タイムズ》紙の記事においてだった。[*41]

一九七〇年代になると、アン・オークレー、ゲイル・ルービン、アンドレアー・ドウォーキンといったフェミニストたちが「ジェンダー」をクリニックの家父長的な性科学者からもぎ取って、フェミニストが権力の分析をするための手段に変えた。だが、レイモンドは、医学的な起源やトランスセクシュアリティとの関連から「ジェンダー」に疑念を抱いた。その言葉こそが治療の特性を明かしており、医師が訓練や手術を通して性差に基づく役割の問題を解決できるようにつくられたのだと思った。彼女のフェミニズムの中心にいるのはあくまで女性であって、ジェンダーという現象ではなかった。

レズビアン・フェミニズムと女性全般を守るために、レイモンドはある単純な解決法を提案した。「トランスセクシュアリズムの問題は、存在しないように倫理的に命じることが一番の解決になるだろう」[*42]レイモンドから見れば、性差に基づく役割と医療帝国がトランスセクシュアリティ現象の要因だった。性別移行のための医療へのアクセスを制限すればトランスセクシュアルの数は減っていく。

一九八〇年、レーガン政権がその夢の実現を手助けする機会をレイモンドに与えた。極端に診療が持続する一部の患者に対しては、メディケア〔訳注／高齢者および障害者を対象とする公的医療保険制度〕と州裁判所が医療的な性別移行の必要を認め、ある種の民間保険会社のように、関連する診療費の支払いを肩代わりするケースがあったのだが、レーガン政権のもとで全米保健技術センターは、義務づけられたメディケアの対象範囲を見なおし、貧困層が利用できる公共医療サービスを縮小して経費を削減しようとした。トランスセクシュアルの健康管理も綿密な調査の対象となった。全米保健技術センターは性別移行のための手術に関する調査報告の準備という形でレイモンドに参加を要請した。彼女の任務は医療としての性別移行の社会的・倫理的側面について文書にして提出することだった。つまり、医療的な性別移行は「妥当かつ必要」なのかどうか、メディケア（および他の保険機関）の補償を受けることが適切なのかどうかの判断をくだすための文書ということだ。レイモンドは持論を展開した。トランスジェンダーの健康管理を保険の補償範囲にすることは、「論争を呼ぶ」だけでなく「不必要」である。なぜなら、トランスセクシュアリティは性科学者が主張するような筋の通った医学的状態ではなく、社会が課す抑圧的な性役割から生み出された倒錯であり、「切断」の一形態なのだから。医療による性別移行は、騙された個々の人間を抑制し、そのようなステレオタイプを受け入れさせるだけで、ヘロインが「黒人の鎮静剤」として機能して黒人たちをなだめ、レイシストのシステムを受け入れさせてしまうのとよく似ている。[*43]

全米保健技術センターの最終報告書は、トランスジェンダーが少しでも開けておこうと頑張ってきたドアを閉ざした。レーガンは八〇年代の終わりに近い政権末期に、センターの最終報告書にまとめられたレイモンドほかの専門家や組織による報告事例を利用して、性別移行に伴うメディケアの適用を取りやめ、それらの「論争的」な性質と医療的必要性の欠如を理由に保険会社に対し、治療の実施を拒否する許可を与えた。責任の縮小に連邦政府のお墨付きをもらった民間の保険会社は喜んで同様の措置を取った。一方で、トランス医療に対するメディケイド〔訳注／連邦政府と州政府が共同で資金援助する公的医療保険〕の州の補償は一九七九年以来、削られたままだった。それから二十五年間、公私のべつなく合衆国のほぼすべての保険会社がトランスセクシュアル医療の補償を拒否したため、性別移行に伴う健康管理ができるのは自腹を切れる富裕層だけになった。トランスジェンダー研究者のクリスタン・ウィリアムズはこの政策転換の致命的な影響を強調し、性別移行によってトランスジェンダーの自殺率が劇的に下がっていることは複数の研究からあきらかだと述べている。[*44] 医療的な性別移行へのアクセスが制限されることは、一部の人にとっては生きていけないことを意味する。この政策は二〇一三年、オバマ政権による患者保護および医療費負担適正化法〔訳注／通称オバマケア〕が連邦、州、民間の保険の補償に向けて新たな先例をつくるまで覆されなかった。

だが、医療費の高騰で利用の道が閉ざされたからといって、トランスジェンダーの人々が静かに消えたわけではない。トランス医療がトランス・ピープルをつくるのではない——トランス・ピープル自身の根気強い主張がトランス医療の進歩を先導したのだ。英国のラディカル社会主義者にしてトランス学者のキャロル・リデルが一九八〇年、レイモンドの著作への反論として「トランスセクシュアルたちが受けてきた絶えざる苛烈な圧力」を指摘してから長い時を経て、ジェンダー移行を専門とするクリニックがついに現れた。[*45]

同様に、医療の利用が後退した一九八〇年代後半と一九九〇年代でさえ、トランスジェンダーの政治学と理論は前進した。そして、トランス・ポリティクスを、性、ジェンダー、資本、植民地主義の交差性に取り組む、権力の多角的な批判だととらえると、そこにいたるもっとも重要な刷新はサンディ・ストーンから生まれたといえるだろう。

一九七四年、サンタクルーズに居を移したサンディ・ストーンは、性別移行医療の場を見つけるというミッションに着手した。今なら合衆国で性を変えることができると思ったからだ。一世代二世代まえのトランス・ピープルは、ホルモン治療や再建手術を受けるためにコペンハーゲン、カサブランカ、ティフアナなどの国際都市まで行かなければならなかったが、高まる国内需要とともに合衆国の大学にトランス・クリニックが開設されるようになった。ただ、そうしたクリニックの広告が日刊紙に掲載されるとはかぎらなかったし、ストーンはそれまでに性別移行をした人物と出会ったことは一度もなかった。何ヵ所かに電話をかけて――サンフランシスコのテンダーロイン地区にある、トランスのセックスワーカーが多く住む極貧のアパートメントをめぐるガイド付きツアーにも参加したが、そのツアーは彼女を怖がらせて追い払うよう意図されたものだった――やっとスタンフォード大学の性別違和《ジェンダー・ディスフォリア》プログラムを見つけた。すでに六年の診療実績があるそのクリニックは、サンタクルーズ山脈を越えたところにあった。

もっとも、そこは故郷のように落ち着ける場所ではなかった。スタンフォードが好むのは、背が高くしなやかな体つきで過度なまでに女らしいブロンド、一九五〇年代前半にはじめてトランスセクシュアルとして有名になったクリスティーン・ジョーゲンセンのようなタイプだと、ほかの「トランジー〔訳注／トランスジェンダーの人を意味する〕」から警告されていた。ストーンはユダヤ人の自分の背が低くて中性的な体つきがプログラムの妨げになるかもしれないと予感していた。ほかの大学の性別違和プログラムにも共通することだが、スタンフォードは術前のトランス女性に対して準備教育期間を設け、繊細な物腰やしとやかな着衣、異性愛の女性がデートのときに見せるような卑屈なふるまいを教えこもうとした。いずれもプログラムを担当する精神分析医が女性性に適合すると考える要素だ。[*46] 彼らのゴールは、遺伝的な女性として通用するような患者を受け入れて治療することだった。ストーンには選択の権利があった。スタンフォードの要求を満足させるような演技をしてみせることも、クリニックが求める性のステレオタイプと対決することもできた。

ストーンはクリニックの責任者である形成外科医のドナルド・ローブのプログラムの最初の予約面談を受けにいった。ジーンズに重いブーツ、胸のあたりまで伸ばした顎ひげという昔からの制服のような出で立ちで。外科医と患者は互いを値踏みした。

「性転換《セックス・チェンジ》に興味があります」ストーンはロックンロール野郎、ドク・ストーチの一番低くて一番高圧的な声音で宣言するように言った。

「どんな興味があるの？」とドクター・ローブは応じた。[*47]

ストーンはスタンフォードで二年間の術前プログラムを受けることは許可されたが、このあとの予約面談ではさらなる障害が待ち受けていた。それでも、クリニックの待合室で出会った仲間は、医師が押しつける硬直した二元論を拒否しつつ一緒に頑張ろうと彼女を励ました。[*48]

「なぜきみは女性のような服装をしないんだね？」ドクター・ローブはストーンのジーンズとTシャツをじろじろ見ながら質問した。

「わたしは女性のような服装をしていますけど」彼女は医師にそう告げた。「いや、していないだろう」医師は譲らなかった。

「近ごろ窓の外を眺めたことがないのですか？」

術前プログラムの最後の予約のときには両者の緊張が頂点に達した。「きみには自分が性を変える手術を望んでいるという一〇〇%の確信があるのか？」とローブは尋ねた。

「いいえ、ありません」と彼女は答えた。絶対的な事柄など信用していなかったし、なんであれ一〇〇%の確信なんて、まともな確信ではなく、むしろ頭がいかれている証明ではないかと思えたから。自分の確信は九九%だと感じていた。

「わたしはおとなです」ストーンはきっぱりと言った。「自分の行動には責任が取れます。これは情報《インフォームド・コンセント》が伝えられたうえでの同意ですよね。もし、なにかまちがいがあったとしても、それはわたしの犯したまちがいであって、あなたのまちがいではありません。先へ進みましょう」

「残念だが、きみは適格ではなさそうだ」と言われたストーンは、ふたたび山脈を越えてサンタクルーズへ戻った。

三ヵ月後、スタンフォードのプログラムの調整役から電話がかかってきて、もう一度面談を受けるように勧めた。調整役の女性が記録を見なおしたところ、進行上の行き詰まりがあっただけで実質的な問題はないと気づいたのだという。彼女は外科医と患者双方のために台本を用意し、ストーンがクリニックの定めた資格を満たすようにしてくれた。

「手術を受ける覚悟はできているか？」ストーンがパロアルトのオフィスへ戻ると、ドクター・ローブは訊いた。

「はい！」とストーンは答えた。こうして彼女は認められた。[*49] だが、オリヴィア・レコードが全国ツアーの直前に慌ただしく診療費の支払い不足を補填し、実際に手術を受けられたのは、さらに数年後のことだ。

十年後、ストーンはこの体験を活かして、つぎなるキャリア、学究的なフェミニスト理論家としての道を歩みはじめた。五十歳にして彼女はカリフォルニア大学サンタクルーズ校の名高い学際的ＰｈＤプログラム〔訳注／関連する複数の異なる分野を学んで博士号取得を目指す教育課程〕に入学し、意識の歴史学科に籍を置いた。従来の枠組みが取り払われたその科の教授陣のなかに、アンジェラ・デイヴィスとダナ・ハラウェイがいた。町を見おろす絶壁に建ち、無秩序に広がるセコイアの森に埋もれたサンタクルーズ校のキャンパスでともに学ぼうとストーンを誘ったのは、ハラウェイだった。そのときハラウェイが執筆中で、ほどなく知れわたる「サイボーグ宣言」〔訳注／一九八五年に《ソーシャリスト・レビュー》誌に発表した論文」は、人間と機械、人間と動物、自然と人工物、男性と女性のあいだの「敵対的二元論」を解体し、要素だけを抽出した同一性ではなく親和性によって組織されたフェミニスト世界を描こうという説だった。ハラウェイは「女性たちを当然のようにまとめる〝雌〟であることにはなんの意味もない」と主張し、女性であればまったく同じように家父長制の手にかかって苦しんできたというファンタジーに執着するホワイト・フェミニズムに容赦ない批判の矢を向ける。[*50] この新たな機械化時代にはもともと脅威などないとも言っている。後期資本主義の力を借りてレーガンが冷戦を宇宙に持ちこもうとする一方で、フェミニストと社会主義者は、人類と科学技術の関係を、果てしなく続く戦争と富の大格差の実現ではなく阻止に使おうと考えることができた。

　学者たちが従来の思考の枠組みを解体しているころ、ストーンはついに我が家を見つけていた。ハラウェイや同じ学科の仲間、たとえばインターセクショナル・フェミニズムに不可欠な教本『ボーダーランズ／ラ・フロンテラ』（一九八七年、未邦訳）の草稿に取りかかっていたグロリア・E・アンザルドゥアのような人々と連携しながら、そうした理論家たちの混合と雑種性に関する研究に基づいて本質主義に戦いを挑んだ。それも、本質主義が自分をもっとも直接的に突き刺した場所、トランスセクシュアリティにまつわる各種の神話において。ジャニス・レイモンドとの対決の仕方はもうわかっていた。一九九一年、ストーンはレイモンドのトランスセクシュアル帝国の肖像に正面から挑戦する小論、「帝国の逆襲：ポスト・トランスセクシュアル宣言」を発表した。ストーンはこのときまだ博士論文を執筆している最中だったので、この「帝国の逆襲」が学術界での将来の道を阻むのではないかと、彼女自身もハラウェイも案じたが、むしろ逆効果をもたらした。「帝国の逆襲」は、トランスジェンダー研究という完全に新しい学術分野の創設に向けた資料となった。

「帝国の逆襲」はレイモンドへの単なる反論にとどまらぬ大胆なことをやってのけた。ストーンは、当時のトランス医療と多くのトランス・ピープルに支えられて、トランスであることは「まちがった体に生まれた」ことを意味するという定説を覆し、雄雌が両極にあるという二元論を打ち破るために生きることこそトランスのラディカルな可能性だと宣言した。そして、自己決定は生物学的決定に勝るとして、ジェンダーと人種と資本主義の繊細な分析を進めながら、ホワイト・フェミニズムが引いた境界線に抵抗する力強い伝統と合流するとともに、インターセクショナル・フェミニスト分析を拡大して、トランスジェンダー・ポリティクスという領域をつくった。

「帝国の逆襲」は、何十年もまえから活字にされている性転換《セックス・チェンジ》に関する語りを引用しながら、医師と患者が同様に助長してきたトランスのアイデンティティに関する標準的な説明を骨抜きにした。過去の語りでは、ラディカルな転換は女の未来から男の過去を断ち切るものとされた。神聖な復活を実行する外科医は、まず異性愛の男を死なせてから、手術から目覚めた従順で繊細で高い声をもった魔性の女に命を吹きこんで完全に新しい人間にする。性の体験の一方の柱から他方の柱へのこの魔法の旅のなかで、「男は滅ぼされるか、少なくとも否定されなければならないが、女は絶えず滅ぼされるために存在するものとなる」とストーンは説いた。[*51] なぜなら、これらの物語では極端な従属が女であることの特徴とされているので、トランス女性は行為の主体性も肉体ももたない。彼女たちの肉体の形状は外科医のメスの形をしたパテでつくられているにすぎない。

トランスセクシュアリティについて「フェミニスト理論家が懐疑的なのは無理もない」とストーンは述べた。「当然だ。わたしだって怪しいと思う」とTERFの面々に向けて寛大なところを示したが、そうすることで同志のトランス・ピープルの価値をそこなう恐れもあった。[*52]

ジョン・マネーやロバート・ストーラーのような性別移行の主導的立場にあった心理学者が、時代に逆行する反フェミニスト的な性別に基づく役割《ジェンダー・ロール》を唱えていることについては、ジャニス・レイモンドがまったく正しいのだが、レイモンドの場合、トランス・ピープルは完全に自身の人生を生きている行為主体者ではなく、トランス医療によって生気を与えられた人工物だという理解にとどまっているため、トランス・ピープルがジェンダー・ロールに抵抗していることも理解できなかった。その抵抗がときに、内なるジェンダーのステレオタイプという形を取るということも。

ジェンダー・クリニックの厳しい要求をいかに巧みに乗り切るか、トランス・ピープルが長年互いに助言しあってきたということもストーンは明かした。まず、患者が女らしい女性として社会で生き抜く可能性を査定するために、医師自身が使用したトランスセクシュアリティの解説書——ドクター・ハリー・ベンジャミンが一九六六年に世に出した『トランスセクシュアル現象』（未邦訳）——を勉強すること。つぎに、完璧にそのタイプを演じること。トランス・クリニックのスタッフはトランスセクシュアリティを、同一特性によってあきらかにされる新しい精神障害と特定したくてたまらないわけだから、客観的で再現性があって標準化された特徴を確かめたいという欲求を満たしてやれば、彼らはころっと騙された。騙されていたことに外科医や精神分析医が気づくには何年もかかった。

ストーンにすれば、クリニックが提示するのはジェンダーが同時進行で構築される魅惑的な工程だった。ドクター・ベンジャミンは、「まちがった体に生まれた」ことをトランスセクシュアリティの自己理解として定義した。彼の解説書はそのままクリニックの説明書でもあったので、患者は性別移行の医療を受けるために、毎年毎年、同じ演技を繰り返した。ストーン自身が体験したように、医師は、患者もベンジャミンの説明書を読んでいることに気づいてからも、あらゆる曖昧さをふるい落とそうと質問を投げつづけた。医師と患者の双方が演じるこの機械的な台本を通して、トランスセクシュアリティは性の二元論の一方の側から消えて、その反対とされる側へ移行する状態と定められた。これは以前のどんな肉体も体験も破壊する変容だ。医師の支配下でトランスセクシュアリティは、性別二元論を解体されるどころか補強されていた。

「まちがった体」の物語は定説となった。一九七〇年代のクリニックはトランス女性にそれまでの生活に関して「もっともらしい歴史」をこしらえるように指南までしていた、とストーンは明かした。[*53] トランス女性はあたかも最初から女だったかのような新しい子ども時代を捏造した。医療の世界では、移行することは自分のほんとうの過去を消去するだけでなく、架空の人間になりすますことだった。

「しかし、ひとりの人間が消え去るようにプログラムされているのだとすれば、それに対抗する物語を生み出すことは困難だ」とストーンは反論した。間断なき普遍的なパッシングはゴールではない。いつ終わるともしれないパッシングは、同一化の一形態——体制の黙認——にほかならない。パッシングは、男性性と女性性を、男性と女性を、根源的に対立させている有害な二元的なジェンダー構造に抵抗せず、それを取りこむ。あらゆる状況、あらゆる相互関係において絶えずパスしつづけるのは、個人の力の中心を、現実生活の経験のなかにある複雑さや曖昧さや微妙な差異を、排除することだとストーンは論じた。そのうえパッシングは、人がジェンダー化された社会的地位の領域にはいることを許しながら、他方で、トランスセクシュアリティが暴く、すべての肉体は力で刻みこまれた順応性のあるテキストだという真実ではなく、嘘に基づいた関係を築くように強いられることを意味していると。[*54]

しかし、実際には、「わたしたちは、トランスセクシュアルの抹消された歴史のなかに、これまで認められてきたジェンダーの言説を混乱させるストーリーを見つけられる」……それは抑圧された他のグループと「共同戦線を張れる」ストーリーだ。ストーンはこの新たなアイデンティティを、複雑きわまる体験のなかで再生された怪物のような肉体という意味で、「ポスト・トランスセクシュアル」と名づけた。こうしたスリリングな論調で宣言を締めくくるにあたって、彼女の頭にあったのは学術界のほかのトランスセクシュアルたち――一九九一年ではその存在を想像するしかなかった聴衆――だった。ストーンは、医師やレイモンドのようなフェミニストによって、いや、現在のわたしたちによってすら、トランスセクシュアルが単一の戯画として描かれることを拒み、複雑な現実を歴史に書き残すことを「わたしたち」に求めた。同一化の拒絶は、「相違をふたたび専有し」、描きなおされた「肉体の力を再生すること」――トランスセクシュアリティを抵抗と連携の場にすること――「から始まる」ラディカルな政治学である。彼女は二元的な性《セックス》という体系を通して現状に個人でひそやかに近づくのではなく、クィアや有色人種との「連帯」を求めたのだ。「個人の変化はあらゆる物事の基本ではあっても、あらゆる物事の終着点ではない」とストーンは締めくくった。[*55]

ストーンにとってトランス・ピープルの人生は、ジェンダー――性の社会的側面――を掘り下げ、レイシズムや資本主義や植民地主義に対する集団的抵抗を進めるための出発点となった。対照的にトランス排除フェミニズムは、その計画を研ぎ澄まし、ただひとつのゴール、すなわち、男性による抑圧からの女性の解放を目指した。

生物学的な性以外の社会的な力を現実からすべて取り除かれた単一のアイデンティティとしての「女性」は、権力の仕組みをこじ開けるよりむしろ覆い隠す神話めいたカテゴリーとなったが、ジェンダー――今日の多くのTERFや「ジェンダー・クリティカル」フェミニストがトランスセクシュアリティによって汚されたと考えている語――が、男性と女性のアイデンティティに意味が与えられる過程を有効にあぶり出した。ジェンダーの概念は、社会制度が個人のアイデンティティや経験をどのように形づくるかということについて、ひとつの観点を提供した。ストーンが示したトランス・フェミニズムはインターセクショナル・フェミニストの分析を後押しした。彼女はけっしてひとりではなかった。

インターセクショナル・トランス・ポリティクスを育てる場は、セコイアの森に囲まれたカリフォルニア大学サンタクルーズ校のキャンパスだけではなかった。ロウアー・マンハッタンの街路や暗い埠頭もまた、性別二元論のルールを拒否する人々の強力な足場となっていた。

西海岸レズビアン会議からわずか三ヵ月後の一九七三年六月、トランス活動家でセックスワーカーのシルヴィア・リヴェラは、クリストファー・ストリート・リベレーション・デーの集会で、長袖のきらきら光るボディスーツを身にまとってステージに立った。ストーンウォールの反乱〔訳注／クリストファー・ストリートのゲイバー〝ストーンウォール・イン〟への警察の不当捜査に端を発する一連の抵抗運動〕四周年にあたるこの日、登壇予定者のリストにリヴェラの名前はなかったのだが、彼女がマイクを奪い取ったため、ステージ上も舞台裏も混乱に陥った。彼女は野次とブーイングとまばらな拍手で迎えられた。

「あなたたち、少しは落ち着いたらどう！」リヴェラは苛立ちをあらわにして語りだした。マイクに覆いかぶさるような姿勢で痩せた体から声を絞り出し、群衆は自分が率いるオーケストラだといわんばかりに右手の人差し指で拍子を取りながら、胸の内を伝えた。「わたしがここで日がな一日着飾って頑張ってるのは、監獄のなかから、どんなクソな週でも欠かすことなく手紙をくれるゲイ・ブラザーやゲイ・シスターのためよ。あなたたちはそんな人たちのためにいったいなにをしてるっていうの！」ストーンウォールの反乱を先導していたのは、リヴェラや彼女の友人で同志のマーシャ・P・ジョンソンなど、ドラァグ・クイーンや有色人種のトランス女性だった。ところが、今やゲイや女性の解放運動はセックスワーカーと関わりをもちたがらなかった。リヴェラ自身は十一歳のときからクリストファー・ストリートで暮らし、生き延びるために客を取っていた。トランスジェンダーやジェンダー・ノンコンフォーミング〔訳注／性別の規範に従わない人〕や有色人種のクィアの子どもに、自分たちと同じ宿命を負わせないために、リヴェラとジョンソンは過去三年間、路上で生きる異性装者とともに行動する革命家（STAR）の組織をつくって活動してきた。ふたりはリヴェラが自分の「子ども」と呼ぶ、路上生活をしている少年少女のグループを援助するため、グリニッジ・ヴィレッジのトレイラーを不法占拠し、食べ物を盗み、客を取っていた。ふたりの団結には一点の曇りもなかった。「わたしたちはゲイへの抑圧を共有し、女性への抑圧を共有している」とSTARは宣言した。しかし、ゲイ・リブ運動もウーマン・リブ運動も、リヴェラやジョンソンやふたりが集めた除け者の一団とはいっさい関わりたがらなかった。「わたしはレイプされた。ゲイ・リブ運動のために住んでいた部屋を追い出されたこともある。職を失ったことも。さんざん暴力を振るわれた……監獄にぶちこまれたこともある。そのわたしに対して、あなたたちはこういう扱いをするの？」リヴェラは叫んだ。口調がしだいに強くなった。ゲイパワー宣言の真の可能性は、「あなたたちみんなが属する中流階級の白人クラブ」に小さくまとまるときではなく、「わたしたちみんな」と団結して行動するときにこそあるのだ！　最後は彼女に導かれた何千もの群衆の〝ゲイパワー〟の歓呼の声に包まれた。[*56]

リヴェラと仲間にとっては、だれよりも社会の周縁に置かれた人たちと連帯しないゲイ・リブ運動など無意味だった。ホモフォビアがもっとも顕著だったのが中流階級の白人だというのではない。中流階級の白人なら、かりに家族から放り出されても、あるいはもっと過酷な状況に陥ったとしても、多くの場合、頼みの経済力はあった。レイシズム、資本主義、性の二元論、国家的暴力が生み出す野蛮な仕組みはホモフォビアを増大させ、ホモフォビアそのものを、個人の人生に複数の権力がもっとも有効的に集中する場所にした。子どもであれおとなであれ路上のドラァグ・クイーンは、ゲイ・リブ運動が無視してもいい例外的な存在ではなく、権力それ自体のベクトルを屈折させ拡大させるプリズムなのだ。社会運動がそのもっとも周縁化されている人々を除外するなら、少数者に莫大な利益をもたらす不平等の構造を弱めるどころか強めることになる。

言い換えればＳＴＡＲは、パウリ・マレーがブランダイス大学の教授室で書いていたことの、その四年後にコンバヒー・リバー・コレクティブが有名な声明で述べることの、そして、一九八九年に黒人の法学者キンバリー・クレンショーがインターセクシュアリティ論として展開する理論の、芽生えたばかりのトランス版を語りはじめたのだった。それらはみな同じひとつの結論に到達する。権力の真の仕組みが一番はっきりと見えるのは下から見上げたときだということに。黒人女性であれば、レイシズムやセクシズムや資本主義の不平等を体験するだけでなく、その全部を苛烈に体験すると彼女たちは論じた。権力がいかにして少数の人間の手に富と力を集中させようとするかを理解し、そのことに立ち向かうためには、権力が野蛮な強さで示す抑圧をまるごと見せてくれる人たちの生活を運動の中心に据えなければならないと。彼ら／彼女らは複数のヒエラルキーの底辺にいる人たちなのだからと。

一九七〇年代から一九八〇年代にかけて、全米各地からインターセクショナル・フェミニスト分析が集まり、さまざまな共同体がそれをもとに行動を起こした。学校の教室から、運動の会議から、デモの拠点から、支援活動の場から、さらには不法に住み着いたダウンタウンの空き家からも、新たな形の政治学が勢いづいた。そのどれもが体制に個人で近づこうとするのではなく、複数の権力構造を下から見上げて問いただそうとするものだった。

しかし、レズビアン・ホワイト・フェミニズムはなかなか疲れ果てなかった。抑圧するのは男性で抑圧されるのは女性、女性性はその抑圧の印という、権力を単純化した単一軸の説明は、一九七〇年代後半になると新たな標的を定めた。ポルノグラフィーと性売買である。性売買はフェミニストにとってまったく新しい関心事ではなかった。十九世紀後半から二十世紀初頭にかけて、社会の純潔の旗を掲げた運動家が「白人奴隷の売買」を阻止するという理由で、労働者階級の居住地区を取り締まっていた歴史があるが、一九七〇年代のフェミニストはそれに新たなスピンをかけた。ロビン・モーガン、黒人男性はレイピストだという神話を利用したスーザン・ブラウンミラー、キャサリン・マッキノン、ジャニス・レイモンドといった人たちの手によって、性産業は女性を搾取して危害を加えること

1973 年のクリストファー・ストリート・リベレーション・デー・マーチでのマーシャ・P・ジョンソン（左）とシルヴィア・リヴェラ（右）。レナード・フィンク撮影。（LGBT コミュニティセンター・ナショナル・ヒストリー・アーカイブの厚意により転載）

に耽溺する家父長制の象徴にされた。一九八〇年代、セックス産業を無制約の女性搾取と見なす反ポルノ・フェミニストと、エロティックな題材やセックスワークを女性の性的主体性の要素と見なす、プロ・セックス派〔訳注／性の自由を女性の自由にとって不可欠な要素ととらえるフェミニストのこと〕との衝突がエスカレートした。八〇年代のフェミニズムの大半はこの「セックス戦争」に費やされ、とりわけ白人女性はホワイト・フェミニスト・ポリティクスを支持するか否かにかかりきりになったが、一九九〇年代前半にはセックス戦争もほぼ終わりを迎える。勝利を収めたのはプロ・セックス・フェミニストで、第三波フェミニズムではエロティックなものに対する女性の権利が不可欠となった。

とはいえ、セックス戦争で負けても、モーガンやレイモンドのような反ポルノ・フェミニストが消えたわけではなかった。ある著名な活動家の言葉を引用すれば、彼女たちはふたたび安全に姿を現せるまで「潜伏」した。安全は一九九〇年代に反性的人身売買運動という形で実現し、この運動は二〇〇〇年代前半には国際的な非政府組織（NGO）の一大勢力となって花開く。[*57] ジャニス・レイモンドは一九九四年から二〇〇七年まで、抜群の知名度を誇るその反人身売買フェミニスト団体、女性人身売買反対連合（CATW）の共同代表を務めた。

反性的人身売買の取り組みは一見、堅実な課題に思える。みずからの意思に反したセックスワークを女性に強いる地球規模のネットワークを支持できる人などいないだろう。ただ、レイモンドがおこなったような反人身売買の演説は、自分の国でみずからの意思でセックスワーカーになる人たち――強いられた選択である可能性は否定できないが――と、国境を越えた移住をせざるをえない事情があり、結果としてセックス産業界の人質になる人たちとをほとんど区別していない。そこではすべての性売買が女性に性的搾取の受容を強いる肥大化した産業とされ、そうした搾取の被害者は非人道的な扱いを受けている十代の若者として語られる。反人身売買の説明では、現実に存在しても、ひんぱんには起こらない国境を越えた人身売買事件――通常は女性を拉致して家庭その他の性的関係のない労働形態に組みこむ――や、蔓延している国内の性的人身売買は表に出されず、男性加害者が一セット揃った、ひとつの現象があるだけで、人身売買はレイモンドのいうトランスセクシュアル医療帝国と並列させられている。こちらの帝国は女性の体を盗んで売る家父長制の巨大企業で、そこに関与する者はいかなる行為の主体性も奪われた受け身の被害者なのだ。レイモンドの同志でオーストラリアのフェミニスト、シーラ・ジェフリーズの著作のタイトルはその点を明確にしている。セックスの取引は『産業《インダストリアル》ヴァギナ』（二〇〇八年、未邦訳）を生み出すと。

　レイモンドをはじめとする反人身売買フェミニストは性売買を、すべての女性をレイプや暴行などの暴力文化にさらす搾取帝国の土台ととらえる。性売買とポルノグラフィーをなくせば、家父長制の暴力の殿堂は崩れ落ちるだろうという。だが、彼女たちの取り組みは同時に、もうひとつの権力構造を強める働きもしている。反人身売買フェミニストは、性売買を根絶するための取り締まりと大量収監にも積極的だ[*58]。

　レイモンドほかの反性売買活動家は、警察との連携によって女性を「保護」し、金銭の授受が発生するセックスを求める男性、取りしきる男性を罰するためなら、刑期の延長や国境線の強化ももくろむ。「可能なかぎりあらゆる手段を講じて男性の行動を変えさせるのがわたしたちの責任です」とレイモンドは訴える。その手段のなかには刑罰を定める国家の機構もふくまれる。警察と連携を取るし、もはやフェミニストの敵ではない福音派キリスト教団のような、ほかの団体にも協力するということだ。このような連携体制は、すべてを差し置いて、ただひとつの方策を押し上げる。長い懲役刑だ。性売買の斡旋が連邦裁判所で「国内の性的人身売買」として見なおされた成功例がある現在、その罪状によって見こまれる懲役の刑期は九十日から九十九年におよぶ。[*59]

社会学者のエリザベス・バーンスタインは、レイモンドのＣＡＴＷのほか、たとえば全米女性組織（ＮＯＷ）の地方支部のような反人身売買フェミニスト団体を調査して、刑事司法を戦術として取りこむ彼女たちの方針を表す「監獄《カーセラル》フェミニズム」なる新語をつくった。カーセラル・フェミニズムとは、暴力から女性を保護するために警察と裁判所と刑務所制度に頼る白人フェミニストに対する命名だ。このフェミニズムは警察や刑務所が暴力を——増殖させるのではなく——終わらせるというファンタジーのもとで稼働する。作家のヴィクトリア・ローにいわせれば、カーセラル・フェミニズムは、警察がたびたび暴力の提供者となることも、刑務所は例外なく暴力の場であることも認めていない。[*60]

白人フェミニストがいわゆる性的人身売買業者の逮捕と起訴と収監の増加を奨励したことは、通常でも国家的暴力の標的となっている黒人とラテン系の人々に殺伐たる結果をもたらした。バーンスタインの報告によると二〇〇八年から二〇一〇年の三年間で、性的人身売買の容疑をかけられた人の六二%がアフリカ系アメリカ人の男性、二五%がラテン系の男性だった。この数値は黒や茶の肌の色をした人が合衆国居住者に占める割合と比べていちじるしく偏っているのだが、刑事司法の人種格差とは足並みが揃っている。男性の顧客が反人身売買フェミニストの懲罰目標のターゲットである一方、女性のセックスワーカーは、結果として生じる過剰な取り締まりにしばしば巻きこまれる。ボルチモアで実施された最近の調査によると、収監された女性のセックスワーカーは性行為を介してＨＩＶほかの感染症に罹るリスクが高いだけでなく、高確率で警察と顧客の両方から暴力を受けていた。調査対象となったそれらの人々のなかで、収監のリスクがもっとも高いのが黒人女性のセックスワーカーだった。以上のような統計値は、合衆国における女性の収監者の数が過去最速の勢いで増えている事実によってさらにひどくなる。

同様に、一九九四年、当時の上院議員ジョーゼフ・バイデンの尽力で成立して盛んに宣伝された、女性に対する暴力防止法（VAWA）の効力も、カーセラル・フェミニズムのロジックの範囲内でしか効力を発揮しない。その法律の成立は家庭内暴力が疑われる場合の義務的逮捕の手段を与え、有罪判決を受けた人たちの刑期を延ばし、女性に対する暴力犯罪の阻止と刑事訴追に向けて十六億ドルの予算が充てられた。[*61] この財源の大半は刑事司法制度につぎこまれ、世界最高の受刑率に貢献している。サンディ・ストーンは一九九〇年代に、レイモンドの『トランスセクシュアル帝国』の最大の意義はそのテーマではなく手法にあると論じた。レイモンドは「人は急進的な保守の立場をリベラルな言葉で覆い隠せるということを実証してみせた」と。[*62] ストーンのこの主張はレイモンドの反人身売買に対する取り組みが裏付けている。レイモンドのホワイト・フェミニスト・ポリティクスはトランス女性の運動を一掃しようとしただけではなかった。その政治学はシス女性を守ろうとするなかで、セックスワークを社会から一掃するために警察や裁判所や刑務所制度と手を組んだのだ。

レイモンドのキャリアはトランス排除ラディカル・フェミニズムの政治的文脈を浮き彫りにする。トランス排除は、カーセラル・フェミニズムとまったく同じく、ホワイト・フェミニスト・ポリティクスの伝統の一翼を担っている。反トランスの政治学とは、女性はアイデンティティと生物学と普遍的な抑圧体験を共有すると主張するホワイト・フェミニストと、富と権力を少数の人間の手中に蓄積させている複数のベクトルに光をあてるインターセクショナル・フェミニストとの現在進行の闘争のなかで具体化したものだ。フェミニストの政治学のこの二形態の相違は、近年の資本主義で蔓延する不均衡のなかでますます鮮明になっている。一方は刑務所産業複合体を支援するカーセラル・フェミニスト、対するは異性装のストリート・クイーンやセックスワーカー、刑務所廃止論者およびジェンダー役割《ロール》やジェンダー規範の解消を目指すジェンダー廃止論者、それにトランス活動家と連帯する人々だ。

二〇〇〇年代にはいって、インターセクショナル・トランスジェンダー・ポリティクスが——新たに生まれた〝トランスジェンダー〟という言葉そのものとともに——完全に花開くと、サンディ・ストーンがポスト・トランスセクシュアル宣言をし、マーシャ・P・ジョンソンとシルヴィア・リヴェラによるストリート・クイーンの支持団体が登場した。〝トランスジェンダー〟という語が一九九〇年代にはじめて用いられたときには、性別移行手術ほかの医療措置の役割を目立たせないという特殊な目的があった。〝トランスジェンダー〟は、医療によって「つくられた」診断名と身体化ではなく、「トランスセクシュアリティ」という符号として、二元論に挑む人間のさまざまな生き方を網羅する。医療を伴う場合もあれば伴わない場合もある。その言葉は個々のトランス・ピープルの行為の主体性を明確に示し、トランス・ピープルのアイデンティティと身体化は医療帝国の発明だとするレイモンドのような考えを拒絶する。ストーンが呼びかけたとおり、現在の多くのトランス活動家は「まちがった体に生まれた」という物語を拒否し、トランスもシスも、すべての体は変化の継続的な状態にあると強調している。

しかし、トランス排除ラディカル・フェミニストは、トランス女性とジェンダーの概念そのものとの戦いを続けている。二〇一四年、オーストラリアのシーラ・ジェフリーズ（『産業《インダストリアル》ヴァギナ』の著者）は新作『ジェンダーは傷つける：トランスジェンダリズム政治学の分析』（未邦訳）を上梓した。ジェフリーは、トランスジェンダーのアイデンティティはアニメ化された性のステレオタイプにすぎないと説き、「男の体をしたトランスジェンダー」の人たちはトイレやシャワー室や刑務所で女性の安全を脅かす存在であり、ジェンダーそれ自体が女性を下位に置くために働く有害なイデオロギーだと主張した。[*63]『ジェンダーは傷つける』の裏表紙には、大きな影響力をもったふたりのフェミニスト、ロビン・モーガンとジャニス・レイモンドの推薦文が躍っている。

その一方で、トランスの健康管理を否定するキャンペーンも多くの支持者を集めてきた。二〇二一年の最初の三ヵ月で、トランスの権利を縮小するための、とりわけ、医療の利用や団体スポーツへの参加を阻もうとする八十以上の議案が州議会に提出された。[*64]性別移行医療は体を損傷することであり、トランス・ピープルは他者の安全を脅かすという危険な考えは、もはや一部の白人フェミニストが専有する懸念ではなく、国民の主要課題になっている。

だが、対抗史のほうも路上や大学のキャンパスで力をつけている。トランスジェンダー研究を活発な学術分野にしたスーザン・ストライカーは二〇一一年、ストーンの小論「帝国の逆襲」の発表二十周年を記念して、インディアナ大学ブルーミントン校で会議を開いた。約五百人の出席者の多くはトランスだった。ある討論会でストライカーは「帝国の逆襲」の最後の一節を読みあげるようにストーンに要請した。テキサス大学オースティン校とヨーロピアン大学院〔訳注／スイスのサースフェーとマルタ共和国のヴァレッタで運営されている一九九四年創立の私立大学院〕で長く教授を務めたストーンは、メディア芸術に視点を据えており、大聴衆に型破りなパフォーマンスを届けることに慣れていた。それでもその一節を読みあげてステージから四百人の聴衆を見渡すと、謙虚な思いと不安と高揚が交錯し、嗚咽で言葉が途切れた。いつの日かトランス論者たちのコミュニティの一員となることをストーンはずっと夢見てきた――それが今こうして、こんなにたくさんの人たちのなかにいる。「長い道のりでした」と彼女は振り返った。「まだ終点まではたどり着いていませんが、わたしたちがみなその途上にいることは明白です[*65]」

# 第三部　最適化

# 第七章　リーン・インか連携か

## シェリル・サンドバーグとアレクサンドリア・オカシオ＝コルテス

同盟する相手はかならず底辺にいる人々、周縁にいる人々、権力の中心から遠いところにいる人々にしなさい。そうすれば、わたしたちの社会やわたしたちの歴史における重要な闘争のまさに中心に自分を置くことになるでしょう。

――バーバラ・ランズビー『いかにしてわたしたちは自由になるか』（二〇一七年、未邦訳）

シェリル・サンドバーグにはもっとましな駐車場が必要だった。二〇〇五年の冬のある朝、出産間近のハイテク企業の役員は、いまだに続くつわりのために時間が許すぎりぎりまで自宅トイレの便器のまえで粘っていた。Ｇｏｏｇｌｅ社での見こみ顧客との会合にはすでに遅れている。彼女は同社の急成長しているセールス＆オペレーションズ部門を率いる立場にあった。それなのに、カリフォルニア州マウンテンビューにあるＧｏｏｇｌｅ本社の巨大な駐車場にはあふれんばかりの車が停められているので、本社ビルからうんと遠い位置に駐車しなければならない。重いお腹を抱えてアスファルト塗装の広い駐車スペースを進むと、またしても吐き気が喉までこみ上げた。ターゲット広告――Ｇｏｏｇｌｅを赤字企業から巨大な利益を上げる企業へと急成長させた製品――を買うことの価値を力説している最中に、「売りこみ口上以外のものが口から出てきませんように」とサンドバーグは祈った。[*1]

その夜、夫のデイヴ・ゴールドバーグは彼女に、自分の職場のYａｈｏｏ！には妊娠中の社員専用の駐車スペースがあると話した。この情報に刺激を受けたサンドバーグは翌日、Ｇｏｏｇｌｅの創業者の執務室へ向かい、駐車に関する自分の要求をラリー・ペイジとセルゲイ・ブリンに直接ぶつけた。こうしてＧｏｏｇｌｅ社に妊娠中の社員専用の駐車スペースが誕生した。ひとりの女性役員の奮闘が将来妊娠する全社員のたどる道を今までより楽にしたのだ。駐車場のエピソードは、フェミニストの変化を見越した自身の先見の明としてサンドバーグが決まって挙げる一例である。妊娠のつわりに苦しむ一役員である彼女が海のように広大な駐車スペースを横切らなければならなかった試練は、二〇一三年、鳴り物入りで出版されたホワイト・フェミニスト宣言、『ＬＥＡＮ ＩＮ 女性、仕事、リーダーへの意欲』（村井章子訳、日本経済新聞出版社、二〇一三年／日経ビジネス人文庫、二〇一八年）の巻頭と巻末に紹介されている。アメリカの企業でもっとも大きな富と権力を手にしている女性のひとり、サンドバーグの心温まる入門書というべき同書の表紙を飾る彼女は、横からあてた照明とソフトフォーカスの効果で顔立ちと髪がくっきりとして、まるでロマンティック・コメディに登場する女優のようだ。その光沢のある表紙を開いたときには、同じ女性が冒頭ページに書かれているように自宅の便器に向かってうずくまっていたとは思いもよらなかった。だが、『ＬＥＡＮ ＩＮ』の庶民的な内容は表紙のサンドバーグの親しみを感じさせるクローズアップと同様に、彼女がこしらえるイメージの鍵になっている。完全ではないけれど人を元気にさせ、話しやすく、それよりなにより標準的な女性らしい女性である彼女は、そんな自分を、卓越した能力と予測不能なほど人間的な弱さと傷つきやすさを絶妙に併せもった人物として読者に示す。彼女は自分の営業トークと尊厳を傷つけたジェンダー不平等に直面しても、自分と同僚のために難なく問題を解決した。自分のような女性たちをアメリカの企業のトップに昇らせようと、サンドバーグは読者に語りかける。そうすれば、職場のいたるところで女性が直面しているセクシズムは軽減すると。「女性のリーダーシップがもっと増えれば全女性の待遇がもっとフェアになるだろう」と。[*2]『LEAN IN』は、不平等な賃金、家族休暇の不足、根深い性差別文化といった、女性が直面する制度の障壁を軽視しているわけではない。それでも、そうした制度的要因がフェミニズムのほかの手法をかき消してきたと主張する。「その種の過剰な会話は他者を責めることから始まるし、逆に物足りない会話は自分で責めを負っているからだ」と、同書の出版後にサンドバーグは《ニューヨーカー》誌の記者に語っている。『LEAN IN』はこのように構造上の解決から目をそむけ、そのかわり「内なる障害」を強調して、女性が自分を出世から遠ざけている道筋に着目する。女性は明けても暮れても自分の潜在能力を弱め、権力ある地位から遠ざけるような選択を個人的におこなっている。自分の才能を過小評価するのをやめ、自分が抱く職業的野望に向かって踏み出さなければならない、とサンドバーグは女性読者を鼓舞する。自分と折り合いをつけながら長い道のりを進んで役員室にたどり着かなくてはならない――あなたがそこまで行けば、踵の尖ったヒールを履いた後続の女性たちに、もっと楽な道を開いてあげられるだろうと。ポストレイシスト、ポストフェミニストの時代とされたオバマ政権の二期めに、構造上の諸問題を個人で解決しようと説くサンドバーグの論に、大胆にも飛びつく人がいた。同志のオプラ・ウィンフリーはサンドバーグを「革命的フェミニズムの新たな声」ともち上げた。もうひとりの私的な友人、グロリア・スタイネムは「フェミニズムの新たなボス」とお墨付きを与えた。[*3]四百万部が飛ぶように売れた。

サンドバーグは二十一世紀版ホワイト・フェミニスト・ポリティクスの一例の先導役を務めた。フェミニズムのこの新しい形態で主要戦略となったのは最適化、すなわち、とことん無駄をなくして効率をあげるための努力である。そこでは個人の健康や幸福もフェミニストのいう社会的地位の向上《エンパワーメント》〔訳注／権利や権限を付与するという法律用語から〕も、資本主義者が目指す生産性と区別がつかない。自分の企業役員としてのキャリアは母親であることと両立しうるとサンドバーグは語る。なぜなら自分は朝早く――ときには午前五時に――起きて、オフィスでの勤務は午後五時半に終わるようスケジュールを組んでいるから。夕食や遊びや就寝の時刻に合わせて家に飛んで帰る。そしてまたベビーベッドからノートパソコンへ急いで戻り、仕事を再開する。彼女の仕事には部下の女性にとって刺激的な存在であることもふくまれている。労働者と母親と活動家が完全に溶けあって、べつの新たなものになり、「革命的」フェミニズムに到達する。その中心にあるメッセージは、もっと必死に、もっと頭を使って、もっと迅速に働け、役員室にたどり着いたあともそうしろということだ。

　サンドバーグのフェミニズムは、エッセイストのジア・トレンティーノが書いているように、最適化された女性という現代の理想との共通点が非常に多い。最適化された女性とは、体調が万全で髪をきれいにセットしている給与生活者ということだ。この種の理想の女性像は二十一世紀の価値観を反映しているとトレンティーノは言う。その価値観では、「仕事は愉しみとして生まれ変わる。だから、もっと仕事を受け入れよう」となり、女性たちは「容赦ない自己改善を当然の義務であり、フェミニストの証であると――あるいはただ、なんの疑問も抱かずに最高の生き方だと理解する」ように迫られる。[*4]育児、企業幹部としてのリーダーシップ、女性をエンパワーすること、そのいずれもが最大の効率と最大の成果で遂げられるべき仕事とされる。自己改善に加えて、高い地位にある女性がほかの女性の一部を引き上げることが、ホワイト・フェミニズムの究極の目標になってしまった。

ホワイト・フェミニズムは一八四〇年代、エリザベス・ケイディ・スタントンをはじめとする人々の戦いによって幕が開いた。彼女たちの目的は、白人男性に与えられている権利と特権を白人女性ももてるようにすることで、そのなかには自分の財産に対する権利と職業をもつ権利もあった。それが二〇一〇年代には、生活のあらゆる面で個人の潜在能力を最適化させることを勧めるようになった。これは、マーガレット・サンガーやベティ・フリーダンに代表される二十世紀の白人フェミニストが定めた優先順位からの移行を表した。サンガーやフリーダンの運動の目的はおもに、繁栄するべく選ばれた人々のなかでの中流階級の白人女性の地位を確保することだった。そのための手段はたいていの場合、自分たちの大義を脅かすと考えられる存在、たとえば貧窮者および/もしくは障害者、レズビアン、トランス女性といった人たちを社会から除去することだった。しかし今、この二十一世紀においては、白人女性には選ばれた人々のなかにはいる当然の資格があるという考え方が揺るぎない信念になりつつある――職場でのジェンダー平等の現実はいまだ遠い夢のままだというのに。専門職や公職に就いている中流階級の女性の存在に反発する人々は減る一方なので、いわゆる好もしからざる人たちを運動や国から排除することの優先順位も、ホワイト・フェミニズム全体のなかで下がってきた。TERFは、同じようにトランスの権利に激しく抗議する「ジェンダー・クリティカル・フェミニスト」と合流して、相変わらず社会の浄化という大義に専心し、力を得つつあるが、同時に、自己の内面に目を向け、自身の心理や習慣にひそんで成功から遠ざけている最大の敵を見いだそうとする白人フェミニストも多くなってきた。コミュニティの規制が容赦ない自己鍛錬に取って代わられている。自己最適化は現在の白人フェミニストにとって解放の証《あかし》なのだ。

効率と終わりなき仕事と優秀さを追求する今日の資本主義者の責務は、知的職業階級の男性だけでなく女性にも課せられる。ところが、白人フェミニストはそのうえ余分な荷を自分に負わせている。社会の安定剤たる白人女性の伝統的役割から生まれた新たな種類の文明化プロジェクトで彼女たちは、役員室を征服するだけでなく資本主義そのものの改革にも着手した。必然のなりゆきとして、このような女性たちにとって成功は個人の昇進にとどまらず、企業の資本主義が非排他的であるように見せることでもある。自主規制だけが彼女たちの任務ではない。Ｇｏｏｇｌｅのような非情な企業を妊娠中の女性専用の駐車場が完備された職場に変えながら資本主義を履行することも、フォーチュン５００の企業のトップの座にいる彼女たちの義務となる。

もっとも、駐車場の改善が企業の社員に必要な平等をもたらす一方、企業の社員、とくにシリコンヴァレーの企業で仕事をしている社員は、この国にも世界にも圧倒的な富の不均衡をもたらしている。Ｇｏｏｇｌｅ本社の社員用駐車場のような状況改善は、Ｇｏｏｇｌｅと接触している膨大な数の人々にはなんの影響もおよぼさない。つまるところＧｏｏｇｌｅは、マウンテンビューに本社を置く企業というより、データに飢えたべヘモス〔訳注／旧約聖書に登場する得体の知れない強大な動物〕として存在しているわけで、広告主に売ることができる心理的特性を集めるために、トロール網を張って二十億のユーザーの疑問と私的な通信とビジネス上のコミュニケーションを探しまくっているのだから。二〇〇八年、サンドバーグがＧｏｏｇｌｅを離れてソーシャル・ネットワークＦａｃｅｂｏｏｋの業務最高責任者（ＣＯＯ）に就任したとき、Ｆａｃｅｂｏｏｋに持ちこまれた大手テクノロジー企業のこのビジネスモデルのおかげで、彼女は今や億万長者だ。サンドバーグに給与支払いをしているのはＦａｃｅｂｏｏｋだとしても、わたしたちはみな、そのことを知っていようがいまいが、彼女の収益を生み出していることになる。

自力でのし上がったフェミニストの億万長者、サンドバーグの社会的地位からわかるのは、ホワイト・フェミニズムは、二十一世紀の増大する富の不均衡を受容しているばかりか、むしろそれを設計しているということだ。フェミニストの億万長者の存在は、最適化フェミニズムがはらむ矛盾を露呈させる。爆発的かつ採取的な富を手段とするフェミニズムにはもはやなんの意味もない。だが、ホワイト・フェミニズムをもっとも熱狂的に誹謗中傷する人たちですら、この最適化の罠を避けるのが難しくなっている。継続的な仕事と継続的な成功をひたすら求めろと要求するのは、企業内のフェミニストだけでなく、わたしたちのほぼすべての生活圏に浸透した資本主義なのだから。

二〇一六年十一月の選挙でドナルド・トランプが合衆国大統領に選ばれた数週間後、ニューヨークのバーテンダー、アレクサンドリア・オカシオ=コルテスはふたりの友人とともに車で西へ向かった。三人はラコタ・スー族のスタンディング・ロック居留地に建設予定の石油パイプライン、ダコタ・アクセス・パイプラインが、ミズーリ川を汚染するとして建設阻止を訴える千人以上の人々の抗議の輪に加わった。[*5] パイプラインが建設されれば、百三十五年まえにジトカラ・サが育ったヤンクトン・スー族の自治領から三百マイル北にあるラコタ・スー族の墓地と祈りの場が破壊され、あたり一帯の給水が危険にさらされる。三百以上の部族の人々もこれに応えてスタンディング・ロックに集結し、パイプラインの建設阻止を訴えた。先住民の部族が一致協力する初の全インディアン運動を起こしたのはジトカラ・サだった。オカシオ=コルテスはこのときジトカラ・サの運動の最新の同志となった。

彼女はそこで目にしたことに驚愕した。「一企業がアメリカ国民に対して文字どおり軍隊化し」、先住民率いる抗議運動の仮設キャンプを、ゴム弾や棍棒や催涙ガスや唐辛子スプレーで攻撃していた。もっとも弱い立場にある人々自身の先導でシステムの劇的な変化を起こす必要があることに、コルテスははっきりと気づいた。そして、その戦いで自分もなにかの役割を果たしたいと思った。「主よ、御心のままにお導きください」彼女はスタンディング・ロックで祈った。「わたしが神の器〔訳注／〝人〟を意味する聖書由来の言葉〕となることをお許しください」居留地から戻る車中、彼女は知らない番号から、連邦議会への立候補要請の電話を受けると――弟が登録していたのだ――その場で応諾した。[*6]

　それから一年半後、オカシオ＝コルテスは民主党下院の序列で上から四番めに位置する強力なジョー・クローリーを予備選で破り、ニューヨーク州第十四選挙区の指名を勝ち取った。大番狂わせとなったこの勝利と、ソーシャル・メディアで示される彼女の鋭い洞察力は、たちまちにしてオカシオ＝コルテスの知名度を上げ、二〇一八年十一月の総選挙で勝利して下院の議席を占める以前から、アメリカの政界でもっとも有名な女性たちの知名度と肩を並べるまでになった。「資本主義によって貧困から抜け出すことができる」という考え方への嫌悪をつのらせたコルテスは、民主社会主義者として立候補したが、同時に、資本主義の激しい批判者――多くは経済のみに焦点を絞りがちな人たち――を目立たせている広範な権力批判を展開し、人種・ジェンダー・社会制度の不平等を清算しようと訴えた。「わたしは〝左《レフト》〟から立候補しているのではない。底《ボトム》から立候補しているのだ」Ｔｗｉｔｔｅｒを自由に操るオカシオ＝コルテスはそう宣言した。彼女が選出された第十四選挙区はクイーンズとブロンクスと有名な刑務所があるライカーズ島にまたがり、多民族で構成された住民の大部分は労働者階級に属している。「まるで経済と社会の尊厳を求める交差的な議論の震源地だ」とのちに彼女は語った。「合衆国の人種の歴史が意味するものを抜きにして階級を語るなんてありえない。そんなことをやってはいけない」[*7]

アメリカが産んだインターセクショナル・フェミニストの政治家は今やAOC〔訳注／アレクサンドラ・オカシオ＝コルテスの通称〕として、左派には愛され、右派には悪名高き存在となっている。インターセクショナル・フェミニズムは、生と死の不平等な分配と対峙する最善の方法とは、社会の底に留め置かれている人々の暮らしと状況を精査し、立場やアイデンティティを横断して連帯し、その不平等を解体することだとわたしたちに教えてくれる。同じ選挙で下院議員に選出されたほかの進歩的な有色人種の女性三名――アヤンナ・プレスリー、ラシダ・タリーブ、イルハン・オマール――AOCは親しみをこめて分隊《スクワッド》〔訳注／任務を帯びた仲間の意〕と呼んだ――との連携は、連帯するフェミニストの政治学が主張する下からの眺めを行政の最上位に押し上げようと尽力している。

二〇二〇年代にはいってからは、多くの人のためにフェミニストのリーダーシップの未来を体現しているのは、シェリル・サンドバーグではなくAOCとスクワッドになっている。彼女たちの鮮烈な社会変革論は相対的に権力と敵対関係にある。権力の中心に向かって踏み出す《リーン・イン》か、それとも社会の周縁にいる人々と連携するか。彼女たちには鮮烈な勢いもある。フェミニズムの一方のヴァージョンはつまずきかけていて、もう一方は急上昇している。合衆国を建設した人種的・経済的暴力を清算して抜本的な転換を求める人はますます増えている。〝リーン・イン〟式フェミニズムは、資本を吸い上げる構造的な問題に対してトップダウンの個人的な解決法を推奨する。たとえば、生産性の高い従業員には産休を惜しみなく与え、卵子凍結などの過分な健康管理も提供するのに、生産性の低い従業員とは低賃金で下請け契約を結ぶ企業のように。スクワッドは人的資源が裾野を広げている公的領域の改造案を支持する。「道徳も富も豊かなはずの現代社会で生きられないほどの貧しい人がこのアメリカにひとりとしていてはならない」とAOCは明言している。[*8]

しかし、構造上の変化を求めて訴えるAOCとスクワッドの絶大な人気は、最適化フェミニズムの要求を活発にする。自分の職務に超人的なまでに熟達しているのがAOCの大きな魅力だ。Twitterでの反撃、魅惑的な動画、遊説の演壇や下院の議場でおこなう台本のない演説はもとより、下院の執務室のドアのまえでアンチAOCを相手にしているところや、「女性性にはパワーがある」と言いながら化粧をする姿までも、燃えたぎる情熱とミレニアル世代の蠱惑《こわく》的な魅力を全開にして配信されている。[*9] 彼女は疲れ知らずのソーシャル・メディアそのもののように見える。夕刻に黒豆のスープをつくりながら、あるいは週末にブロンクス行きの列車に飛び乗りながら、オカシオ＝コルテスはInstagram（Facebookが親会社）のライブ配信を開始し、政府と国民のあいだにあるバリアを打ち壊そうとする。疲労困憊しているときでさえ、驚くほどの思考の明晰さとカリスマ性で複雑な法案を解説してみせる。もっとも、この全力投入とそれをさせる技能が危険を呼びこむ。彼女にかけられた支持者の期待は、たいていは口に出されず、だが、じわじわと広がり、ついには、いかに非凡な人でも対応不可能なところまで行ってしまう。オカシオ＝コルテスならどんなことも完璧にこなせるとでもいうように。

AOCは——もっとはっきりいうなら彼女のファンの大多数は——最適化フェミニズムという疑似餌《ルアー》に抵抗できるだろうか？　彼女は毎日二十四時間、週七日、すばらしい仕事ができて、地球を救うこともできて、そうしたことを全部やりながら潑剌としているというファンタジーのルアーに抗えるだろうか？　フェミニストの億万長者たちにはAOCのような人気はないかもしれないが、好感、熟達、仕事三昧といったフェミニストの女性に広く期待される事象は今も健在だ。AOCとスクワッドの才能と輝きに対する熱狂が広がるなかで、わたしたちは、政治家と大衆のあいだの伝統的なバリアを打ち壊し、連邦議会議事堂からインターセクショナル・フェミニストの立場をひとつにまとめていく彼女たちの能力に舌を巻きすぎるという危険を冒しており、彼女たちのスキルを期待の鳥籠にしまっているのではないだろうか。オカシオ＝コルテスは公的な立場で資本主義を痛烈に批判する人でありながら、やはり不休の仕事と不断の優秀さを要求する最適化の罠の舵取りを強いられている。

二〇〇八年三月、カリフォルニア州パロ・アルトにあるFacebook本部で開かれた全社会議で、最高経営責任者（CEO）のマーク・ザッカーバーグが重大発表をした。その三ヵ月まえ、あるクリスマス・パーティでシェリル・サンドバーグと面識を得て以来、ザッカーバーグは懸命に彼女をGoogleから引き抜こうとしていた。彼女の夫も多くのジャーナリストもその勧誘の経緯をデートになぞらえる。ザッカーバーグとサンドバーグは、サンドバーグの屋敷から歩いてすぐのミシュランの星付きのニューアメリカン・レストランで週に何度も会い、ザッカーバーグが描くFacebookの将来像について議論を戦わしていた。[*10] シリコンヴァレーの企業でCEOの役職に就くことも可能だったが、サンドバーグはこの使命の価値を信じ、爆発的な利益をあげる可能性があると即座に理解した。こうして彼女は、最初の一ドルを稼ぐ責任を託された最高執行責任者（COO）としてFacebookへやってきた——Facebookはベンチャー投資のなかで泳いできたが、自社の収入源を生成しておらず、わけてもエンジニアリング関連の収入源は皆無だった。ザッカーバーグはCEOの肩書きを保持しつつ、製品開発と新規分野への参入に加えて、技術の洗練をめぐるシリコンヴァレーの熾烈な競争を勝ち抜くことにエネルギーをつぎこんでいた。

「シェリルとぼくはあるパーティで出会って、たちまち意気投合したんだ」ザッカーバーグは二十四歳の若者にしてはいささか元気がよすぎるほど興奮した口調で、七百人の従業員に報告した。「彼女の頭の回転のよさにはほんとうに感動した」シェリルは彼の横に立ち、これから自分の部下となる社員たちに満面の笑みを送った。

「はじめてシェリルと会ったとき、すごく肌がきれいですねって言ったよ。実際きれいだからね」マークは念を押すように、十五歳上の役員のほうを向いた。

サンドバーグの笑みは少しも変わらなかった。

一方的に命じることが習慣化していたザッカーバーグは、この場で全社員にサンドバーグの就任を布告した。「みんながシェリルに熱を上げたはずよ」Ｆａｃｅｂｏｏｋの元社員キャサリン・ロッシの回想記には、この身のすくむような驚きの場面の詳細が記されている。大勢のエンジニアはザッカーバーグの布告に従順に応じ、すぐさま部署ごとにｅメールをまわして、サンドバーグへのひと目惚れを証明してみせたという。[*11]

もしかしたらサンドバーグは、それから五年後、『ＬＥＡＮ ＩＮ』で世に伝えることをここで本能的に感じ取ったのかもしれない。成功が女性にとって矛盾であるのは調査が示していると。女性が職業的にまえへ進めば進むほど、人は彼女たちを嫌う。わたしたちのセクシスト文化は成功した女性を信頼しないということは、『ＬＥＡＮ ＩＮ』が明確に示している。サンドバーグはこう説明する。ハーヴァードのビジネス・スクールの事例研究《ケーススタディ》で取り上げられた起業家は、ある論文では、男性からも女性からも、「魅力的」で協調性に富んでいると見なされていたが、べつの論文では、「自己中心的で、〝その人を雇いたいとかその人の下で働きたいとか思えるタイプ〟ではない」とされていた。ただし、そのふたつのヴァージョンをまたいで論文のなかで変えられた特性がひとつだけあった。「ハワード」という名前が

「ハイディ」に置き換えられていた。女性がビジネス交渉で成功するには自分を魅力的にするための努力が必要だと彼女は助言する。「女性は他者を気遣う優しさがあって、しかも〝適切に〟女らしさを備えているという印象を与えなければならない」[*12]これをべつの言葉で言い換えるなら、女性は自分が必要とするものを会社全体の需要より下に置いて、自分以外のすべての人を心地よくさせる女らしい演技を習得しなくてはいけないということだ。異様なセクシズムを笑顔で乗り切るのは長いゲームだが、乗っているボートを揺らさなければ、それは自分のボートになる。

サンドバーグが『LEAN IN 女性、仕事、リーダーへの意欲』を上梓した二〇一三年は、ベティー・フリーダンが『女らしさの神話』を発表した年からちょうど五十年後にあたる。サンドバーグは、ホワイト・フェミニズムの新たなリーダーという飾りをまとって「自分の真実を語る」ことになったのだ。かつてフリーダンが彼女の真実を語ったように。フリーダンは、中流階級の女性を家庭に縛りつけることによって彼女たちと社会全体を弱体化させている女性らしさの理想を診断し、職業に就くことが浪費されている女性の可能性と萎縮した暮らしに対する解毒剤だと定めた。半世紀後のサンドバーグは、進歩の過程で「わたしたちの革命は失速した」と言う。職場に女性があふれたけれど、幹部クラスはまだ男性と同数には達していないし、賃金労働者の場合も同じくだと。フォーチュン500のCEOの四百七十九人は男性で、連邦議会議員の八二%は男性だと。男性が稼ぐ一ドルに対して、女性は平均して七十五セントしか稼げない。「真に平等な世界とは、国と企業の半分を女性が運営し、家庭の半分を男性が切り盛りするような世界だろう」と『LEAN IN』は説く。ホワイト・フェミニズムは、女性の大統領と女性のCEOを据えれば平等が自然にこぼれ落ちてくるという新たなゴールを見つけた。『LEAN IN』とその結果として表面化した〝#ガール・ボス〟現象は、企業の女性の「平等に対する当然の追求としての……権力の追求」だとする《アトランティック》誌のライター、アマンダ・マルの指摘は妥当である。同書は《ニューヨーク・タイムズ》のベストセラー・リストのトップを一年あまり独占し、企業二百社が〝リーン・イン〟プラットフォームの支持者を自認した。[*13]『LEAN IN』は、異性愛者で既婚の企業女性の関心事に焦点が絞られているという批判はいろいろなところから起こったが、同書の根本的な問題は社会全体を包摂しなかったことではない。資本主義のなかで包摂しても徒労でしかない。一番の問題は、現実には資本主義が社会的損害の原動力となっているのに、資本主義を平等の配達人として提示しているところなのだ。フリーダンは、中流階級の女性たちに家事を外注して職業に就き、繁栄するべく選ばれた人々の仲間入りをしなくてはいけないと説いた。その五十年後、『LEAN IN』はフェミニストのバイオポリティクスをその論理的結論に導いた。女性は、アメリカという企業の収益の抽出マシーンを掌握することによって、自身の受容力を最適化するべきだと。労働者階級の女性がサンドバーグの視界の外にあるのは、フリーダンの場合と同様だが、彼女たちが従事している清掃や調理や保育といった裏方仕事は、フェミニストの上司が自分の能力やキャリアや信奉者の最大化に専念できるように、その身を自由にしてやっていることになる。

書籍の形を取ろうと、サンドバーグが設立した非営利の（したがって、おそらくは非課税の）団体Leanin.org とつながる何万もの「リーン・イン・サークル」となろうと、〝リーン・イン〟が描くのは権限を与えられた、なんでもできる女性像だ。そこで求められるのはまず、なんでも率先して行動する姿勢を崩さないこと。これは指導者になる素質でもある。そして、ジェンダーは社会的に構築されたもので、女性はセクシズムを内在化しているので、セクシズムを根絶するために自分を武器にしてきたと理解していること。全女性を支援するという建前の包摂的な構想を展開すること。Leanin.org の動画を視聴して、威厳を発散させるにはどんな仕種や話し方をすればいいかを学ぶこと。家事も育児も半々に分担してくれる夫を確保すること。個人が必要とするものと職場で求められるものとの境界線を曖昧にし、「自分の全部を仕事に」つぎこめるようにすること。[*14] 仕事が自己啓発の特権的な場となり、あらゆることが仕事として再構成される。

企業の職場をフェミニストの自己実現の場に変えたサンドバーグの手法は、わたしたちが一九七〇年代なかばから没頭してきた資本主義の段階、すなわち新自由主義と完全に歩調を合わせている。新自由主義を根底で突き動かしているのは、市場こそが社会の諸問題を解決する最良の場所だという有害なファンタジーだ。新自由主義のプランは、富裕層の頂点にいる人々が最大限に富を積み上げることができるように、すべての規制を企業の力で取り除くことを目指す。しかも、その大部分を、公営企業と、学校、医療、道路や橋、電気・ガス・水道のようなインフラに使われる税金の浸食によって最速でおこなおうとする。こうした政治学が合衆国の歴史上最悪の富の不均衡を生み出してきた。[*15] クリントン政権で財務長官を務めたラリー・サマーズの筆頭補佐官だったサンドバーグは、新自由主義的資本主義のもっとも破滅的な政策のいくつかを導いた。二〇〇八年の世界同時不況を引き起こすことになるウォール・ストリートの規制解除と、公共インフラと社会保障にあてられていた連邦予算の削減がそれである。

新自由主義を特徴づけ、〝リーン・イン〟と〝ガール・ボス〟の成功を支えている企業収益の急騰は、ほとんどが、労働者が企業のために生み出す価値に見あった報酬を与えられない形で、貧しい人々から抜き取られている結果だ。新自由主義の政策は百万長者や億万長者を生み出す一方、賃金の減少と組合による保護の消滅で中流階級を縮小させ、生活賃金を小売りや接客など報酬の低い仕事に置き換えることによって労働者階級を膨張させる。アレクサンドリア・オカシオ＝コルテスが述べたとおり、「富裕層がいるところにはかならず底辺層がいて、奉仕する階級がいて」、そこには「個人の責任」という価値観があり、急速に縮小する公的補償と世界人口の一％に世界の金の半分を集中させた規制緩和が生み出す問題を、貧困層が解決しなくてはいけないことになっている。新型コロナウィルス感染症（COVID－19）がパンデミックを起こした最初の十ヵ月間ほど、このことが残酷なまでに顕著になった時代はない。エッセンシャル・ワーカーは低賃金の仕事をするために生命の危険にさらされ、推定でアメリカ人の六人にひとりが飢えた。その一方で合衆国の億万長者は富を四〇％近く増やした。*16

さらに、新たな市場と新たな収益源を探る新自由主義は、比較的未開拓の収益源として、身体《ボディ》と自己《セルフ》に目を向けている。この種の現代産業は繁栄だけでなく最適化ができる富裕層をけしかける。最適化された人は味も見た目も栄養価も最高の食べ物のみを消費し、彼らは歯と肌と髪と筋肉を完璧に手入れして光り輝かせる。キッチンでも寝室でも浴室でも、必要最小限《ミニマリスト》のデザインと最大限のパフォーマンスで自分の体を取り囲み、それらを全部ソーシャル・メディアで発信する。最適化された人は家の掃除、昼食の支度、食料雑貨の買い出しのような非効率な行為を——ときには咀嚼すらも——生活から取り除いて、みずからの生産性の能率を上げる。最高のものをつねに追求することでその人は自己最大の可能性に達するとされている。最適化した自分が社会的価値の究極の源泉かつ生産者となるわけだ。

新自由主義の時代のフェミニズムも同様の動きを見せる。ジャーナリストのスーザン・ファルーディは、サンドバーグのブランドであるエンパワーメントをこう評した。「脱工業化経済」において「フェミニズムは自己表現の手段として装備を一新された。〝自己〟は需要のある消費対象になり」、ホワイト・フェミニズムはブランド開発の、サイドビジネス開発の最先端をいく方法になった。あるいは少なくとも視聴者の心をつかまずにはおかないソーシャル・メディアのコンテンツになった。しかも、億万長者の人気がみるみる落ちているのに対して、包摂的な政治学をもち、そつのない化粧をして最適化されたフェミニストは、依然として強力なルアーでありつづけている。体制の仲間入りを目指すあからさまな試みとしてのホワイト・フェミニズムはいよいよ疑わしさを増しているが、理想的なライフスタイルとしての最適化された女性は、バレエ・エクササイズのレッスン場から、Ｉｎｓｔａｇｒａｍのスクロール画面から、抗議のデモ行進から、トランプ政権時代にはホワイトハウスから、きらきらした姿を発信する。[*17]

最適化された暮らしは、たとえホワイト・フェミニズムが女性たちに実現を命じても、さらなる矛盾を多くの女性に提示する。ブレットプルーフ〔訳注／ダイエット効果と脳の活性化をうながす〝防弾コーヒー〟〕を開発したデイヴ・アスプリーやＴｗｉｔｔｅｒを起業したジャック・ドーシーのようなシリコンヴァレーの男性たちが、バイオハック〔訳注／主体的な健康増進と体力増強を目指すライフスタイル〕の道を突き進んで、一日に三時間の睡眠、二十一時間のパフォーマンスという生活を実現している一方で、なんでもできるように見える女性に対しては、最大化した自分の信奉者さえも強い疑いの目を向ける。サンドバーグは幾度となく、成功は女性の好感度と負の相関関係にあると強調した。白人フェミニストとしてのサンドバーグの才能は、白人女性が最適化しても不備な部分が予定どおり全部なくなるわけではないと理解している点だ。白人女性の場合、欠陥はひとつの特徴と見なされるのだ。

勤務中にも「わたしは自分の欠点について率直に話している」とサンドバーグは読者に語る。部下とのコミュニケーションの道を開いて、批判的な反応を引き出すことが表向きの理由だと。[*18]だが、もっと大きな効果も得られる――自分の欠点を語ったり見せたりすることで、彼女の鋭い部分が隠され、受け入れられやすくなる。大きな成功を収めた女性が好感をもたれるためには、自分も欠点や感情がある生身の人間で自己制御もままならないのだということを、目に見える形で示さなければならない。サンドバーグにはそれが直観でわかるのだ。白人の女性が最適化するには、意図的に脆さを見せて、スーパーウーマンにはとてもなれないと認めることが求められるのだと。『LEAN IN』に「万能神話」と題した章がある。最適化された白人女性は、まるで不気味の谷を避けるためにわざと歪めて描かれたアニメのキャラクターのように、不快感を呼び起こすのを避けるために、つねにポケットをいっぱいにして誤りを犯しがちな人物を演じてみせる。

だから読者が『LEAN IN』で出会うシェリル・サンドバーグは、本人がつくった、もうすぐ億万長者になる予定の人物で、オフィスに感情をもちこむし、重要な商談のまえにはトイレで吐いていて、もしかしたら自分も彼女のように出世の階段をのぼれるかもしれないとほかの女性を勇気づける。なによりもまずサンドバーグは、「世界でもっともパワフルな女性たち」というタイトルの一番めに自分が置かれているときには、その役割を確信的に演じなければならなかった。サンドバーグが子どもを寝かしつけるためにオフィスから飛び出す様子を、あるいは自宅で月に一度開いている女性たちとの交流会の様子を語るのを聞いて、ホームシアターと、サウナが完全装備されたジムと、複数の洗濯室を備えた、敷地が一〇〇〇㎡以上ある邸宅が頭に浮かぶ人はほとんどいないだろう。その豪邸を彼女と彼女の夫は〝うち〟と呼び、彼女がホストを務めるディナー・パーティ[*19]には、ひと皿三万八五〇〇ドルの料理が並ぶ、オバマ財団の資金調達担当者が集うパーティもあるというのに、最適化された女性のCEOとして人が思い浮かべるのは、隣に住む、自分よりお金持ちの女の人だ。いかにもチャーミングなその人柄はほかの女性たちの気持ちを元気づけ、彼女がいるトップの座に加わる手伝いをしてくれそうに思えてしまうのだ。
最適化された男性は食用活性炭入りの瓶を手に裸足でオフィスに駆けこみ、最適化された女性は役員室で泣いてみせる。CEOの肩書きとともに流す白人女性の涙は商品になる。強みにも予防手段――資本主義が人の心をもてるという証明――にもなる。感情をあらわにするフェミニストのCEOは好感度を得ると同時に、増加の一途をたどる収益をその頬を伝う人間味で清める。この「一%のフェミニズムが……新自由主義に完璧なアリバイを提供している」と『99%のためのフェミニズム宣言』(惠愛由訳、人文書院、二〇二〇年)の共著者たちは言う。なぜなら重役フェミニズムは「世界資本を支える権力を使って〝進歩的〟な自画像を描かせることができるのだから」[*20]
百六十五年まえ、エリザベス・ケイディ・スタントンは国家を浄化するプロジェクトとして合衆国のホワイト・フェミニズムを立ち上げた。今やホワイト・フェミニズムの任務は、完璧ではない白人女性のリーダーを昇進させ、彼女たちの成功を下から支える残酷な搾取の経済システムを確実なものにすることになっている。これはスタントンが思い描いた未来というよりは、白人女性が採用した特殊な政治学の結果だ。白人フェミニストはおよそ二世紀を費やして、白人女性を最終的なゴールである国家の権力構造に組み入れた。そのようにヒエラルキーを昇りつめることこそが平等の意味だと彼女たちは思いこんできた――字義どおりに解釈すれば、その他大勢を下に追い落として一部の者を引き上げることが必要になるとしても。
しかし、感情や脆さを見せることは、企業のトップの女性の好感度を上げて資本主義の残酷さを隠すための重要な手段というだけではない。サンドバーグのまわりにいる役員は、親密な告白や個人の情報開示や私的なコミュニケーションを資本主義経済の最新分野に変える方法を見つけ出した人たちだ。新自由主義の資本が〝身体〟と〝自己〟に浸透するにつれて、人の感情はアルゴリズムで記録されるバイト単位のデータになった。Ｆａｃｅｂｏｏｋの構築で彼女を億万長者にしたデータ・マイニングの分析スキームにかかると、わたしたちの人間関係や政治信条の私的な詳細は採取の機が熟した資源となる。ここで問題にしているのは、サンドバーグの資本主義構想にわたしたちが踏み出すかどうかではない。問題は、後退という誠実な選択肢もあることを心に留めておける人がいるかどうかだ。

シェリル・サンドバーグがＦａｃｅｂｏｏｋのＣＯＯとして新たな役割に慣れつつあり、合衆国の株式市場が来るべき暴落へと向かいつつあった二〇〇八年八月、アレクサンドリア・オカシオ＝コルテスは父親が入院する病院の一室をあとにしようとしていた。四十八歳のセルジオ・オカシオは珍しい型の肺癌と闘っていて、彼女にとって父親はほかのだれよりも近い存在だが、ボストン大学の二年生に進級するため戻らなくてはならない時期が近づいていたのだった。父と会うのはこれが最後になりそうな気がしたし、父の死が迫っていることに彼女が気づいているのを父も察していた。それも彼女にはわかっていた。彼女は悲しみをこらえて慎重に父に別れを告げた。だが、ドアを開けて病室から出ようとしたとき、父が呼んだ。オカシオ＝コルテスは父のベッドに引き返した。「おい、頑張れよ」と父は長女を励ました。[*21]

セルジオ・オカシオはその年の九月はじめに世を去り、娘を「この地球のだれよりも優秀なやつ」だと思っている人とのつながりが断ち切られた。オカシオ＝コルテスはひとりぼっちで海に出たような気持ちだった。産婦人科医になりたくて医学部を専攻していた彼女は、西アフリカのニジェールで勉強することを選び、実践的な治療師《ヒーラー》のもとで経験を積もうと現地の助産師と一緒に働きはじめた。彼女はニジェールの女性たちの強さを知るとともに、彼女たちの生活はいつも喜びと友情を中心にまわっていることにも気づいた。彼女たちは毎晩その喜びと友情をたしかなものにしようとしていたが、合衆国でたしかなことといえば「仕事は太陽で、人間の生活はそのまわりを回転している」ということだった。貧困がもたらす悲惨な結果も目にした――若死にや、ときには死産のような悲惨な状況も。一部の患者にとって陣痛は新しい命をこの世に産み出すためのものではなくて死の先導になっていた。父が自分の将来にかけた高い期待を耳鳴りのように感じながら、オカシオ＝コルテスはべつの進路を思い描きはじめた。個別の症例の治療にあたるのではない道を。彼女は科学に秀でていて、ハイスクールを対象にした世界最大の科学展で二位に選ばれ、その受賞によって小惑星のひとつに彼女にちなんだ名前がつけられたほどだが、ここで新たな目標が定まった。それは個々の患者の手当よりもっと根本的な目標、「病んだシステムを治す」ことだった。[*22] 新たな目標は、つねに重圧を感じていた父の高い期待から解き放たれるための、自分にふさわしい野望から生まれた。ボストンに戻ると、専攻を経済学と国際関係学に変え、手段を獲得するための黒人の急進的な伝統を研究し、制度上の権力を分析した。

当時のオカシオ＝コルテスには世界が前途洋々と感じられた。自分や後続の世代のまえには時間がたっぷりあり、人間同士が社会的・政治的・経済的に関わる形を抜本的に変えるためのスペースも充分にあると思われた。二〇一一年、大学の最終学年を迎えた彼女は、マーティン・ルーサー・キング・ジュニア記念日にボストン大学の講堂の壇上から、「世界は若いのです」と聴衆に語りかけた。わくわくする前進はこれから始まるのだと。「ひとつのヴァーチャル・ソーシャル・ネットワークに五億の人がつながっています」彼女はＦａｃｅｂｏｏｋが最近記録した画期的なユーザー数に熱っぽく触れた。「時代の夜明けがそこに見えているということです。わたしたちの世代の勝利なのです」ただし、彼女には、「郵便番号が一致すると数に入れられないブロンクスの子ども」のような深刻な敗北も見えていた。それは「プラトンやトマス・ジェファーソンの理想がマンハッタンのパーク・アヴェニューのショーウィンドウに飾られる商品と同程度に手に入られなくなる」ような階層化された階級システムの結果だということが。自分の生きる世界にどのように貢献するかを考えて賢明な選択をすることがわたしたち個々の人間の義務である、と彼女は強く訴えた。「わたしたちは毎日、自分に問いかけなければなりません。〝今日はどれだけ役に立てるだろう？　明日はどれだけ役に立てるだろう？　今この瞬間もどれだけ役に立てているだろう？〟」[*23] 社会の変化は体制に抗いながら高い地平を目指して不断の努力をすることを求めている、と彼女は語った。

しかし、それからまもなくオカシオ＝コルテスは、自分は役に立つことを選びたいのではないと感じることになる。父の早すぎる死のあと、母のブランカは住宅ローンを必死で支払っていた。ニューヨーク市郊外のウェストチェスターにある敷地面積九二㎡の自宅は、ブロンクスで育った夫婦が子どもたちを少しでもいい学校にかよわせるために買った家だった。ローンの支払いを助けるために、彼女は大学が休みのときには母の清掃の仕事を手伝った。同じ経済学専攻の学生たちは、卒業と同時に給与の高いウォール・ストリートの仕事に就こうと躍起になったが、彼女はその列に加わるのを拒み、ナショナル・ヒスパニック協会の教育ディレクターとなって、子どもたちに話術を教えた。だが、母が仕事をふたつ掛け持ちしてもローンの支払いが滞り、自宅の差し押さえに直面した。オカシオ＝コルテスが非営利の組織から得る給料では食い止められなかった。彼女はその仕事を辞め、ユニオン・スクエアのすぐ近くにあるメキシコ料理店、〝フラッツ・フィックス〟のウェイトレス兼バーテンダーとして働きはじめた。給料は上がったが、「苦痛」を感じていた。レストランでの仕事は父が期待していたこととはあきらかにちがう。父との約束を破ってしまった。自分への失望は日に日に彼女を苛《さいな》んだ。人の役に立つレベルに達することができない自分は「無」だと思った。[*24]

「自分を壊すつもりなのか、それとも、望ましいものになるつもりなのか」選択を迫られているのだと、オカシオ＝コルテスは悟った。それは〝望ましい〟の意味を自分の言葉で定義することであり、自分の「世界の解釈」に修正を求められるだろうということにも気がついた。ウェイトレスをしていることが本質的に屈辱的なのではなく、「地位」や「成果」で人生設計をしていることが自分を惨めにしている問題なのだった。[*25]

オカシオ＝コルテスは、女性が自分の指導力を過小評価しがちな傾向と同じぐらい中毒性があるもの――望みうる最高の自画像に到達して、それ相応の地位を職場で獲得するために、絶えず自分にプレッシャーをかけつづけること――を一掃しはじめた。まず、両親から教えこまれたことを思い返してみた。そこで浮かび上がる問題は「自分がなにでいたいかではなく、どのようにありたいか」だ。そして、どのようにとは、日々の倫理感と精神性と自己受容の問題であって、履歴書に書きこむ地位や立派な業績ではない。彼女は、自分の内に取りこんだのちマーティン・ルーサー・キング記念日に壇上から学友たちに滔々と語った、最大限のパフォーマンスという新自由主義の要求を捨て去ることにした。そのかわり、どのようにを受け入れて、自分が「倫理的に正しい生き方をする努力」ができるような日々のリズムを見つけようとした。この変化が絶望から彼女を救い出し、〝フラッツ・フィックス〟で元気よく働けるようになった。「資本主義経済は、あなたはもっと高みを目指すべきだと言うだろう」が、彼女にはウェイトレス兼バーテンダーとして働いた年月が「一番幸せだった。なぜなら、自分がどのようにありたいかと、何者でいたいかが一致していたから」[*26]

オカシオ＝コルテスは個人のレベルで最適化のロジックを確認し、それを日々の道徳観と喜びに置き換えた。その強固な基点から政治学の道を歩みだし、皮肉にもあっというまに、夢にも思わなかった高みに到達してしまった。自分の使命は「よりよい世界をまえに進めること」であって、二年おきに守らなければならない議席にしがみつくことでも、同僚の議員が属しているような「権力と富をもったひと握りの人々の階級で認められる」ようになることでもない、と彼女は言う。[*27] 彼女にとってフェミニストのリーダーシップは当然ながら、自身の勝利の原動力となった社会正義運動に対する義務を負う。

二〇一八年十一月、宣誓就任すらまだ二ヵ月先なのに、オカシオ＝コルテスと民主社会主義者の同僚、ラシダ・タリーブは、連邦議会から制度上の変革を進めたいと声をあげた。ふたりは下院の新議員としてオリエンテーションを受けているあいだも、グリーン・ニューディール決議案の提出を求めて下院の床に座りこむサンライズ・ムーブメントの若い活動家たちに合流した――オカシオ＝コルテスは下院議長の民主党議員、ナンシー・ペロシの執務室のまえでの座りこみ《シット・イン》にも参加した。[*28] それは個人の成功よりも、連帯を基盤にした運動組織へのふたりの関心をはっきりと示す衝撃的なデビューだった。

もっとも、オカシオ＝コルテスは自己最適化の要求から自分を解放したとはいえ、絶えざる切磋琢磨《せっさたくま》と絶えざる卓越への期待が、このきわだって華やかな二十一世紀のフェミニストの役割とされていることに変わりはない。彼女のファンの多くにとって、オカシオ＝コルテスはリーダーというよりアイコンなのだ。世間はいまだに女神を必要としていて、その重荷がＡＯＣのような女性たちの肩にのっている。「フェミニストの祈りのキャンドル」の横には彼女の顔が飾られ、本の著者は彼女の名を「抵抗の女王」のなかに加え、雑誌は《タイム》から《ヴァニティ・フェア》にいたるまで、就任して二年にも満たない彼女の写真を表紙に使った。ＡＯＣの成功は、猛烈にラディカルで性的アピールのある女性でありながら、洞察力と快活さも備えたコミュニケーターでもあるという、だれが見てもあきらかな彼女の能力に対する集団の熱狂に操られた突然の成功だ——しかも、それは独自の最適化の罠を仕掛けてくる。

白人女性の自己最適化は、成功を加減する明白な欠点を保つことによって好感度を確保するが、有色人種の女性にはたいていの場合、もっと過酷な基準が用意されている。最適化は、白人女性にはある程度の凡庸さの余地さえ認め、白人男性となるとその余地が断然広い。[*29] 白人性《ホワイトネス》自体が能力だという有無を言わさぬ解釈があるので、失敗や資格の欠如の証拠が山のようにあっても、そのために白人男性のキャリアや評価を妨げられることはさほどない。むしろ彼らは前向きに失敗する。その一方で、白人女性は自分の欠点を心強い利点に変え、白人男性に対して自分は脅威ではないというポーズを取る。

だが、有色人種の女性には異なる基準が適用される。人種化されるということは本質的に無能と見なされることであり、手助けが必要と思われるならまだしも、悪くすれば社会の秩序を乱すと恐れられる。涙が相変わらず白人女性の権威の一形態に収まっているのに、有色人種の女性にかけられた期待は完璧以外の何物も許さない。そこに誤りがはいる余地はなく、能力のない者が熟達を装うことなどもってのほか。完璧と無能が二者択一となり、そのどちらにもおなじみの人間らしさがはいりこむ隙はまったくない。

オカシオ＝コルテスは、完全無欠であれという不可能な要求が有色人種の女性リーダーに押しつけられていることに気づいているらしく、「意図的な脆さ」と称する可視性への取り組みをおこなっている。夜の十時に夕食をつくりながら、Ｉｎｓｔａｇｒａｍで議会の進行を解説する彼女は、学者であり活動家でもあるコーネル・ウェストとトリシア・ローズのポッドキャスト〈タイトロープ〉で、自分はかならずまちがいを犯すと語った。こうして不完全な部分を発信していけば、自分を「救世主」のごとく位置づける期待から解放されるだけでなく――すべての政治指導者をみずから造った土台から間接的に追い落とすことになるかもしれないと。「権力者のなかにある完璧神話を壊す必要があった」と彼女はのちに振り返った。おかげで今はワシントンの政治学が以前ほど頑強な体系には見えず、以前よりは「人間が決定をしている」ように見えるし、自分の脆さと近づきやすさの両輪は、自分に突きつけられた最適化の要求を覆し、議員と議員が奉仕するべき国民とのあいだに築かれた障壁を徐々に削り取るだろうと。この試みは大いに効果をあげた。二〇二一年一月、トランプ大統領に対して二度めの弾劾を求める決議の採択がおこなわれる前夜、十一時から一時間、Ｉｎｓｔａｇｒａｍで配信したスピーチは、十万人以上のライブ視聴者を引き寄せ、翌朝までに録画を見た視聴者は百五十万人以上におよんだ。[*30]

とはいえ、意図的な脆さを見せる規模が大きくなると危険をはらむ。仕事の時間を深夜まで引き延ばして、自分の人間らしさをさらけ出しながら視聴者を教育するというオカシオ＝コルテスの試みは、さらなる仕事の要求を呼びこむ危険と隣り合わせだ。そうなったらもう彼女に対しては勤務時間外という概念がなくなってしまう。ラディカルな目的をもちながらも避けることが難しい、さらに大きな構造もある。女性たちにとくに共有される感情と脆さは現代のソーシャル・メディア経済を動かす。自己を演じて市場に出し、商品化するという資本主義の一形態においては、深夜に見せる脆さすらもうひとつの貴重な資源になりうる。

ＡＯＣがサンライズ・ムーブメントに参加してペロシの執務室のまえを占拠した翌日、シェリル・サンドバーグは消火爆弾の音で目を覚ました。彼女の邸宅の上空は、百五十マイル北で発生した、カリフォルニア史上最大の致死的にして破壊的な山火事、通称〝キャンプファイヤー〟の煙に覆い尽くされていた。が、こちらの爆弾はもっと衝撃だった。「シェリル・サンドバーグは怒り狂っていた」という書き出しで始まる《ニューヨーク・タイムズ》の一面記事は、Facebookの市場独占を守るために彼女とマーク・ザッカーバーグが駆使する、はぐらかしと否定と反撃の戦術を詳細に報じていた。Facebookは、友人や家族や同僚とのつながりを保つための一手段として二〇〇四年に誕生した。合衆国でも世界でも独裁的な政権は、偽情報を広めるのにFacebookのプラットフォームを利用しているが、Facebookは偽情報の拡散防止の対策を取っていない。これに対してジャーナリストの多くが、チェック機能がないままに成長したFacebook社の状況と密室主義が民主主義を弱体化させていると考えた。《ニューヨーク・タイムズ》は、Facebookは多くの人にとって「企業の背伸びと手抜きの」シンボルになっていると断じた。その記事は、サンドバーグが、強力な政策立案者への積極的なロビー活動を差配して、Facebookの批判者や中傷者の評判を落とし、自社の違法行為を突きつけられると嘘をついていると暴露していた。この記事はメディア界に鳴り響くサンドバーグの名声に大打撃を与えた。とくに辛辣な後追い記事の見出しは「昇って、踏み出して、落ちたFacebookのシェリル・サンドバーグ」だった。[*31]

カラ・スウィッシャーのように、サンドバーグは大手テクノロジー《ビッグ・テク》企業のルールに従っているだけで、FacebookのCEOで筆頭株主のマーク・ザッカーバーグではなく彼女を標的にしているところにミソジニー臭がすると主張したジャーナリストもいる。[*32] とはいうものの、サンドバーグは単にビッグ・テクのゲームをしているのではない。彼女はFacebookの主要な設計者のひとりでもある。ザッカーバーグは彼女のきれいな肌とひと目惚れに値する笑顔を目当てに彼女をスカウトしたのではない。二〇〇八年に彼がサンドバーグを採用したのは、Ｇｏｏｇｌｅで監視資本主義を開発していた彼女の役割に狙いをつけたからだった。

「監視資本主義」は学者のショシャナ・ズボフによる造語で、わたしたちが生きている社会のビッグ・テクに操られる新自由主義経済を意味する。資本のもっとも強力な形――つまり、価値を生み出す資源――は、今や個人の行動を把握するデータになっている。サンドバーグがＧｏｏｇｌｅの事業本部長に就任した年、役員たちはどうすれば会社が儲かるかということについて最終的な理解に達していた。Ｇｏｏｇｌｅのサイトでおこなわれるありとあらゆる検索は、ユーザーの所在地情報、検索フレーズ、クリックする箇所など、検索そのものを超えたデータを生み出す。ズボフによれば、Ｇｏｏｇｌｅ社は二〇〇一年にそうした情報を「行動余剰」に変えた。広告主に売ることを想定した予測商品の製作に利用可能な余剰データとしたのだ。サンドバーグ率いる〝アドワーズ〟〔訳注／二〇一八年七月より〝Ｇｏｏｇｌｅ広告〟に名称変更〕チームは即座に広告の販売戦略を変更した。それまでのＧｏｏｇｌｅはキーワードに基づいて広告を売っていた（たとえば、ユーザーが猫のトイレ箱に似せたケーキのレシピを検索すると、サイトのページの端に実際の猫トイレの広告が現れていた）のに対して、個々のユーザーのＧｏｏｇｌｅやウェブでの全検索履歴から構築・推定されるプロフィールに基づいた広告を売りはじめた。検索ワードはもはやＧｏｏｇｌｅに動力を供給する原材料ではなくなり、かわりにユーザー自身がズボフのいう「人間天然資源」として掘り起こされ、自分と同種の人や、説得されて取るかもしれない行動に賭けるようになった。サンドバーグは広告に的を絞ったこのイノベーションを考えついたわけでも、それを可能にするアルゴリズムを作成したわけでもなかったが、オンライン販売のトップとして同社の企業努力を監督し、同社のエンジニアリング能力を空前の財源に変えた。その過程で、彼女が率いるオンライン販売チームは四名から四千名に増え、本社の駐車場は膨れあがった。二〇〇七年にはＧｏｏｇｌｅ社の年間収益百七十億ドルの三分の二を彼女の部署が上げていた。[*33]

ザッカーバーグはＦａｃｅｂｏｏｋに監視資本主義を導入して同社の売上総利益を一変させるために、サンドバーグを雇ったのだ。今のところＦａｃｅｂｏｏｋ以上に大きな個人履歴の宝庫——利益が生み出されるのを待っているデータ——を有する企業はない。Ｆａｃｅｂｏｏｋは、朝食になにを食べたとか、子どもが初登校日になにをしたとか、選挙に行ったとか行かないとか、だれに投票したとか、自分の誕生会にだれが来てくれたかとか、猫のトイレケーキにさわる勇気があった人はだれかとか、利用者の日々の不満や不平の公開を誘うために構築されている。「わたしたちはほかのどこよりも質の高い情報をもっている」彼女はソーシャル・ネットワークへの転職後に豪語した。「わたしたちはジェンダーを、年齢を、所在地を知っている。それらは他人の推測による雑多な情報とは正反対の実データだ」[*34]Ｆａｃｅｂｏｏｋは人間天然資源のネットワークなのである。

しかし、監視資本主義を動かす情報は、自己開示をはるかに超えて、前記のような無害ではすまない詳細なデータにアクセスするとザッカーバーグは述べている。ビッグ・テクのもつ情報は、わたしたちの日々の生活にある感情や手触りがオンラインとオフラインの両方で抽出され、高い価値のあるデータに変換され、わたしたちがコントロールできず利益の配分を受けることもない市場で売買される、現在進行の「デジタル占有収奪」の結果であると。ＧｏｏｇｌｅやＦａｃｅｂｏｏｋが掘り起こすデータは公益には結びつかない——それらはわたしたちが知らないうちにわたしたちの行動を形づくるのに使われ、その過程で一％の人々の富を築いている。[*35]

サンドバーグが共有する脆さと彼女が〝リーン・イン〟ブランドで育てている親密さはただの謙遜に

とどまらず、自身の並はずれた成功を認めさせる手法になる。個人の詳細なデータは、彼女が手を貸してつくられた新種の資本主義の資源でもある。いわばサンドバーグがフェミニストのプランと企業でのキャリアの双方で掘り起こしている資源なのだ。今や感情とつながりと共有と友情が、GoogleとFacebookを世界の高収益企業トップ十五社のうちの二社にしたロジック、監視資本主義のエンジンに動力を供給している。[36] サンドバーグは役員室のテーブルにつく女性の権利を守っているとしても、実際には、ジェンダーを予測の主要素として利用し、Facebookがわたしたちの未来の行動でする賭けに磨きをかけている。〝リーン・イン〟プラットフォームが皮肉なのは、サンドバーグが資本主義者として成功すればするほど、彼女によってホワイト・フェミニズムそのものの非情さがさらされるというところだ。

もっとも、ビッグ・テクの略奪的な性質の責任をサンドバーグに負わせるのはミソジニー行為だという主張には同意できないが、その特殊な怒りをサンドバーグに向けるのは、ミソジニーより長い歴史があるセクシズムのパターンにまさしくあてはまる。FacebookのCEOであるザッカーバーグは、過度に抑制的で計算高い部分はあるにしても、天才少年から天才ビジネスマンになったような、合理性を重んじる辣腕の人物として描かれることが多い。《ニューヨーク・タイムズ》の記事の書き出しの「シェリル・サンドバーグはかんかんだった《seething》」というような頭韻を踏んだ表現が、同種のザッカーバーグの感情の状態を表すのに用いられるとは想像しづらい。それでいて、白人女性や白人フェミニストは、たいていは文明化と浄化と現状の最適化を交互におこないながら社会的権力の獲得を目指す試みのなかで、まさに同じ不平等のシステムに世論が背を向けると、しばしば責めを負わされる。

社会を安定させるという使命を長く課せられてきた白人女性には、全公共圏で主婦を演じているようなところがある。少なくともエリザベス・ケイディ・スタントン以来、白人フェミニストはその役目を拡大させて一種の回収に乗り出してきた。彼女たちは白人至上主義者による資本主義構造に接近する。その際に自分たちの存在を通して不平等なシステムをもとの状態に戻すと請け負うこともある。そうしたプロジェクトが必然的に失敗し、入植者による植民地主義も企業資本主義も選挙政治も、以前にも増して野蛮な状態のままだとわかると、そのことに対する責めと怒りの大半を吸い上げるのも白人女性で、白人男性はおおむね目に留まらずにすむ。

サンドバーグがつくったホワイト・フェミニズムの企業ブランドはFacebookの搾取的行為を隠し、心地よい輝きを同社に与えてきた。トイレで吐いていたというエピソードが、ときには過ちも犯すというイメージを彼女に与え、それゆえ、ミソジニストの論理では、そのことがわたしたちみんなにより好もしい影響を与えるというのと同じように。しかし、新型コロナのパンデミックで何十万もの人々が見捨てられて死亡していても、新自由主義の非道さはいっそう顕著になり、億万長者は富を倍増させている。海面は上昇し、山火事は猛威をふるい、ハリケーンは忘れる間もなく発生して海岸を襲っている。私財を守るための大量収監と警察の蛮行に国が依存している。そんな状況にあって、フェミニズムは自分たちのものだと主張するキャリアウーマンをエンパワーするフェミニズムよりも、資本主義が生み出す死の行進を止めようとするフェミニズムに注目する人々はますます増えている。

二〇二〇年七月、華氏一〇〇度〔訳注／摂氏三七・七八度〕の気温を記録した二日め、アレクサンドラ・オカシオ＝コルテスは合衆国議会議事堂の西側の正面階段をのぼっていた。階段をのぼりながら彼女は、それまで一度も話したことのない共和党議員ふたり、フロリダ州選出の下院議員テッド・ヨホとテキサス州選出の下院議員ロジャー・ウィリアムズと出くわした。

「きみは人間が銃で殺しあうのは飢えているからだと本気で信じているのか？」ヨホは彼女の顔に向けて人差し指を振りながら、大きな声で言った。「まったく呆れたもんだ。反吐が出る」[*37]

オカシオ＝コルテスはつい最近、警察の暴力行為を語るヴァーチャル集会堂《タウンホール》を開設しており、夏になってから犯罪が増えたのは、このたびのパンデミックで深刻化した貧困と飢餓の結果であり、警察の暴力に対する抗議を受けてニューヨーク市警の予算がわずかに削減されることになったせいではないと説明していた。「犯罪は周縁に置かれた人間を放置する病んだ社会の問題だ」という彼女の発言の切り取りは、まるで銃犯罪についての特定の質問に対して答えたかのように継ぎ接ぎされて、保守系ニュース・サイクルを席捲していた。[*38]

ヨホは女性議員に向かって一方的に非難の言葉を続けた。「頭がいかれているんだな」

「ずいぶん失礼な方ですね」と彼女はヨホに言った。ふたり組は歩みを止めなかったが、ヨホの暴言も終わらなかった。

「くそアマ《ファッキング・ビッチ》」と口のなかでつぶやいて、ウィリアムズとともに階段を降りていった。[*39]

このやりとりを聞いていたある記者が、オカシオ＝コルテスをめぐる新たなニュース・サイクルを駆動させた。ウィリアムズの執務室は報道の内容を否定した。二日後、ヨホは、オカシオ＝コルテス下院議員と会話した際に「ぶっきらぼうな態度」を取ったことを謝罪する短い声明を下院の議場で述べたが、彼女に侮辱的な言葉を投げたことは否定し、「結婚して四十五年、ふたりの娘がいるわたしは自分が口にする言葉を充分にわかっている」と主張した。[*40] ミソジニーを責められた男性が、家父長制における保護者としての自分の役割がセクシズムを不可能にすると主張する耳慣れた筋書きだ——その役割こそが、セクシスト文化が男性に与えている権力の本質的な部分だというのに。
ヨホと同類の男性たちが「お粗末な言動を隠す言い訳に女性と妻と娘」を使うことに激怒したオカシオ＝コルテスは、自分に向けられた個人攻撃を、どこにでもあるミソジニーを暴露する機会に変えた。当初の彼女の反応はこの出来事のいっさいを無視することだったが、スクワッドのほかのメンバーはその対応を手ぬるいとして認めず、彼女には反撃する権利と、おそらくは責任があると言った。スクワッドに勇気づけられたオカシオ＝コルテスは二日後、自身が下院の議場で同僚議員たちに訴える時間をもちたいと要請した。精神的重圧のかかる状況であったにもかかわらず、彼女はいつもどおり、簡単なメモを事前に用意するだけでほぼぶっつけ本番の自信に満ちた演説をおこなった。スクワッドのアヤンナ・プレスリーは、そのときの真っ赤なブレザーに真っ赤な口紅がオカシオ＝コルテスの本気度を示していると瞬時に察した。[*41]
「ヨホ下院議員の発言はわたしの心を深く鋭く傷つけました」とオカシオ＝コルテスは明かした。「わたしは労働者階級の仕事をしてきたからです。複数のレストランで給仕をしてきました」彼女はヨホの言葉にショックを受けてもいないし、個人的な謝罪を求めるつもりもなかった。そのかわりに「女性に対する暴力や暴力的な言葉」を認めている「権力構造全体」を暴こうとした。[*42]
哲学者のケイト・マンはこう説明する。ミソジニーは女性に対する個人の憎悪だとする共通の理解は、個人ではなく構造としての男性の権力が発揮する真の効果にまで達していない。セクシズムとは、女性には支配的な男性に関心や愛情や配慮をそそぐ義務があると女性に指南するイデオロギーだと、マンは言い切る――パウリ・マレーならさらに、権力と資本を男性の手中に隔離している構造だとつけ加えるだろう。ミソジニーはその結果として生じる行動で、服従する女性には見返りを与え、服従しない女性には罰を与えることによって、その構造を強化する。ヨホは議事堂の階段でオカシオ＝コルテスに汚い言葉を投げつけることによってミソジニーを爆発させた。すると彼女は、彼に謝罪を求めるかわりに、彼の取った行動がセクシズムのもっと大規模なシステムをどのように補強しているかを暴く決断をした。彼の暴言は「たまたまわたしに向けられただけではありません」とコルテスは語った。そうではなく、女性が男性に従うことを望む構造の一部を露呈させたのであって、「ミスター・ヨホはほかの男性が彼の娘さんに同じことをする許可を与えたことになります」ケーブル・ネットワークのC－SPANによるコルテスの演説の録画はたちどころに、同局史上最高の人気を誇る議会動画となった。[*43]

オカシオ＝コルテスがその演説で合衆国下院にインターセクショナル・フェミニスト・ポリティクスをもちこみ、一見すると個人に向けた悪意に見える行為をジェンダーに基づいた広範な権力構造の証拠として再構成すると、それが全米の何百万もの視聴者を惹きつけ、彼女の意見はAOCの新たな勝利の証拠としてすぐさま喧伝された。《ワシントン・ポスト》のコラムニストは「テッド・ヨホの〝謝罪〟についてのAOCのスピーチは久々のすばらしい反論だった」と、《ロサンジェルス・タイムズ》TVの評論家は、彼女のスピーチを「これまでに見たTVのなかで最高」だったと力説した。[*44] オカシオ＝コルテスはふたたびフェミニストのアイコン兼展示品になった。彼女の脆さは彼女の不断の武勇の証拠に変わった。

オカシオ＝コルテスは、権力の構造を根底から覆そうとする分析を明瞭な言葉で伝えながら、著名人の近況や動物の微笑ましい光景に限定されていた動画共有サイトで驚異的な再生数を生むという、不可能なゲームに勝ちつづけているように見える。一方でまた、革新主義政治と連携するコルテスの手法は、自分ひとりに集まる注目を分散させる。プレスリーとオマールとトリーブとの連携は、ファーガソン暴動〔訳注／二〇一四年、警察官による黒人射殺事件を受けてミズーリ州ファーガソンで起きた〕の活動家、コリ・ブッシュや、オカシオ＝コルテスと同じくブロンクス出身の元学校教師、ジャマール・ボウマンのような同僚議員にまで広がっている。大衆が有色人種の女性をお飾りに見立て、アイコン的な個人に期待していても、このような政治家たちは、階級と人種と気候変動とジェンダーを同時に前面に打ち出す実務的同盟で応答する。

だが、その水準が継続的な仕事、継続的に求められるものになり、そのためには並はずれた技能を要するということになると、その重圧に応えられる人間はいない。個人でもスクワッドでも最適化のゲームに勝ち残る術はない。成功が意味するのは大成功と悪意ある反発を切り分ける剃刀の刃音のとめどない高まりだ。オカシオ＝コルテスは反駁の釘をヨホに打ちつけたが、そこでは論点が巧みにはぐらかされている。もし、その日、彼女の体調が悪くて、いつものように即興で弁舌をふるえなかったら？　オカシオ＝コルテスに心酔している人たちが彼女の不出来を許容できるかどうか、彼女が言葉に詰まっても、あるいは、ひどい侮辱に脆くも傷ついて反撃できなくても許せるかどうか、である。

オカシオ＝コルテスにすれば、みずから掲げた政策の優先順位に集中できるような立場には「執着しない」と、しっかりと地に足の着いた手法を伝えているのだから、議席を確保できなくても評判を維持できなくてもいいかもしれない。[*45] しかし、ワイン好きのリベラルな中年女性から民主社会主義者にいたるまで、彼女のファンのおおかたにとって、ＡＯＣは非の打ち所のないフェミニストの救世主であり女神なのだ。ＡＯＣの支持者は、彼女が演説で毎回ホームランを打つことを期待する。たとえ、それが下院の議場で同僚議員のハラスメントを告発する内容であったとしても。結局、最適化の罠にはまり、議場でもＴｗｉｔｔｅｒでもＩｎｓｔａｇｒａｍでも完全であることを望んでいるのは、オカシオ＝コルテスではなくて、わたしたちなのだ。おそらくはわたしたち自身が欠点のない状態でいたい――でも、適度に可愛げのある脆さはあったほうがいい――という要求を自分に突きつけがちだからだろう。

最適化フェミニズムの罠にはまらぬための対策は、大気圏が炭化する速度を弱めるためのもっとも有望で、同時にもっとも困難な対策によく似ているかもしれない。AOCほどスキルをもつリーダーがいても、もっと頑張ろう、人とちがうことをやろう、ゲームに勝とうというやり方ではだめなのだ。電気自動車を何百万台製造しようと、風力タービンで海を埋め尽くそうと、太陽光を弱めようと、資本主義経済の構造基盤である採取と過剰生産のサイクルは変えられない。このシステムの条件のなかにとどまっていては、現状のそのシステムを再生して終わるだけのことだ。

単にやることを減らすほうが解決策になるかもしれない。生産を減らし、購入を減らし、労働を減らし、自分やリーダーへの要求を減らす。社会での女性の役割を受け入れようとする――白人フェミニストとしてでもインターセクショナル・フェミニストとしてでも――世界では、当の女性がその役割を果たそうとするときに、なによりラディカルなのは、休んだり喜んだり愉しんだりする権利を個人でも集団でも主張することだ。快楽はときにソーシャル・メディアとの関わりという形を取るが、まったくちがうほかの形を取ることもある。そちらは単独でも共同でも、デジタルの段階からも、どんな価値ある商品の形からも撤退している。それは、森の散歩のように見えるかもしれないし、夜の九時間の眠りのように見えるかもしれない。週末には本業からも副業からもコンピュータ画面からも完全に離れることかもしれない。アトランタに本拠を置く昼寝《ナップ》省の創設者トリシア・ハーシーは、黒人女性の解放の可能性として睡眠と休息を提唱している。「休息は精神活動であり、人種的正義の問題であり、社会正義の問題である」と彼女は論じる。人種差別されている貧困層が長年立ち入りを拒否されてきた豊かな暮らしの土台なのだと。[46] ひとつの仕事に就くだけでなくふたつの仕事を掛け持ちすることがしばしば求められ、睡眠が中流階級の贅沢になってしまっている経済において、休息は――明かりを消してコンピュータをログオフするのは――ラディカルな要求となる。

二〇二〇年代にはいって政治と経済の思いがけぬ集団的な苦闘に直面し、自身のエネルギーと精神を再生せざるをえなくなっているわたしたちは、生活も活動も仕事のみで構成され、人より仕事をこなすことが不平等な権力構造を操縦する最善の方法だという、資本主義のもっとも有毒な遺産を自分のなかから駆逐する必要に迫られるだろう。

# 結論　ふたつのフェミニズム、ひとつの未来

わたしたちの運動は、もっとも権利を剝奪されている人々のみで構成されていてはならない。わたしたちの運動は階級をまたいださまざまな人々で構成されていなければならないのだ……権力を求めて競うつもりなら、わたしたちのもつ力をひとつの単位として蓄積しなければならなくなる。それは同時に彼ら／彼女らのもつ権力の一部を奪わなくてはならないということでもある。

――アリシア・ガーザ『わたしたちはいかにして自由を手にするか』（サラ・J・ジャクソン著、二〇一七年、未邦訳）

白人女性が有色人種の女性を裏切りつづけることへのもっともな弁解はもはや残っていない。

――ルビー・ハマド『白い涙／茶色い傷跡』（二〇二〇年、未邦訳）

根本的な相互依存のメッセージをわたしたちが内在化するまえに、あと何人が命を落とさなければならないのだろう？――なんであれひとりの病は、その人が属する共同体の病であり、なんであれ自己からの疎外はその集合体からの疎外なのだ。

――M・ジャッキ・アレクサンダー『交差の教育学』（二〇〇六年、未邦訳）

本書の執筆に取りかかった二〇一八年、わたしはカリフォルニア州パロ・アルトの、Ｆａｃｅｂｏｏｋ本社から数マイルの場所に仮住まいをしていた。およそ二十年かけて集めた合衆国における人種差別

と性差別の歴史資料を、その家に籠もって綿密にチェックしていた。同じころ、周囲の家々の人工芝やきれいに刈りこまれた芝生の庭に、シンプルなメッセージ——パースキー判事を罷免せよ——を掲げた立て札がぽつぽつと現れはじめた。パースキーはブロック・ターナーの性的暴行事件の裁判で、被告人にわずか六ヵ月の禁固という判決をくだして有名になった裁判官だ。ターナーはオリンピック出場を有望視されているスタンフォード大学の水泳選手であり、彼が起こした事件は最大で禁固十四年の量刑の可能性があった。その犯罪のサバイバーはターナーから受けた暴行が人生に与えた衝撃を法廷で証言し、率直な言葉からにじみ出る傷の深さとナイフのように鋭く正確な描写が世界の何百万という人々の心を打った。彼女の陳述に感動し、特権階級に生まれたターナーに対してパースキー判事が示した寛大さに怒りを覚えたフェミニストの法学者、ミシェル・ドーバーは、パースキー判事の罷免を求めるキャンペーンを張った。「わたしたちは今こそ女性に対する正義を必要としている」とドーバーは論じた。彼女もほかの多くの女性も、犯した罪に応じた長い禁固刑を正義と見なしていた。刑期の短い判決を言いわたした判事を裁判官の任から解くと面倒を招くと反対する人もいて、当然ながら世界最大の大量収監マシーンたるレイシストの歯車にも油が差され、パロ・アルト市が同年六月に実施した住民投票は圧倒的多数でパースキー判事の罷免を認めた。[*1] フェミニズムがその結果を要求しているように思われた。

二〇二〇年六月、ブルックリンに戻って本書の最終章のための調査を始めてからは、もっぱら自宅に籠もって慎重な隔離に徹した。COVID-19が猛威をふるうニューヨークでは、それが移動制限を受けた免疫力のない自分の体に求められていることだったから。自宅の外では少なくとも一日に二度、ブラック・ライブズ・マターのデモの参加者が大通りを行進していた。黒人に対する国家ぐるみの暴力と残忍な行為に対する国民蜂起の一環である行進に、わたしは開いた窓から、ときには歩道に出て声援を送ることができた。週末に催されたブルックリン・プライド〔訳注／ニューヨーク市の毎年六月はLGBTQコミュニティを称える月間〕のパレードでは、集まった一万五千人が交差点からあふれ出た。警察のヘリが大音量で頭上を飛び交うなか、一様に白い服をまとった大群衆は一ヵ所に集結したのち、ブルックリンの中心部を横切る形で黙々と進んだ。人々はブラック・トランス・ライブズ・マターという、ただひとつのメッセージを掲げていた。トランスジェンダーの権利を求めるパレードとして合衆国史上最高の人数を集めたにちがいないブルックリン・プライド・パレードは、ジェンダーに基づく暴力と、レイシストの権力と、警察の蛮行が黒人のトランスジェンダーの生活のなかでいかに交差しているか——そのために実体験がどれだけ激烈になっているか——をはっきりと伝えるために開催された。もっとも高い確率で警察に殺されているのは黒人のトランスジェンダーだと主催者は強調した。しかも、二〇二〇年に市民または警察に殺されたトランスジェンダー四十四人のうち半数が黒人のトランス女性だった。黒人のトランスジェンダーの死は国家と個人の暴力が生んだ流行、つまり、人種と性と国家権力のバイオポリティクスの致命的な合流点なのだ。一万五千の人々が集結したのは、ある人たちの命の価値がほかの人たちの命の価値より低く、警察と刑務所は正義の場で、黒人やトランスという属性は処分可能だとする根本的なロジックを指摘したのち完全に消し去るためだった。「ブラック・トランス・パワーを疑うのは今日を最後にしよう！」作家のラケル・ウィリスはブルックリン美術館の外階段から声をあげた。[*2] 正義がそれを要求していると。

　このふたつの出来事のあいだにある距離はすぐに計算できる——二年と三千マイル——ようでいて、算出不可能でもある。二〇一八年六月にパースキー判事罷免キャンペーンの成功でホワイト・フェミニズムの監獄《カーセラル》アジェンダがかつてない実権を握ったとき、短い刑期に抗議することが社会で一番弱い立場にある人たちにどんな影響をおよぼすかということは一顧だにされなかったが、二〇二〇年六月には、インターセクショナル・フェミニズムが、トランス、シス、クィア、ストレートの多人種大連合の道を切り開いた。人種間の正義を求める戦いにはその存在が不可欠だという主張を確認するために集められたブラック・トランス・ピープルは、周縁にいる人々を優位に置くことがすべての複雑さのなかで権力の中枢に直結する道だと認識していた。

この意義深い転換は、わずか二年という短期間でも進歩的な運動の随所で目に見える形となって起きている。ホワイト・フェミニズムと、白人女性を最適化しようという計画は、力を失いつつあるように見える。組織内でトップに昇りつめることを追求するだけでセクシズムを避けて通る個々の女性のエンパワーメントは、しだいに、ひとりのヒロインの感動の軌跡というより白人至上主義体制との共犯という印象を増している。二〇二〇年のブラック・ライブズ・マター蜂起で全米各地の路上に出た人の数は合衆国の抗議活動の歴史上最高となった。人々がそうした行動に出たのは、レイシストのシステムに注意を喚起するため、警察予算の削減や取り上げを求めるためであって、単に腐った林檎を捨てて、段階的な改革をゆっくりと進めようとしたのではなかった。

概念上の転換がこの左寄りの政治的動きを正確に映し出している。進歩主義者はすでに、レイシズムとセクシズムは恐れや憎しみのような個人の感情的な反応の結果だとする前提を見限りはじめている。差別は個人が固執する根深い不正義の構造から生じていて、そうなるのは自分の意思とはべつに、その構造が自己利益に適うからなのだと気づく人も増えている。

わたしたちが語る合衆国や合衆国で起きた社会運動の歴史は、このような政治と概念の転換を起こす重要な要素である。この国が世界の先進工業国のなかでもっともひどいレイシズムとセクシズムと富の不均衡のある国になっているのは、まったくの偶然だろうか？　それともそうなるべく設計されていたのか？　研究者はとくにそうだが読者も同様に、権力の座にいる白人男性が減ってくると、わたしたちがセクシズムの新たな証拠を暴く機会が増える。差別は閉ざされた心をもった無知な人の悪意からは生じない。人種や性のヒエラルキーはむしろ、何世紀も続いてきた社会制度や文化の実践や経済構造から生じているのだ。それらは白人男性と白人男性より低い地位にある白人女性に過剰に財力を与え、それ以外の人々には財力を与えないように設計されている。この歴史を正しく理解することは、新たな種類の未来へ向かうチャンスを広げることでもある。

とはいえ、わたしたちのまえに続く道はまだまだ長い。人種差別を受けている貧しい人々がCOVIDパンデミックで負わされた死や解雇や失業が、一部の者を守り、その他大勢を犠牲にして成り立つこの国の社会構造をあきらかにしているとはいっても、限度がある。制度の問題を無視して個別の事件や個人の成功に的を絞るような、平等を目指す手ぬるい手法が自然に消えることはないだろう。そうしたものは解体されなければならない。資本主義的帝国主義とそれを支える白人至上主義者の家父長制は、決別するのが難しい枠組みを生み出す——その枠組みは海にも大気にも存在し、個人の良識としても、社会の風潮としても天候のように人に染みこんでいる。学者のクリスティーナ・シャープが奴隷制度後の世界について書いたとおりに。[*3]

フェミニズムの対抗史はフェミニズムの歴史になりつつあるようだ。シェリル・サンドバーグはもはやフェミニズムの溌剌たる代弁者として称えられてはいない。フェミニストの想像力をつかんでいるのはFacebookのCOOよりもむしろ、AOCとスクワッドだ。二十一世紀を考察するフェミニストのもっとも主要な理論として、人々はキンバリー・クレンショーの交差性《インターセクショナリティ》理論を挙げることが多い。若いフェミニストでも、ソジャーナ・トゥルースと、黒人女性の権利を提起する伝説的な演説「わたしは女ではないの?《Ain't I a Woman》」を知っているはずだし、エリザベス・ケイディ・スタントンの名前や、もしかしたらスーザン・B・アンソニーの名前さえ知っているかもしれない。二〇一六年にはソジャーナ・トゥルースを十ドル紙幣に登場させる構想まであったが、その後、トランプ政権が誕生し、合衆国の通貨の顔を多様化する計画を権力ですべて握りつぶした。

ここにひとつ問題がある。ソジャーナ・トゥルースは一度も「わたしは女ではないの?」とは言わなかったばかりか、現在ではトゥルースの名前と同義になっているあの演説にあるどの一文も、彼女が口に出して言ったものではない。あの演説は文字どおり伝説化しているのだ。トゥルースは一七九〇年代、ニューヨーク州北部に奴隷として生まれ、母語は低地ドイツ語だった。九歳で英語を学んでからは標準的な英語をマスターしたことを誇りにしていた。〝ain't〟という表現も、あの演説にあふれているほかの南部訛りも、けっして彼女の唇から発せられたものではない。一九九〇年代、黒人フェミニストで歴史家のネル・アーヴィン・ペインターは、一八五一年、オハイオ州アクロンで開催された全米女性権利会議でのトゥルースの演説として今日では有名になっている文章は、同会議の数週間後の《反奴隷制ビューグル》紙に載せられた演説の文字起こしとはちがっていることを証明した。トゥルースの演説の引用と編集を大々的におこなったヴァージョンのもとになったのは、会議の主催者の白人活動家にして作家のフランシス・ダナ・バーカー・ゲイジが十二年後に発表したある記事だった。ゲイジはその文章に〝ain't〟をはじめとする南部の口語表現を詰めこんだだけでなく、トゥルースの子どもたちや鞭打ちの体験についての作り話も書き足した。トゥルースは自分の操り人形で、自分は人形の使い手だといわんばかりに。「少し話してもよいでしょうか？　この問題についてわたしにも言いたいことが少しあります」トゥルースの演説の書き起こしはこう始まる。しかし、ゲイジは完全にべつのキャラクターであるステレオタイプの〝プランテーション・マミー〔訳注／奴隷の乳母〕〟を腹話術で演じている。「ほれほれ、子どもら、なに大騒ぎしてんだい、どっか具合が悪いのかい《Well, chillen, whar dar's so much racket dar must be som'ting out o'kilter》」というのが創作部分の書き出しだ。[*4]

わたしたちは、白人女性が心地よく受け入れたレイシストによるソジャーナ・トゥルースの架空の言葉を覚えているのに、トゥルースと同時代の黒人女性、フランシス・E・W・ハーパーが成し遂げたことは忘れている。ソジャーナ・トゥルースの言葉やイメージをこんなにも加工したものがトゥルース本人より大きくなり、さらには、たくさんの小説を書いて演説をおこない、詩集も出版して広く読まれていたハーパーの言葉やイメージよりも大きくなっているのはどうしてなのだろう？　簡単に答えが出る。そのような作り話をフェミニズムの歴史として創作した作家たちが、まさにホワイト・フェミニスト・ポリティクスを体系化した活動家たちだったからだ。スタントンとアンソニーが『女性参政権の歴史』（一八八一年、未邦訳）をまとめたとき、みずからの優先事項と投資をフェミニズムとして説明したからだ。以上。彼女たちは対抗史を消去した。フェミニズムが――あらゆる社会運動や、相容れない目標と戦略と対策のめまぐるしい変化と同じく――ふたりの監視のもとできしみ音をあげて止まってしまった。動くモザイクのあったところに、単色のひとつの像がはめられ、フェミニストは〝女性〟の擁護者であるとされた。女性は性の不正義のみに苦しむ存在となり、フェミニズムは女性が阻まれている権利を勝ち取ることだけをひたすら目指すもののように思われた。ほかのすべての社会正義の目標は闇に呑みこまれ、まったく見えなくなった。

ソジャーナ・トゥルースは非常に幅広く、だが誤って、今日まで記憶されているとネル・アーヴィン・ペインターは言う。なぜなら、スタントンとアンソニーはみずからの運動の歴史を本にまとめながら、トゥルースを「女性へと向かう最初で最後の者」としてパッケージ化したからだと。[*5]『女性参政権の歴史』ではトゥルースの演説も紹介されているが、ページを埋めているのはゲイジの言葉だ。トゥルースはホワイト・フェミニスト・アジェンダを促進するためのカラフルな戯画に変えられた。

ほかの白人フェミニストもまた、トゥルースを自分の筋書きのなかの主役スターとして脚色した。トゥルースがハリエット・ビーチャー・ストウに自己紹介したあと、ストウはトゥルースと知りあった経緯の詳細を《アトランティック》誌に寄稿した。ストウもゲイジと同様、完全に作り物の南部方言とトゥルースが人生で経験したとされている歴史的「事実」、たとえばアフリカからの渡航の話などで記事を埋めた[*6]（念のために繰り返すが、トゥルースはニューヨーク州北部の生まれである）。

現在、フェミニズムの対抗史が徐々に視野に入れられているのは、何十年もまえからホワイト・フェミニズムの限界を調査し、もうひとつのフェミニストの歴史を見いだし、黒人女性が展開した正義の理論と実践をさらに進めた黒人フェミニストの働きに拠るところが大きい。過去を独占しようと努めるホワイト・フェミニズムによって何十年にもわたって抑えこまれてきた卓越したフェミニストの活動家たちがやっと姿を現している。だが、こうして現れた歴史的人物は、今日の活動家ともども、フェミニストのリーダーと呼ばれる資格があっても、まだそのように認識されているとはいいがたい。充分に資格があると著者が考えるインターセクショナル・フェミニズムのリーダーをここで紹介しておきたい。ジャーナリストのアイダ・B・ウェルズ、社会主義者のルーシー・パーソンズ、労働運動家のマザー・ジョーンズ、作家で活動家のロレイン・ハンズベリー、活動家にして哲学者のグレース・リー・ボッグズ、活動組織者のドロレス・ウエルタ、革命的学者のアンジェラ・デイヴィス、そして、オードリー・ロードやバーバラ・スミスをはじめとするコンバヒー・リバー・コレクティブの女性たち。フェミニズムの対抗史は本書のページ制限をはるかに超えている。

インターセクショナル・フェミニズムは強さと力を積み上げつつあり、女性をエンパワーする企業モデルの人気は落ちているが、同時に、ホワイト・フェミニズムはどこにも向かおうとしない。ただ時代に合わせて修復を重ねている。異議を申し立てられると自己改革をして、まったく新しい形態に収まり、しぶとく生き残ろうとするのがホワイト・フェミニズムの枠組みなのだ。エイミー・コニー・バレットが強行採決で最高裁判事として承認されたことを保守派がフェミニズムの勝利と受け止める一方で、リベラル派は黒人女性の有権者を国家の救済者として誘いこむ最適化の罠を拡大し、民主主義の運命を彼女たちに担わせようとしている。ホワイト・フェミニズムが見せかけの包摂で自己更新し、リベラル派にも保守派にも受け入れられていくことが増えると、その本質を見抜くことはますます難しくなる。

リベラル派のホワイト・フェミニズムは今や包摂をひとつのブランドとして受け入れており、ソジャーナ・トゥルースのような黒人女性やほかの有色人種の女性たちが混ぜ合わされてまとまれば、完全に新しいフェミニズムが生まれると信じている。この種の改修フェミニズムはまたも黒人女性の口を白人女性の言葉で埋めようとするだけであることが多いのだが、包摂はホワイト・フェミニズムを全滅させはしない――単にその範囲を広げるにすぎない。ホワイト・フェミニズムの厄介なところは、多くの女性を無視し、除外していることではない。ホワイト・フェミニズムがもたらす害は気づきの欠如をはるかに超える根本的なものである。ホワイト・フェミニズムは収奪のパターンを永続させているのだから。

今日のホワイト・フェミニズムにおいては、多様性と気づきが白人支配の組織を最適化する道具になる。黒人やラテン系や先住民の女性、それに性自認がノンバイナリーの人々は今やかけがえのない表象、役員会の進歩的な善意やソーシャル・メディアのコンテンツを見せるための貴重な資産になっている。雇用される人々は変化しているのに、雇用の構造は旧態依然としていて、もっとも大きな代償を払わされているのが有色人種の女性だという状況は珍しくない。黒人やほかの有色人種の従業員の存在は、主導的なフェミニスト組織の内部にはびこる白人至上主義を明るみに出す。《リリー》〔訳注／ミレニアル世代の女性に向けて《ワシントン・ポスト》紙が発信する無料のニュースサイト。二〇二二年二月に閉鎖〕の最近の調査では「最上位にいるフェミニスト組織はレイシズムに悩まされている」一方で、NPR〔訳注／旧称ナショナル・パブリック・ラジオ〕の伝えるところでは、NOW（全米女性組織）の代表は「有害な職場環境を生み出しているという申し立てが相次いで辞任している」[*7]最適化の罠は、絶え間なく続く仕事と絶え間ない完璧への要求でオカシオ＝コルテスのような非白人女性を惑わせ、ホワイト・フェミニズムの弱点を補おうとする。それでいて、黒人女性に向ける鋭い牙は残している。包摂的なホワイト・フェミニズムは黒人女性を新たな役割に落としこむ。表面的には称賛されようとも、その現実は窮屈な作り物で、カラフルな創作の模様を織りこんだ演説をするプランテーション・マミーとほとんど変わらない。黒人女性は救済者／女神にされる。

二〇二〇年の選挙が終わると、黒人女性の堂々たるふるまいに畏敬の念を示す白人女性がソーシャル・メディアにあふれた。ステイシー・エイブラムズは女神と、無名の活動家たちは救済者と、黒人女性の有権者は国家の魂の救助者と称えられた。実際、ジョージア州とミシガン州とペンシルヴェニア州を激戦に導いてホワイトハウスからトランプを追放し、上院のメンバーを入れ替えたのは、掛け値なしに黒人女性の組織運営者と有権者の功績だが、それを神に喩えるのは褒め言葉になっていない。ステイシー・エイブラムズは女神などと呼ばれて台座の漆喰に流しこまれるよりずっと高い評価に値するのに、彼女の粘り強さが新たな最適化の罠になりかかっている。将来は大統領？　ありうるかもしれない。しかし、彼女は偶像でも救世主でもない。〝黒人女性がわたしたちを救ってくれる〟と主張するのは、そのスローガンこそが黒人女性をこの国の、場合によっては人類の残りの人間たちから孤立させながら、仕事をすべてこなす重責を背負わせていることになると気づけていないからだ。黒人女性が昇りつめて救済者になると、ほかの人間はみな平穏無事に進みつづける暗黙の許可をもらった気になってしまう。黒人女性の務めはその行動主義を最適化して白人女性を救うことでも、アメリカを救うことでもない。反黒人その他のレイシズムが経済・政治・社会の権力を溜めこむための道具として利用されている各種の構造を変えるのは、白人女性とすべてのアメリカ人、とりわけ非黒人のアメリカ人の責任だろう。

　メンタルヘルスと看護の専門家、シェリル・ウッズ＝ギスコンブは、苦難に慣れているように見えるタフで立ち直りが早いヒロインを美化した「強い黒人女性」という言葉の役割は、むしろレイシズムをはじめ黒人女性に向けられた構造的不平等のマイナスの影響を助長すると発見した。ギスコンブが「スーパーウーマン・スキーマ」と称するこの図式は、黒人女性を窮地に追い詰める。彼女たちは感情や脆さを抑えなければならず、一方で他者に対しては無制限に惜しみなく配慮することを期待される。エネルギーは外に向かって流れるだけで、自分を枯渇させる。自己を犠牲にして他者を救うスーパーウーマンが受ける報いは、慢性のストレスとそれに付随して起こる精神と肉体の疾患である。[*8]

アメリカをレイシズムから救い出す黒人のスーパーウーマンという戯画は、腹話術で語られた黒人女性の活動家の最新版でしかない。どちらも白人女性と同情的な白人男性が自分を慰めるためにつくり出している役割だ。ゲイジとストウが自分の言葉を乗せる車としてトゥルースの体を乗っ取って以来、細部は変われど奉仕を求める構造は今もそのままだ。今日の包摂的な白人フェミニストは、かすり傷を負うことも涙をこぼすこともなく国家の暴力の重みに耐えられそうな黒人のスーパーウーマンという役を台本に書きこんで、黒人女性の知性とエネルギーを吸い上げてから自身の良心に流用しようとしている。これは相手を弱らせて盗むという形にほかならないのに、この抽出の基本的行為が綿々と続いている。だからこそ、柔らかな肉ともっと柔らかな感情で動く全次元の人間が生まれながらにしてもつ権利を搾り取られ、無感覚なステレオタイプの役を振られる心理的・身体的・社会的な犠牲も続く。ためしに包摂性をまとって女神を称えようとも、ホワイト・フェミニズムは本質的に収奪行為なのである。

こうした状況のなかでホワイト・フェミニズムを見かけたとき、わたしたちはどのように認めるか？また、ホワイト・フェミニズムに対抗する運動の拡大をどうとらえ、多くの人間を犠牲にしてひと握りの人間に特権を与えている広範な権力の構造に、純粋に挑もうとするフェミニストの政治学が現れたときにどのようにして見分けるか？

現在のホワイト・フェミニスト・ポリティクスを識別して解体するために必須の指南は過去が提供してくれる。本書『ホワイト・フェミニズムを解体する』で触れた歴史の数々があきらかにしているのは、ホワイト・フェミニズムの外見は変わっても、内部構造は誕生してから約二百年あまり、驚くほど一貫していることだ。ホワイト・フェミニスト・ポリティクスは十九世紀の文明化という課題に始まり、二十世紀の浄化運動を経て、現在の最適化の責務まで、いつも主要な舞台で発展してきたが、それらの独特な様式には同じ基本的な援護がある。そのひとつめは、レイシズムはもっとも重要な抑圧の権力であり、したがって女性が直面する差別にあるのは相違よりも類似性である――女性はつねに暴力を向けられる側にあり、鞭を持つ側にはまわらない――という理論。ふたつめは、この神話のような普遍的な女性に利益をもたらすために、感情とエネルギーと労働力と魂を他者から、とくに黒人、先住民、ラテン系、アジア人の男女、貧困者から抜き取る手段。そして最後は、トップに昇って権力を握った女性は、レイシストの帝国の制度をもとの正しい状態に戻し、平等という砦に変えられるという約束。

今日では人種によらず女性がヒエラルキーのトップまで昇りつめる様子が見られる場所には、かならずホワイト・フェミニズムが働いているのがわかる。そこには、その女性がホワイト・フェミニズムを補ってくれるという理由がある。「未来は女性にある」Ｉｎｓｔａｇｒａｍで流行ったこのスローガンが、洒落たサンセリフ体の文字を使って時代の先駆けのような言葉とイメージの両方で宣言しているのは、進歩は女性性にかかっているということだ。このフレーズは耳新しく聞こえるが、じつはそうではない。一九七五年、ＴＥＲＦの歌手、アリックス・ドブキンを撮った一枚の写真から、彼女が着ていたＴシャツにプリントされていたフレーズが再発見された。ドブキンは撮影からまもなく、サンディ・ストーンの存在を理由にしたオリヴィア・レコードへの抗議運動のリーダーとなった。[*9] だが、このスローガンもまた、世界の進歩は女性の出産の質を中心にまわると主張したマーガレット・サンガーが口にしていたかもしれない言葉の都会風なアレンジである。

女性の「心の知能こそがこの会社の成功を生み出す」ニューヨーク州選出のカーステン・ジリブラン

ド上院議員は二〇二〇年、民主党の大統領候補指名争いのキャンペーンでそう宣言し、「リーマン・ブラザーズでなくてリーマン・シスターズなら、わたしたちは二〇〇八年の財政破綻を避けられたかもしれない」というジョークを盛んに使いまわした。感傷的な資本主義だ。ハリエット・ビーチャー・ストウが聞いたら誇らしかっただろう。この改善された新たな地平の到来を告げるつもりなのか、ある国際ニュースの見出しは「女性のリーダーのほうがコロナウィルスの扱いに長けていた」と褒めちぎる。同記事の本文は、経済学のある調査結果から、女性が率いる国のほうが男性が率いる国より地球規模のCOVID−19の感染者数も死者数も少ないことがわかったと伝えている。ただ、その調査では地球規模のロックダウン政策とその迅速な実行の経過が分析されているのに、当の研究者は、医療効果を上げた主要因は各国の政府がおこなった決断ではなく、政権トップのアイデンティティにあると主張しているのだ。「今般の危機では女性が先頭に立っていることが国に利益をもたらした」とその共同執筆者は断言する。まるで、リーダーたちの行政上の選択は内に溜まっている性差の本質かなにかからにじみ出たものだといわんばかりに。[*10] 女性が責任ある地位に就くと、モラルの宇宙の弧はその女性のカーブに合わせるかのように正義に向かって急カーブするらしい。

フェミニズムの対抗史は、周到に仮装したホワイト・フェミニズムと、表面だけでなく権力構造を変えようとする真に交差的な努力の数々を見分けるために必要不可欠な解説をしてくれる。奴隷制による女性の生殖能力の搾取を訴えようとしたハリエット・ジェイコブズの声に耳を傾けながら、あるいは、貧しい人々のための生殖と保育のサービスを幅広い保健衛生の課題にしようというドクター・ドロシー・フェレビーの主張に耳を傾けながら、わたしたちはフェミニズムのパワーと構造的転換の可能性を学ぶ。過去百六十年にわたってインターセクショナル・フェミニズムの正義に対する手法を際立たせている三つの重要な要素がある。まず第一に、人種と階級と性によって底辺に留め置かれてきた黒人女性ほかの人々の体験が、権力と抑圧の規模と成果をなによりもあきらかにしているという理論。第二に、わたしたちが大虐殺や奴隷制や帝国という遺産から引き継いできた制度を、単に改革するだけでなく効果的に解体するために、さまざまな社会的立場で提携したり団結したりする手段。第三に、少数者の特権より多数の人たちに奉仕する、より公平なシステムをつくるために資源を根本的に再分配するという目標。

インターセクショナル・フェミニズムがなによりもわたしたちを未来へ進めるのは、それがシステム不均衡を根絶するための運動だからだ。「インターセクショナル・アイデンティティ」は今では一般的な表現だが、黒人フェミニストの理論との関係がすっかり抜き取られて、空虚な言いまわしになっている。学者で著述家のキーアンガ＝ヤマッタ・テイラーは、コンバヒー・リバー・コレクティブが「アイデンティティ・ポリティクス」という語をつくったとき、彼女たちは「その語を、黒人女性の体験を実証する分析だと見なしながら同時に、その語が黒人女性の政治的な活動のチャンスを生み出すことにより、自分たちにとって一番重要な問題を掲げて戦えると考えていた」と解説する。[*11] となると大事なのは、個々の主体としての女性ではなく、政治学はアイデンティティに基づいているはずだという考えでもなく、権力のヒエラルキーの最底辺にいる人々こそがその専門家だと認識することだろう。このようなフェミニストは、レイシズム、ホモフォビア、トランスフォビア、帝国主義、富の集積などのなかに完全に組みこまれたシステムとして、セクシズムに向きあう。人種と性に基づいた雇用の保護が必要だと訴えたパウリ・マレーの説であきらかにされたように、交差性は生と死の基本的な機会を設計する制度のあり方を問いただす。

わたしたちがインターセクショナル・フェミニズムを認められるのは、男女を問わず一部の人間がほかのすべての人間の活力と資源を吸い上げることによって、自分たちの可能性を最適化するのを許す社会のシステムを集合的に打ち負かそうとするゴールがあるからだ。ホワイト・フェミニズムが、毎日の生活に形を与える使い捨ての構造に踏み出しているのに対して、インターセクショナル・フェミニズムはその社会構造全体を壊す道を探っている。パウリ・マレーはジム・クロウを断片的に壊しながらも満足せず、人種隔離制度は白人にとっての隔離と同等ではないという例をひとつずつ示した——彼女は隔離がそもそも平等になりうるという前提そのものを無効にしようとした。交差性が目指すのは気づきでも包摂でもなく、コンバヒー・リバー・コレクティブの言葉を借りるなら、体制をほんとうに脅かせる大衆の力を構築するための「革命的行動」である。[*12]

たとえば、黒人女性が心臓疾患で死亡する確率は白人女性より六九%以上高いというような結果を生む、相互に連動するシステムを解体することには圧倒的な量の洞察力と努力と粘り強さが求められる。[*13] ホワイト・フェミニズムは女性の名目上のリーダーに権限を与えてトップに昇りつめることをうながす。だが、今日、インターセクショナル・フェミニズムは、黒人の命のための組織づくり、最低賃金の引き上げ、普遍的な保健医療の拡大、大量収監への抗議、貧しい女性の生殖選択の支援、イスラエルによるパレスチナ占領の終了などのゴールに取り組み、そのどれもが何百万という女性や男性やノンバイナリーの人々の生活に劇的な影響を与えている。

それとともに、多数者は少数者に数では勝る。資本主義はその九九%の人のためではなく一%の人のためにきちんと機能している——そしてシェリル・サンドバーグでさえ職場では仰天するほどのミソジニーを体験している。また、白人至上主義者の家父長制は、白人男性のために機能しているように思われているが、彼らが裕福であればとくに、しばしばそれ自体が、友情や配慮を奪われて競争と暴力がはびこる金メッキの鳥籠となる。ジトカラ・サがこの国の先住民の部族をまとめる最初の政治組織をつくって見本を示したように、サンディ・ストーンがトランスジェンダーの人生の枠組みをつくることで、性の二元論を超える行動は反人種差別主義者や反帝国主義者のより大きな対抗話法になると主張したように、インターセクショナル・フェミニズムは相互に重なりあった同盟に光をあてながら前進する。共通の大義から目標を立て、結集し、明白なアイデンティティの立場でつながった連帯組織となる。いくらエンパワーされようと、個々の人間が何世紀も続いた搾取のシステムを覆せるわけではないが、連帯すればそれができる。少なくとも戦うチャンスはある。

とはいえ、インターセクショナリティはあらゆるものを跡形もなく破壊しようとする戦争ではない。破壊の意図は破壊を再生する。そこにはほかの形をした命の種はないのだから。終着点は絶滅ではない。転生と変質だ。インターセクショナルな実践は同時に解体と創造の行為であり、愛と信頼と配慮を肯定する行為である。それは、繁栄が少数のものではなく、公共に帰属するような実践を生む。そこでは白人至上主義者の家父長制で最大の代償を払っている人々、とりわけシスとトランスの黒人女性がその知識と指導力で評価される。交差的応用は個人のヒエラルキーの打倒と配慮の生態学の構築に取り組む。わたしたちはレイシズムやセクシズムや健常者優位主義《エイブリズム》や性別二元論、ほかにも多くのものを根こそぎにしなければならない。しかし、また、自分を革命的行動に駆り立てる心と精神を育み、どんな人にも流れているエネルギーに注意を払う必要もあるのだ。相互扶助、相互依存ネットワーク、相互関係。わたしたち自身の命にも、わたしたちのフェミニズムにもある精神と身体と感情と魂の連合。これらはみな、生と死の相対的なチャンスを広く再配分することができる社会運動の見本だ。

本書のための調査をして執筆を進めながら、交差的な世界観の広大さに衝撃を受けてきた、それは物質的な次元を完全に超えて広がり、魂の領域にまではいっていた。ホワイト・フェミニズムでは、権力は白人男性が所有しているもの、奪われなければならないものとされる。資本主義者の現代性《モダニティ》が描く世界観は正義の構想に限度を設けており、自己最適化が究極の地平となるが、フランシス・E・W・ハーパー、ジトカラ・サ、パウリ・マレー、アレクサンドラ・オカシオ＝コルテスにとって、権力は最終的には人間が所有するのではなく魂の領域に属する。だれかにつかみ取られるものではなく、感謝とともに共有されるものだ。インターセクショナル・フェミニズムの世界観は個々の人間たちより大きい。権利や機会を供給したり否定したりする人間社会の制度よりも大きい。その地平はわたしたちすべてをつなぐ生命の流れなのだ。

フェミニストは女性の平等を支援するだろう。だが、わたしたちの真の任務は平等がどう見えるかを正確に判断することであり、フェミニストの運動とは、わたしたちをジェンダーと人種と経済の正義にもっと近づけるような、理論と手段と目標を徹底的に論じるための現在進行の闘争の根拠である。「未来は女性にある」というスローガンは、衝突のない必然のフェミニストの未来を思い描いている。あたかも、明快かつ議論の余地なき政治学と展望がシス女性の体からよどみなく流れ出ているかのように。しかし、フェミニズムの歴史はフェミニズムを定義するための、それがなにを唱え、だれがそれを代表しているかを決めるための戦いの歴史だ。この内なる緊張はフェミニズムに歩み寄らず——フェミニズムを包みこむ。フェミニズムの独特の手法は車となることだ。それに乗って新たな構想やプラットフォームや手法がまた生じる。だからといって、フェミニズムの歴史に縛られて、断層線を繰り返す運命にあるということではない。過去はフェミニズムがどんな形の白人至上主義とも両立しない反人種差別のプロジェクトになれることを教えてくれている。

ホワイト・フェミニズムは、有色人種の女性とトランスジェンダーと障害者と貧困者に対して、ほんとうの意味で包摂的にはなれない。なぜなら、ホワイト・フェミニスト・ポリティクスはそうした人々の生存権と根本的に相容れないものだから。インターセクショナル・フェミニズムの真のゴールは、女性のエンパワーメントによって文明化と最適化がなされた世界というホワイト・フェミニズムのファンタジーに組織的に打ち勝つことだ。交差性は権力との対立であり、ケアの実践でもある。人も種も地球さえも容易に使い捨てできるようにしてしまう構造を撤廃し、そのかわりに暮らしやすい世界を築きたい。そんなわたしたちの最大の希望のいくつかは、その政治学から生まれている。フェミニズムの対抗史を知ることは、人類の未来に向かって現れつつある青写真を手にすることである。

# 謝辞

フェミニストの研究は、フェミニストのコミュニティがあるからこそ可能だ。わたしよりまえの世代の学者と著述家、ならびに、ジェンダー平等を求める運動の複雑さ、緊張関係、欠陥、躍進をあきらかにするべく、今、取り組んでおられる学者と著述家に感謝する。紙面に限りがあるので、ここではその方々の尽力のごく一部にしか言及できていないが、フェミニズムの歴史の数々に光をあてようとする方々の厳しさと気配りがなければ、本書は存在しなかっただろう。

この会話にわたしが参加できるようにしてくれた指導教授、同僚、学生に感謝する。とくにバーバラ・ウェルキー、シェリー・ストリービー、リサ・ロウ、ナヤン・シャー、ロサウラ・サンチェス、マイケル・デヴィッドソン、アン・ファビアン、メアリー・ホークスワース、アベ・ブシア、ブリトニー・クーパー、マヤ・ミクダシ、エセル・ブルックス、ジャズビア・プア、マリサ・フエンテス、トレバ・エリソン、サラ・ブラックウッド、ダナ・ルチアーノ、カイラ・ワザナ・トンプキンズ、ローレン・クライン、カレン・ワインガーテン、そして、二〇二〇年の春という大変な時期にラトガーズ大学でわたしの講義「フェミニスト理論：歴史的視点から」を受講してくれた学生たち。ゼニ・フラガキス、ブライアン・グレスコ、T・キラ・マデンの三人の著述家とその講義からは、読者を引きこむ説得力ある文章の書き方を教わった。この研究が実際に書籍となって花開くために重要な役割を果たしてくれた三人もいる。ジャーナリストのナウル・アルジャニ、出版工程の各段階で指導してくれた先見性ある我がエージェント、グリーンバーガー・アソシエイツ社のエド・マクスウェル、わたしが苦しくて進めなくなったときも、隅々まで目を配り、着々と手を動かしてプロジェクトを進行させてくれた、我が調査助手にして同志のレオ・ラブモア博士。

ボールド・タイプ・ブックス社の編集者ケイティ・オドンネルと代表のクライヴ・プリドルは、本プロジェクトのために最高に快適な本拠地を用意してくれた。ケイティの編集のおかげで本書は核心の領域まで進むことができた。並はずれた注意力でプロジェクトの最小の細部も最大のリスクも見逃さなかったことをありがたく思う。編集補佐のクレア・ツオ、編集者のレミー・コーリー、プロダクションエディターのブリン・ワリナー、アートディレクターのピート・ガルソー、コピーエディターのジェニファー・トップ、ファクトチェッカーのセシリア・ノーウェル、マーケティングディレクターのリンゼイ・フラトコフ。草稿から印刷までのいくつもの段階で本書を導いてくれた、ボールド・タイプ社とアシェット社のチームに感謝する。

本書の執筆に取り組むことでフェミニストの本への愛が再燃し、パンデミックの最中は屋内にこもりきりだった。すばらしい協力体制を敷いてくれた場所と著述家のみなさんにお礼を言いたい。フィクション・センターのライターーズ・スタジオと、Ｚｏｏｍ期以降、バーチャルな執筆仲間となったカイラ・ワザナ・トンプキンズ、ダナ・ルチアーノ、ジョーダン・アレグザンダー・ステイン、タヴィア・ニョンゴ、ラウル・コロナド、サラ・ブラックウッド。妹のリザンヌ・ディンジズもこのプロジェクトに情熱を傾け、調査研究に命を吹きこもうと各章の一ページ一ページに全力をそそいでくれた。ありがとう。また、最初から最後まで辛抱強くつきあってくれて、たまにはほかの話をすればいいのにと思ったこともあっただろうに、快く知恵を貸してくれた友人たちにも心から恩義を感じている。とくにアリ・ハウエル、ロッシー・キリロワ、ガス・スタッドラー、ピート・コビエロ、エンベン・リム、エリザベス・マルカス、キャット・フィッツパトリック、ポルチスタ・カクプール、グレタ・ラフルアー、キャサリン・ジマー、イラナ・シチェル、ケント・バセット、シュチ・タラティ、ジェイコブ・ホーズ、ケリー・ペンダーグラスト、ダイアナ・ケイジ、マックス・クランダル、エリザベス・スティービー、ジュール・ギルピーターソン。

さらに、過去十年間悩まされてきたダニ媒介性の疾患から抜け出すための治療をしてくれたリリア・ゴロディンスキー、ユカ・ローレンス、ケヴィン・ウェイスにも感謝する。

だれもが、苦しみの少ない、助け合いの多い人生を送ることができますように。

# 監訳者解説

飯野由里子

本書は、二〇二一年にBold Type Books（アシェット社）から出版された*The Trouble with White Women: A Counterhistory of Feminism*の日本語訳である。著者のカイラ・シュラーは歴史学者で、現在、ラトガーズ大学ニューブランズウィック校で女性学、ジェンダー／セクシュアリティ研究を教えている。二〇一八年に出版した『感情の生政治：十九世紀における人種、性、科学』（*The Biopolitics of Feeling: Race, Sex, and Science in the Nineteenth Century*, Duke UP; 未邦訳）では、十九世紀〜二十世紀のアメリカ合衆国における生政治に焦点をあて、それがジェンダー／セクシュアリティ、人種／エスニシティ、児童福祉をめぐる言説に与えた影響について論じている。

本書では、『感情の生政治』で扱った題材を一部引き継ぎながら、「ホワイト・フェミニズム」と、それに対抗すべく実践されてきたマイノリティ女性によるフェミニズム（インターセクショナル・フェミニズム）の歴史に焦点があてられる。その際、シュラーは、十九世紀に登場してから二〇二〇年代の現在に至るまで、ホワイト・フェミニズムが一貫して「害悪」をもたらしてきた、という立場に立つ。そこで、各章の具体的な内容を紹介する前に、シュラーのいうホワイト・フェミニズムについて若干の説明をしておきたい。なぜなら本書においてこの用語は、白人女性によって実践されるフェミニズム以上の意味を持っており、その点で日本のフェミニズムを批判的に検討する上でも重要だからだ。

本書におけるホワイト・フェミニズムとは「フェミニズム内の派閥のなかでも（中略）もっとも声が大きく、もっとも注目を浴びてきた」（一四ページ）フェミニズムのことを指す。言い換えれば、特定の社会や時代においてメインストリーム化（あるいはポピュラー化）されたフェミニズムのことだと言える。こうしたフェミニズムに対しては、これまでもそのマジョリティ中心性や排他性が批判され、多様な女性の経験やニーズを包摂する必要性が指摘されてきた。だが、シュラーはそうした主張に対しても批判的な立場をとり、ホワイト・フェミニズムに必要なのは修復ではなく解体だと主張する。なぜなら、ホワイト・フェミニズムは単にマイノリティ女性を無視し排除してきただけではなく、自らの利益のためにマイノリティを積極的に裏切り、抑圧してきた歴史を持つからである。このため、シュラーにとってホワイト・フェミニズムは「害悪の積極的な形態」なのである。こうした認識のもと、彼女は次のように述べる。「ホワイト・フェミニズムのテントを拡張しても、テントを構成する素材は変わらない」（一五ページ）「フェミニズムが社会正義運動としてなんらかの意義をもちつづけるためには、ホワイト・フェミニズム以上のものをつくらなければならない」（一四ページ）。

では、ホワイト・フェミニズムがもたらしてきた「害悪」とは何か。端的に言えば、それは、白人男性との比較において把握される女性差別のみに焦点をあて、その他の差別が生み出される構造を無視するばかりか、一部の女性の地位向上のため、そうした差別構造を積極的に利用してきたことである。十九世紀の女性参政権運動の中から登場してから現在に至るまでの約二百年間にわたり、ホワイト・フェミニズムはこうした政治学を採用することで、大勢の人たちを犠牲にし、フェミニズムを破壊してきた、とシュラーは批判する。とはいえ、ホワイト・フェミニズムが二百年間、同じ主張を単純に繰り返してきたわけではない。むしろ、このフェミニズムの特徴は、その時代のメインストリームに合わせて異なる戦略を採用しながら、自身の社会的影響力を拡大していった点にある。本書では、「文明化」「浄化」「最適化」という三つのキーワードに沿って、ホワイト・フェミニズムの戦略とそれがもたらした「害悪」が明らかにされる。以下、順を追って見ていこう。

第一部では、十九世紀〜二十世紀初頭に登場したホワイト・フェミニズムに焦点があてられる。フェミニズム運動に関する一般的な理解では、第一波フェミニズムと呼ばれる時期である。その上で、「文明化」という戦略のもと、ホワイト・フェミニズムがいかに黒人や先住民の生活を奪い、尊厳を貶めてきたのかが描かれる。第一章で批判の俎上にのぼるのは、セネカ・フォールズ会議（一八四八）の主催者の一人であり、「ホワイト・フェミニズムの生みの親」とも言われるエリザベス・ケイディ・スタントン（一八一五〜一九〇二）である。奴隷解放運動と女性参政権運動が並走する時代状況の中、スタントンは、「黒人男性の投票の権利か、白人女性の投票の権利か」という誤った二者択一にとらわれ、その結果、白人至上主義（人種差別）と個人主義を深めていった。これに対し、スタントンが体現する当時のホワイト・フェミニズムに対抗した人物として取り上げられるのがフランシス・E・W・ハーパー（一八二五〜一九一一）である。彼女は黒人の権利と女性の権利の切り離し難さを一貫して主張するとともに、既存社会における特権の獲得ではなく、社会正義にもとづく新たな社会の創造を目指した。ここに、シュラーはインターセクショナル・フェミニズムの萌芽を見出す。

第二章では、奴隷制の廃止に尽力した二人の作家、ハリエット・ビーチャー・ストウ（一八一一〜一八九六）とハリエット・ジェイコブズ（一八一三〜一八九七）が取り上げられる。その上で、白人女性であるストウが、奴隷出身の黒人女性であるジェイコブズの経験や声を真剣に受け止めるに値するものとして扱っていなかった事実が明らかにされる。ストウは黒人奴隷を「未熟」で「未発達」で、自分のために語ることができない可哀想な存在としてしか見ていなかったのだ。彼女の作家および活動家としての成功につながった『アンクル・トムの小屋』や『ドレッド』といった作品は、結局のところ、黒人奴隷のために自分が代わりに語ってあげなければならないという、当時、白人の多くが当然視していたパターナリズムのもと執筆されたのである。だが、こうしたパターナリズムこそ、黒人女性であるジェイコブズの自伝『ある奴隷少女に起こった出来事』の出版を遅らせ、出版後も長きにわたり、彼女の著者（さらには出版人）としての功績が正当に評価されなかったそもそもの原因なのだ。二人の作家の人生を通して、マジョリティ側が「善意」だと見なす言動や選択がマイノリティ側にとっての重大な不利益を生じさせてきた歴史が、批判的に描かれる。

白人女性を、未熟な非白人の「親」の位置に置くことで、白人女性の社会的位置を向上させようという戦略は、第三章で取り上げられる「入植者フェミニズム」でも繰り返される。この章では、先住民の子どもたちを「資本主義者の文明に同化させること」を目的とした「全寮制学校」をめぐる歴史が紐解かれる。こうした学校が数多く設立されることで、多くの白人女性は「先住民を成熟したおとなに育て上げる」「善意ある白人の母親」役となる教師としてのキャリアを築いていくことになる。本節で焦点が当てられる人類学者アリス・フレッチャー（一八三八〜一九二三）は、そうした構造のもと、キャリアを築いていった白人女性の代表例である。未熟な先住民の母親役として振る舞うフレッチャーに対し、全寮制学校で過ごした経験をもつジトカラ・サ（一八七六〜一九三一）は、先住民の自己決定の権利を訴え、分離された国内の部族をひとつにまとめていく政治組織の結成に尽力した。彼女の選択と行動は、自分たちが劣等と見なす人種集団を、白人文化と資本主義文化への同化を通して改造（規律化）し、白人社会の中で役に立つ人間にしていこうという支配の形態に積極的に反対するものであり、この点で、現在のインターセクショナル・フェミニズムの思想と重なる。

第二部では、二十世紀のホワイト・フェミニズムに焦点があてられる。この時代のホワイト・フェミニズムの戦略は、「浄化」というキーワードでまとめられている。だが、浄化の対象となった集団と浄化を正当化するロジックは、各章によって大きく異なっている。まず、産児制限の運動家で知られるマーガレット・サンガーとドクター・ドロシー・フェレビーを取り上げた第四章で、ホワイト・フェミニズムによる浄化の対象となったのは、当時「不適格者」としてカテゴリー化された、心身に障害のある人、虚弱者、病者、クィア、アルコール依存症者、犯罪者であった。サンガーの産児制限運動は、こうした「不適格者」に対する産児制限の徹底こそが国の向上につながると考えていた点で、大きな問題を含んでいた。これに対しフェレビーは、サンガー同様、当時流行していた優生学に部分的に絡め取られつつも、後のリプロダクティブ・ジャスティスにつながる思想と運動を展開したとして評価され、この点でインターセクショナル・フェミニズムの側に位置づけられている。

第五章および第六章では、ウーマン・リブ運動という名称で知られる第二波フェミニズムの時代に焦点があてられる。第五章においてホワイト・フェミニズムを体現するのはベティ・フリーダンである。そして、彼女が「異性愛者の中流階級のアメリカ人」に影響を与えることを優先した結果、黒人や労働者階級の女性、レズビアンを浄化（排除）の対象とした歴史が描かれる。なお、第五章では、ベティ・フリーダンを中心としたホワイト・フェミニズムに対抗した人物として、公民権活動家であり弁護士のパウリ・マレーが取り上げられる。現代の目線から見ると、性的指向や性自認をめぐるマレーの考え方には問題もある。だが、性差別と人種差別の交差性に関するマレーの議論が、後のインターセクショナリティ概念の登場に与えた影響は大きく、シュラーもこの点を高く評価している。

　同じく、第二波フェミニズムの時代を取り上げた第六章でホワイト・フェミニズムの位置に置かれるのは、「女性として生まれた女性」の経験のみを正当なものとみなし、かつ男女の違いによって生じる抑圧のみを問題視するフェミニズムである。とりわけ、フェミニズム（より正確には、レズビアン分離主義フェミニズム）の場からトランス女性を排除するべきだと主張したジャニス・レイモンドに焦点があてられ、批判されている。と同時に、レイモンドによる直接的な攻撃にさらされたトランス女性の一人であるサンディ・ストーンの他、シルヴィア・リヴェラが、ホワイト・フェミニズムが内包する浄化（排除）の論理にどのように対抗したのかも触れられている。現代のフェミニズムにおいて再燃しているトランス女性に対する敵視や攻撃につながる「浄化」の歴史やその対抗史について、日本語で読めるものはまだ少ない。その意味でも本章は重要であり、多くの人に読まれてほしい。

　第三部において問題となるのは、現代のフェミニズムである。第七章では、『LEAN IN（リーン・イン）』で有名なシェリル・サンドバーグが体現する「企業フェミニズム」あるいは「重役フェミニズム」と、若き政治家アレクサンドリア・オカシオ＝コルテスが体現するフェミニズムが対比的に紹介される。二十一世紀のホワイト・フェミニズムは、自分たちが好ましくないとみなす集団の「文明化」（白人文化と資本主義への同化）の戦略と「浄化」（排除）の戦略の時代を経て、「容赦のない自己鍛錬」と「不休の仕事と不断の優秀さを要求する最適化」の戦略を採用するようになった。こうした戦略のもと登場したのが、資本主義における搾取のシステムを無批判に踏襲し、「権力の中心に向かって踏み出す《リーン・イン》」ホワイト・フェミニズムである。シュラーは、こうしたフェミニズムを次のように批判する。

「資本主義のなかで包摂しても徒労でしかない。一番の問題は、現実には資本主義が社会的損害の原動力となっているのに、資本主義を平等の配達人として提示しているところなのだ」(三一七ページ)。

だが、最適化は新自由主義社会に広く浸透している規範である。このため、この規範の影響を受けるのはホワイト・フェミニズムだけではない。シュラーは、「社会の周縁にいる人々と連携」して数多くの難しい仕事をこなし、かつ溌剌としていることを望ましいとみなす規範が、オカシオ＝コルテスと彼女の支持者たちの間にも存在していることを懸念し、次のように問う。「AOCは――もっとはっきり言うなら彼女のファンの大多数は――最適化フェミニズムという疑似餌《ルアー》に抵抗できるだろうか?」(三一三ページ)と。たとえ「市場こそが社会の諸問題を解決する」という「有害なファンタジー」から距離を置けたとしても、能力を個人が有するものと捉え、その上で、能力が高いとみなされる個人に対して社会変革への期待を背負わせる思考枠組みが更新されなければ、いずれ最適化の罠に陥ることになる。押さえておかなければならないのは、その際、より大きな負担と犠牲を強いられるのはマイノリティ女性の側である、という点だ。なぜなら、女性差別的かつ人種差別的な社会構造は、マイノリティ女性を男性やマジョリティ女性よりも「不完全」な存在とみなすからである。すでに大きな不利を背負わされている側に、社会変革のためと言ってさらなる負担を背負わせるこうした構造を無批判に繰り返すことなく、抑制的になることは、現代のインターセクショナル・フェミニズムにも求められる重要な課題である。

以上のように、シュラーは本書において、アメリカ合衆国で常に存在し続けてきた二つの異なるフェミニズム(ホワイト・フェミニズムとインターセクショナル・フェミニズム)の歴史に焦点を当てる。だが、彼女の問題意識は、日本のフェミニズムの歴史を批判的に検討する上でも役に立つ。というのも、日本のフェミニズムもまた、その社会的・経済的・政治的な影響力を増大させていくプロセスにおいて、マイノリティ女性たちにとって重要なアジェンダを自覚的・無自覚的に後回しにしたり、「分断を招く」という常套句のもと、非難・抑圧したりしてきた歴史を持つからである。マジョリティ女性優先のフェミニズムは、誰のどのような利益を、どういった論理や言説を用いて追求していったのか。また、その過程で、誰にどのような犠牲を背負わせ、誰をどのように裏切り、抑圧・搾取してきたのか。そのことをどのような論理や言説を用いて正当化したり無効化したりしてきたのか。在日コリアンの女性たち、部落女性たち、沖縄の女性たち、アイヌの女性たち、障害女性たち、トランス女性たちなどなど、マイノリティ女性がそれぞれの文脈で培ってきたフェミニズムの歴史に関心を寄せる時、私たちはそうした問いを同時に、かつ厳しく自らに問わなければならない。こうした問題意識のもと、私自身も運営に携わっているふぇみ・ゼミ(femizemi.org)では、日本というローカルな場で、マジョリティ女性中心のフェミニズムに対抗するインターセクショナル・フェミニズムを実践すべく、必要な知識や方法論を蓄積し、国内外のさまざまな団体との連携を模索している。

もちろん、何世紀にもわたり再生産・強化されてきた差別と搾取と抑圧の構造にヒビを入れていくのは容易な作業ではない。だが、一部の女性の成功や地位の向上や特権の獲得のために、社会の中ですでに不利な状態に置かれている他の人びとを犠牲にしないフェミニズムを実践していこうと努力することは可能だ。もし、ジェンダー平等を求める闘いが、人種・エスニシティ、国籍、性的指向・性自認、障害における平等を求めるさまざまな闘いと連携する機会を見過ごさず、積極的にコミットしていこうとするならば、私たちにはまだ希望がある。

結　論　ふたつのフェミニズム、ひとつの未来

1. Richard Gonzales and Camila Domonoske, "Voters Recall Aaron Persky, Judge Who Sentenced Brock Turner," NPR, June 5, 2018, www.npr.org/sections/thetwo-way/2018/06/05/617071359/voters-are-deciding-whether-to-recall-aaron-persky-judge-who-sentenced-brock-tur.

2. Andrew Nguyen, "15,000 Marched in Brooklyn for Black Trans Lives," *The Cut*, June 15, 2020, www.thecut.com/2020/06/fifteen-thousand-marched-in-brooklyn-for-black-trans-lives.html; "Fatal Violence Against the Transgender and Gender Non-Conforming Community in 2020," Human Rights Campaign, www.hrc.org/resources/violence-against-the-trans-and-gender-non-conforming-community-in-2020; Anushka Patil, "How a March for Black Trans Lives Became a Huge Event," *New York Times*, June 15, 2020, www.nytimes.com/2020/06/15/nyregion/brooklyn-black-trans-parade.html.

3. Christina Sharpe, *In the Wake: On Blackness and Being* (Durham, NC: Duke University Press, 2016).

4. Elizabeth Cady Stanton, Susan Brownell Anthony, and Matilda Joslyn Gage, eds., *History of Woman Suffrage*, Volume I (Rochester, NY: Susan B. Anthony, 1881),116.

5. 以下に引用されている。 Jen McDaneld, "Harper, Historiography, and the Race/Gender Opposition in Feminism," *Signs* 40, no. 2 (2015): 395.

6. Harriet Beecher Stowe, "Sojourner Truth, the Libyan Sibyl," *The Atlantic*, April 1863, www.theatlantic.com/magazine/archive/1863/04/sojourner-truth-the-libyan-sibyl/308775/.

7. Caroline Kitchener, "'How Many Women of Color Have to Cry?': Top Feminist Organizations Are Plagued by Racism, 20 Former Staffers Say," *The Lily*, July 13, 2020, www.thelily.com/how-many-women-of-color-have-to-cry-top-feminist-organizations-are-plagued-by-racism-20-former-staffers-say/; Scott Neuman, "NOW President Resigns amid Allegations of Creating Toxic Work Environment," NPR, August 18, 2020, www.npr.org/sections/live-updates-protests-for-racial-justice/2020/08/18/903254443/now-president-resigns-amid-allegations-of-creating-toxic-work-environment.

8. Cheryl Woods-Giscombé, "Superwoman Schema: African American Women's Views on Stress, Strength, and Health," *Qualitative Health Research* 20, no. 5 (2010), www.ncbi.nlm.nih.gov/pmc/articles/PMC3072704/.

9. Marisa Meltzer, "A Feminist T-Shirt Resurfaces from the '70s," *New York Times*, November 18, 2015, www.nytimes.com/2015/11/19/fashion/a-feminist-t-shirt-resurfaces-from-the-70s.html.

10. Emma Roller, "More Female Bankers Won't Solve Capitalism," *Splinter*, May 15, 2018, https://splinternews.com/more-female-bankers-wont-solve-capitalism-1826049564. このジョークを最初に言ったのは元IMF専務理事のクリスティーヌ・ラガルド。 Jon Henley, "Female-Led Countries Handled Coronavirus Better, Study Suggests," *The Guardian*, August 18, 2020, www.theguardian.com/world/2020/aug/18/female-led-countries-handled-coronavirus-better-study-jacinda-ardern-angela-merkel.

11. Keeanga-Yamahtta Taylor, "Introduction," in *How We Get Free: Black Feminism and the Combahee River Collective*, ed. Keeanga-Yamahtta Taylor (Chicago: Haymarket Books, 2017), 11.

12. Combahee River Collective, "Combahee River Collective Statement," in *How We Get Free: Black Feminism and the Combahee River Collective*, ed. Keeanga-Yamahtta Taylor (Chicago: Haymarket Books, 2017), 22.

13. Richard Allen Williams, "Cardiovascular Disease in African American Women: A Health Care Disparities Issue," *Journal of the National Medical Association* 101, no. 6 (2009), https://pubmed.ncbi.nlm.nih.gov/19585921/.

harpersbazaar.com/culture/politics/a35201831/alexandria-ocasio-cortez-capitol-riots-recap/; Stuart Emmrich, "Alexandria Ocasio-Cortez on the Capitol Mob Attack: 'I Thought I Was Going to Die,'" *Vogue*, January 13, 2021, www.vogue.com/article/alexandria-ocasio-cortez-video-on-the-capitol-mob-attack.

31. Sheera Frankel, Nicholas Confessore, Cecilia Kang, Matthew Rosenberg, and Jack Nicas, "Delay, Deny and Deflect: How Facebook's Leaders Fought Through Crisis," *New York Times*, November 14, 2018, www.nytimes.com/2018/11/14/technology/facebook-data-russia-election-racism.html; Nicholas Confessore and Matthew Rosenberg, "Damage Control at Facebook: 6 Takeaways from the *Times*'s Investigation," *New York Times*, November 14, 2018, www.nytimes.com/2018/11/14/technology/facebook-crisis-mark-zuckerberg-sheryl-sandberg.html; Anne Helen Petersen, "The Rise, Lean, and Fall of Facebook's Sheryl Sandberg," *BuzzFeed News*, December 14, 2018, www.buzzfeednews.com/article/annehelenpetersen/sheryl-sandberg-facebook-lean-in-superwoman-supervillain.
32. Kara Swisher, "Lean Out," *New York Times*, November 24, 2018, www.nytimes .com/2018/11/24/opinion/sheryl-sandberg-mark-zuckerberg-facebook.html.
33. Shoshana Zuboff, *The Age of Surveillance Capitalism: The Fight for a Human Future at the New Frontier of Power* (New York: PublicAffairs, 2019), 7, 74, 100（ショシャナ・ズボフ著、野中香方子訳『監視資本主義：人類の未来を賭けた闘い』東洋経済新報社、2021 年）; "Sheryl Sandberg," Enhancv, https://enhancv.com/resume-examples/famous/sheryl-sandberg/#famous-resume.
34. Zuboff, *The Age of Surveillance Capitalism*, 92.
35. Ibid., 99–100.
36. Lean In Circles, "About Circles," July 27, 2017, https://cdn-media.leanin.org/pagedata/2017-07-27/1501192899793/circles_guide_english_webfinal.pdf; Jeff Desjardins, "The World's 20 Most Profitable Companies," *Visual Capitalist*, October 21, 2019, www.visualcapitalist.com/the-worlds-20-most-profitable-companies/.
37. Manu Raju, "Ocasio-Cortez Reveals New Details About Viral Incident with Rep. Ted Yoho," CNN, July 24, 2020, www.cnn.com/2020/07/24/politics/aoc-ted-yoho-latest/index.html.
38. Mike Lillis, "Ocasio-Cortez Accosted by GOP Lawmaker over Remarks: 'That Kind of Confrontation Hasn't Ever Happened to Me,'" *The Hill*, July 21, 2020, https://thehill.com/homenews/house/508259-ocaasio-cortez-accosted-by-gop-lawmaker-over -remarks-that-kind-of.
39. Ibid.
40. Melissa Quinn, "GOP Lawmaker Apologizes for 'Abrupt Manner' of Heated Exchange with Alexandria Ocasio-Cortez," CBS News, July 22, 2020, www.cbsnews.com/news /alexandria-ocasio-cortez-aoc-ted-yoho-confrontation/.
41. "Rep. Alexandria Ocasio-Cortez (D-NY) Responds to Rep. Ted Yoho (R-FL)," C-SPAN, July 23, 2020, youtube.com/watch?v=LI4ueUtkRQ0&ab_channel=C-SPAN; Alexandria Ocasio-Cortez [@AOC], "I want to thank everyone . . . ," Instagram, July 28, 2020, www.instagram.com/p/CDMrZIzAI1B; Ruiz, "AOC's Next Four Years."
42. "Rep. Alexandria Ocasio-Cortez (D-NY) Responds to Rep. Ted Yoho (R-FL)."
43. Kate Manne, *Down Girl: The Logic of Misogyny* (New York: Oxford University Press, 2018), 79–80（ケイト・マン著、小川芳範訳『ひれふせ、女たち：ミソジニーの論理』慶應義塾大学出版会、2019 年）; "Rep. Alexandria Ocasio-Cortez (D-NY) Responds to Rep. Ted Yoho (RFL)"; Chris Cillizza, "The Absolutely Remarkable Social Media Power of Alexandria Ocasio-Cortez," CNN, July 24, 2020, www.cnn.com/2020/07/24/politics/aoc-ted-yoho-cspan/index.html.
44. Monica Hesse, "AOC's Speech About Ted Yoho's 'Apology' Was a Comeback for the Ages," *Washington Post*, July 23, 2020, www.washingtonpost.com/lifestyle/style/aocs-speech-about-ted-yohos-apology-was-a-comeback-for-the-ages/2020/07/23/524e689a-cb90-11ea-91f1-28aca4d833a0_story.html; Mary McNamara, "Column: Alexandria Ocasio-Cortez's Tear-Down of Ted Yoho Is the Best TV I've Seen in Years," *Los Angeles Times*, July 24, 2020, www.latimes.com/entertainment-arts/story/2020-07-24/alexandria-ocasio-cortez-speech-tom-yoho-great-tv.
45. West and Rose, "Alexandria Ocasio-Cortez Is Not Understood."
46. "Our Work Has a Framework," *The Nap Ministry*, January 11, 2021, http://thenapministry.wordpress.com/.

Red Lip," *Vogue*, August 21, 2020, www.vogue.com/article/alexandria-ocasio-cortez-beauty-secrets.

10. Oprah Winfrey, "Sheryl Sandberg Tells Oprah About Her 'Date' with Mark Zuckerberg, Her Marriage and Feeling Like a Fraud," *HuffPost*, June 6, 2013, www.huffpost.com/entry/sheryl-sandberg-interview_n_3367204.
11. Katherine Losse, *The Boy Kings: A Journey into the Heart of the Social Network* (New York: Free Press, 2012), 168.（キャサリン・ロッシ著、夏目大訳『フェイスブック：子どもじみた王国』河出書房新社、2013 年）
12. Sandberg, *Lean In*, 40, 39, 47.
13. Ibid., 5–7;〈Lean In〉のウェブサイトでは、黒人女性が受けている性別による賃金格差のデータにも注目している。https://leanin.org/data-about-the-gender-pay-gap-for-black-women; Amanda Mull, "The Girl Boss Has Left the Building," The Atlantic, June 25, 2020, www.theatlantic.com/health/archive/2020/06/girlbosses-what-comes-next/613519; Susan Faludi, "Facebook Feminism, Like It or Not," The Baffler 23 (2013), https://thebaffler.com/salvos/facebook-feminism-like-it-or-not.
14. Sandberg, *Lean In*, 89.
15. Gina Heeb, "US Income Inequality Jumps to Highest Level Ever Recorded," *Business Insider*, September 27, 2019, https://markets.businessinsider.com/news/stocks/income-inequality-reached-highest-level-ever-recorded-in-2018-2019-9-1028559996.
16. Catherine Thorbecke, "Nearly Half of the World's Entire Wealth Is in the Hands of Millionaires," ABC News, October 22, 2019, https://abcnews.go.com/Business/half-worlds-entire-wealth-hands-millionaires/story?id=66440320; Nina Strochlic, "One in Six Americans Could Go Hungry in 2020 as Pandemic Persists," *National Geographic*, November 24, 2020, www.nationalgeographic.com/history/article/one-in-six-could-go-hungry-2020-as-covid-19-persists; Matt Egan, "America's Billionaires Have Grown $1.1 Trillion Richer During the Pandemic," CNN, January 26, 2021, www.cnn.com/2021/01/26/business/billionaire-wealth-inequality-poverty/index.html.
17. Faludi, "Facebook Feminism." バレエ・エクササイズのクラスが最適化文化の主要地点だというトレンティーノの指摘は見逃せない。Tolentino, *Trick Mirror*, 75–77.
18. Sandberg, *Lean In*, 85.
19. Ibid., 37; Erin Carlyle, "Facebook COO Sheryl Sandberg Sells Atherton Home for $9.25 Million," *Forbes*, October 14, 2014, www.forbes.com/sites/erincarlyle/2014/10/14/facebook-coo-sheryl-sandberg-sells-atherton-home-for-9-25-million/#5574a78d3968.
20. Cinzia Arruzza, Tithi Bhattacharya, and Nancy Fraser, *Feminism for the 99%: A Manifesto* (New York: Verso, 2019), 5, 12.（シンジア・アルッザ、ティティ・バタチャーリャ、ナンシー・フレイザー共著、惠愛由訳『99% のためのフェミニズム宣言』人文書院、2020 年）
21. Jones and Trotman, *Queens of the Resistance*, 42.
22. Cornel West and Tricia Rose, "Alexandria Ocasio-Cortez Is Not Understood for Who She Really Is," *The Tight Rope*, July 23, 2020, www.youtube.com/watch?v=24MSsYWa8j4&ab_channel=TheTightRope.
23. Alexandria Ocasio-Cortez, "Alexandria Ocasio-Cortez Remarks at 2011 Boston University Martin Luther King Jr., Celebration" [video], Boston University, 2011, www.bu.edu/buniverse/view/?v=osDd30.
24. Jones and Trotman, *Queens of the Resistance*, 49; West and Rose, "Alexandria Ocasio-Cortez Is Not Understood"; Michelle Ruiz, "AOC's Next Four Years," *Vanity Fair*, October 28, 2020, www.vanityfair.com/news/2020/10/becoming-aoc-cover-story-2020.
25. West and Rose, "Alexandria Ocasio-Cortez Is Not Understood."
26. Ibid.
27. Ibid.
28. Ryan Grim and Briahna Gray, "Alexandria Ocasio-Cortez Joins Environmental Activists in Protest at Democratic Leader Nancy Pelosi's Office," *The Intercept*, November 13, 2018, https://theintercept.com/2018/11/13/alexandria-ocasio-cortez-sunrise-activists-nancy-pelosi/.
29. Ijeoma Oluo, *Mediocre: The Dangerous Legacy of White Male America* (New York: Seal Press, 2020).
30. West and Rose, "Alexandria Ocasio-Cortez Is Not Understood"; Bianca Betancourt, "Alexandria Ocasio-Cortez Shares Her Harrowing Experience Surviving the Capitol Riots," *Harper's Bazaar*, January 13, 2021, www.

58. Bernstein, "Militarized Humanitarianism," 57.

59. Julia O'Connell Davidson, "'Sleeping with the Enemy'? Some Problems with Feminist Abolitionist Calls to Penalise Those Who Buy Commercial Sex," *Social Policy and Society* 2, no. 1 (2003): 55; Janice Raymond, "Radical Feminist Activism in the 21st Century," *Labrys*, June 2015, www.labrys.net.br/labrys27/radical/janice.htm; Bernstein, "Militarized Humanitarianism," 57.

60. Elizabeth Bernstein, "The Sexual Politics of the 'New Abolitionism,'" *differences* 18, no. 5 (2007): 143; Victoria Law, "Against Carceral Feminism," *Jacobin*, October 17, 2014, www.jacobinmag.com/2014/10/against-carceral-feminism/.

61. Bernstein, "Carceral Politics as Gender Justice?," 253; Anne E. Fehrenbacher, Ju Nyeong Park, Katherine H.A. Footer, Bradley E. Silberzahn, Sean T. Allen, and Susan G. Sherman, "Exposure to Police and Client Violence Among Incarcerated Female Sex Workers in Baltimore City, Maryland," *American Journal of Public Health* 110 (2020): S152–S153; "Women in Prison: An Overview," *Words from Prison*, American Civil Liberties Union; Monica N. Modi, Sheallah Palmer, and Alicia Armstrong, "The Role of Violence Against Women Act in Addressing Intimate Partner Violence: A Public Health Issue," *Journal of Women's Health* 23, no. 3 (2014): 253.

62. Gabriel, "Interview," 26.

63. Sheila Jeffries, *Gender Hurts: A Feminist Analysis of the Politics of Transgenderism* (New York: Routledge, 2014), 61.

64. Wyatt Ronan, "Breaking: 2021 Becomes Record Year for Anti-Transgender Legislation," Human Rights Campaign, March 13, 2021, www.hrc.org/press-releases/breaking-2021-becomes-record-year-for-anti-transgender-legislation/.

65. Sandy Stone, "Sandy's FAQ—Transgender," SandyStone.com, https://sandystone.com/faq.shtml; Sandy Stone, "Bloomington: Post-Posttranssexual: Transgender Studies and Feminism," SandyStone.com, https://sandystone.com/.

### 第七章　リーン・インか連携か

1. Sheryl Sandberg, *Lean In: Women, Work, and the Will to Lead* (New York: Knopf, 2013), 4.（シェリル・サンドバーグ著、村井章子訳『LEAN IN：女性、仕事、リーダーへの意欲』日本経済新聞出版社、2013 年／日経ビジネス人文庫、2018 年）

2. Ibid., 26.

3. Ken Auletta, "A Woman's Place," *New Yorker*, July 4, 2011, www.newyorker.com/magazine/2011/07/11/a-womans-place-ken-auletta; Sandberg, *Lean In*, 9; bell hooks, "Dig Deep: Beyond Lean In," *Feminist Wire*, October 28, 2013, https://thefeministwire.com/2013/10/17973/.

4. Jia Tolentino, *Trick Mirror: Reflections on Self-Delusion* (New York: Random House, 2019), 84.

5. Charlotte Alter, "Alexandria Ocasio-Cortez's Facebook Videos of Her Trip to Standing Rock Reveal Her Political Awakening," *Time*, February 19, 2020, https://time.com/5786180/alexandria-ocasio-cortez-standing-rock/.

6. Gabriella Paiella, "The 28-Year-Old at the Center of One of This Year's Most Exciting Primaries," *The Cut*, June 25, 2018, www.thecut.com/2018/06/alexandria-ocasio-cortez-interview.html; Brenda Jones and Krishan Trotman, *Queens of the Resistance: Alexandria Ocasio-Cortez* (New York: Plume, 2020), 56; Alter, "Alexandria Ocasio-Cortez's Facebook Videos."

7. Julia Conley, "If Democrats Want to Honor Legacy of Dr. King, Says Ocasio-Cortez, 'We Have to Be Dangerous Too,'" *Portside*, February 1, 2020, https://portside.org/2020-02-01/if-democrats-want-honor-legacy-dr-king-says-ocasio-cortez-we-have-be-dangerous-too; Alexandria Ocasio-Cortez [@AOC], Twitter, July 3, 2018, https://twitter.com/aoc/status/1014172302777507847?lang=en; Paiella, "The 28-Year-Old at the Center."

8. John Wagner, "'No Person in America Should Be Too Poor to Live': Ocasio-Cortez Explains Democratic Socialism to Colbert," *Washington Post*, June 29, 2018, www.washingtonpost.com/politics/no-person-in-america-should-be-too-poor-to-live-ocasio-cortez-explains-democratic-socialism-to-colbert/2018/06/29/d6752050-7b8d-11e8-aeee-4d04c8ac6158_story.html.

9. Zoe Ruffner, "Congresswoman Alexandria Ocasio-Cortez on Self-Love, Fighting the Power, and Her Signature

35. Ibid., 112.

36. Ibid., 119, 117.

37. Combahee River Collective, "The Combahee River Collective Statement," in *How We Get Free: Black Feminism and the Combahee River Collective*, ed. Keeanga-Yamahatta Taylor (Chicago: Haymarket Books, 2017), 15, 21.

38. Raymond, *Transsexual Empire*, 118.

39. Audre Lorde, "An Open Letter to Mary Daly," in *This Bridge Called My Back: Writings by Radical Women of Color, ed. Cherríe L. Moraga and Gloria E. Anzaldúa* (Berkeley, CA: Third Woman Press, 2002), 104.

40. Raymond, *Transsexual Empire*, dedication page.

41. Thomas Buckley, "Johns Hopkins Doing Sex-Changing Surgery," *New York Times*, November 21, 1966.

42. Raymond, *Transsexual Empire*, 178.

43. "TERFs and Trans Healthcare," TheTerfs.com, http://theterfs.com/terfs-trans-healthcare/; Cristan Williams, "Fact Checking the NCHCT Report," *TransAdvocate*, September 18, 2014, www.transadvocate.com/fact-checking-janice-raymond-the-nchct-report_n_14554.htm; Janice G. Raymond, "Technology on the Social and Ethical Aspects of Transsexual Surgery," National Center for Health Care Technology, June 1980, www.susans.org/wiki/Technology_on_the_Social_and_Ethical_Aspects_of_Transsexual_Surgery. レイモンドの反論も参照。"Fictions and Facts About the Transsexual Empire," JaniceRaymond.com, https://janiceraymond.com/fictions-and-facts-about-the-transsexual-empire.

44. 政策転換が実施されたのは 1989 年だった。レイモンドの報告書とその影響を批判する詳細な分析については、以下を参照。 Williams, "Fact Checking"; Abigail Coursolle, "California Pride: Medi-Cal Coverage of Gender-Affirming Care Has Come a Long Way," National Health Law Program, June 22, 2018, https://healthlaw.org/california-pride-medi-cal-coverage-of-gender-affirming-care-has-come-a-long-way/.

45. Carol Riddell, "Divided Sisterhood: A Critical Review of Janice Raymond's *The Transsexual Empire*," in *The Transgender Studies Reader*, ed. Susan Stryker and Stephen Whittle (New York: Routledge, 2006), 151.

46. "Trans and Non-Binary History," Queer Santa Cruz, https://virtual.santacruzmah.org/queersc/sections/Trans.html; Gabriel, "Interview," 47.

47. Dawn Levy, "Two Transsexuals Reflect on University's Pioneering Gender Dysphoria Program," *Stanford Report*, May 3, 2000.

48. Gabriel, "Interview," 16.

49. Levy, "Two Transsexuals."

50. Donna J. Haraway, *Simians, Cyborgs, and Women: The Reinvention of Nature* (New York: Routledge, 1991), 180, 155.（ダナ・ハラウェイ著、高橋さきの訳『猿と女とサイボーグ：自然の再発明』青土社、2000 年／新装版 2017 年）

51. Sandy Stone, "The Empire Strikes Back: A Posttranssexual Manifesto," *Camera Obscura* 10, no. 2 (1992): 157.

52. Ibid., 159. ストーンの懐柔的な立場の影響を指摘してくれたキャット・フィッツパトリックに感謝。

53. Ibid., 164.

54. Ibid.; Gabriel, "Interview," 24.

55. Stone, "*The Empire* Strikes Back," 164, 167–168. "Imagine if Raymond had written 'all blacks rape women's bodies,'" ストーンは自分も黒人とトランスジェンダーのアナロジーを犯していると述べた（167 ページ）。

56. Sylvia Rivera, "Y'all Better Calm Down," in *Loud and Proud: LGBTQ+ Speeches That Empower and Inspire*, ed. Tea Uglow (London: White Lion, 2020), 31; Susan Stryker, *Transgender History* (New York: Seal Press, 2009), 86–87; Leslie Feinberg, "Street Transvestite Action Revolutionaries: Lavender and Red, Part 73," *Worker's World*, September 24, 2006; STAR, "Transvestite-Transsexual Action Organization and Fems Against Sexism" (1970), in *The Verso Book of Feminism: Revolutionary Words from Four Millennia of Rebellion*, ed. Jessie Kindig (New York: Verso Books, 2020), 212.

57. Elizabeth Bernstein, "Carceral Politics as Gender Justice? The 'Traffic in Women' and Neoliberal Circuits of Crime, Sex, and Rights," *Theory and Society* 41, no. 3 (2012): 252; Elizabeth Bernstein, "Militarized Humanitarianism Meets Carceral Feminism: The Politics of Sex, Rights, and Freedom in Contemporary Antitrafficking Campaigns," *Signs* 36, no. 1 (2010): 50.

7. Robin Morgan, *Going Too Far: The Personal Chronicle of a Feminist* (New York: Random House, 1977), 171; Robin Morgan, "Keynote Address: Lesbianism and Feminism: Synonyms or Contradictions?," *Lesbian Tide* 2, no. 10–11 (May–June 1973): 30.
8. Morgan, "Keynote Address," 31, 30.
9. Ibid., 32.
10. Ibid.; McLean, "Diary," 37.
11. Susan Stryker and Talia Bettcher, "Introduction: Trans/Feminisms," *Transgender Studies Quarterly* 3, no. 1–2 (2016): 10; Cristan Williams, "Radical Inclusion: Recounting the Trans Inclusive History of Radical Feminism," *Transgender Studies Quarterly* 3, no. 1–2 (2016): 254; Heaney, "Women-Identified Women," 138.
12. Zackary Drucker, "Sandy Stone on Living Among Lesbian Separatists as a Trans Woman in the 70s," *Vice*, December 19, 2018, www.vice.com/en/article/zmd5k5/sandy-stone-biography-transgender-history.
13. Ibid.
14. Susan Stryker, "Another Dream of Common Language: An Interview with Sandy Stone," *Transgender Studies Quarterly* 3, no. 1–2 (2016): 296.
15. Ibid.
16. Ibid., 297; Davine Anne Gabriel, "Interview with the Transsexual Vampire: Sandy Stone's Dark Gift," *TransSisters: Journal of Transsexual Feminism* 8 (Spring 1995): 16.
17. Gabriel, "Interview," 17; Drucker, "Sandy Stone."
18. "Cris Williamson," Goldenrod Music, www.goldenrod.com/product-category/womensmusic/cris-williamson/.
19. Stryker, "Another Dream," 299.
20. Drucker, "Sandy Stone"; Stryker, "Another Dream," 300; Cristan Williams, "TERF Hate and Sandy Stone," *TransAdvocate*, August 16, 2014, www.transadvocate.com/terf-violence-and-sandy-stone_n_14360.htm; Gabriel, "Interview," 18.
21. ヘンリー・オアナが以下で発言している。"Teresa Trull—Woman-Loving Women (1977),"YouTube,www.youtube.com/watch?v=yAP5T5GDMTs&list=PLiD_igaPoeqcI51WW2WbbYm0WXH8wnHdD&index=9.
22. Chloé Lula, "12 Essential Songs from the Lesbian Label Olivia Records," *New York Times*, June 23, 2020, www.nytimes.com/2020/06/23/arts/music/olivia-records-lesbian-playlist.html.
23. Williams, "TERF Hate."
24. Ibid.
25. Ibid.
26. Ibid.
27. Drucker, "Sandy Stone."
28. Ibid.
29. Williams, "TERF Hate"; Janice Raymond, *The Transsexual Empire: The Making of the She-Male* (New York: Teachers College Press, 1994), 103; "Responses to 'Open Letter to Olivia Records,'" *Lesbian Connection* 3, no. 7 (February 1978): 17.
30. Williams, "TERF Hate."
31. マーティ・アバナシーについてのベス・エリオットによるコメント, "Transphobic Radical Hate Didn't Start with Brennan: The Sandy Stone–Olivia Records Controversy," *TransAdvocate*, August 24, 2011, www.transadvocate.com/transphobic-radical-hate-didnt-start-with-brennan-the-sandy-stone-olivia-records-controversy_n_4112.htm.
32. Susanna J. Sturgis and Jan Raymond, "Interview: An Interview with Jan Raymond," *Off Our Backs* 9, no. 9 (1979): 15; Thomas S. Szasz, "Male and Female Created He Them," *New York Times*, June 10, 1979. 《ミズ *Ms.*》誌掲載のスタイネムの記事は、以下に収録されている。Gloria Steinem, *Outrageous Acts and Everyday Rebellions* (New York: Holt, Rinehart, and Winston, 1983), 208–209.（グロリア・スタイネム著、道下匡子訳『プレイボーイ・クラブ潜入記：新・生きかた論』三笠書房、1985 年）
33. Raymond, *Transsexual Empire*, 183, xvi, xxi, 119, 91, 104; Sturgis and Raymond, "Interview," 15.
34. Raymond, *Transsexual Empire*, 101–102, 108.

*the Attitudes of Women on Their Roles in Politics and the Economy* (Ann Arbor, MI: Inter-university Consortium for Political and Social Research [distributor], 1992), 4, https://doi.org/10.3886/ICPSR07326.v1.

67. フリーダンがこの表現を考えたのは 1969 年で、フリーダンの造語であることは 1970 年にスーザン・ブラウンミラーがはじめて活字にした。 Susan Brownmiller, "Sisterhood Is Powerful," *New York Times*, March 15, 1970, 230; Horowitz, *Betty Friedan*, 123–124; Friedan, *Life so Far*, 224, 222.

68. Carolyn Bronstein, *Battling Pornography: The American Feminist Anti-Pornography Movement, 1976–1986* (New York: Cambridge University Press, 2011), 54.

69. Radicalesbians, "The Woman Identified Woman," 1970, 1.

70. ブラウンはメアリ・ドーアが 2014 年に制作したドキュメンタリーで、この場面について詳しく語っている。*She's Beautiful When She's Angry*, 00:42:40; Friedan, *Life so Far*, 224, 223.

71. Friedan, "Up from the Kitchen Floor," 30; Friedan, *Life so Far*, 211.（この表現は9章のタイトルに使われている。）

72. Judith Hennessee, *Betty Friedan: Her Life* (New York: Random House, 1999), 135; Faderman, *Odd Girls*, 212; Paula Giddings, *When and Where I Enter: The Impact of Black Women on Race and Sex in America* (New York: William Morrow, 1984), 346.（ポーラ・ギディングズ著、河地和子訳『アメリカ黒人女性解放史』時事通信社、1989 年）

73. Caroline Kitchener, "'How Many Women of Color Have to Cry?': Top Feminist Organizations Are Plagued by Racism, 20 Former Staffers Say," *The Lily*, July 13, 2020, www.thelily.com/how-many-women-of-color-have-to-cry-top-feminist-organizations-are-plagued-by-racism-20-former-staffers-say/.

74. Friedan, "Up from the Kitchen Floor," 31; Pauli Murray, "Letter to the Editor," *New York Times*, March 25, 1973, 2; Saxby, *Pauli Murray*, 260.

75. Betty Friedan, *The Second Stage* (Cambridge, MA: Harvard University Press, 1998), 308.（ベティ・フリーダン著、下村満子訳『セカンド・ステージ：新しい家族の創造』集英社、1984 年）

76. Rosenberg, *Jane Crow*, 333, 375; Patricia Bell-Scott, *The Firebrand and the First Lady: Portrait of a Friendship: Pauli Murray, Eleanor Roosevelt, and the Struggle for Social Justice* (New York: Alfred A. Knopf, 2017), 346.

77. Murray, *Song in a Weary Throat*, 419; Cooper, *Beyond Respectability*, 106, 110.

78. Suzanne Braun Levine and Mary Thom, eds., *Bella Abzug: How One Tough Broad from the Bronx Fought Jim Crow and Joe McCarthy, Pissed Off Jimmy Carter, Battled for the Rights of Women and Workers, Rallied Against War and for the Planet, and Shook Up Politics Along the Way* (New York: Farrar, Straus and Giroux, 2008), 212.

79. Bell-Scott, *The Firebrand and the First Lady*, 338; Cooper, *Beyond Respectability*, 128, 129.

80. Saxby, *Pauli Murray*, 254–255, 278; Rosenberg, *Jane Crow*, 354, 357, 373.

81. "Besser Interview for *Ms. Magazine*, January 29, 1977," Papers of Pauli Murray, Schlesinger Library, Radcliffe Institute, Harvard University, https://hollisarchives.lib.harvard.edu/repositories/8/archival_objects/1406463.

82. Saxby, *Pauli Murray*, 279.

## 第六章　TERFの門番とトランス・フェミニストの地平

1. Barbara McLean, "Diary of a Mad Organizer," *Lesbian Tide*, June 30, 1973, 36.

2. Finn Enke, "Collective Memory and the Transfeminist 1970s: Toward a Less Plausible History," *Transgender Studies Quarterly* 5, no. 1 (2018): 14; Beth Elliott, "Ballad of the Oklahoma Women's Liberation Front," *Buried Treasure* [album], 2005, www.youtube.com/watch?v=XnDr-VVGjQQ.

3. Emma Heaney, "Women-Identified Women: Trans Women in 1970s Lesbian Feminist Organizing," *Transgender Studies Quarterly* 3, no. 1–2 (2016): 139; McLean, "Diary," 36.

4. Ibid.; Cristan Williams, "Sex Essentialist Violence and Radical Inclusion: An Interview with Robin Tyler, Jan Osborn, and Michele Kammerer," *TCP Blog*, The Conversations Project, February 1, 2016, http://radfem.transadvocate.com/sex-essentialist-violence-and-radical-inclusion-an-interview-with-robin-tyler-jan-osborn-and-michele-kammerer/.

5. Enke, "Collective Memory," 18–19.

6. McLean, "Diary," 36.

40. Rosenberg, *Jane Crow*, 187.
41. Horowitz, *Betty Friedan*, 212; Rosenberg, *Jane Crow*, 204. フリーダンもマレーもマリー・ロデルを著作権代理人にしていたが、この時期にふたりが顔を合わせたことは一度もないようだ。
42. Murray, *Song in a Weary Throat*, 262.
43. Ibid., 255; "Transcript of *Brown v. Board of Education* (1954)," *US National Archives and Records Administration*, www.ourdocuments.gov/doc.php?flash=false&doc=87&page=transcript.
44. Murray, *Song in a Weary Throat*, 255.
45. Serena Mayeri, "Pauli Murray and the Twentieth-Century Quest for Legal and Social Equality," *Indiana Journal of Law and Social Equality* 2, no. 1 (2014): 83; Rosenberg, *Jane Crow*, 275; Murray, *Song in a Weary Throat*, 355–356.
46. Pauli Murray and Mary Eastwood, "Jane Crow and the Law: Sex Discrimination and Title VII," *George Washington Law Review* 34, no. 2 (December 1965): 237; Caroline Chiapetti, "Winning the Battle but Losing the War: The Birth and Death of Intersecting Notions of Race and Sex Discrimination in *White v. Crook*," *Harvard Civil Rights–Civil Liberties Law Review* 52 (2017): 470–471.
47. Murray, *Song in a Weary Throat*, 367; Murray and Eastwood, "Jane Crow," 233n10.
48. Murray and Eastwood, "Jane Crow," 256, 239–240.
49. Chiapetti, "Winning the Battle," 470.
50. Brittney Cooper, "Black, Queer, Feminist, Erased from History: Meet the Most Important Legal Scholar You've Likely Never Heard Of," *Salon*, February 18, 2015, www.salon.com/test/2015/02/18/black_queer_feminist_erased_from_history_meet_the_most_important_legal_scholar_youve_likely_never_heard_of/.
51. 法学者セレナ・マイェリの分析によれば、マレーの「人種からの論証」は経験に基づく「単なる並列や等価性の主張」には依拠していない。マレーはアナロジーを用いて、構造的権力の複数の形態のなかにある「相互のつながり」を暴いている。 Serena Mayeri, *Reasoning from Race: Feminism, Law, and the Civil Rights Revolution* (Cambridge, MA: Harvard University Press, 2011), 5, 33; Friedan, *Life so Far*, 179; Saxby, *Pauli Murray*, 246.
52. Kimberlé Crenshaw, "Demarginalizing the Intersection of Race and Sex: A Black Feminist Critique of Antidiscrimination Doctrine," *University of Chicago Legal Forum* 1 (1989): 166n77. ブリトニー・クーパーは、マレーの仕事こそ、1980 年代後半から 1990 年代に法学教授キンバリー・クレンショーと社会学者パトリシア・ヒル・コリンズがつくりあげたフェミニズム理論、インターセクショナリティのもっとも直接的な土台だと主張している。 Cooper, *Beyond Respectability*, 88.
53. Combahee River Collective, "The Combahee River Collective Statement," in *How We Get Free: Black Feminism and the Combahee River Collective*, ed. Keeanga-Yamahatta Taylor (Chicago: Haymarket Books, 2017), 22–23.
54. Murray, *Song in a Weary Throat*, 361.
55. Ibid., 361–362.
56. Ibid., 365.
57. Ibid.
58. Horowitz, *Betty Friedan*, 243.
59. Friedan, *Life so Far*, 163.
60. この「ネットワーク」の鍵となったのはパウリ・マレーがフリーダンをキャサリン・イーストに紹介したことだった。 Friedan, *It Changed My Life*, 96.
61. John Herbers, "Help Wanted: Picking the Sex for the Job," *New York Times*, September 28, 1965; Frances M. Beal, "Black Women's Manifesto, Double Jeopardy: To Be Black and Female," pamphlet (New York: Third World Women's Alliance, 1969), www.hartford-hwp .com/archives/45a/196.html.
62. Friedan, *Life so Far*, 174.
63. Rosenberg, *Jane Crow*, 300.
64. Ibid., 308–309.
65. Ibid.
66. Friedan, *Life so Far*, 186; Louis Harris and Associates, *Harris 1972 American Women's Opinion Poll: A Survey of*

11. Friedan, *Life so Far*, 97.
12. Betty Friedan, *The Feminine Mystique* (New York: W. W. Norton, 1963), 15.（ベティ・フリーダン著、三浦冨美子訳『新しい女性の創造』大和書房、1965年／改訂版2004年）
13. Pauli Murray, *Song in a Weary Throat: An American Pilgrimage* (New York: Harper and Row, 1987), 36.
14. Ibid., 37–39.
15. Ibid., 47.
16. Ibid., 55–56; Ruth Wilson Gilmore, *Golden Gulag: Prisons, Surplus, Crisis, and Opposition in Globalizing California* (Berkeley: University of California Press, 2007), 28.
17. Ruha Benjamin, *Race After Technology: Abolitionist Tools for the New Jim Code* (New York: Polity Press, 2019), 42.
18. Jamie Ducharme and Elijah Wolfson, "Your ZIP Code Might Determine How Long You Live—and the Difference Could Be Decades," *Time*, June 17, 2019, https://time.com/5608268/zip-code-health/.
19. Kenneth W. Mack, *Representing the Race: The Creation of the Civil Rights Lawyer* (Cambridge, MA: Harvard University Press, 2012), 212.
20. Murray, *Song in a Weary Throat*, 67, 106–107.
21. Ibid., 138–140, 115.
22. Ibid., 125, 118. それから14年後の1951年、大学は黒人学生を受け入れた。
23. Ibid., 183.
24. Rosalind Rosenberg, *Jane Crow: The Life of Pauli Murray* (New York: Oxford University Press, 2017), 70.
25. Murray, *Song in a Weary Throat*, 109, 221.
26. Ibid., 221–222.
27. Ibid., 239.
28. Ibid., 104, 241.
29. Troy Saxby, *Pauli Murray: A Personal and Political Life* (Chapel Hill: University of North Carolina Press, 2020), 129.
30. サイモン・D・エリン・フィッシャーもドリーン・ドゥルーリーも、この手紙はマレーとマクビーンのカップルが書いたものだと主張している。Simon D. Elin Fisher, "Challenging Dissemblance in Pauli Murray Historiography, Sketching a History of the Trans New Negro," *Journal of African American History* 104, no. 2 (2019): 181; Doreen M. Drury, "'Experimentation on the Male Side': Race, Class, Gender, and Sexuality in Pauli Murray's Quest for Love and Identity, 1910–1960" (PhD diss., Boston College, 2000), 201; Doreen M. Drury, "Boy-Girl, Imp, Priest: Pauli Murray and the Limits of Identity," *Journal of Feminist Studies in Religion* 29, no. 1 (Spring 2013): 147; Simon D. Elin Fisher, "Pauli Murray's Peter Panic Perspectives from the Margins of Gender and Race in Jim Crow America," *Transgender Studies Quarterly* 3, no. 1–2 (2016): 98; Rosenberg, *Jane Crow*, 58, 59.
31. Fisher, "Challenging Dissemblance," 177, 199.
32. Drury, "Boy-Girl," 144; Cooper, *Beyond Respectability*, 106.
33. Cooper, *Beyond Respectability*, 179; "Betty Friedan and *The Feminine Mystique*," *The First Measured Century*, PBS, 2000, www.pbs.org/fmc/segments/progseg11.htm.
34. Friedan, *The Feminine Mystique*, 314, 365, 322, 348.
35. bell hooks, *Feminist Theory: From Margin to Center* (Boston: South End Press, 1984), 1–2（ベル・フックス著、清水久美訳『ブラック・フェミニストの主張：周縁から中心へ』勁草書房、1997年）; bell hooks, *Ain't I a Woman: Black Women and Feminism* (Boston: South End Press, 1982), 188.（ベル・フックス著、大類久恵監訳、柳沢圭子訳『アメリカ黒人女性とフェミニズム：ベル・フックスの「私は女ではないの？」』明石書店、2010年）
36. Friedan, *The Feminine Mystique*, 377, 350; hooks, *Feminist Theory*, 1.
37. Friedan, *The Feminine Mystique*, 366, 364, 377, 199, 276, 297, 309, 378; Friedan, *Life so Far*, 132.
38. 以下を参照。See Friedan, *Life so Far*, 141, フリーダンの革新的なメディアツアーについては、同書の以下のページも参照。57–58.
39. Betty Friedan, *It Changed My Life: Writings on the Women's Movement* (Cambridge, MA: Harvard University Press, 1998), 309; Friedan, *Life so Far*, 131.

52. Ibid.; "Letter from Margaret Sanger to Cele" (Mrs. Damon), November 24, 1939," Sanger, Smith.
53. "Letter from Margaret Sanger to Mary Rheinhardt, February 4, 1940," Rose, Smith.
54. "Letter from Margaret Sanger to Cele" (Mrs. Damon), November 24, 1939," Sanger, Smith; Follet, "Making Democracy Real," 106.
55. Brittney Cooper, *Beyond Respectability: The Intellectual Thought of Race Women* (Champaign: University of Illinois Press, 2017), 67; "Letter from Dr. C. J. Gamble to Margaret Sanger, December 2, 1939," Rose, Smith.
56. "Letter from Florence Rose to Mrs. Lasker, March 22, 1941," Rose, Smith.
57. "Minutes of National Advisory Council Meeting, Friday, December 11, 1942," Rose, Smith.
58. Ferebee, "Speech by Dorothy Boulding Ferebee, 1942."
59. "Letter from Florence Rose to W. E. B. Du Bois, July 22, 1941," Sanger, Smith; W. E. B. Du Bois, "Black Folk and Birth Control," *Birth Control Review* 16, no. 6 (June 1932): 167.
60. "Letter from Unknown to Dr. Joseph H. Willits, November 16, 1939," Rose, Smith.
61. McCann, *Birth Control Politics*, 164; "Memo, Jan. 1944," Rose, Smith.
62. "Better Health for 13,000,000," Rose, Smith, 7–8.
63. "Birth Control or Race Control? Sanger and the Negro Project," *Margaret Sanger Papers Project*, Newsletter no. 28 (Fall 2001); "Highlights of 1944–1945 Program," Rose, Smith.
64. Dana Seitler, "Unnatural Selection: Mothers, Eugenic Feminism, and Charlotte Perkins Gilman's Regeneration Narratives," *American Quarterly* 55, no. 1 (2003): 66.
65. Follet, "Making Democracy Real," 113; Ferebee, "Speech by Dorothy Ferebee, 1942"; Kiesel, *She Can Bring Us Home*, 128.
66. Loretta Ross, Lynn Roberts, Erika Derkas, Whitney Peoples, and Pamela Bridgewater, eds., "Introduction," in *Radical Reproductive Justice: Foundation, Theory, Practice, Critique* (New York: The Feminist Press, 2017), 4–15.

第五章　フェミニズムを路上へ

1. Pauli Murray, "Letter to the Editor," *Washington Post*, August 23, 1963.
2. Carol Giardina, "MOW to NOW: Black Feminism Resets the Chronology of the Founding of Modern Feminism," *Feminist Studies* 44, no. 3 (2018): 747; "History of the National Press Club," National Press Club, www.press.org/npc-history-facts.
3. Giardina, "MOW to NOW," 747–748.
4. DC Historic Preservation Office, "Civil Rights Tour: Political Empowerment—National Council of Negro Women," *DC Historic Sites*, https://historicsites.dcpreservation.org/items/show/955; Dorothy Height, *Open Wide the Freedom Gates* (New York: PublicAffairs, 2003), 146; Giardina, "MOW to NOW," 740.
5. Giardina, "MOW to NOW," 736–737; Height, *Open Wide*, 145; M. Rivka Polatnik, "Diversity in Women's Liberation Ideology: How a Black and a White Group of the 1960s Viewed Motherhood," *Signs* 21, no. 3 (1996): 679, 743: 彼女たちはともに「男性指導者とのリスクの高い対決を、男女平等を求める継続的で大規模な運動へと変えていった」。
6. Pauli Murray, "Jim Crow and Jane Crow," in *Black Women in White America: A Documentary History*, ed. Gerda Lerner (New York: Vintage Books, 1972), 596; Dorothy Height, "We Wanted the Voice of a Woman to Be Heard," in *Sisters in the Struggle: African American Women in the Civil Rights–Black Power Movement*, ed. Bettye Collier-Thomas and V. P. Franklin (New York: New York University Press, 2001), 90, 86.
7. Pauli Murray, "Why Negro Girls Stay Single," *Negro Digest* 5, no. 9 (July 1947): 5; Brittney Cooper, B*eyond Respectability: The Intellectual Thought of Race Women* (Champaign: University of Illinois Press, 2017), 88, 100.
8. 重要な反論として以下がある。Giardina, "MOW to NOW." この言葉は NOW の結成者のひとり、ミュリエル・フォックスの言葉である。 Betty Friedan, "Up from the Kitchen Floor: Kitchen Floor Woman Power," *New York Times*, March 4, 1973, 8.
9. Betty Friedan, *Life so Far* (New York: Simon and Schuster, 2000), 45, 48.
10. Ibid., 61–62; Daniel Horowitz, *Betty Friedan and the Making of 'The Feminine Mystique': The American Left, the Cold War, and Modern Feminism* (Amherst: University of Massachusetts Press, 1997), 94–101.

29. Sanger, "The Eugenic Value of Birth Control Propaganda," 5; Sanger, *Pivot of Civilization*, 175, 104.

30. Susanne Klausen and Alison Bashford, "Fertility Control," in *The Oxford Handbook of the History of Eugenics*, ed. Alison Bashford and Philippa Levine (New York: Oxford University Press, 2010), 111; Sanger, *Pivot of Civilization*, 12, 229, 270.

31. "Jan. 2, 1923 First Legal Birth Control Clinic Opens in U.S.," *Margaret Sanger Papers Project*, February 12, 2014, https://sangerpapers.wordpress.com/2014/02/12/jan-2-1923-first-legal-birth-control-clinic-opens-in-u-s/; Gray, *Margaret Sanger*, 200–201.

32. "Jan. 2, 1923 First Legal Birth Control Clinic"; Sanger, *An Autobiography*, 368, 449.

33. Wangui Muigai, "Looking Uptown: Margaret Sanger and the Harlem Branch Birth Control Clinic," *Margaret Sanger Papers Project*, Newsletter no. 54 (Spring 2010); 以下も参照。Carole R. McCann, *Birth Control Politics in the United States, 1916–1945* (Ithaca, NY: Cornell University Press, 1994), 139, 141.

34. McCann, *Birth Control Politics*, 139–160.

35. Kiesel, *She Can Bring Us Home*, 28, 164–166.

36. Jess Whatcott, "Sexual Deviance and 'Mental Defectiveness' in Eugenics Era California," *Notches: (Re)Marks on the History of Sexuality*, March 14, 2017, https://notchesblog.com/2017/03/14/sexual-deviance-and-mental-defectiveness-in-eugenics-era-california/.

37. Kiesel, *She Can Bring Us Home*, 29; Michele Mitchell, *Righteous Propagation: African Americans and the Politics of Racial Destiny After Reconstruction* (Chapel Hill: University of North Carolina Press, 2004), 77–78, 106; Michael Gregory Dorr and Angela Logan, "'Quality, Not Mere Quantity, Counts': Black Eugenics and the NAACP Baby Contests," in *A Century of Eugenics in America: From the Indiana Experiment to the Human Genome Era*, ed. Paul A. Lombardo (Bloomington: Indiana University Press, 2011), 86, 88; Kyla Schuller, *The Biopolitics of Feeling: Race, Sex, and Science in the Nineteenth Century* (Durham, NC: Duke University Press, 2018), 197.

38. Gamble, "'Outstanding Services to Negro Health,'" 1398–1399.

39. Kiesel, *She Can Bring Us Home*, 64–65.

40. "Ferebee," Black Women Oral History Project; Susan L. Smith, *Sick and Tired of Being Sick and Tired: Black Women's Health Activism in America, 1890–1950* (Philadelphia: University of Pennsylvania Press, 1995), 150.

41. "Ferebee," Black Women Oral History Project; Gamble, "'Outstanding Services to Negro Health,'" 1399.

42. Smith, *Sick and Tired*, 124–125; Kiesel, *She Can Bring Us Home*, 55.

43. "Ferebee," Black Women Oral History Project; Gamble, "'Outstanding Services to Negro Health,'" 1400; Kiesel, *She Can Bring Us Home*, xviii.

44. Kiesel, *She Can Bring Us Home*, 68; Smith, *Sick and Tired*, 160; Gamble, "'Outstanding Services to Negro Health,'" 1400.

45. Joyce Follet, "Making Democracy Real: African American Women, Birth Control, and Social Justice, 1910–1960," *Meridians* 18, no. 1 (2019): 123, 132; Smith, *Sick and Tired*, 167, 157.

46. Kiesel, *She Can Bring Us Home*, xix; Dorothy Boulding Ferebee, "Speech by Dorothy Boulding Ferebee, M.D. Entitled 'Planned Parenthood as a Public Health Measure for the Negro Race,' January 29th, 1942," Florence Rose Papers, Sophia Smith Collective, Smith College, Northampton, MA, https://libex.smith.edu/omeka/items/show/447（以降、本コレクションは Rose, Smith と記載）.

47. Follet, "Making Democracy Real," 123.

48. Sanger, *An Autobiography*, 492; Chesler, *Woman of Valor*, 253, 385; "Margaret Sanger: The Arizona Years," *Margaret Sanger Papers Project*, Newsletter no. 9 (Winter 1994/1995).

49. Chesler, *Woman of Valor*, 374.

50. Ibid., 367, 381; "Letter from Margaret Sanger to Dr. C. J. Gamble, December 10, 1939," Margaret Sanger Papers, Sophia Smith Collection, Smith College, Northampton, MA（以降、本コレクションは Sanger, Smith と記載）; "Special Negro Project, Under the Direction of the Birth Control Federation of America, Inc.," organizational spreadsheet, Rose, Smith; "Better Health for 13,000,000," Planned Parenthood Federation of America Report, 1943, Rose, Smith, 5; Ferebee, "Speech by Dorothy Boulding Ferebee, 1942," 2.

51. "Letter from Margaret Sanger to Dr. C. J. Gamble," Sanger, Smith.

8. Margaret Sanger, "The Eugenic Value of Birth Control Propaganda," *Birth Control Review* (October 1921): 5; Margaret Sanger, *Woman and the New Race* (New York: W. W. Norton, 1920), 229; Angela Franks, *Margaret Sanger's Eugenic Legacy: The Control of Female Fertility* (Jefferson, NC: McFarland, 2005), 13.
9. Margaret Sanger, *The Pivot of Civilization* (New York: Brentano's, 1922), 25.
10. Sanger, "The Eugenic Value of Birth Control Propaganda," 5.
11. Jacqueline Trescott, "Making a Practice of Persistence: Dorothy Ferebee, the Elegant Doctor with a Social Conscience," *Washington Post*, May 5, 1978, B4.
12. "Dorothy Ferebee. Transcript," in *Black Women Oral History Project, 1976–1981*, Schlesinger Library, Radcliffe Institute, Harvard University. 強調のため、句読点を微修正した。
13. Diane Kiesel, *She Can Bring Us Home: Dr. Dorothy Boulding Ferebee, Civil Rights Pioneer* (Sterling, VA: Potomac Books, 2015), 18.
14. Ibid., 31; "Ferebee," Black Women Oral History Project.
15. Vanessa Northington Gamble, "'Outstanding Services to Negro Health': Dr. Dorothy Boulding Ferebee, Dr. Virginia M. Alexander, and Black Women Physicians' Public Health Activism," *American Journal of Public Health* 106, no. 8 (2016): 1399.
16. 合衆国における生殖の正義（リプロダクティブ・ジャスティス）運動の通史については、以下を参照。Loretta Ross and Rickie Sollinger, *Reproductive Justice: An Introduction* (Oakland: University of California Press, 2017), 9–57.
17. "New York Urbanized Area: Population and Density from 1800 (Provisional)," *Demographia*, http://demographia.com/db-nyuza1800.htm; Jacob A. Riis, *How the Other Half Lives: Studies Among the Tenements of New York* (New York: Charles Scribner and Sons, 1890), 62.（ジェイコブ・リース著、千葉喜久枝訳『向こう半分の人々の暮らし：19 世紀末ニューヨークの移民下層社会』創元社、2018 年）
18. Franks, *Margaret Sanger's Eugenic Legacy*, 13.
19. "The 'Feeble-Minded' and the 'Fit': What Sanger Meant When She Talked About Dysgenics," *Margaret Sanger Papers Project*, December 13, 2016, https://sangerpapers.wordpress.com/2016/12/13/the-feeble-minded-and-the-fit-what-sanger-meant-when-she-talked-about-dysgenics/.
20. サンガーの時代には、ホテル・プラザとして知られていた。Jean M. Baker, *Margaret Sanger: A Life of Passion* (New York: Hill and Wang, 2012), 183; Ellen Chesler, *Woman of Valor: Margaret Sanger and the Birth Control Movement in America* (New York: Simon and Schuster, 2007), 202, 200.（エレン・チェスラー著、早川敦子監訳、性と健康を考える女性専門家の会監修『マーガレット・サンガー：嵐を駆けぬけた女性』日本評論社、2003 年）
21. American Birth Control Conference, *Birth Control: What It Is, How It Works, What It Will Do: The Proceedings of the First American Birth Control Conference* (New York: Graphic Press, 1921), 16.
22. Ibid., 15.
23. Sanger, *The Pivot of Civilization*, 280–281.
24. Jill Grimaldi, "The First American Birth Control Conference," *Margaret Sanger Papers Project*, November 12, 2010, https://sangerpapers.wordpress.com/2010/11/12/the-first-american-birth-control-conference/.
25. 以下に引用されている。Isabel Wilkerson, *Caste: The Origins of Our Discontents* (New York: Random House, 2020), 80.
26. Sanger, *Pivot of Civilization*, 101, 99, 98; Loretta Ross, "Trust Black Women: Reproductive Justice and Eugenics," in *Radical Reproductive Justice: Foundation, Theory, Practice, Critique*, ed. Loretta Ross, Lynn Roberts, Erika Derkas, Whitney Peoples, and Pamela Bridgewater (New York: The Feminist Press, 2017), 65; Baker, *Margaret Sanger*, 281–282.
27. Margaret Sanger, "Birth Control and Racial Betterment," *Birth Control Review* (February 1919): 11–12; Franks, *Margaret Sanger's Eugenic Legacy*, 47.
28. Edward A. Ross, "The Causes of Race Superiority," *Annals of the Institute for Political Science* 18 (1901): 67–89; Laura L. Lovett, "Fitter Families for Future Firesides: Florence Sherborn and Popular Eugenics," *Public Historian* 29, no. 3 (Summer 2007): 73.

64. Fletcher and La Flesche, *The Omaha Tribe*, vol. 2, 326.

65. Pascoe, *Relations of Rescue*, 58; Alice C. Fletcher, "On Indian Education and Self Support," *Century Magazine* 4 (1883): 314.

66. Mark, *A Stranger in Her Native Land*, 106.

67. Ibid., 106–107; Newman, *White Women's Rights*, 126.

68. Newman, *White Women's Rights*, 121.

69. Mark, *A Stranger in Her Native Land*, 117–120.

70. Ibid., 200.

71. Rifkin, "Romancing Kinship," 28.「女性の道徳的権威」については、以下を参照。 Pascoe, *Relations of Rescue*, xvi.「ボストン結婚」については、以下を参照。 Lillian Faderman, *Odd Girls and Twilight Lovers: A History of Lesbian Life in Twentieth-Century America* (New York: Columbia University Press, 1991), 15, 18.（リリアン・フェダマン著、富岡明美、原美奈子訳『レズビアンの歴史』筑摩書房、1996 年） Jasbir K. Puar, *Terrorist Assemblages: Homonationalism in Queer Times* (Durham, NC: Duke University Press, 2007), 2.

72. Mark, *A Stranger in Her Native Land*, 253, 207, 152.

73. Ibid., 294.

74. Ibid., 203–204, 206.

75. Fletcher, "Our Duty Toward Dependent Races," 81.

76. Ibid., 81–82.

77. Frances E. W. Harper, "Duty to Dependent Races," in *Transactions of the National Council of Women of the United States, Assembled in Washington, D.C., February 22 to 25, 1891*, ed. Rachel Foster Avery (Philadelphia: J. B. Lippincott, 1891), 86.

78. Ibid., 88, 91.

79. Mark, A Stranger in *Her Native Land*, 203–256, 137; "Changing the Face of Medicine: Dr. Susan La Flesche Picotte," National Library of Medicine, National Institute of Health, June 3, 2015, https://cfmedicine.nlm.nih.gov/physicians/biography_253.html; June Helm, ed., *Pioneers of American Anthropology: The Uses of Biography* (Seattle: University of Washington Press, 1966), 50; Margaret Mead, *The Changing Culture of an Indian Tribe* (New York: Columbia University Press, 1932).

80. "Land Tenure Issues," Indian Land Tenure Foundation, https://iltf.org/land-issues/issues/.

81. Brenda Child, *Boarding School Seasons: American Indian Families 1900–1940* (Lincoln: University of Nebraska Press, 1998), 2–4.

82. Lewandowski, *Red Bird*, 60–61; Spack, "Dis/engagement," 191, 181.

83. Lewandowski, *Red Bird*, 82–83; Allen, "Who Is Your Mother?"

84. Estes, *Our History Is the Future*, 211, 214; Zitkala-Ša, "Editorial Comment: July– September 1918," in *American Indian Stories, Legends, and Other Writings*, ed. Cathy N. Davidson and Ada Norris (New York: Penguin Books, 2005), 182–183; Lewandowski, *Red Bird*, 164.

85. Lewandowski, *Red Bird*, 176, 178–179, 182; Davidson and Norris, "Introduction," xxviii.

86. Lewandowski, *Red Bird*, 181; Estes, *Our History Is the Future*, 221.

87. "Mrs. R. T. Bonnin, an Indian Leader," *New York Times*, January 27, 1938, 21; Lewandowski, *Red Bird*, 187.

### 第四章　優良な国家を産む

1. Madeline Gray, *Margaret Sanger: A Biography of the Champion of Birth Control* (New York: Richard Marek Publishers, 1979), 55.

2. Margaret Sanger, *My Fight for Birth Control* (London: Faber and Faber Limited, 1932), 53.

3. Ibid.

4. Margaret Sanger, *An Autobiography* (New York: W. W. Norton, 1938), 91.

5. Ibid., 92.

6. Ibid.; Sanger, *My Fight for Birth Control*, 57.

7. Sanger, *An Autobiography*, 86–87.

35. Luther Standing Bear, *Land of Spotted Eagle* (Lincoln, NE: Bison Books, 2006), 232; Spack, "Dis/engagement," 186.
36. Pratt, *Battlefield and Classroom; George Hyde, A Sioux Chronicle* (Norman: University of Oklahoma Press, 1956), 57.
37. Mark, *A Stranger in Her Native Land*, 79, 84–85; Jacobs, "A Great White Mother," 197.
38. Alice Fletcher, "The Sun Dance of the Ogallala Sioux," *Proceedings for the American Association for the Advancement of Science* 31 (1883): 580; Kyla Schuller, "The Fossil and the Photograph: Red Cloud, Prehistoric Media, and Dispossession in Perpetuity," *Configurations* 24, no. 2 (2016): 259; Mark, *A Stranger in Her Native Land*, 81.
39. Mark, *A Stranger in Her Native Land*, 80; Alice C. Fletcher and Francis La Flesche, *The Omaha Tribe*, vol. 2 (Lincoln: University of Nebraska Press, 1992), 455.
40. Mark, *A Stranger in Her Native Land*, 95; Adrienne Mayor, *Fossil Legends of the First Americans* (Princeton, NJ: Princeton University Press, 2007), 301.
41. Mark, *A Stranger in Her Native Land*, 85; Mark Rifkin, "Romancing Kinship: A Queer Reading of Indian Education and Zitkala-Ša's American Indian Stories," *GLQ: A Journal of Lesbian and Gay Studies* 12, no. 1 (2006): 31.
42. Rifkin, "Romancing Kinship," 69, 72–73.
43. Lewandowski, *Red Bird*, 21.
44. Zitkala-Ša, "Side by Side (March 1896)," in *American Indian Stories, Legends, and Other Writings*, ed. Cathy N. Davidson and Ada Norris (New York: Penguin Books, 2005), 221–226.
45. Ša, *American Indian Stories*, 79.
46. Spack, "Dis/engagement," 175; Ša, *American Indian Stories*, 83.
47. Ibid., 82–83.
48. Ibid., 85.
49. Ibid., 95, 99.
50. Ibid., 96; Zitkala-Ša, *Dreams and Thunder: Stories, Poems, and the Sun Dance Opera*, ed. P. Jane Hafen (Lincoln, NE: Bison Books, 2005), 125.
51. Dexter Fisher, "Foreword," in *American Indian Stories*, by Zitkala-Ša (Lincoln, NE: Bison Books, 1985); Cathy Davidson and Ada Norris, eds., "Introduction," in *American Indian Stories, Legends, and Other Writings*, by Zitkala-Ša (New York: Penguin Books, 2005), xviii, xiii; Jacqueline Emery, ed., *Recovering Native American Writings in the Boarding School Press* (Lincoln: University of Nebraska Press, 2017), 254; Lewandowski, *Red Bird*, 46.
52. Emery, *Recovering Native American Writings*, 258.
53. Ša, *American Indian Stories*, 96, 14.
54. ラコタ族の学者ニック・エステスはアメリカ先住民の文化再建における彼女の功績を強調している。以下を参照。 Estes, *Our History Is the Future*, 208; Lewandowski, *Red Bird*, 51.
55. Ša, *American Indian Stories*, 101–103.
56. Lewandowski, *Red Bird*, 56; Rifkin, "Romancing Kinship," 35; Ruth Spack, "Translation Moves: Zitkala-Ša's Bilingual Indian Legends," *Studies in American Indian Literatures* 18, no. 4 (2006): 43.
57. Estes, *Our History Is the Future*, 71.
58. Mark, *A Stranger in Her Native Land*, 87–88.
59. Alice C. Fletcher, "Our Duty Toward Dependent Races," in *Transactions of the National Council of Women of the United States, Washington D.C., February 22, 1891*, ed. Rachel Foster Avery (Philadelphia: J. B. Lippincott Company, 1891), 84.
60. Mark, *A Stranger in Her Native Land*, 118.
61. Rifkin, "Romancing Kinship," 28.
62. Mark, *A Stranger in Her Native Land*, 88–89.
63. Ibid., 93.

Boundaries," *Northlandia* blog, February 18, 2017, https://northlandia.wordpress.com/2017/02/18/invisible-nation-mapping-sioux-treaty-boundaries/.

12. リトル・ビッグホーンの戦いは、ラコタ族にはグリージーグラス川の戦いとして知られている。 O. C. Marsh, *A Statement of Affairs at Red Cloud Agency, Made to the President of the United States* (New Haven, CT: O. C. Marsh, 1875), 4–5.

13. Nick Estes, *Our History Is the Future: Standing Rock Versus the Dakota Access Pipeline, and the Long Tradition of Indigenous Resistance* (New York: Verso, 2019), 78, 110; Alice C. Fletcher, *Life Among the Indians: First Fieldwork Among the Sioux and Omahas*, ed. Joanna C. Scherer and Raymond J. DeMallie (Lincoln: University of Nebraska Press, 2013), 207.

14. Alice Fletcher, "The Indian Woman and Her Problems," *Woman's Journal* 32, no. 44 (1900): 354. フレッチャーの論説では、シッティング・ブルの実際の発言に微修正を加えている。

15. Mark, *A Stranger in Her Native Land*, 61–62; Fletcher, "The Indian Woman and Her Problems," 354.

16. Fletcher, "The Indian Woman and Her Problems," 354. 1900 年に発表されたフレッチャーの論説におけるこの場面の描写は、1882 年に発表された彼女の論説「Among the Omahas」を大幅に脚色したものだった。以下を参照。 Alice Fletcher, "Among the Omahas," *Woman's Journal* 13, no. 6 (February 11, 1882): 46–47.

17. Joy Rohde, "'From the Sense of Justice and Human Sympathy': Alice Fletcher, Native Americans, and the Gendering of Victorian Anthropology," *History of Anthropology Newsletter* 27, no. 1 (2000): 10.

18. Ibid.

19. Fletcher, *Life Among the Indians*, 122.

20. Peggy Pascoe, *Relations of Rescue: The Search for Female Moral Authority in the American West, 1874–1939* (New York: Oxford University Press, 1993), 58.

21. Fletcher, *Life Among the Indians*, 163–164. 以下も参照。Russell Means, "Patriarchy: The Ultimate Conspiracy; Matriarchy: The Ultimate Solution: History—or His-Story," *Griffith Law Review* 20, no. 3 (2011): 520–521; J. Owen Dorsey, "Omaha Sociology," *Third Annual Report of the Bureau of Ethnology* (Washington, DC: Government Printing Office, 1884), 267; Robert A. Williams Jr., "Gendered Checks and Balances: Understanding the Legacy of White Patriarchy in an American Indian Cultural Context," *Georgia Law Review* 24, no. 4 (1990): 1019–1044.

22. Mark, *A Stranger in Her Native Land*, 108.

23. Ibid., 117; Louise Michele Newman, *White Women's Rights: The Racial Origins of Feminism in the United States* (New York: Oxford University Press, 1999), 119.

24. Newman, *White Women's Rights*, 119.

25. Ša, *American Indian Stories*, 50.

26. Ibid., 52–54.

27. Ibid., 57, 54, 56.

28. Ibid., 66; Ruth Spack, "Dis/engagement: Zitkala-Ŝa's Letters to Carlos Montezuma, 1901–1902," *MELUS* 26, no. 1 (2001): 182; Tadeusz Lewandowski, *Red Bird, Red Power: The Life and Legacy of Zitkala-Ša* (Norman: University of Oklahoma Press, 2016), 11.

29. Ša, *American Indian Stories*, 60–61.

30. Richard Henry Pratt, *Battlefield and Classroom: Four Decades with the American Indian, 1867–1904*, ed. Robert M. Utley (New Haven: Yale University Press, 1964), 312; Pratt, "Advantages of Mingling," 263, 269.

31. Pratt, *Battlefield and Classroom*, 220, 223; "Address to a Weekly Meeting of Protestant Ministers in Baltimore, 1891," Richard Henry Pratt Papers, Yale Collection of Western Americana, Beinecke Rare Book and Manuscript Library.

32. Amy E. Kaplan, "Manifest Domesticity," *American Literature* 70, no. 3 (1998): 581– 606; Margaret D. Jacobs, "The Great White Mother: Maternalism and American Indian Child Removal in the American West, 1880–1940," in *One Step over the Line: Toward a History of Women in the North American Wests*, ed. Elizabeth Jameson and Sheila McManus (Edmonton: University of Alberta Press, 2008), 197.

33. Ibid.

34. Paula Gunn Allen, "Who Is Your Mother? Red Roots of White Feminism," *Sinister Wisdom* 25 (1984).

66. Harriet Beecher Stowe and Catharine Beecher, *The New Housekeepers' Manual* (New York: J. B. Ford, 1873), 327, 330, 318; John T. Foster Jr. and Sarah Witmer Foster, eds., *Calling Yankees to Florida: Harriet Beecher Stowe's Forgotten Tourist Articles* (Cocoa, FL: Florida Historical Society Press, 2011), 116; "The New Housekeepers Manual," Andrews McMeel Publishing, https://publishing.andrewsmcmeel.com/book/the-new-housekeepers-manual-catharine-beecher/.

67. ストウは『Palmetto-Leaves』では彼女をミーナ（Minnah）と呼んでいるが、「Our Florida Plantation」ではウィーナ（Winnah）と呼んでいる。Stowe, *Palmetto-Leaves*, 308–314.

68. Harriet Beecher Stowe, "Our Florida Plantation," *The Atlantic*, May 1879, www.theatlantic.com/magazine/archive/1879/05/our-florida-plantation/538932/.

69. Navakas, *Liquid Landscape*, 137; Hedrick, *Harriet Beecher Stowe*, 330; Foster and Foster, *Calling Yankees*, 116.

70. Stowe, *Palmetto-Leaves*, 272, 283, 317.

71. Shana Klein, "Those Golden Balls Down Yonder Tree: Oranges and the Politics of Reconstruction in Harriet Beecher Stowe's Florida," *Southern Cultures* 23, no. 3 (2017): 30.

72. Yellin, *Harriet Jacobs*, 221, 161, 220; Jean Yellin, ed., *The Harriet Jacobs Family Papers*, vol. 2 (Chapel Hill: University of North Carolina Press, 2008), 746.

73. Hedrick, *Harriet Beecher Stowe*, 245.

## 第三章　入植者の母親と先住民の孤児

1. Zitkala-Ša, *American Indian Stories* (Washington, DC: Hayworth Publishing, 1922), 22, 8.

2. "Yankton Sioux Treaty Monument," National Parks Service, April 10, 2015, www.nps.gov/mnrr/learn/historyculture/yankton-sioux-treaty-monument.htm.

3. Ša, *American Indian Stories*, 41–42.

4. Ibid., 66; Wolfgang Mieder, "'The Only Good Indian Is a Dead Indian': History and Meaning of a Proverbial Stereotype," *Journal of American Folklore* 106, no. 419 (1993): 38; Richard Henry Pratt, "The Advantages of Mingling Indians with Whites," in *Americanizing the American Indians: Writings by the "Friends of the Indian," 1880–1900* (Cambridge, MA: Harvard University Press, 1973), 261.

5. Statistics as of October 2020. Anna Flagg and Andrew R. Calderón, "500,000 Kids, 30 Million Hours: Trump's Vast Expansion of Child Detention," The Marshall Project, October 30, 2020, www.themarshallproject.org/2020/10/30/500-000-kids-30-million-hours-trump-s-vast-expansion-of-child-detention.

6. Joan T. Mark, *A Stranger in Her Native Land: Alice Fletcher and the American Indians* (Lincoln: University of Nebraska Press, 1989), 19–20; Association for the Advancement of Women, *Souvenir Nineteenth Annual Congress of the Association for the Advancement of Women Invited and Entertained by the Ladies' Literary Club* (Washington, DC: Todd Brothers, 1877), 123.

7. Mark, *A Stranger in Her Native Land*, 19, 28.

8. Alice Fletcher, "Standing Bear," *Southern Workman* 38 (1909): 78.

9. Mark, *A Stranger in Her Native Land*, 124, 197. 米国議会図書館に残るフレッチャーの経歴によれば、調査の対象はオマハ族、ポーニー族、スー族、アラパホ族、シャイアン族、チペワ族、オト族、オセージ族、ネズパース族、ポンカ族、ウィネベーゴ族と、幅広かった；"Alice Cunningham Fletcher (1838–1923)," Library of Congress, www.loc.gov/item/ihas.200196222/. Margaret D. Jacobs, *White Mother to a Dark Race: Settler Colonialism, Maternalism, and the Removal of Indigenous Children in the American West and Australia, 1880–1940* (Lincoln: University of Nebraska Press, 2009).

10. この用語を提唱した学者には、ジェニファー・ヘンダーソンとマイリー・アーヴィンもいる。以下を参照。Jennifer Henderson, *Settler Feminism and Race Making in Canada* (Toronto: University of Toronto Press, 2003); Maile Arvin, "Indigenous Feminist Notes on Embodying Alliance Against Settler Colonialism," *Meridians* 18, no. 2 (2019): 335–357.

11. 合衆国政府は、ラコタ族の文化および政治の共同体構造を認めたくなかったため、この勝利をレッド・クラウド単独の功績と見なすことがほとんどだった。以下を参照。Catherine Price, *The Oglala People, 1841–1879: A Political History* (Lincoln: University of Nebraska Press, 1996); "Invisible Nation: Mapping Sioux Treaty

39. Robert S. Levine, ed., "Delany and Douglass on *Uncle Tom's Cabin*," in *Martin R. Delany: A Documentary Reader* (Chapel Hill: University of North Carolina Press, 2003), 234, 235; Frederick Douglass, "Mrs. Stowe's Position," in *Frederick Douglass' Paper*, May 6, 1853, http://utc.iath.virginia.edu/africam/afar03rt.html.

40. Hedrick, *Harriet Beecher Stowe*, 247.

41. Ibid., 245; Stowe, *The Life of Harriet Beecher Stowe*, 234. ブレスレットの写真は、以下を参照。Kane, "The Most Famous American in the World."

42. "Harriet Jacobs to Amy Kirby Post, May 1853," in *The Harriet Jacobs Family Papers*, vol. 1 (Chapel Hill: University of North Carolina Press, 2008), 195–196.

43. "Mrs. Ex-President Tyler's Address to the Women of England," *Daily South Carolinian*, March 8, 1853, https://link.gale.com/apps/doc/GT3005440026/NCNP?u=new67449&sid=NCNP&xid=48292960; Wendy F. Hamand, "'No Voice from England': Mrs. Stowe, Mr. Lincoln, and the British in the Civil War," *New England Quarterly* 61, no. 1 (1988): 5.

44. Yellin, *The Harriet Jacobs Family Papers*, vol. 1, 197–201; Yellin, *Harriet Jacobs*, 122.

45. Yellin, *Harriet Jacobs*, 129.

46. Linton Weeks, "How Black Abolitionists Changed a Nation," *NPR*, February 26, 2015, www.npr.org/sections/npr-history-dept/2015/02/26/388993874/how-black-abolitionists-changed-a-nation; Jacobs, *Incidents*, 69, 143.

47. Marianne Noble, "The Ecstasies of Sentimental Wounding in Uncle Tom's Cabin," *Yale Journal of Criticism* 10, no. 2 (1997): 295–296.

48. Jacobs, *Incidents*, 52.

49. Angela Davis, *Women, Race, and Class* (New York: Vintage, 1981), 31; Franny Nudelman, "Harriet Jacobs and the Sentimental Politics of Female Suffering," *ELH* 59, no. 4 (1992): 939–940.

50. Yellin, *Harriet Jacobs*, 137–138.

51. "Child to J.G. Whittier," *The Harriet Jacobs Family Papers*, vol. 1, 343.

52. "Jacobs to Amy Kirby Post," *The Harriet Jacobs Family Papers*, vol. 1, 282; "Child to Lucy Searle Jacobs," *The Harriet Jacobs Family Papers*, vol. 1, 296; Yellin, *Harriet Jacobs*, 140–141.

53. Christy Pottroff, "Harriet Jacobs, Publisher and Activist," *Avidly, Los Angeles Review of Books*, November 18, 2019, http://avidly.lareviewofbooks.org/2019/11/18/harriet-jacobs-publisher-and-activist/.

54. Yellin, *Harriet Jacobs*, 143, 147.

55. この話をしてくれたサラ・ブラックウッドに感謝する。米国議会図書館は 1987 年、著者名をリディア・マリア・チャイルドからハリエット・ジェイコブズに変更した。Lisa W. Foderaro, "Slave Narrative Gets Postscript," *New York Times*, February 13, 2005, www.nytimes.com/2005/02/13/nyregion/books/slave-narrative-gets-postscript.html.

56. Yellin, *Harriet Jacobs*, 158.

57. Ibid., 176.

58. Ibid., 177, 161.

59. Frances E. W. Harper, "We Are All Bound Up Together," in *A Brighter Coming Day: A Frances Ellen Watkins Harper Reader*, ed. Frances Smith Foster (New York: The Feminist Press, 1990), 217.

60. Yellin, *Harriet Jacobs*, 202–209.

61. Michele Currie Navakas, *Liquid Landscape: Geography and Settlement at the Edge of Early America* (Philadelphia: University of Pennsylvania Press, 2017), 142; Hedrick, Harriet Beecher Stowe, 335, 307.

62. Stowe, *The Life of Harriet Beecher Stowe*, 400.

63. Louise Michele Newman, *White Women's Rights: The Racial Origins of Feminism in the United States* (New York: Oxford University Press, 1999), 26; Peggy Pascoe, *Relations of Rescue: The Search for Female Moral Authority in the American West, 1874–1939* (New York: Oxford University Press, 1993). 以下も参照。Judith Ann Giesberg, *Civil War Sisterhood: The U.S. Sanitary Commission and Women's Politics in Transition* (Boston: Northeastern University Press, 2006).

64. Harriet Beecher Stowe, *Palmetto-Leaves* (Boston: James R. Osgood, 1873), 301.

65. Ibid., 306.

https://awesomelyluvvie.com/2018/04/weaponizing-white-women-tears.html; Brittney Cooper, *Eloquent Rage: A Black Feminist Discovers Her Superpower* (New York: Picador, 2018), 171–200; Robin DiAngelo, *White Fragility: Why It's So Hard for White People to Talk About Racism* (Boston: Beacon Press, 2018), 131.（ロビン・ディアンジェロ著、貴堂嘉之監訳、上田勢子訳『ホワイト・フラジリティ：私たちはなぜレイシズムに向き合えないのか?』明石書店、2021 年）

11. Charles Edward Stowe, *The Life of Harriet Beecher Stowe: Compiled from Her Letters and Journals* (Boston: Houghton Mifflin, 1890), 145.
12. Joan D. Hedrick, *Harriet Beecher Stowe: A Life* (New York: Oxford University Press, 1995), 192–193, 207–208.
13. Ibid., 208.
14. Ibid., 209.
15. Stowe, *The Life of Harriet Beecher Stowe*, 201–202.
16. Hedrick, *Harriet Beecher Stowe*, 209, 219.
17. Stowe, *The Life of Harriet Beecher Stowe*, 149–153.
18. Harriet Beecher Stowe, *Uncle Tom's Cabin* (New York: Open Road, 2014), 269, 453.（ハリエット・ビーチャー・ストウ著、小林憲二訳『新装版 新訳 アンクル・トムの小屋』明石書店、2017 年ほか邦訳多数）
19. Ibid., 378, 62.
20. Ibid., 509, 533.
21. Ibid., 441, 438, 552.
22. Lauren Berlant, *The Female Complaint* (Durham, NC: Duke University Press, 2008), 35.
23. Jacobs, *Incidents*, 159; Yellin, *Harriet Jacobs*, 245.
24. Jacobs, *Incidents*, 162.
25. Ibid., 164.
26. "Harriet Jacobs to Amy Kirby Post, Cornwall, Orange Co., NY, 1852(?)," in *The Harriet Jacobs Family Papers*, vol. 1, ed. Jean Yellin (Chapel Hill: University of North Carolina Press, 2008), 191.
27. Ibid.
28. Yellin, *Harriet Jacobs*, 119–120; "Harriet Jacobs to Amy Kirby Post, February 14, 1853," in *The Harriet Jacobs Family Papers*, vol. 1, ed. Jean Yellin (Chapel Hill: University of North Carolina Press, 2008), 193–194.
29. この手紙自体もう存在しないが、ジェイコブズがエイミー・ポストへの手紙のなかで内容を詳述したものは残っている。"Harriet Jacobs to Amy Kirby Post, February 14, 1853," 94. 以下を参照。Yellin, *Harriet Jacobs*, 119–121.
30. "Harriet Jacobs to Amy Kirby Post, April 4, 1853," in *The Harriet Jacobs Family Papers*, vol. 1, ed. Jean Yellin (Chapel Hill: University of North Carolina Press, 2008), 195.
31. Yellin, *Harriet Jacobs*, 121.
32. Hedrick, *Harriet Beecher Stowe*, 249.
33. Harry Stone, "Charles Dickens and Harriet Beecher Stowe," *Nineteenth-Century Fiction* 12, no. 3 (1957): 188; Katherine Kane, "The Most Famous American in the World," ConnecticutHistory.org, https://connecticuthistory.org/the-most-famous-american-in-the-world/; Stowe, *The Life of Harriet Beecher Stowe*, 191–192.
34. Hedrick, *Harriet Beecher Stowe*, 237.
35. Ibid., 223.
36. Ibid., 240.
37. Ibid., 235–237, 248.
38. Ibid., 236; "Stowe's Global Impact," Harriet Beecher Stowe Center, www.harrietbeecherstowecenter.org/harriet-beecher-stowe/her-global-impact/; "*Uncle Tom's Cabin* by Harriet Beecher Stowe," First Amendment Museum, September 27, 2020, https://firstamendmentmuseum.org/banned/; Frederick Douglass, "First Meeting with Stowe, 1853," in *Stowe in Her Own Time*, ed. Susan Belasco (Iowa City: University of Iowa Press, 2009), 86. この作り話の引用も多数存在する。以下を参照。Daniel R. Vollaro, "Lincoln, Stowe, and the 'Little Woman/Great War' Story: The Making, and Breaking, of a Great American Anecdote," *Journal of the Abraham Lincoln Association* 30, no. 1 (2009): 18–34.

49. Faye E. Dudden, *Fighting Chance: The Struggle over Woman Suffrage and Black Suffrage in Reconstruction America* (New York: Oxford University Press, 2011), 8–10; Christine Stansell, *The Feminist Promise: 1792 to the Present* (New York: Modern Library, 2011), 89; Rosalyn Terborg-Penn, *African American Women in the Struggle for the Vote, 1850–1920* (Indianapolis: Indiana University Press, 1998), 31; Angela Davis, *Women, Race, and Class* (New York: Vintage, 1983), 81.
50. Geoffrey C. Ward and Kenneth Burns, *Not for Ourselves Alone: The Story of Elizabeth Cady Stanton and Susan B. Anthony* (New York: Knopf, 1999), 131. ストウの義姉イザベラ・フーカー・ビーチャー談。スタントンとアンソニーは彼女の参加も求めた。Joan D. Hedrick, *Harriet Beecher Stowe: A Life* (New York: Oxford University Press, 1994), 358.
51. Ginzberg, *Elizabeth Cady Stanton*, 122; "Mrs. Stanton Before the District Committee," *Revolution*, February 11, 1869, 88; "Which Shall It Be—a Negro or a Woman?," *Revolution*, September 15, 1870, 169; "White Woman's Suffrage Association," *Revolution*, June 4, 1868, 337.
52. Griffith, *In Her Own Right*, 126–127; Ellen Carol Dubois, *Woman Suffrage and Women's Rights* (New York: NYU Press, 1998), 100.
53. Elizabeth Cady Stanton, "The Solitude of Self," in *The Elizabeth Cady Stanton–Susan B. Anthony Reader: Correspondence, Writings, Speeches*, ed. Ellen Carol Dubois (New York: Schocken Books, 1981), 251, 254, 247.
54. Ibid., 252.
55. Griffith, *In Her Own Right*, xvi.
56. Boyd, *Discarded Legacy*, 119.
57. Frances E. W. Harper, "Woman's Political Future—Address by Frances E. W. Harper of Virginia," in *The World's Congress of Representative Women: A Historical Résumé for Popular Circulation of the World's Congress of Representative Women*, ed. May Wright Sewall (Chicago: Rand McNally, 1894), 435.
58. Foster, "Introduction," 25.
59. たとえば以下を参照。 Hazel Carby, *Reconstructing Womanhood: The Emergence of the Afro-American Woman Novelist* (New York: Oxford University Press, 1989), 80. フェミニストの批評家は概して、彼女の感傷主義を日常生活に急進的な政治学を注入するための戦略的な覆いだと考えている。
60. Frances E. W. Harper, *Iola Leroy* (Boston: Beacon Press, 1987), 219.
61. Geoffrey Sanborn, "Mother's Milk: Frances Harper and the Circulation of Blood," *ELH* 73, no. 3 (2005), 691–715.
62. Harper, "Woman's Political Future," 435, 436.
63. 以下に引用されている。 DuBois, *Elizabeth Cady Stanton Reader*, 296–297; Elizabeth Cady Stanton, "Our Proper Attitude Toward Immigration," in *Elizabeth Cady Stanton, Feminist as Thinker*, ed. Ellen Carol DuBois (New York: NYU Press, 2007), 296–297.
64. Catt, *Woman Suffrage by Constitutional Amendment*, 76.

## 第二章　白人の同情 対 黒人の自己決定

1. Harriet Jacobs, *Incidents in the Life of a Slave Girl* (New York: Open Road, 2016), 82.（ハリエット・アン・ジェイコブズ著、堀越ゆき訳『ある奴隷少女に起こった出来事』大和書房、2013 年／新潮文庫、2017 年）
2. Ibid., 93.
3. ジェイコブズは『ある奴隷少女に起こった出来事』にはマーク・ラムジーを「フィリップ叔父」として登場させている。Jean Fagan Yellin, *Harriet Jacobs: A Life* (New York: Basic Books, 2004), 212.
4. Jacobs, *Incidents*, 99–100.
5. Ibid., 98.
6. Yellin, *Harriet Jacobs*, 101–103.
7. Jacobs, *Incidents*, 50.
8. Harriet Beecher Stowe, *Household Papers and Stories* (Boston: Ticknor and Fields, 1868), 382.
9. James Baldwin, *Notes of a Native Son* (Boston: Beacon Press, 1983), 14.
10. Luvvie Ajayi, "About the Weary Weaponizing of White Women Tears," *AwesomelyLuvvie.com*, April 17, 2018,

照。Louise Michelle Newman, *White Women's Rights: The Racial Origins of Feminism in the United States* (New York: Oxford University Press, 1999).

22. Elizabeth Cady Stanton, "Address Delivered at Seneca Falls, July 19, 1848," in *The Elizabeth Cady Stanton–Susan B. Anthony Reader: Correspondence, Writings, Speeches*, ed. Ellen Carol Dubois (New York: Schocken Books, 1981), 35.
23. Stanton, *Eighty Years*, 187.
24. Elizabeth Cady Stanton, "Address to the Legislature of New York on Women's Rights, February 14, 1854," in *The Elizabeth Cady Stanton–Susan B. Anthony Reader: Correspondence, Writings, Speeches*, ed. Ellen Carol Dubois (New York: Schocken Books, 1981), 45; Sally Roesch Wagner, "Is Equality Indigenous? The Untold Iroquois Influence on Early Radical Feminists," *On the Issues* 5, no. 1 (1996): 21.
25. Gloria T. Hull, Patricia Bell Scott, and Barbara Smith, eds., *But Some of Us Are Brave: All the Women Are White, All the Blacks Are Men* (New York: The Feminist Press, 1993).
26. Stanton, *Eighty Years*, 237–238, 192.
27. Ginzberg, *Elizabeth Cady Stanton*, 47, 108, 20; "When Did Slavery End in New York?," New York Historical Society Museum and Library, January 12, 2012, www.nyhistory.org/community/slavery-end-new-york; Stanton, *Eighty Years*, 4.
28. Still, *Underground Railroad*, 756–757; "The Fugitive Slave Law of 1850," *Bill of Rights in Action* 34, no. 2 (Winter 2019), www.crf-usa.org/images/pdf/Fugitive-Slave-Law-1850.pdf.
29. Still, *Underground Railroad*, 757.
30. Ibid., 757–758.
31. Ibid., 758–759, 761; Boyd, *Discarded Legacy*, 42; Frances Smith Foster, "Introduction," in *A Brighter Coming Day: A Frances Ellen Watkins Harper Reader*, ed. Frances Smith Foster (New York: The Feminist Press, 1990), 13.
32. Still, *Underground Railroad*, 758.
33. Frances E. W. Harper, "The Slave Mother," in *A Brighter Coming Day: A Frances Ellen Watkins Harper Reader*, ed. Frances Smith Foster (New York: The Feminist Press, 1990), 84.
34. Harper, "We Are All Bound Up Together," 217.
35. Frances E. W. Harper, "Our Greatest Want," in *A Brighter Coming Day: A Frances Ellen Watkins Harper Reader*, ed. Frances Smith Foster (New York: The Feminist Press, 1990), 103.
36. Frances E. W. Harper, "Free Labor," in *A Brighter Coming Day: A Frances Ellen Watkins Harper Reader*, ed. Frances Smith Foster (New York: The Feminist Press, 1990), 81.
37. Elizabeth Cady Stanton, "Address of Elizabeth Cady Stanton," in *Proceedings of the Eleventh National Woman's Rights Convention, Held at the Church of the Puritans, New York, May 10, 1866* (New York: Robert J. Johnston, 1866), 52.
38. Harper, "We Are All Bound Up Together," 217; Still, *Underground Railroad*, 778.
39. Harper, "We Are All Bound Up Together," 217.
40. Ibid., 218.
41. Ibid.
42. Ibid., 217.
43. Boyd, Discarded Legacy, 119–120; Still, *Underground Railroad*, 767–767, 772–773.
44. Still, *Underground Railroad*, 768, 772, 775.
45. Ibid., 770.
46. Ibid., 775; William J. Collins and Robert A. Margo, "Race and Home Ownership from the End of the Civil War to the Present," *American Economic Review* 101, no. 3 (2011): 356; Pete Daniel, *Dispossession: Discrimination Against African American Farmers in the Age of Civil Rights* (Chapel Hill: University of North Carolina Press, 2013).
47. Still, *Underground Railroad*, 775–776.
48. Elizabeth Cady Stanton, "Address to the First Anniversary of the American Equal Rights Association, May 9, 1867," in *Proceedings of the First Anniversary of the American Equal Rights Association, Held at the Church of the Puritans, New York, May 9 and 10, 1867* (New York: Robert J. Johnson, 1867), 14.

## 第一章　女性の権利とは白人の権利なのか?

1. Laura Curtis Bullard, “Elizabeth Cady Stanton,” in *Our Famous Women: Comprising the Lives and Deeds of American Women Who Have Distinguished Themselves* (Hartford, CT: A. D. Worthington, 1884), 613.
2. Judith Wellman, *The Road to Seneca Falls: Elizabeth Cady Stanton and the First Woman's Rights Convention* (Urbana: University of Illinois Press, 2004), 193, 277n30. スタントンはこれが公の場で行った最初の演説だと主張したがったが、実際には最初ではない。以下を参照。 Lori Ginzberg, *Elizabeth Cady Stanton: An American Life* (New York: Hill and Wang, 2010), 57.
3. Alice S. Rossi, ed., “Selections from the *History of Woman Suffrage*: Seneca Falls Convention,” in *The Feminist Papers: From Adams to Beauvoir* (Boston: Northeastern University Press, 1988), 419–420; Ginzberg, *Elizabeth Cady Stanton*, 59–63.
4. Sally Gregory McMillen, *Seneca Falls and the Origins of the Women's Movement* (New York: Oxford University Press, 2009), 93–94.
5. Elizabeth Cady Stanton, “Preface,” in *Eighty Years and More: Reminiscences 1815–1897* (London: T. Fisher Unwin, 1898); Frederick Douglass, *The Life and Times of Frederick Douglass* (Mineola, NY: Dover Publications, 2003), 345.
6. Elizabeth Cady Stanton, Susan B. Anthony, and Matilda Joslyn Gage, eds., *History of Woman Suffrage,* Volume 2 (1861–1876) (Rochester, NY: Susan B. Anthony, 1881), 354–355; Elizabeth Cady Stanton, “Address to Anniversary of American Equal Rights Association, May 12, 1869, New York City,” in *Elizabeth Cady Stanton, Feminist as Thinker*, ed. Ellen Carol DuBois (New York: NYU Press, 2007), 191.
7. Stanton, Anthony, and Gage, *History of Woman Suffrage*, 382.
8. Elisabeth Griffith, *In Her Own Right: The Life of Elizabeth Cady Stanton* (New York: Oxford University Press, 1985), 137. アンソニーがこう宣言したのは 1866 年のこと。以下を参照。 Ida Husted Harper, *The Life and Work of Susan B. Anthony*, vol. 1 (Indianapolis: Bowen-Merrill, 1899), 261.
9. “Annual Meeting of the American Equal Rights Association: Second Day's Proceedings,” *Revolution* 3, no. 21 (May 27, 1869): 321, 引用部分は文法上の都合により微修正した。また、原典の記載も実際のハーパーの表現に変更を加えている。実際には、1943 年まで中国からの移民には投票権がなかった。
10. Ibid., 322. 原典の記載は実際のハーパーの言葉に変更を加えている。
11. Stephanie E. Jones-Rogers, *They Were Her Property: White Women as Slave Owners in the American South* (New Haven, CT: Yale University Press, 2019).
12. “Annual Meeting of the American Equal Rights Association: Second Day's Proceedings,” 322.
13. ブリトニー・クーパーは、実際にはアンナ・ジュリア・クーパーが最初の黒人フェミニスト論者ではないかとも論じている。 Brittney Cooper, *Beyond Respectability: The Intellectual Thought of Race Women* (Champaign: University of Illinois Press, 2017), 2.
14. Ellen Carol Dubois, “Introduction,” in *The Elizabeth Cady Stanton–Susan B. Anthony Reader: Correspondence, Writings, Speeches*, ed. Ellen Carol Dubois (New York: Schocken Books, 1981), 9; Stanton, *Eighty Years*, 2, 20.
15. Stanton, *Eighty Years*, 23; Ginzberg, *Elizabeth Cady Stanton*, 22.
16. Melba Joyce Boyd, *Discarded Legacy: Politics and Poetics in the Life of Frances E. W. Harper, 1825–1911* (Detroit: Wayne State University Press, 1994), 36–37.
17. William Still, *The Underground Railroad* (Philadelphia: Porter and Coates Publishers, 1872), 756; W. Somerset Maugham, “‘*Pride and Prejudice*’, *Atlantic*, 181, 5, May 1948,” in *Jane Austen: Critical Assessments,* vol. 1, ed. Ian Littlewood (Lake Dallas, TX: Helm Information, 1998), 460.
18. “120 Years of Literacy: 1870,” National Center for Educational Statistics, https://nces.ed.gov/naal/lit_history.asp. 当時のアフリカ系アメリカ人の識字率に関する詳細は以下を参照。Elizabeth McHenry, F*orgotten Readers: Recovering the Lost History of African American Literary Societies* (Durham, NC: Duke University Press, 2002), 4–5.
19. McHenry, *Forgotten Readers*, 79; Stanton, *Eighty Years*, 81, 79; Ginzberg, *Elizabeth Cady Stanton*, 36–38.
20. 財産所有制限の例外として、裁判所は南部の白人女性は既婚であっても自身の権利として奴隷を所有できると判断することが多かった。以下を参照。 Jones-Rogers, *They Were Her Property*, xi–xv.
21.「白人女性の権利（white women's rights）」という語はルイーズ・ミシェル・ニューマンによる。以下を参

# 原　注

## 序　章　フェミニストの断層線


1. 投票所出口調査に基づく報告では、白人女性の52%がトランプに投票したという結果だったが、のちの分析では47%だった。"An Examination of the 2016 Electorate, Based on Validated Voters," Pew Research Center, August 9, 2018, www.pewresearch.org/politics/2018/08/09 /an-examination-of-the-2016-electorate-based-on-validated-voters/; Amanda Barroso, "61% of U.S. Women Say 'Feminist' Describes Them Well; Many See Feminism as Empowering, Polarizing," Pew Research Center, July 7, 2020, www.pewresearch.org /fact-tank/2020/07/07/61-of-u-s-women-say-feminist-describes-them-well-many-see -feminism-as-empowering-polarizing/; James Gillespie, "Dad's a Feminist, Says Ivanka Trump," *The Times*, July 3, 2016, www.thetimes.co.uk/article/dads-a-feminist-says-ivanka -3bz9krjp0.
2. Jessie Daniels, "The Trouble with 'Leaning In' to (White) Corporate Feminism," *Racism Review*, March 18, 2014, www.racismreview.com/blog/2014/03/18/white-corporate-feminism/.
3. Paula Gunn Allen, "Who Is Your Mother? Red Roots of White Feminism," *Sinister Wisdom* 25 (1984): 41; Kimberlé Crenshaw, "Demarginalizing the Intersection of Race and Sex: A Black Feminist Critique of Antidiscrimination Doctrine, Feminist Theory and Antiracist Politics," *University of Chicago Legal Forum* 1989, no. 1 (1989): 143–144; Patricia Hill Collins, *Black Feminist Thought: Knowledge, Consciousness, and the Politics of Empowerment* (New York: Routledge, 1990), 5; bell hooks, *Feminist Theory: From Margin to Center* (Boston: South End Press, 1984), 1–2（ベル・フックス著、清水久美訳『ブラック・フェミニストの主張：周縁から中心へ』勁草書房、1997年）; bell hooks, *Ain't I a Woman: Black Women and Feminism* (Boston: South End Press, 1981), 1–2.（ベル・フックス著、大類久恵監訳、柳沢圭子訳『アメリカ黒人女性とフェミニズム：ベル・フックスの「私は女ではないの？」』明石書店、2010年）
4. "White Feminism," *Dictionary.com*, 2020, www.dictionary.com/e/gender-sexuality /white-feminism/.
5. Ruby Hamad, "We Shouldn't Be Surprised by White Women's Complicity," *Medium*, December 9, 2020, https://gen.medium.com/we-shouldnt-be-surprised-by-white-women-s -complicity-7d9e66b0bd4b; Audre Lorde, "The Master's Tools Will Never Dismantle the Master's House," in *Sister Outsider: Essays and Speeches*, ed. Audre Lorde (Berkeley, CA: Crossing Press, 2007), 110.
6. Crenshaw, "Demarginalizing the Intersection," 145; Collins, *Black Feminist Thought*, 18.
7. Brittney Cooper, "Feminist Digital Pedagogies Conference: Post-Intersectionality," Institute for Women's Leadership, Rutgers University, April 30, 2014, www.youtube.com /watch?v=2wrIlDA1s_M.
8. Rachel Elizabeth Cargle, "When Feminism Is White Supremacy in Heels," *Harper's Bazaar*, August 16, 2018, www.harpersbazaar.com/culture/politics/a22717725/what-is -toxic-white-feminism/.
9. Elizabeth Cady Stanton, Theodore Stanton, and Harriot Stanton Blatch, *Elizabeth Cady Stanton as Revealed in Her Letters, Diary and Reminiscences*, vol. 1 (New York: Harper and Brothers, 1922), 253.
10. Brent Scher, "Gillibrand: If Lehman Brothers Were Lehman Sisters, We Would Have Avoided Financial Collapse," *Washington Free Beacon*, May 15, 2018, https://freebeacon.com/politics/gillibrand-lehman-brothers-lehman-sisters-avoided-financial-collapse/.
11. Frances Ellen Watkins Harper, "We Are All Bound Up Together," in *Proceedings of the Eleventh Women's Rights Convention*, May 10, 1866 (New York: Robert J. Johnston, 1866), 46.
12. Audre Lorde, "An Open Letter to Mary Daly," in *This Bridge Called My Back: Writings by Radical Women of Color*, 4th ed., ed. Cherríe Moraga and Gloria Anzaldúa (Albany: SUNY Press, 2015), 90.

〈著者紹介〉

カイラ・シュラー Kyla Schuller

ラトガーズ大学ニューブランズウィック校女性・ジェンダー・セクシュアリティ研究科准教授。スタンフォード大学人文科学センターおよびアメリカ諸学会評議員会より特別研究員奨励費を受けた。北米、ヨーロッパ各地で講演をおこなっている。《ネイション》誌で特集が組まれたほか、《ランパス》、《ロサンゼルス・レビュー・オブ・ブックス》、《アヴィッドリー》などの雑誌にも寄稿している。著書に『The Biopolitics of Feeling: Race, Sex, and Science in the Nineteenth Century』(Duke University Press、2018 年)がある。

〈監訳者紹介〉

飯野 由里子(いいの・ゆりこ)

東京大学大学院教育学研究科附属バリアフリー教育開発研究センター特任准教授。一般社団法人ふぇみ・ゼミ＆カフェ運営委員。専門はフェミニズム・ディスアビリティ研究。主な著書に『レズビアンである〈わたしたち〉のストーリー』(生活書院、2008 年)、『合理的配慮:対話を開く 対話が拓く』(有斐閣、2016 年;共著)、『「社会」を扱う新たなモード:「障害の社会モデル」の使い方』(生活書院、2022 年;共著)、『ポリティカル・コレクトネスからどこへ』(有斐閣、2022 年;共著)などがある。

〈訳者紹介〉

川副 智子(かわぞえ・ともこ)

早稲田大学文学部卒業。翻訳家。訳書に『西太后秘録』(講談社)、『紙の世界史』(徳間書店)、『ナポレオンを咬んだパグ、死を嘆く猫』(原書房)、『ビール・ストリートの恋人たち』(早川書房)、『SMALL GREAT THINGS 小さくても偉大なこと』(ポプラ社)、『皮肉な終幕』(扶桑社)など。

ホワイト・フェミニズムを解体する
インターセクショナル・フェミニズムによる対抗史

2023年 1月20日　初版第1刷発行

著　者　　カイラ・シュラー
監訳者　　飯野 由里子
訳　者　　川副 智子
発行者　　大江 道雅
発行所　　株式会社 明 石 書 店
〒101-0021
東京都千代田区外神田6-9-5
TEL　03-5818-1171
FAX　03-5818-1174
https://www.akashi.co.jp/
振替 00100-7-24505

装丁　清水 肇（prigraphics）
組版　明石書店デザイン室
印刷・製本　モリモト印刷株式会社

（定価はカバーに表示してあります）　　ISBN 978-4-7503-5483-5

# トランスジェンダー問題

## 議論は正義のために

ショーン・フェイ［著］
高井ゆと里［訳］　清水晶子［解説］

◎四六判／並製／436頁　◎2,000円

トランス女性である著者が、トランス嫌悪的な社会で生きるトランスの現実を幅広い分析によって明らかにする。トランスジェンダーの実態を顧みない差別的な言説が拡大される中、事実に基づいて開かれた議論を展開する画期的な一冊！

●内容構成



〈価格は本体価格です〉

# ノンバイナリーがわかる本

## heでもsheでもない、theyたちのこと

エリス・ヤング 著　上田勢子 訳

■四六判／並製／352頁　◎2400円

男女二元論にとらわれないジェンダー・アイデンティティ「ノンバイナリー」についての、日本で刊行される初めての概説書。ノンバイナリーである著者自身の経験や調査を基に、関連用語、歴史、心身の健康、人間関係、法律など幅広いトピックをわかりやすく解説。

内容構成



# 第三の性「X」への道

## 男でも女でもない、ノンバイナリーとして生きる

ジェマ・ヒッキー 著　上田勢子 訳

■四六判／上製／264頁　◎2300円

女性として生まれたが、幼少期から自分の性に違和感を覚え、2017年にカナダで初めて男女の性別記載のない出生証明書を取得した人権活動家の自伝。周囲からのいじめや神父による性的虐待に悩みながらも、自己を貫く姿に勇気づけられる一冊。

内容構成



〈価格は本体価格です〉